U0917381
世图心理
博客：http://blog.sina.com.cn/bjwpcpsy
微博：http://weibo.com/wpcpsy

女性的力量

精神分析取向

Psychoanalysis
Listening to Understand
Selected Papers of Arlene Kramer Richards

Edited by Nancy Goodman

［美］阿琳·克莱默·理查兹 著
南希·古德曼 整理
刘文婷 王晓彦 童 俊 译
周 娟 审校

世界图书出版公司
北京·广州·上海·西安

图书在版编目（CIP）数据

女性的力量：精神分析取向 /（美）阿琳·克莱默·理查兹著；（美）南希·古德曼整理；刘文婷，王晓彦，童俊译．—北京：世界图书出版公司北京公司，2017.3（2022.5 重印）

书名原文：Psychoanalysis: Listening to Understand

ISBN 978-7-5192-2553-7

Ⅰ．①女… Ⅱ．①阿… ②南… ③刘… ④王… ⑤童… Ⅲ．①女性心理学 Ⅳ．① B844.5

中国版本图书馆 CIP 数据核字（2017）第 050351 号

书　　名	女性的力量：精神分析取向 NüXING DE LILIANG
著　　者	[美]阿琳·克莱默·理查兹（Arlene Kramer Richards）
整　　理	[美]南希·古德曼（Nancy Goodman）
译　　者	刘文婷　王晓彦　童　俊
审　　校	周　娟
策划编辑	曹　文
责任编辑	曹　文
出版发行	世界图书出版公司北京公司
地　　址	北京市东城区朝内大街 137 号
邮　　编	100010
电　　话	010-64038355（发行）　64037380（客服）　64033507（总编室）
网　　址	http://www.wpcbj.com.cn
邮　　箱	wpcbjst@vip.163.com
销　　售	新华书店
印　　刷	三河市国英印务有限公司
开　　本	787mm × 1092mm　1/16
印　　张	32.5
字　　数	513 千字
版　　次	2017 年 4 月第 1 版　2022 年 5 月第 4 次印刷
国际书号	ISBN 978-7-5192-2553-7
版权登记	01-2016-6386
定　　价	78.00 元

中文版推荐序一

母性之爱、有毒之爱、情欲之爱

——关于中国女性的生存与精神

（在“三八”妇女节的演讲）

“母性之爱、有毒之爱、情欲之爱”这个题目有点大，三者中任何一个，都够写一本书的。所以，我只是就这些问题建构一个大致的框架。在此我也告诉大家一个信息，2017年4月20日国际精神分析协会女性大会将第一次在中国召开，由武汉市心理医院，也就是我所在的医院来承办。这是深度心理学第一次在中国开这样一个关于女性的大会，里面内容很丰富，而且来的都是世界级的讲者，有非常精彩的关于女性特别是中国女性的演讲。

中国女性百年发展史

现在回到我的主题，首先我们在什么样的背景下来理解这个主题，我觉得我们至少要回顾近百年来中国女性的发展史，当然这也是中国近代史的一部分。

我们如果离开了这个时代背景来谈中国女性的问题，来谈这个主题，我觉得那会不好理解，也是失之偏颇的。如果抽离这个时代背景，我们没有办法去谈母性、去谈爱，也没有办法去谈有毒的爱。所以我想提醒大家，要关注我们的这段历史。在这里谈到历史，我记起一个小故事。那就是20世纪90年代我在美国哈佛大学做访问学者时，我读了一本书。这本书网上已经有了中文版，作者是张邦梅，她是张幼仪（徐志摩前妻）的侄孙女，一个华裔美国人。这是她的学位论文最后成书发表，取名为《小脚与西服》。当时，我记得是在哈佛大学大门对面的书店看到的，我被深深吸引，就坐在书店的地板上看了一天的书。

这本书里当时让我印象非常深刻的，就是张幼仪在跟徐志摩离婚之后，还那么全心地服侍徐志摩的全家，甚至陆小曼没钱用的时候也找她。那么这个作者，就是张幼仪的侄孙女，这个华裔美国人是很难理解她的。她分析为什么张幼仪这么受虐。实际上张幼仪最后成长为一个非常优秀、独立自强的女性，这是后话。但是，她有那么受虐的历史。这本书里有一个张幼仪的成长背景：她出身于有名的封建大家族，家中兄弟姊妹十二个，其中八个男孩、四个女孩。但是当别人问张妈妈家中有几个孩子时，张妈妈总是回答——八个！张邦梅的书中有个标题是：In China, Women means nothing!

我想这就是我们从那个时代走过来的一段历史，我们不能忽视这段历史。现在要稍微提一点，这样一段封建历史，到了1949年之后有一个非常大的变革，那就是毛主席给中国女性带来的翻身解放、扫盲，女性能顶半边天。这个功绩有多大不容置疑，但是，同时又把女性放到一个全能的位置。跟男性同工同酬的同时，还鼓励女性做一位英雄的母亲，就是生很多很多的孩子，一位女性怎样才能两者兼顾呢？我在这里不多言说，我有一个专门的论文在女性大会上谈这个问题。我们继续谈历史，三十年来的改革开放，我们的物质生活达到了历史上从未有过的丰富。但同时一个家庭一个孩子，大量女性回归家庭，做全职主妇，就形成这样一个局面：匮乏时期长大的母亲纠缠于一个物质极度丰富时期的独生子女。当然也有匮乏的父亲，但我们今天不谈父亲。

我们知道，心理学有一个常识，就是每个人都有无数次可以重新成长的机会。这一点很重要，如果我们自己先天不好，成长不好，或者童年、青少年有创伤，但是随着我们的孩子出生，随着我们养育他们，我们就会再有一次机会，修复我们自己的创伤。不过，如果你的创伤非常大的话，那么随着孩子出生也可能激活你做孩子时的创伤，这样你在养育孩子的过程中，可能你的所思所念所感都是你过去的情节，你体验的就是你自己，并将这个体验到的自己当成你的孩子。对此，心理学的术语叫作投射。

前面说，如果你早年有很大创伤的话，你孩子的出生可以激活你在你孩子这个时期的创伤。这个时候可能你就没办法关注你的孩子，而且还可能会有很强烈的、对这个孩子的无意识的怨恨。这个无意识的怨恨是：我这么贫苦，你还要我付出，我拿什么给你？很典型的例子就是产后抑郁。暂时把这个话题放在这里，我们先说一下什么样的爱是健康的爱。

母性之爱

前几年，我在美国纽约接受培训的时候，接触到了一个大师级的人物，一个非常伟大的美国女性心理学家西尔维娅·布洛迪，她今年105岁了，很健康。她从1964年开始，发起了一个历时三十年、有七十六位受访者参与的研究，就是从这七十六人出生开始，一共进行三十年的跟踪随访。美国国家精神卫生研究院之类的机构资助她的这个项目。我们已经翻译出来这个研究项目的一本书《情感依附》，在中国卖得很好。研究人员们想要弄清楚，什么东西在孩子的成长发育中是最重要的呢？我在这里念一段：

> 在琼四个月大的时候，母亲把她抱在肩膀上。她们的目光跨过操场，投向正在给她们照相的父亲。母亲这个时候用鼻子蹭着孩子，孩子开始流口水，并且嘻嘻哈哈地笑。然后这个孩子把目光转向了母亲，就在同一时间，母亲的注意力却被其他东西吸引到了别处，她没有看这个孩子。这样就导致母女俩的眼神没有相遇，孩子脸上的笑容就逐渐消失了，僵在那里，目光也变得比较呆滞，脸上没有了表情……

心理学家们认为这种母女间的眼神交流，是孩子成长的最早的一个动力。这个眼神的错失，肯定会给孩子留下阴影，孩子会因为无法感受与母亲的情感联结而陷入沮丧之中。现在很多婴儿观察都有这样的情形，孩子会僵在那里。对于刚刚生下来的那些小婴儿，母亲的眼光是很重要的。我自己有一个体验，这有点像芭蕾舞演员在舞台中心跳舞，这个聚光灯要一直跟着她转。一个孩子被送到人世的时候，母亲眼中的光辉就是孩子成长的源泉。

心理学上有个提法叫作恰到好处的（good enough）爱，什么叫“恰到好处”呢？母亲只要是在探索、在关注就够了。这个孩子在哭，可能是他太热了，可能是他饿了，可能母亲两者都找到了，但他还是在哭。没有关系，母亲不要焦虑，只要保持这种探索，实际上母亲的眼光聚焦在他那里就够了。很多时候，孩子不停地啼哭（当然要排除生理上的病了），其实就是因为孩子一哭，母亲就慌了，就焦虑了，这种信息传递给了孩子就造成恶性循环。我觉得中国母亲不是“good enough”，而是“too good”，就是做得太满，任何事情面面俱到。当然我说的这个研究也有一个前提，那就是它在西方文化背景下，是西方文化的视角。那么，东西方有什么样的区别呢？我觉得中国几千年的文化建立了一个将心比心的心理。但是，建立在西方文化基础上的现代心理学是要关注他者的。比如现代新儒学代表人物、哈佛大学的杜维明教授说过，现代人际交往的黄金定义是同理心，要能将自己的脚放到别人的鞋子里试试。

孩子从四五个月、五六个月大开始，实际上他的成长之路就是为了摆脱母亲，就是挣脱母亲的怀抱。神经心理的发展也是这样，他开始只躺着，后来能够坐起来，坐起来他就爬，爬了之后他就会走。远离母亲，最后上幼儿园、上学校都是一个远离的过程。我们说整个神经系统发育成熟要到十四五岁，这之前母亲对他更多是呵护和保护。你要放他，但是你也要保护他。那么到十五岁左右，到了青春期，孩子产生了一个非常强大的动力要离开母亲。我们说真正的母性之爱，就是要给孩子授权，让他们不为背叛你而内疚！阿琳在《女性的力量》这部著作里，用大量案例提到弗洛伊德对他的所有女性病人授权，让她们或反抗他或超越他。阿琳同时认为，这是精神分析的精髓所在。

说到这里我还想要提一下，就是现代的女人和古时候的女人是不一样的。现代女性活得长，1949年前女性死的时候很年轻，平均寿命很低，因为很多人在生产的时候就死掉了；现在女性活得长，在大城市女性的平均寿命有八十多岁了。这样女性从停止生育到死亡，可能中间有长达三十年的时间，还不止。也就是说，从不需要抚养孩子到死亡，她有长达三十年的时间，而且现在的女性只有一两个孩子，不像我们的父母辈那样。

实际上女性不生孩子，不怀孕，就获得了很多自由，女性活得又长，经济条件都还很好，比以前好多了，那么现代女性就面临这些改变导致的对新的欲望和梦想的探求，随着欲望而来也会有恐惧，这些是跟传统女性不一样的。我自己观察，我的外婆、我的母亲、我自己和我的女儿，在这四代女性身上我发现的是每一代女性都在跟随这个社会进步，在追求独立，一代更比一代好。对于其中最新的一代，你会说她们碰到了大好时光，但同时也会有更多的焦虑，因为前面的路都是新的自我探索，我们的前辈并没有留下女性独立的遗产。

有毒之爱

我们总是歌颂母爱多么伟大，但实际上无论男孩还是女孩的内心都身怀一个母亲会吃了自己、杀了自己的恐惧。大家想想，这个女人多牛啊，她给你生命，你依赖她成长，你没有她就活不下去。对这样一个人，你同时也会觉得，她也可以拿走你的生命，我想这就是孩子对母亲最深刻的一个恐惧来源。所有的孩子不管是男孩还是女孩，只要是人类，他从被母亲生下来那一刻开始，用弗洛伊德的话说，从子宫出来剪掉脐带开始，他实际上就从一个“生物的人”开始了“心理的人”的成长过程。那么，在这个“心理的人”的成长过程中很重要的一个动力，实际上是与母亲分离。孩子要离开母亲，要自己掌控自己的生命，而不是由你掌控，他这一步一步的成长，走得也战战兢兢，带着背叛的内疚。

青春期的时候，这种反抗会更激烈，所有的这些反抗都是为了成长。那么作为母亲在这个时候，能鼓励孩子反抗你吗？孩子会跟你吵啊闹啊，这好像是一种暴力，但是心理学上认为，这不是暴力，这是成长的一种需要。什么样是最大的暴力呢？最大的暴力就是：在该分离的时候跟你紧紧依附在一起。

与母亲连在一起，绝不分离，这是最大的暴力。为什么孩子不能跟母亲分开呢？因为孩子内在有一种巨大的恐惧，他觉得我们刚才讲到所有成长，其实就是要反抗父母，然后往前走。孩子也会因为离父母越来越远而内疚，他觉得我背叛了父母，会有背叛的感觉。那么父母在这个时候要给孩子这种行为赋予阳性的意义，就是给他授权，这是一种成长。如此，这个孩子才走得坚决。如果孩子本来就带着这样的一些内疚，他觉得背叛父母了，父母也认为孩子是白眼狼，那孩子就难以向前迈步了。

这就成了一种纠结的力量，分离和退缩在原点上来来回回，看不到变化，我们称之为施虐和受虐。谈到这一点，女性气质里有一个被公认的受虐倾向，从生物学上来说，女性生孩子就是受苦的，生下孩子她会快乐，所以有些人认为，女性这种生理特征构建了女性的受虐倾向。我们现在不讲生理的东西，我们讲心理的东西。我想这种受虐倾向很多是在一个男权社会里，女性处于次等地位这样一个几千年的历史中所形成的。你就是二等公民，或者你就像张幼仪一样什么都不是。

一个叛逆的孩子遇上一个有受虐倾向的母亲，就激活了这种母亲早年被抛弃的感受。所以在这个时候，她跟孩子纠缠在一个心理水平。实际上这个时候的孩子是没有母亲的，这个时候施受虐就发生了。我再强调一次，我现在讲女性的话题，没讲男性的施受虐，男性是一样的。这样的施虐、受虐从来都是同时发生的，那么我们说这样的施受虐后面是什么呢？实际上施受虐背后就是强大的分离障碍，没有办法分离，不能分离就妨碍了人类心理的发展。当个体身处恐惧，相信任何生命活力都会招致惩罚时，其生命就固着了，成长就停滞了。

我们前面谈到有毒的爱背后最重要的就是分离障碍，就是孩子在成长过程中，紧紧和母亲纠缠在一起。总结起来，人类实际上建立了两个自我调节和解决冲突的系统。一个是开放系统，它适应现实，其特点是可以带来快乐。它有创造力，能促进能力的发展。这个系统我们就把它称为心理健康。另一个是封闭系统，因为封闭的系统依赖于将自己当作受害者的感觉，所以基于现实的快乐超出了他的想象，被体验为对其无所不能之信念的威胁。因为他自己就是受害者，他就觉得别人都是对他不好，都是不快乐的。现实是他有时候快乐，然而这个快乐来了之后他是很恐惧的，因为这超出了他的想象，所以其自我能力的一些功能被用于维护他的防御和信念。这样一个封闭系统是所有无器质病变疼痛的来源。我们有很多躯体的疼痛就来自这样一个系统，就是不断自我强化的这种受苦受难的感觉。

另外一点，这种有毒的爱还带着一种对心理现实的憎恨。它经常在个体的想象系统中，体现为不同的破坏水平。它的残酷程度跟现实、跟个体被唤起的对现实的憎恨强度有关。那就是现实越跟其想象不一致，他对现实就越憎恨。

说到这里的时候就要强调一点，具有这种有毒之爱的个体，她没有能力提供前面研究里提到的母亲的爱的眼神。我们说那个母亲的眼光老是跟孩子的眼光打岔，联结不到一起，所以这种有毒之爱就要利用施受虐紧紧纠缠在一起，以达到联结的目的。纠缠是为了联结，但同时他又恐惧母亲把他给吞噬掉了，他永远在建立联结和逃离联结之间循环，没有变化，也没有成长。

情欲之爱

在这里，先要区分一下情欲之爱，“sexy”和“erotic”，sexy指性感，是正常发展、自然发展的一个结果。性感的爱，首先人要完成分化，成为一个独立的个体。两个独立的个体才能发展真正的相亲相爱。在这个过程中，女性心理发展跟男性相比，有很大的不同。

虽然男孩、女孩都由母亲生下来，但是男孩的发展比女孩的发展要简单一点，为什么？他由母亲生下来，他就是爱母亲的，父亲对他来说就是一个外人。因为在男孩的心里就是，我要长得像父亲那样强大，未来才可以拥有一个像母亲这样的女性。他会向父亲学习，而放弃对母亲的爱。女孩发展的复杂性在哪里呢？她由母亲生下来，她要跟母亲分离，她要背叛母亲，然后她要发展恋父的过程，恋父的过程是把她从母亲的怀里拉开，但是她最终还是要回到母亲这边。男孩没有这样复杂。女孩首先要有一种力量离开母亲，她恋父的过程实际上帮助她发展她的女性气质，但是她最终不能老是一个恋父的小女孩，她最终的成长是要放弃恋父，回到对慈母的认同，这样她才能发展她的女性气质。这就让她比较纠结了，很多时候既要爱，又要放，还要再回来，各种各样的曲折导致女孩的心理发展比男孩的心理发展更加困难一些。

女性只有完成这样一个发展过程，从母亲怀里分离，恋父，最终放弃恋父再回到母亲身边来，对母亲认同，发展女性气质，如此，她才能发展成为一个真正的、性感的、能够去爱的、既有母性也有女性气质的一个女人。跟男性相比，女性是要比男性更多一些双性恋倾向的，因为她既爱母亲也爱父亲。我在这里指的是倾向，不是指具体的双性恋行为，而是指内在的幻想。在这个过程中，女性就成了真正的女人，一个独立的女人，这样她才有真正的情欲之爱。我们看见很多性乱的人，那些人有很多很多的恋人、很多很多的情人，等等，实际上不管是男人还是女人，他有一种色情性，这其实是一种防御。这种防御是什么呢？这是他的婴儿式的，或者他的人格中婴儿部分的创伤，他用一个成人的行为来防御自己婴儿式的匮乏，实际上表现为色情，但真正的心理位点还困在婴儿期，或者在乳房的那个时期。为什么要用一个成人的行为（性）来防御这些呢？因为他很恐惧，他要装成一个大人、一个成人，来掩饰早年这种婴儿式的匮乏。有很多这种性乱的人，实际上你对他深入了解就会发现，他是没有过性快感的，从来都没有过的。所以一个真正有魅力的、有性快感的女性，她有心理上、人格上的独立和成熟，这样她才能够具有女性的魅力，担担起母性的责任，以及相应的社会职责。

对于如何认识女人，如何成为新时代的女性，我强烈推荐阿琳的这部女性心理学巨著——《女性的力量》。它会刷新你的女性观，带给你关于女人的新的洞见。

童　俊

教授，中美精神分析高级培训项目中方负责人

IPA认证精神分析师，武汉市心理医院副院长

华中科技大学同济医学院附属武汉精神卫生中心副主任

中国女医师协会心身医学与临床心理专委会副主任委员

国际精神分析协会科学研究基金评定委员会CERP研究基金评定专家

中文版推荐序二

女性与哲学

我们小小的传统

谈论“女性与哲学”，不可避免遇到的第一个问题是：女性这个性别是否适合哲学活动？通常流行着这样一种看法，那就是女性从事哲学，受到伤害的不只是哲学，还有女性本身。

支持这种看法的有力证据在于——翻开哲学史，女性哲学家实在是太少了，连凤毛麟角也谈不上。

这的确是事实。但是，与这个事实相伴随的，是在一个更大范围内发生的、更加普遍的事实：女性从根本上被剥夺了接受教育的权利。显然，哲学活动只在那些会读写的人中进行。

除了一般的会读写之外，要从事哲学活动的话，还要接受一种比较系统的学科训练，那是在一个较长时间里才能够完成的。这种训练包括了解漫长的哲学传统，了解什么是恰当的哲学话题而什么不是；也包括培养一种聚精会神的、绵延性的思维习惯。

古代的学园书院、现代的大学，都是进行这种学科训练的最好场所。比起其他某些学科，哲学学科更需要一个宽裕的、充裕的甚至是优裕的生活环境，对于从事哲学活动的人，人们对他们的要求比对别人要少。

显然，在一个相当漫长的历史时期里，女性完全被排除在这样的活动之外，不具有哲学活动所要求的宽裕环境，不管是在东方还是在西方，这是有目共睹的事实。

所有那些关于女性不合适从事哲学活动的说法，都是和这个剥夺女子受教育权利的野蛮事实相伴随的，那是人类一段不光彩的、对男性来说也并非理直气壮的历史。

用一种制度将女性排除在某个领域之外，反过来又说在某个领域中见不到女性，这就很说不过去。这里用得上福柯关于权力产生知识的说法：权力产生知识，知识反过来表达权力系统。

没有比在女性和哲学的关系中更能够体现这一点。女性不可能从事哲学，是因为存在一个对待女性的接近奴隶制的权力系统。

而所谓意识形态的独立性，也表现为——即使那样一种东西作为制度已经消亡，但是人们大脑中关于女性不适合从事哲学的观念，仍然会持续相当长的一段时间。

不仅是在哲学领域，那种把女性当作次一等的人类的观点，在许多领域仍然大行其道。并且不排除有这样的可能——在哲学领域中，有人继续对女性持歧视态度，是保持他们不多的特权和不多的自尊的最后场所。

但无论如何，今天还在复制着那种野蛮制度下的意识形态神话，只是一些人的白日梦而已，属于弗洛伊德–阿尔杜塞所说的“残羹剩饭”“日间余思”。

我们来看，1882年出生的英国小说家弗吉尼亚·伍尔芙，为了准备一个“妇女和小说”的题目，在英国牛津大学的图书馆周围行走，想进去寻找一本有关的参考书，但是被人礼貌地劝退，说女士们必须有一位本校的研究生陪同，或是有一封介绍信才准走进这个图书馆。

伍尔芙抱怨自己因为是女性，便不能和兄长们自由出入这个地方。她本人没有上过大学。而这种情况不久就得到了改变。她们是20世纪第一个十年出生的：汉娜·阿伦特（1906）、西蒙娜·德·波伏瓦（1908）、西蒙娜·薇依（1909）。她们都在男女同校的大学课堂上完成了哲学学科训练。

1927年6月，巴黎高等师范学校颁发了当年的普通哲学证书，获得前三名的依次是西蒙娜·德·波伏瓦、莫里斯·梅洛–庞蒂和西蒙娜·薇依。

1924年汉娜·阿伦特来到马堡，在海德格尔的课堂上引起了这位教授的注意；继而在弗莱堡大学短暂停留，并在胡塞尔门下读了一个学期之后，于1928年年底22岁时，获得了海德堡大学哲学博士学位，导师是雅斯贝尔斯。

这些在20世纪20年代拿到哲学证书或者学位的人，到40年代才开始形成或者发表她们的东西，波伏瓦的《第二性》第一版在1949年问世；汉娜·阿伦特的《极权主义的起源》在1950年出版；西蒙娜·薇依生前只发表过一些文章，在她1944年病逝之后，她的手稿、笔记被人整理，于1947年之后陆续出版。

这个名单只是我为准备这个序言临时想到的，她们已经为中国读者所熟悉，从中我们大致可以看出一个小小的女性哲学家系列。如果说，我们已经有了一个女性哲学家的传统的话，那么，这个传统到今天为止，还不到区区六十年。

但是，毕竟已经有了一个开端。这个开端意义非同小可，这几位女性先驱者，为后来不管在多大程度上涉足哲学的女性撑起了一片天空。今天我们之所以能够在这里谈论这个话题，和她们所做出的杰出成就有莫大的关系，我时常感到在我的背后或者前方，站立着我的这些女前辈。我深深地感激她们！

目前我手上还没有足够的资料，表明我们在中国传统中——不管是古代还是现代——女性在哲学领域所做出的贡献，但是再过五十年或者一百年，我们的后代，我们的女儿的女儿，或许会就中国哲学的女性传统大有可谈。

阿伦特和艾克曼的对峙

让我们来看看这样一个场景：1962年，作为《纽约客》特约记者的汉娜·阿伦特从美国飞往耶路撒冷，参加正在那里举行的对纳粹战犯艾克曼的刑事审判，她负有报道这场审判的责任。

艾克曼这个纳粹分子，在屠杀犹太人的最终行动中，扮演着一个重要角色。1945年之后他隐姓埋名、东躲西藏，最终在阿根廷被以色列的摩萨德特工捕获。

作为犹太人，大家知道阿伦特本人于1933年逃亡，先是在法国，然后在美国，在漫漫流亡道路上吃尽了苦头。这一回，她终于有机会面对纳粹统治时期的一个代表人物。

阿伦特坐在听众席上，观看这场审判。

非常凑巧的是，艾克曼和阿伦特一般年纪，同为1906年生人。艾克曼坐在一个玻璃匣子里，阿伦特形容他像一个“玻璃匣子里的魔鬼”——中等个子，瘦削，额角很高，牙齿歪扭，近视眼。

阿伦特后来说自己在阅读卷宗时，不时地发出大笑，因为艾克曼实在像是一个小丑。而他对自己的罪行所做的辩护，对所有人来说都是一个挑战。

艾克曼解释，自己那样做是为了“执行上级的命令”。在“国家法定的罪行”面前，他只是一个“尽责的守法公民”。他甚至搬出了康德，说他遵守法律是在实践康德道德哲学的律令。

当战争后期，纳粹国家机器中有人开始和犹太人组织做交易来换取犹太人的性命时，艾克曼没有这样做，他认为这是自己“良心”所要求的。

这一切看起来并不像是狡辩，非常有可能，如果不是生活在那个时代、身处纳粹高官的位置，放在另外的环境中，艾克曼和别人没有什么两样，是一个遵纪守法的良民。

阿伦特克制了自己的反感。她在给丈夫布留歇尔的信中写道：“所有这一切极端正常而又令人难以描述地卑劣和令人厌恶。”理智告诉她，这个人所说的对他自己来说都是真实和真诚的。

那么，是什么导致这个人毫无顾忌地加入这场杀人游戏呢？是什么令一个所谓正常的人，做出了如此巨大的反常之事？她的解释是——艾克曼既非愚蠢也非不道德，他只是平庸，没有思想，不去思想。

他所做的所有异常和极端的事情，并不是因为他有什么深刻而邪恶的个人品性，不是如人们想象的那样是“丧心病狂”的，是“邪恶万分”的。相反，这一切都是因为他从来不用自己的大脑，不用哪怕是片刻的时间去想一想，这样做甚至起码违背了一个人与生俱来的那些自然倾向：不杀人。

他要去克服和越过自己身上的这些自然倾向，才能做到所谓在国家利益面前“尽自己的责任”。他像一部超自然机器上的一个零件一样，只是接受环境的指令。阿伦特的这些看法开始由报纸陆续发表，后来结集为《耶路撒冷的艾克曼》一书，其中所创造的“平庸无奇的恶”的提法，引发了后来很多话题和争议。

1971年，距离她1975年逝世前不久，她又回到这个问题上来，在一篇题为《思考和道德判断》的文章中，对此做了进一步的阐述。对于从来不动脑筋的艾克曼来说，纳粹这一套法典和规则，与用来审判他的另外一套法典和规则，意义是一样的。

他可以毫不费力地抛弃其中一套，承认另外一套，好像只是不同的语法知识。而造成这种完全不思考现象的根源在于：这种人，从来不面对自己，从来不和自己对话，回避与自我的交流。

阿伦特认为是苏格拉底首先发现了这种自我存在的可能性和重要性。而什么叫作“思考”呢？阿伦特认为“思考”是一个中断，它中断了所有的日常作为。“一旦我们开始任何思考，即中断任何事情……一开始思考，我们就好似进入一个全然不同的世界。”

从事思考，好像从事“某种跟人世间的作为相反的东西”。这种“反方向”的思考不仅产生不了实际的结果，它还会令已经有结果的归于无效。

她引用了康德所说的，我们的心智均有一种自反（aversion against it）的倾向。阿伦特继而打个比方说：“思考之事就像珀涅罗珀的织物（the veil of Penelope），它在每天清晨毁掉昨夜完成的事物。”

提供这个场景，我想说明什么？我想说——男性也有完全不思考的，女性也有具有杰出思想的。并不是说，“是个男人”就会天生具有哲学上的智性方面或者思辨方面的优越性，而“是个女人”就不具备这些。我再引入一位人物，海德格尔。

从性别上说，海德格尔与艾克曼是一方的，阿伦特不属于他们这一方；从思想上来说，显然阿伦特与海德格尔是一方的，而艾克曼属于另外一方。

但是从思考的角度，这个队列要大大地改变一下。

从思考的角度，我们可以把这个世界上的人分为思考的和不思考的；从性别的角度，这个世界上的人分为男性和女性。于是我们就有了四种人：思考的男人、思考的女人、不思考的男人、不思考的女人。

那么，是思考的男人和思考的女人之间更加接近呢，还是思考的男人和不思考的男人之间更加接近？同样，思考的女人和思考的男人之间更加接近呢，还是思考的女人和不思考的女人之间更加接近？

是两个会思考的男人和女人之间差别更大呢，还是一个会思考的男人和一个不会思考的男人之间、一个会思考的女人和一个不会思考的女人之间差别更大？就上面提到的人物而言，显然，思考的男人和女人之间有更多的共同语言，而不思考的男人和女人之间也更为接近。

如果从思考的角度，也许不难得出这样的看法：在这个丰富的世界上，其实不思考的男人和不思考的女人一样多。

哲学是谦卑的

即使如开头所说，哲学是一件需要长期训练才能掌握的学科，或者如刚才所说，这个世界上有很多很多完全不思考的人，这也绝不是说，哲学或者思考是一件傲慢、可以傲然于世的活动。

它不应该是傲慢的，相反，真正的哲学活动是谦卑的。甘心与日常活动中断，是一个谦卑的起点。越是往哲学的源头上看，越是能够看出这一点。

中国的老子，西方的苏格拉底，他们的哲学活动，都开始于和根植于对待世界的一种谦卑的态度。

哲学思考之所以能够“中断”和“跳出”，究其根源，是相信这个世界上或者这个世界之外有所谓不朽的存在，有一些更大的、更加结实和永远的秩序存在。在这些秩序面前，任何个人都是渺小的、短暂的、易朽的。

阿伦特将此表述为：一个共同的世界——“我们出生时所进入、死亡后留在身后的世界”。它超越了我们生命的全部长度而进入过去和未来，在我们进入它之前它已经存在，并且在我们短时间逗留之后，它仍然存在。

它不仅对与我们一道生活的人来说是共同拥有的世界，而且对那些在我们之前和我们之后生活的人们来说，也是共同拥有的世界。世世代代的人来去匆匆，而这个共同的世界永设不没。当然，这仅仅是在它以公共性面貌出现的意义上。

这个公共领域的公共性在于，它可以吸纳所有人们企图从时间的自然废墟中拯救出来的一切，并使之穿越数世纪仍旧光彩照人。在这样一个世界面前，作为个人，只能见证它，通过自己的事件而参与这个世界的真理，或者将自己当作媒介，让真理通过自己而流传。

说这些是想表明，如今越来越多的女性加入到哲学活动中，并不是她们一个值得炫耀的、傲慢的理由。而是像某些其他活动一样，是为了证明自己，实现个人抱负，甚至与男性做一个比试，“上九天揽月，下五洋捉鳖”。

哲学远离竞争，对竞争关起大门。与男性并肩工作，不是在劳动力市场上谋取一个位置，当上一个哲学教授，在哲学刊物上写那些和哲学毫无关系的文章；或者在性别大战方面做一个姿态，填补一项空白。所有这些东西，与哲学无关。

如果是进入哲学状态，只是让一些东西经过自己，经过自己然后又流到别处。就像思考，一些念头在你脑子里挥之不去，可以说你在思考。同时也可以说，一些东西找上了你，它们借你的头脑进行工作，你只需要静静地，允许自己身上出现异样的动静。艾克曼是不会允许自己身上出现异样的不同声响的，而为哲学思考敞开大门的人，需要屏声静气，等待异样动静的到来，小心翼翼地不要破坏它们，并且让它们继续下去。

这就需要把笛卡儿的那句话“我思故我在”改动一下——“我不在故我思”。

崔卫平

北京电影学院教授，学者

文化和思想批评家，翻译家

合作者简介

菲利斯·贝伦（Phyllis Beren）

博士，培训及督导分析师，任职于精神分析培训和研究协会（Institute for Psychoanalytic Training and Research，IPTAR）及当代弗洛伊德学会，也是国际精神分析协会成员。贝伦博士主编了《儿童和青少年的自恋障碍》（1998）一书。目前，她是IPTAR儿童和青少年培训计划联合主任。

阿尔玛·邦德（Alma H. Bond）

哥伦比亚大学博士，三十七年来，她成为纽约市一名非常成功的精神分析学家。《杰克·O：在沙发上》（*Jackie O: On the Couch*）是她的“在沙发上”系列的第一本书，由班克罗夫特出版社（Bancroft Press）出版，获得了“品尼高”（Pinnacle）图书成就奖和最佳历史小说独立奖项，并入围了国际图书奖。《玛格丽特·马勒，精神分析家传记》（*Margaret Mahler, A Biography of the Psychoanalyst*）由麦克法兰出版社（McFarland Press）于2008年出版，并获得了两项大奖。

邦德博士还出版了其他18本书籍，包括《米歇尔·奥巴马传》（*Michelle Obama, A Biography*）。目前，她正着手于一本玛丽莲·梦露的传记。

邦德博士是三个孩子的母亲和八个孩子的奶奶。

南希·古德曼（Nancy R. Goodman）

博士，当代弗洛伊德学会、华盛顿特区和IPA的督导及培训分析师。她最近的出版物包括：《见证的力量：对大屠杀的反思、余波和痕迹——创伤精神分析和活着的心灵》（*The Power of Witnessing: Reflections, Reverberations, and Traces of the Holocaust—Trauma Psychoanalysis, and the Living Mind*，2012）、《再现：象征化创伤的机会》（*Enactment: Opportunity for Symbolising Trauma*，2012)、《绝对真理和难以承受的心灵痛苦：具体经验的精神分析观点》（*Absolute Truth and Unbearable Psychic Pain: Psychoanalytic Perspectives on Concrete Experience*， 2012)，以及《生与死的战斗：施受虐的力量》（*Battlingthe Life and Death Forces of Sadomasochism: Theoretical and Clinical Perspectives*，2013）。

古德曼博士在马里兰州的贝塞斯达市一直从事精神分析工作。

安妮塔·魏因雷布·卡茨（Anita Weinreb Katz）

博士，纽约大学心理治疗与心理分析博士后计划教师组的精神分析学家，IPTAR成员，IPA会员。

琳恩·鲁宾（Lynne Rubin）

博士，精神分析培训和研究协会（IPTAR）培训及督导分析师，IPTAR儿童和青少年培训计划项目组成员，当代弗洛伊德协会和国际精神分析协会培训分析师。

作者致谢

我要感谢家人的宽容，允许我留在自己的空间里思考和写作。我的同事们给予了我很多支持。多年来，南希・古德曼一直是我的信息、灵感和乐趣的来源。菲利斯・贝伦在我们长久的友谊中给予了我体贴和温柔的批评。我享受与林恩・鲁宾的相处，以及她慷慨给予我的灵感。当我担心工作和家庭的平衡时，阿尔玛・ 邦德给予我支持和灵感。我感谢安妮塔・卡茨带来的欢乐，她的野心帮助我对新的、有趣的项目开展工作。

我的病人教会我如何倾听，让我履行了我的第一个音乐老师的预言：“你不是一个女高音或女中音，你是一个聆听者。”

这一切都要归功于我的丈夫阿诺德・理查兹，他也优雅慷慨地让我明白了他对我的感谢。

最重要的是，我要感谢塔玛・施瓦茨和劳伦斯・施瓦茨，他们可靠而又灵活的，并且一直鼓舞人心的书籍、论文和专题座谈会。

阿琳・克莱默・理查兹

纽约，纽约州

编者致谢

能够参与这个项目一直让我深感荣幸和喜悦——帮助组织、写引言，以及阅读所有章节，我遇见了活跃在阿琳·克莱默·理查兹脑海中的那么美妙的想法，这些想法都在她的作品中得以呈现。我很感谢自己成为这本书的一部分。这本书包含了如此多的智慧，并演示了一种思考方式，它允许成长、拓宽心灵并带来深刻的理解。把这些文字集为一册，使不同想法之间产生互动，使彼此都更有活力。汇集成册，它们让阿琳音量飙升；读者将会感到充实，并且会很乐意学习和深入思考。

我的丈夫路易·古德曼（Louis Goodman），一直支持着我的努力。他经常告诉我，他发现阿琳·克莱默·理查兹是他所遇到过的最聪明和最有才气的人之一。这本书就是证据，里面充满了爱。塔玛·施瓦茨（Tamar Schwartz）发现了所有这些文章，后续还有更多文章。她可靠、稳定，并且非常执着。劳伦斯·施瓦茨（Lawrence L. Schwartz）把这本书整合在一起，并向我说明我们需要在哪里更努力。他是一名我想追随的导游。我很感谢能够成为这个团队的一部分，谢谢塔玛和拉里（劳伦斯）。马修·巴赫（Matthew Bach）提供了帮助，使引言更完善。我感谢贾森·阿伦森（Jason Aronson）的艾米王（Amy King）把这本书打印出来，并且特别关注到书的形式和细节。引言作者们写出了他们的心声和灵魂，每一篇都有美丽而独特的声音。感谢你们展现出成为阿琳·克莱默圈子的一部分意味着什么。我们都是如此幸运的人。阿诺德·理查兹（Arnold Richards）抽出了所有时间来帮助完成这本书，我感谢他。阿诺（阿诺德昵称）没日没夜地给予鼓励并回答问题，他似乎永远在那里。

我想要强调的是，当精神分析思想是开放和乐于接受的时候，心灵也会生机勃勃，那么想法就可以不断形成并持续拓宽，帮助到那些冲突和受苦的人们。

南希·古德曼

贝塞斯达，马里兰州

原版推荐序一

与阿琳·克莱默·理查兹同行

阿琳·克莱默·理查兹代表精神分析的精髓。任何试图定义什么是精神分析的努力都可能在与阿琳一同思考、探索心灵，她在咨询室实践、教学、督导和写作的旅途中，找到答案。本书中包含她的突破性想法和她将这些想法传达给我们的方式。在这里，您可以找到一个有关女性发展、创造力和诗歌、妥协导致的变态心理和极度寂寞之体验的深层精神分析世界。她带领我们进入电影和电视剧所描绘的层层无意识世界。她的双眼能看到别人一直害怕看到的东西，为研究带来了敏锐的洞察力。

阿琳·克莱默·理查兹始终保持对个体的兴趣，关注他们的幸福和他们成长的能力。她异常专注于病人的情绪痛苦和潜意识真相。所有的愿望和恐惧都能被确认，帮助耻辱和内疚转化为成就感、自豪感。她带学生和督导生进入一个他们凭自己的力量只能获得一些暗示和微弱理解的地方。她使她的督导生破译先前未知的奥秘，更加充分地认识到自己的创造力。

阿琳对心灵的理解继承自雅各布·阿洛。当她倾听时，她是准备去发现、揭露意识和无意识的幻想，因为它们会出现在比喻、联想、再现和移情与反移情的丰满情感中。在本书中，读者会接触到建立无意识幻想基础的心理生活元素。阿琳相信它们的存在，并相信发现它们可以将这些著作里出现的每一个人从疼痛和症状中解放出来。

你必须要勇敢，并下定决心面对恐惧，以及禁止想法和欲望。阿琳·克莱默·理查兹是勇敢的，也能帮助别人勇敢。当她发现工作中有些令人费解和神秘的东西时，她就以各种研究和写作的方式对它进行解释，为未知赋予形态。事实上，精神分析理论本身往往是僵化的，正是阿琳对心灵现实的信念指导她打开了被关闭的理解之门。例如，一名感到紧张的女病人，在电话穿透他人的边界时感到释放，阿琳可以听到一个相当于高潮的暗喻（第12章）。根据女病人向她透露的身体感觉，她认识到女性内部生殖器的存在（第5章），并给出充分的确认，即当心理试图阻止对女性欲望之报复的恐惧时，会形成的妥协形成（第4章）。如果一个精神分析师不能想象一个女人害怕没有被穿透，或不能生育，或遇到生殖器的伤害，或者因为自己的才华和自信被视为不够女性化，他/她就无法听到女性分析者潜意识中的复杂性。她告诉我们美杜莎神话在电影《本能》中和在病人心中的功能（第24章和第26章），让我们自由地了解，而不是在精神分析治疗中活出或再现自我毁灭。她理解孤独中包含着丰富的妥协，以及它如何行使重复功能和防御功能（第13—16章）。所有这些想法都为理解心灵的斗争带来了力量。她的作品向我们展示了，不断倾听并不断寻找是多么重要。

在面对生活最困难的方面时，阿琳·克莱默·理查兹写诗（理查兹，2010）。例如，关于大屠杀（2012）、在智利圣地亚哥体育场进行的酷刑，以及她的母亲去世。她帮助我们到达我们人性所在的领域，这也许是我们不敢完全承认和去感觉的。她检查诗人希尔达·杜利特尔在与弗洛伊德分析期间的书信（第6章），发现他使用的干预方式与前俄狄浦斯情结、俄狄浦斯情结及移情相关，帮他杰出的病人突破了写作瓶颈。

考虑到这一点，我开始寻找恰到好处的比喻来形容我亲爱的朋友和同事。对于我首先想到的，我感觉有点儿不确定，我告诉她，我想象阿琳·克莱默·理查兹，像保罗·里维尔一样骑着骏马，驰骋在自由之路上，并带来消息说，“英国人来了”。她高举灯笼，照亮前行的道路，帮助革命民主事业，摆脱保守旧观念的君主制。她笑着给了一个最好的回应：“是的，在我是小女孩的时候很爱骑马，我也喜欢芭蕾。”由此，现在我们有了更清晰的幻想形象，阿琳骑着她的马身着她女人味的舞衣，召唤我们遵循一条能更好地看到和更安全的足迹，而她是领路人。马和骑手是弗洛伊德著名的标志性图像之一，代表生命和死亡的力量，关注先天本能能量的控制。“自我”伴随着通往欲望和情感的入口，一起诞生于马上。

阿琳知道如何形成一个令人振奋的旅程并保持向前发展，在途中聚集智慧。弗洛伊德努力理解“一个女人想要什么？”我不知道他有没有想过，一个女人以这种方式骑这匹马。但我们知道，阿琳就是这样的。

继续这个比喻，那些陪伴阿琳的人不需要以任何专业的方式在她身后排队。她教学和倾听的方式，允许他人沿着自己的方向，以自己的个性起飞。这是最特别的品质。她是如何做到这一点的？我认为，我们可以从当我表达了脑海中阿琳沿着自由之路骑马的比喻时，在她回答“是”的那里去寻找答案。这是一个极其重要的“是”——一份伟大的礼物。所有认识阿琳的人，都听她这样说过。它携带着一些特别的东西，她深刻地认识到了那个她正在关照的人有了一个心灵发现。这个“是”，意味着她已经听到一次克服表达自己真实所知的阻抗，并且一个转化正在此刻发生。当阿琳传达这个“是”的时候，她的脸发亮并向他人传达出信任之情。我经常在咨询时听到这个“是”，终于得到了某些一直在我心中挣扎的东西。也许是我一直不愿意承认的一个反移情，或害怕的一个真相，无论是色情的、攻击性的，或是创伤性的，我觉得都是会将我淹没的。她等待我认识到自己狭窄的思想和僵化的心灵，我远离禁忌的知识，以及伴随我的内疚和羞耻。然后，在她给我及我的病人的空间里，我发现了这个“是”发生的地方。我相信，她的病人在他们的精神分析时间里，当可怕的深层情感及其历史重要性在此时此刻呈现时，也体验到了这种确认。

作为精神分析学者，我们知道，真正的“是”与一个大的、真正的“不”紧密相连，位于自主感和身份拥有感的中心。阿琳恰到好处地结合“是”与“不”是她穿越心灵之域的燃料。

我在1992年第一次见到阿琳，当时她在我们的新研究所，即华盛顿特区的纽约弗洛伊德学会，发表了一篇讨论女性发展的科学论文。她来培训和带领我们加入关于女性发展的新思考的讨论。她断言，小女孩通过实际的括约肌活动感觉，会拥有她内部生殖器的有关知识。小女孩发现乐趣、发现内在，并发展了与之伴随的幻想和妥协形成。阿琳宣布，女性生殖器的内部和外部在身体和心灵中活跃着。当阴茎嫉妒的想法作为基岩松动时，你能感觉到房间在摇动。女性生殖器不再被视为一个“黑暗大陆”，是可以被感知和了解的。现在，我们可以有关于女性生殖器的陈述，关于冲突和想象力的多层认识。无论这些是在小女孩的思想中，还是在精神分析的思考中。

阿琳·克莱默·理查兹舒适地坐在房间前方，房间里的矛盾和紧张感在上升。一个男性资深分析师问她，如何推测这些女性生殖器的内部感觉，她可以提供什么证据去挑战阴茎嫉妒和各种幻想，关于阴茎的缺席一定是女性心理主要和唯一的成因。阿琳看着我们所有人，清楚地说，她是女性，她的许多分析者也是女性，而她愿意听她们说在她们的隐喻和记忆中说出的“是什么”，不仅是“不是什么”。她建议男性分析师，包括这个提问者，认识自己的身体，继续书写他们从经验和病人那里知道的。你可以看到，她与她的灯笼照亮了知识领域，并挡住那些怀疑论者，隐藏在阴影中去照亮心灵的进一步探索。

哦，我有没有告诉你？阿琳·克莱默·理查兹是美丽的，并且她的写作是辉煌的。当你听她读她的作品，毫无疑问的是，蕴含宽广的、创造性的和明确阐述的女性化。在这里，她骑在马背上，带着她那芭蕾舞般富有启发性的精神分析思考，而当我几年后跑进一个令人不安的、对一个分析者的反移情时，我知道我想打电话给谁来帮我解开这个展开在我面前的病人的故事。

了解女性，只是阿琳尝试的精神分析领域之一，她去寻找正统的“不”和拓展思路与实践的“是”。当她听到有谈话表明，大屠杀的幸存者带有内疚，因为他们都必须犯罪才能生存时，她被激怒了。她辨识出想要将受害者变成攻击者的企图，是一个令人不安的防御，并试图掩盖对一直互相团结和互相照顾的人类的毁灭和现实灭绝。然后，她写了一篇关于集中营内存在爱与友谊的文章（2001），讲述是爱与友谊帮助人们活下来，且仍能感觉自己是人类。当女性气质的新想法转向准备去削弱弗洛伊德的整体思想时，她提到这样的悖论：弗洛伊德有些东西肯定是错误的，但他也大力地将妇女带进了他的知识圈，而当时女性仍然被拒绝进入学校或拥有职业生涯（第3章）。

我们发现，在自由之路上的阿琳・克莱默・理查兹锻造的另一座丰碑是，对否认女性心理可能会导致变态的破解。有了这个盲点，变态只属于男性，再次狭窄了精神分析了解心理生活深处的进程。当对女性的想法被压缩时，最终也会影响对男性的分析。任何形式的任何心理都存在基本原理的观点，阻止了一切精神分析的分析过程和发现。她认为变态既属于女性心理（第7—12章）也属于男性心理，有助于增强女性病人和男性病人都可以得到充分分析和理解的可能性。读完她的文章《女性时装》（第8章）后，就不可能再将购物仅仅当作购物。她决定揭示在精神分析文献中关于变态话题的历史发现，将埃尔米纳・赫敏–赫尔姆特（Hermine Hug-Hellmuth）写于1915年的著作《一个女性恋足癖或更确切地说是恋靴癖案例》（第11章）从德语翻译为英语，以了解其中的知识是如何遗失的。

在其精神分析自由之路上，阿琳能够识别精神分析机构的殿堂里所竖立和维护的障碍。她曾执导她的“不”进入精神分析培训领域，这是对谁可以实践及如何进行培训有持久影响力的领域。她所引起的转变增加了尊重和智慧，而不是对老万神殿和授权者的崇拜。阿琳看着我们，以确保我们没有在我们的精神分析社区里变得狭窄和富有破坏性。不要认同攻击者，是她不断在呼吁的变革之一。

在阿琳成为一个精神分析师的年代，如果临床医生没有医学背景是不允许在美国精神分析协会受训的。为了得到培训，一个人自己的热情和想要为病人提供分析的动力是其向导，我称此为个人的自我训练时代，通过躺在沙发上和桌子底下，跟随那些支持他们、相信合法自我培训的人。许多分析师愿意进行监督，并提供课程。随着个人动机的驱使，许多这样的培训以这种方式在精神分析的研究、写作和思考舞台上成为强有力的智性声音。在许多团体中，阿琳一直是活跃的、不知疲倦的领导者，帮助心理学家和社会工作者发展精神分析，现在也包括许多有医疗受训背景的专业人员。她曾在纽约和华盛顿的纽约弗洛伊德协会、精神分析培训和研究协会、美国心理学会第

39分会，以及独立精神分析学会联合会做出开创性的工作和帮助培训。她走遍世界各地，帮助精神分析团体研究成为合法的、能够被认可的机构。

阿琳注意到，大多数美国精神分析训练场所对非医疗背景的医生都是拒绝的。从1983年到1985年，她加入心理学家的行列，决定组织状告美国精神分析协会不提供培训给心理学家，反对国际精神分析协会不承认心理学家培训机构作为成员单位。这的确是一场革命。结局是，现在被称为的“这起诉讼”打开了美国各地精神分析培训的大门，也将许多独立的精神分析机构带入了国际精神分析协会。

阿琳不仅想培养非医疗背景的分析师，而且她决定要为社会工作者和心理学家传授精神分析。她在马萨诸塞州南汉普顿度过了许多个夏天，在史密斯学院临床社会工作专业向硕士和博士在读生授课。这包括在美丽的马萨诸塞州南汉普顿每周六天、每天三次、共二十一天教授精神分析技术。许多学生后来去机构继续学习。

当纽约弗洛伊德学会在华盛顿特区成立培训部时，阿琳以她一贯的承诺加盟其中。她成了专门“穿梭”于华盛顿和弗洛伊德文卷之间的“大巴”：教学、督导，并为科学项目提供论文。她会在周六晚上教学，周日提供督导。令人惊讶的是，她只随身带很少的行李，在她的大手袋里有所有过夜需要的东西，包括弗洛伊德文卷。她总是准备好去精神分析培训需要去的地方。有时，她让阿诺（阿诺德·理查兹）陪着她，这样他也成了我们的阿诺。他绝对在任何时候都是一个合作伙伴，跟她一起骑着马，不断开拓新的征途，以扩大精神分析的世界。我们在华盛顿特区，不知道他们在芝加哥大学相遇，并作为青年知识分子彼此强烈吸引的故事。他们的伴侣关系是一件美妙的事情，对他们自己、对精神分析，还有对我们都是一件美妙的事情。

哦，看她又走了，走向自由之路，手里握着指路明灯，照亮了精神分析训练和治疗在我们非常现代的世界里的各种可能性的理解之路。在那里，我们有技术可以去克服地理的距离。在来自远离培训机构大本营的卫星城市的精神分析候选人进行电话督导出现问题时，阿琳用实际工作来进行辩论。她针对认为“电话督导与面对面督导有太多不同”的偏见，给临床医生发了一份问卷，收集他们的相关临床实际经验。后来，她用同一种方法汇集了有关电话精神分析的信息（第18章）。

“不”和“是”一起走到的另一个前沿是，培训分析师的现状（第19章）。她见过太多人被这一过程压垮了，一个有才华的精神分析学家的进一步发展经常就这样被阻止了，这对精神分析本身的完整和成长也具有破坏性。阿琳决定尝试改变这个过程，并且用会议来实现——更多的会议、有效的会议。纽约弗洛伊德协会开启了一种选择培训分析师的过程，就是向那些在临床和督导方面的优秀成员强调案例讨论的协作性。在美国精神分析协会中，她对关于认证的争论采取了直接的态度，因而疏远了许多有才华的精神分析学家。她是无畏的，并帮助我们所有人都变得不那么害怕变化和知识。阿琳·克莱默·理查兹很可能跳出来，将个体、病人、学生、被督导者、同事和朋友从权力的滥用中解救出来，从那些对如何维持他们的生活方式而不是真正的成长更感兴趣的机构的“气灯”中解救出来。

阿琳游历甚广，到处教学，知道为学生带去精神分析的思路是多么重要。她是中国武汉华中科技大学同济医学院第九临床学院的一名客座教授。她为中国的精神卫生机构带来了活力，同时也为之振奋，想方设法提供精神分析治疗、研讨会和督导。我已经形成了一个特别的想法，在阿琳的头脑中存在一个特定的教师/学生。她有强大的知识要传达，更重要的是，她有办法通过实例、通过成为良师，来寻找知识。学习总是涉及已知和未知之间的对话，让彼此互通。老师往往是学生，而学生是老师，是病人最终带来了心理功能和隐喻的知识给治疗师。弗洛伊德通过倾听他的病人，学会了“谈话疗法”。阿琳为多片大陆上的病人和学生带去了她的倾听方式。

阿琳心里有如此高的学习标准，我觉得她已经找到自己的老师。她尊敬三个特别的“老师”，为他们编辑参考资料，即雅各布·阿洛（1988）、马丁·伯格曼（1994）和奥拉西奥·埃切瓜扬（Horacio Etchegoyen，1997）。很清楚，阿琳的思想是围绕着阿洛的信念的，他相信潜意识幻想在病人（和分析师）那里是一个持续活跃的核心存在，潜伏在分析会话所带来的思想和互动交流中。她与许多其他学生坐在马丁·伯格曼阳光灿烂的办公室里，共同讨论临床资料，学习马丁如何将历史悠久的精神分析知识和新思维汇集的高超技艺。通过将埃切瓜扬关于变态的想法，特别是性变态移情带给说英语的观众（第10章），她帮助分析师可以对发生在咨询室中的变态倾向进行反映。

对我们所有的人来说都很幸运的是，阿琳·克莱默·理查兹继续旅行，高举灯笼，带领我们跟她一起前进。她一直带领我们沿着新的路径，去了解潜意识，以及它是如何出现在病人心中和我们自己心中的。这里的很多论文向我们展示了她停下来进行思考、创造和写作的那些地方。我们知道她为我们勘探并大力开发新领域，而我们会很高兴地跟着她，因为她照亮了心理世界中前所未见的领域。

参考文献

Richards, A.K. (2012). Blood: Reading the Holocaust. In The Power of Witnessing: Reflections, Reverberations, and Traces of the Holocaust—Trauma, Psychoanalysis, and the Living Mind, N.R. Goodman & M.B., Meyers, eds. New York: Routledge, pp. 217-234.

—— (2001). Healing the Wounds: A Study of Women Survivors of the Holocaust. Paper delivered Lima, Peru, November 16.

—— (2010). The Laundryman's Granddaughter: Poems by Arlene Kramer Richards. New York: IPBooks.

—— & Richards, A.D. eds. (1993). The Spectrum of Psychoanalysis: Essays in Honor of Martin Bergmann. Madison, CT: International Universities Press.

—— Ahumada, J., Olagaray, J., & richards, A.D. eds. (1994). The Perverse Transference: Essays in Honor of Horatio Etchegoyen. Northvale: NJ: Jason Aronson.

—— Blum, H., Kramer,Y., & richards, A.D., eds. (1988). Unconscious Fantasy, Myth, and Reality in Honor of Jacob A. Arlow. Madison, CT: International Universities Press.

原版推荐序二

阿琳·克莱默·理查兹个人史

当我被要求写一篇阿琳的个人史作为这本书的引言时，我非常感动，非常乐意地答应了。我认识阿琳这个朋友兼同事已经有三十多年的时间了。我们最初相识在“马丁·伯格曼学习小组”。它是马丁·伯格曼组织的第一个私人学习小组，后来他又发展了很多其他小组。阿琳和我发现我们住得很近，都在上东区，而且我们都爱慢跑。于是我们开始每天日出前一起慢跑，无论雨雪，跟她的丈夫一起，我们的友谊由此发展起来。我们会沿着第五大道一直跑到广场饭店，日出之后，再跑回麦德逊大道。当跑到一家商店橱窗时，一件漂亮的衣服吸引住了我们的目光，这一举动让我发现了阿琳对时装的兴趣，而且她自己也是一个有成就和有天赋的编织者，会自己创作和设计手工织物。

后来我对阿琳有了更多的认识，发现她有很多热情、兴趣和天赋，会坚持不懈地追求，同时她的成就总是看起来毫不费力。当我最近翻阅她的出版著作时，令我印象最深的是她的论文反映了她兴趣的多元化——无论是在专业上还是在私人生活方面。比如我在跟她慢跑时发现的她对时装的兴趣，后来反映在了她对女性倒错的研究中，让我毫不惊讶地看到她会写一篇名为《女性时装：快乐、倒错和性反常》的文章（第7章），以及另外一篇名为《衣服和沙发》的文章，出版在《我购物，因此我存在》（2000）一书里。

作为一名临床精神分析师，她的论文很明显受到了治疗情境中她细心聆听病人的启发。但是与此同时，她所选择的许多主题，也是对她个人产生很强共鸣的主题。她所谈论的题目，反映了她成为一名精神分析家之前的兴趣，比如她对诗人和诗的兴趣，她在八岁时就开始自己写诗，而且一生都在持续作诗。她关于女性性欲的论文反映了她与病人的工作，但也受到她自己的背景和体验的影响。作为一个女人，她下决心去迎接来自无数其他女性的挑战，努力去平衡和整合她们之间的竞争角色。阿琳完成了这项高难度的工作，不仅在于她在个人生活中作为一个尽心尽力的女儿、妻子、母亲、同事和朋友，而且在于她在职业生涯中作为一个精神分析师、诗人、作家、老师和导师。

同行之间经常会开一个玩笑，一个蕴含了不少真相的玩笑，说我们之所以会成为精神分析师，是因为我们从儿童时期就开始接受自己家庭的培训了。回顾阿琳的早期背景，她的童年和青春期，很明显可以看到她热爱帮助和教导别人的倾向。她告诉我当她五岁的时候在幼儿园，她那说意第绪语的老祖母是她“第一个好学生”。她会每天放学回家教祖母英语，以及她那天在学校里学到的任何东西。阿琳的父亲是一个商人，而“他的事业是由弟弟来继承，而不是她”。当阿琳这么跟我说的时候，我感觉这是她首次认同自己是一个女权主义者。她也认同自己母亲的充满爱的工作。另一方面，母亲憎恨任何与持家相关的事务，在家里，是祖母承担着那个慈爱和养育者的角色。阿琳在原生家庭的生活并不轻松，但是她很幸运地遇到了一个人告诉她，芝加哥大学有一个特殊项目，录取还没完成高中学业的有天赋的学生。阿琳把握住了这次机会，在十六岁就进入了芝加哥大学，主修哲学和古典文学，同时学习德语。

她后来接受了师资培训教育——为了找工作。而她的丈夫，她在芝加哥大学里遇到的阿诺，去了纽约医科大学。她十八岁时已经从大学毕业，她跟阿诺结婚，在十九岁时生下他们三个孩子中的第一个。她在纽约教五年级，随后他们搬到堪萨斯城，因为阿诺在门宁格精神科做住院实习医生。她受聘于托皮卡的沃什伯恩大学，面向学校新生开设一门阅读和学习技能的课程，这些学生中很多人来自农村和小学校。这是教育行业中相对较新的领域，而阿琳乐在其中——去教导这些充满热切渴望的学生们。教导这些学生的早期教学经验，后来在她的职业生涯中被重复无数次，因为许多朋友、学生、被督导者都感受到她是一个尽职的老师和一个异常慷慨的导师。当有一天我把这个印象告诉阿琳的时候，她回答我说："当我付出的时候，我不会失去什么，反而我会拥有更多。那是很让人满足的。我想，这种感觉可以追溯到幼儿园我教老祖母的那个时候。"

阿琳描述过一个对她十分关键的时刻，那是她全家从托皮卡搬到弗吉尼亚彼得斯堡的时候，当时她在威廉玛丽大学的分校里教授学习和阅读技巧。她读到《纽约客》（New Yorker）中一个名叫安·麦克凯洛珀（Anne McKillop）的临床心理学家的个人资料，此人在哥伦比亚师范学院教授学习技巧。麦克凯洛珀观察到那些似乎与学习障碍有关的情绪问题，深有感触。她跟其他几个人当时还就阅读障碍和以神经学为基础的学习障碍进行工作。根据阿琳的叙述，她当时对这项工作感到十分激动，立即打电话给麦克凯洛珀，请求她做自己的导师。这就是阿琳的精髓，也是接下来的故事的精髓。她安排阿诺照料孩子，而她会坐当天夜班巴士去纽约，第二天返回。他们开车到了巴士站所在的乡镇，但是巴士没有来。阿诺坚持她不能错过这次面谈，于是他们将三个睡着的孩子堆进车里，开车去了纽约。孩子们第二天早上在纽约醒来的时候都惊呆了。阿琳找了一家咖啡店的厕所换上了她的面试服装。当她出现在面试现场时，她告诉麦克凯洛珀她是如何来到这里的，麦克凯洛珀当场就录取了她。任何有如此强烈动机的人都会被麦克凯洛珀录取。那一年是1964年，她开始了哥伦比亚师范学院的硕士学习。

我热爱这个故事，因为它代表阿琳的个性和能力。阿琳不让日常生活的无关细节阻碍她目标的达成。我们中大部分人遇到相似的情况，会受挫回家，并且鼓起勇气再重新安排一次面试。当然，她在她的互补性婚姻中的伴侣也起了重要作用，却是阿琳让这一切发生的。我想起有一次去参观阿琳以前在缅因州斯通宁顿市的度假屋，在早餐的时候，她提起晚上要开一个派对，已经邀请了大概二十个人。到了下午四点半的时候，我开始紧张，因为她还没有为派对准备任何东西。她在忙碌地摆弄她的日本花园，那是她自己设计的。我打断了她，试着婉转地问她有没有任何我可以为派对做的事情。她停下手头的工作说，“哦，我们可以去熟食店买点食物。”我们就那么做了。她买了各式各样的熟食，为客人们提供了奢华的大餐，没有一刻看上去是疲倦的，或担忧派对会出什么状况。阿琳的生活中有一种持续的乐观主义，坚持不懈、幽默，并将她无穷的精力投入到工作和游戏中。她似乎永远不会畏惧她所承担下来的挑战。

完成了硕士学位之后，她对心理学越来越感兴趣，感觉自己在学习和阅读领域已经做了所有想做的事情，于是她决定继续攻读博士学位。当在思考她的论文题目时，她决定去调查幼儿语言结构的发育，而且很凑巧的是，她最小的孩子当时六岁，被征募进了一个试点项目，刚好可以测试她的假设。在尝试写她的提案时，她遇到了一个严重的写作瓶颈。这个写作瓶颈与她接近十三岁的大儿子有关，他刚接受完犹太男孩的成人仪式（Bar Mitzvah），准备去上高中。她发现自己对发生的这一切感到非常悲伤，但是无法理解这种悲伤，也无法理解她的写作瓶颈。这一事件导致她进入了精神分析学。

雅各布·阿洛刚发表了一篇关于犹太男孩成人仪式意义的文章。她找到了他进行咨询，随后与他开始了分析。阿琳还认识到，她的一些问题与她作为一个女人和一个母亲、她对分离和丧失的恐惧，以及她对个人野心的内疚有关。

忠实于她自己的个性，一年的分析后，她的写作瓶颈消失了。因此，她的早期论文毫不意外的是关于诗人希尔达·杜利特尔的，这位诗人曾经也遇到写作瓶颈，并寻找弗洛伊德做了分析。阿琳小时候就读过希尔达·杜利特尔的诗，也很喜欢。她将杜利特尔的一些诗视为自己的诗一般，是对丧失或悲剧或绝望感的一种适应性回应，而且最终是一种处理无法接受的想法和感受的方式。

她对女性发展，尤其是对女性性欲话题的兴趣，是由一位女性病人引起的。这个病人每天要跟自己的母亲通话无数次。虽然这看起来是严重的依赖和分离问题，但是阿琳发现这些电话里的对话还弥漫到病人的性欲生活中，而这促使她写了《痛苦的浪漫：一个女人的电话倒错》（第12章）。在文献中很少有关于女性倒错的文章，也鲜少谈及女性生殖器焦虑。女性性欲领域成了她的兴趣所在。一系列关于女性倒错和女性生殖器焦虑的论文相继产生，包括她的《原发性女性特质和女性生殖器焦虑》（第4章），以及《括约肌控制和生殖器感觉对女性身体意象和性别认同的影响》（第5章）。她对孤独的研究兴趣也源自一些病人的担忧，她和露西尔·斯派拉（Lucille Spiro）曾经写过这个主题，并在每年美国精神分析协会的冬季会议上开设一个持续的工作坊，处理孤独问题。

阿琳的创造性、好奇，让她愿意冒险就一些主题进行写作，挑战了传统精神分析思考的极限，加深了我们对精神分析技术的理解，并且拓宽了讨论的可能性。这一点可以在她的论文《21世纪的谈话治疗：电话精神分析》（第17章）中看出。并不是没有分析师在此前做过电话分析，但是很少有人写过这个主题，而今天在我们全球化的世界里，当然不可能会不去考虑使用电话来做分析。正如阿琳曾经对我说的，“任何你不应该去思考的问题，都让我着迷。”而这本书将会向你证实，阿琳对我们的精神分析文献做出了一些非常原创性的贡献，我们可以从中收获良多。“原创性”这个词很好地描述了阿琳，不仅在她的作品中，还在她所驾驭的自己的不同角色中，将她的丰富人生推至完满。

菲利斯·贝伦

参考文献

Richards, A.K. (2000). Clothes and the Couch. In *I Shop, Therefore I Am:Compulsive Buying the Search for Self* (A.L. Benson, ed.), New York: Jason Aronson, pp. 311-337.

原版推荐序三

阿琳·克莱默·理查兹——独一无二的人

在阿琳的六十五岁生日派对上，她的小孙子约书亚说了一个关于阿琳的故事，听过的人绝对不会忘记。这对祖孙俩长途跋涉来到一个游乐园想玩过山车。当他们要坐进过山车的时候，孙子害怕了，拒绝上去，阿琳就把他推了进去。“我的祖母跟别的祖母真不一样。”约书亚说。客人们到现在都还在笑这个评语。

约书亚对阿琳的总结太完美了。她不仅跟别的祖母不一样，也跟别的任何人都不一样。她的那种独特类型，我们会称之为原创品。她就是她自己，不是任何别的人。例如，有一次我的人生发生了一次可怕的悲剧，我去跟阿琳待了一段时间。我们谈论了我痛苦的丧失了吗？完全没有。我们去了看电影，而那正是我所需要的。

然后她写了这首诗送给我：

致阿尔玛
甚至星星都会战栗，
在孤单的夜里，银冷的光下，
瑟瑟的黑中，哭泣。

还有一次，阿琳被一个劫匪堵住，抢了她的钱包。任何人都会庆幸自己生命无碍，但是阿琳不一样！她冲向劫匪，并开始揍他。这个劫匪知道自己打不过，于是把钱包还给了阿琳。我问她，“难道你不怕他杀了你吗？”“我没想到那些，”她回答说，“我突然感到一股狂怒，控制不住自己。”

另一位分析师阿琳，是跟我一起写书的人。她是一个有良好专业素养的女性，她的写作也留下了一些让人渴望的东西。但是她在欧洲长大，被教育以一种笨重的德国风格写作。她想到的书名，是一个很长的、一连串的学术用词，每个人都必须至少读两遍才能理解。这位阿琳把它改为《梦的肖像》（*Dream Portrait*），一个可爱简单的名字，把这本书的精髓传达了出来。

理查兹一家人养了一只亲爱的小狗，名叫温妮，当然是以丘吉尔命名的。阿琳非常宠爱温妮，几乎走哪都带着它。不幸的是，合作公寓的董事会告知他们，假如想要继续在那里住的话，必须除掉这只狗。阿琳说，他们不会除掉这只狗，而是会搬走。后来，他们幸运地找到一个聪明的处理方式，得以同时保留小狗和住处。

几年后，理查兹夫妇和我一起去墨西哥乘船游览。到旅程即将结束的时候，阿琳说，“我想到水里去，有谁想跟我一起吗？”阿诺和我在一整天观光后都累坏了，只是叹息。我们的反应打消了阿琳去实现她的愿望了吗？当然没有。她自己跑去潜水了。阿琳五十岁的生日派对就是在泳池上举办的，这毫不令人意外。她的母亲跟阿琳有同样的独特性，我与这位母亲谈起女儿的成就时，问道：“你不为她感到骄傲吗？”她回答，“我骄傲得都要爆炸了！”她的朋友们也一样。

我的一个朋友跟我讲过一个故事，与我对阿琳的感觉极其吻合。我的朋友和理查兹夫妇一起参团去阿拉斯加旅游。当她坐着一架直升机来到一座高原上的冰川时，她凝望远处发现有几个被绳子连在一起的徒步旅行者。他们已经爬到了冰川的高处，并继续用手里的丁字斧凿路前进。她仔细看着远处攀爬者小小的身影，虽然距离很远，她还是认出其中一个依稀看起来熟悉的人。“哦！我的上帝呀，那是阿琳!”她惊呼起来。

正如约书亚如此敏锐地说出的，阿琳总是会跟别人的反应不太一样。

她很爱他们在纽约加里森的夏季度假屋。我问阿琳，假如他们没有找到那间屋子，她该怎么办。我预期她会说类似“我们会有更多的旅游机会”这样的话。她给我的回答是：“我会找到另外一所跟它一模一样的房子。”

最近，阿琳让我看一篇她写好的论文。我花了大量时间阅读，并提出建议。我在电邮里发给她，等她回复，但是一直没有收到。几周后，我问她，“你喜欢我的建议吗？”她回答说，“当然很喜欢，而且我采纳了其中的大部分。”“为什么你没有告诉我呢？”我问。“我没有吗？”她说，“那我猜我大概是觉得你会知道我是喜欢的吧。”

阿琳是各种性格特质的奇怪组合体。我们还会认识谁，同时是一个细腻的诗人，一个优秀的精神分析师、老师和作家，一个最佳的妻子和母亲，会在闲暇时刻用电脑玩纸牌？另外，她还会在度假屋黑夜冰冷的河水里，像海豚一样游泳。阿琳现在的衣服尺码跟她结婚时是一样的。她的丈夫认为她长得像玛丽莲·梦露。我认为他是一个幸运的男人。

阿尔玛·邦德

原版推荐序四

更早之前的阿琳：教学、研究与写作

阿琳·克莱默·理查兹容易描述，难以想象。她是一个全职的成人分析师，并且跟年轻人一起工作和谈话，同时，她又是一个老师、作家、研究者和社会活动者。她完全生活在这个世纪的现实中，完全忠实于过去带给我们的教训。在百分之百的时间里，她是一个诗人、分析家、老师、督导师、父母、朋友和妻子。这些承诺并不互相冲突，而是存在于一个有多重天赋的内部世界，每一部分都生机勃勃、彼此滋养着。

在布鲁克林威廉斯堡职业高中的基础部门教授一门多语言课程之后，阿琳又去了堪萨斯州托皮卡市，在一所政府拨款的大学里教书。在那里，她与来自堪萨斯州农村地区小学校的学生一起工作，这些学生需要学习阅读和学习技巧，以便可以去做大学水平的工作。所有这一切让她学会了如何与只有很少或根本没有学术成就的年轻人对话。

阿琳的诗、书和分析性论文——都取决于语言的有效性——其作者的家庭交流在很早就深深受这个事实的影响，那就是：即使亲人有不一样的“第一语言”，并且彼此不容易理解。这是否是一个巧合呢?

她的四本为年轻人所写的关于年轻人的书，是与艾琳·威利斯（Irene Willis）合作完成的。后者是一位深受尊重的同事，曾经担任过中学校长，现在是www.InternationalPsychoanalysis.net的在线诗歌编辑。阿琳描述了威利斯博士描绘“正常”孩子声音的卓越能力。阿琳则贡献了关于有特殊问题的孩子是如何感觉和行动的。毫不奇怪，她们相遇在一个诗歌研讨会，当时两人都已经很享受用文字来吸引和拓展读者与听众了。1976年，她们的首次合作是《当你父母分开的时候，你要如何打起精神》（*How to Get It Together When Your Parents Are Coming Apart*）。

这些书写给青少年，以及他们的父母和照顾者、他们的老师和学校管理员。书中的语言直接地且充满尊敬地回答了几代人的生活问题。在进行分析训练的几年前，阿琳几乎被一个既不能与家人相处也无法离开家的年轻男人的（传记）故事中的移情和强迫性重复完全吸引：

> 在蒂姆自己看来，这是个老掉牙的故事了。一旦你让他们中的（任何）一个侥幸逃脱，他们就会踩到你的头上。对蒂姆而言，似乎他的老爸也是这样。只要你让他任意摆布你一次，他就会得寸进尺。蒂姆无法相信任何人会公平地对待他。蒂姆没有准备好进入人生的新阶段，因为他仍然停留在一个旧的生活里，仍然是一个小孩，努力从父母那里赢得一些自由（《离开家》，*Leaving Home*，1980，p. 120）。

在整本书里，给父母和孩子类似的信息是：我们是谁？我们成为什么？这些都源自强大却沉默的期望的混合，常常经过了好几代人的积累。这些书鼓励了一种交流方式，可以软化甚至熄灭那些明确但未知的、来自父母的人生期待，而现在它们成了孩子的期望。

与艾琳·威利斯一起，理查兹博士把发展理论“翻译”成像青少年的现实人生般真实的语言：这些青少年曾经有过婴儿般的无助感；他们最早学会的是为了保持依附和被照顾的沟通方式；他们学步年龄的叛逆和能量；他们需要成为社会学校（out-there school）的孩子；他们既停留在熟悉中，同时也进行摆脱限制的、充满困惑的努力。玛勒、珀恩和伯格曼、安娜·弗洛伊德、桑德勒、麦克德维特（John McDevitt）、鲍比和安斯因沃斯、福纳吉和塔格特，以及无数其他发展学解释者，在这些书里大多使用亲身的体验教导痛苦中的年轻人。

这本书的每一章节都满是青少年的故事。它们是可信的，因为它们直接来自对成千上万的年轻人的采访。它们忠实地履行了这项任务的使命，没有采访一个父母。这些都是为青少年的利益所写的，而他们改变成年人的力量通常是有限的。通过这些采访，阿琳表现出作为一个优秀研究员和教育家的客观性，最后作为一个分析师，阿琳突出了这些采访对象不和谐或者更糟情况的潜在基础。最终，有督导师指出了家庭瓦解的微妙编排（nuanced choreography）。在现实事件中，有着戏剧性却又真实的父母—孩子、老师—孩子、朋友对朋友、手足对手足、父母对父母关系的透视图。年轻及年长的读者都看到了在误会获得煽动性能量后放射出来的辐射作用。通过小片段——关于联结、伤心、愤怒和爱的故事——读者学会了移情、矛盾、分离—个体化、防御、重复性强迫：那些他们有一天可能回去寻找的与治疗相关的东西。

所有这些书的重点是了解自己和他人的行为，巧妙地鼓励读者表达情感，而不是反射性地冲动行动。整本书的意思是，愤怒、反抗甚至自我毁灭不需要被归于病态，才能确定一个年轻人的困境的严重程度。书中传递给儿女和照顾者的信息是，对青少年的愤怒和绝望的第一反应最好是理性的沟通，而不是强硬地划出双方之间的界线。书中每一页所呈现的证据都显示，年轻人的情感核心与照料者的情感是同样正当和脆弱的。贯穿全书的一个概念是，帮助一个年轻人感到自己是被理解的，可能会减少不可避免的失望、愤怒和伤害，足以允许他们乐观地朝向一个众人期待的未来发展。

在《当你父母分开的时候，你要如何打起精神》中，作者说：

> ……帮助青少年应对父母婚姻问题对他们自己生活的影响……父母想要帮助他们的孩子度过婚姻瓦解带来的痛苦和恐惧，但是许多人都不知道要如何开始.……（p. xii）

在这里的观众双方，一个陈述，一个默认地邀请，直面他们相互的作用力。对年轻人来说，这可能是第一次看见父母既不是全能的也不是没有他们自己痛苦的。对年长的读者来说，这可能是第一次无防御地意识到自己未完成的家族事务重演在他们失败的婚姻中，以及当前的失败是如何伤害孩子就像伤害他们自己一样。永远萦绕在故事片段背景中的沮丧感，让分裂的家庭多么容易愤怒地行动并且伤害彼此，但又是多么艰难地去感觉痛苦，而不是以报复来偿还。

在书中，阿琳还警告说，“没有一本书可以替代治疗”，但是这些书是很好的治疗：它们问问题，它们有助于从想象中筛检出真正的意图。这些书改变了前提。它们质疑否认的智慧，解释防御的使用，并通过教育这种心理学基底，最终授权予人：

> 当父母只是假装快乐地在一起，孩子们被阻碍了去辨识和适应实际的情况……（p.7）
>
> 她为父母感到羞耻。他们没有实现她对一个幸福温暖的家庭的构图……他们缺乏自我控制能力……她的羞耻感从他们身上溢到了自己的身上……（p.14）
>
> 无论你感到多么孤独或孤立，在世界上有某个人会想要倾听你，并能够理解和帮助你度过困难时期……我们希望你会发现找到这些可以分享和帮助的人的方法，也学习到如何在你自己身上找到帮助、力量，并采取行动。（p .14）
>
> 摆脱那种感觉最好的方法是，告诉你的父母……以一种安静的、有控制的方式……为了向你自己证明，你不一样了。你可以看到，你不是尖叫者，不是失控的人；你是一个独立的、有控制的人。你是独立的，但不是冷漠的。（p.14）

阿琳现实地看待一些成年人的行为缺陷，并确认青少年的恐惧和感受：

> 假如你的父母是用武力，而不是用语言，你可能必须去应对它。你

感到害怕是对的。（p.17）

父母分居或者离婚后，甚至还有更为严酷的、不一样的危险：

最可怕的是，当你还在家的时候，有一个人跟你的父母一同居住，你可能会害怕被诱惑。有些孩子们被戏弄，或被迫与其他人做爱……（p.132）

但是，授权给一个“分崩离析的家庭”的成员是我们的目标：

可能会被要求跟法官说话。这是你的机会……跟法官说话的确保证了直接表达你的愿望的机会……（和）知道如何获得一个可以给你建议的律师……（p.67）

如果你有问题，你需要告诉别人。告诉别人你的问题，可以帮助你不至于不堪重负和羞愧。其他人可以帮助你判断你应对这些问题的方式是否合理。如果你不能和你的朋友谈你的问题，你需要自己考虑清楚是否应该寻找那些受过专门培训帮助他人解决他们问题的人。（p.161)

1979年，阿琳出版了《男朋友、女朋友，只是朋友》（*Boy Friends, Girl Friends, Just Friends*）。书中传递的信息是，父母可能是开始，但他们不是一个人人生中最重要的，写道：“没有父母也可能很好地成长，但是不能没有一个朋友……”（p.12）

他们谈论同伴的力量，并称朋友是“一面镜子，在其中你可以看到除了父母所创建的你的身份之外的你自己”（p. 23）。

他们大胆谈及团体的力量，对许多年轻人来说，这往往是自信心和身份认同的考验。他们谈论被放大的某些拒绝的力量。他们谈论希望可以被接受的力量，以及那种接受的价值。他们谈论取笑和被取笑，什么样的行为是必须被“朋友”所接受的，以及一个人对那些相信我们的人的义务。他们谈论对工作、爱情、个性和团队精神的准备。他们谈论成为一个领袖的义务，以及如何评估潜在的领导者。他们谈论如何解决与自己在乎的人之间的冲突，以及从他人那里可以预期什么、要求什么。这些在表面上看来是关于友谊的，其实是关于如何做好准备离开家庭的。

《未满十八岁怀孕》（*Under 18 and Pregnant*）写于1983年，在罗伊诉韦德案[①]十年之后，FDA宣布第一个早期（家用）怀孕测试装备上市的六年后。

在该书的叙事和图表中，有关青少年性行为的相关事实细节以青少年的语言方式表达了出来。其中也指出了希望摆脱——否认——怀孕可能性的潜在后果。

这是一本大胆的书。一整页的致谢说明这个研究是多么深入和公正：孕妇服务和家庭计划机构的主管，救赎军队的代表人，妇女和青年服务的主任，学生卫生服务的主任，家庭法院的法官，妇产科医生，校长，生育计划，替代计划中心，等等。但是，也许对于“……所有在格拉德尼（Edna Gladney）家庭中心、伍德家和其他地方的怀孕青少年，与我们分享了他们的经验……”的致谢，为这本书已经很明显的可信度又添加了必要的凭证。

《未满十八岁怀孕》是一本关于怀孕的后果、冲动、规划和无家可归之感的书。它说，无知和否认可以是一种暂时的膏药；它警告，外部压力最终只会影响怀孕的青少年和还未出生婴儿的父亲，以及对另一个人的责任——

① 1969年，一位化名为杰内·罗伊的妇女和其他人一起向德克萨斯州限制堕胎的法令提出了挑战。该法令规定，除非因为维护孕妇的生命，州内一律禁止妇女实施堕胎手术。罗伊主张：德州限制堕胎的法令剥夺了她在妊娠中的选择权，因为她既无钱到可以合法堕胎的州进行手术，又不能中止妊娠，所以分娩之后不得不将孩子交给了不知身份的人收养。德州限制堕胎的法令使她无法自主决定在什么时间、以什么方式、为何种理由而终止妊娠。

被告德州政府在诉讼中辩称：生命始于受孕而存续于整个妊娠期间，所以，怀孕妇女在整个妊娠过程中，都存在保护胎儿生命这一国家利益。宪法中所称的“人”包括胎儿在内，非经正当法律程序而剥夺胎儿生命是联邦宪法修正案第14条所禁止的行为之列。

该案最终上诉到联邦最高法院。1973年，联邦最高法院以6：3的多数意见裁定，德州限制堕胎的法令过于宽泛地限制了孕妇在妊娠过程中的选择权，侵犯了联邦宪法修正案第14条所保护的个人自由，构成违宪。

在他们的余生。它讲到关于想要通过性来确认爱，关于堕胎的每一步及之后的感受，以及抵抗想要有一个孩子或不想要孩子的压力。它描述了放弃孩子送给别人收养的过程，如果保留孩子如何继续学业，以及作为新父母在工作面试中如何表现自己。它帮助青少年想清楚是否要在怀孕后结婚，以及再一次如何抵抗压力。没有一个地方是作者个人的意见，只是鼓励读者自己想清楚，跟任何你觉得可以的人去谈谈，以及一份长达四十三页的附录，告知在哪里可以读到并获得直接帮助的每一种可能性。这是一本关于现实和责任的书。

在《离开家》（*Leaving Home*）这本书里，描述了当身体上远离熟悉的家人和朋友时那种既解放又折磨人的过程。这是一本关于在情感上理解一个人的感觉是什么——以及照顾者的体验是什么——如何影响一个人的计划的书。《离开家》呈现的是青年从无能为力到过一种有适当的、促进成长的选择的生活的转化过程。

《离开家》是对一些情感问题的理性评估，而不是来自谨慎父母的严厉声音，那会导致关怀的信息被代沟所阻碍。这本书有其警醒作用，但它呈现的是一种有启发的现实："一个女孩要与母亲分开的方式之一是，做爱……（p.18）"

关于选择新的榜样：

> ……对自己感到满意的人，他们的人生所为会让孩子想要变得像他们一样……一位异常自鸣得意的上了年纪的人，可能会是非常有吸引力的人。孩子必须认真思考这个人是否真的值得模仿。（p.52）

理解攻击作为发展性能量的一部分：

回家（也）是一种清算旧账的方式，向家人和朋友显示他们错看了自己……（p.114）

自我反省能力的发展：

> 当你长大后，你是自己的老板；你的自我价值感来自内心，而不是来自别人怎么说……（p.162）

以及，自主和独立的感觉是真正的成年人的必需品：

你必须能够忍受远离你的父母，而不感觉你已经迷失或被抛弃，也能够忍受靠近他们，而不感觉你正在被吞噬。（p.162）

需要、爱、失去和离开是这些书的内容组成，但是最后一点——离开和被离开的体验——似乎测试了之前的一切。当阿琳用另一种语言写诗时，她写了母亲的丧失：

> ……恒星和冰山冻结了我们，
> 当你的手臂溜出了我的手臂，
> 我说再见我说唉，悲痛是我们。

以及《她去世后》（*After She Dies*）：

> 没有你
> 我出去玩
> 处于危险中
> 像冲洗
> 离开，直到它支离破碎。

从她的作品里，可以认识到只有成熟的人才能安全地承认依赖：当大人们都去世后，谁会注意到我、激励我、成为我的搭档、镜映我？共同的需要是接受和悼念。她描述作为一个系统的生活，青年从老人那里逃生出来，用知识武装自己，可以为未来的遗产和义务做好准备。她描述权力的不均是如何随着时间的推移而调整的。她把调整刻画为内化的二重唱变成独奏的过程。

母亲之夜：

子更少，
更短。
更少。
当她死后，我的母亲成长得更少，
甚至皮肤变得更紧。
更少。
她的眼睑下垂，
她的目光不再。
她的手抓住空气，
她的笑容失去弧度。
月亮不再成杯状，而是碟子。
时间停止！
别再往前。
因为我，要将蓝色的星星带回家，
需要你把它们带回家……

最终作为一名分析师，阿琳的请求就是，成年人要去倾听年轻人——倾听之后——也要去倾听、学习，以及有可能地改变他们自己。二十岁的帕洛玛在《优雅的刺猬》（*The Elegance of the Hedgehog*，2006）中也提出了同样的请求，她期待自杀，觉得那将可以让她从她深爱的聋人家庭中解放出来。帕洛玛感觉在生活中，自己对几乎同样被低估的成年人没有用处。在情感上，她看似与被忽视的邻居和看门人米歇尔夫人有联结：

你知道我怀疑是否错过了一些东西。有点像一个人跟一群坏家伙在一起玩，然后发现另一条可以遇见一个好人的路径……我明白，我的痛苦是因为我不能让任何周围的人感觉更好……我可以清楚地看到他们的症状，但是我无法治疗他们……简单地说，我以为我找到了我的使命……我可以医治他人……那么这意味着什么——我应该成为一名医生？还是一个作家？两者有点像同样的事情，不是吗？（p. 290）

是的，而阿琳是两者兼而有之。

琳恩·鲁宾

参考文献

Barbery, M. (2006.) *The Elegance of the Hedgehog*. New York: Europe Editions.

Richards, A.K. & WILLIS, I. (1976). *How to Get it Together When Your Parents Are Coming Apart*. New York: David McKay.

—— (1979). *Boy Friends, Girl Friends, Just Friends.* New York: Atheneum.

—— (1980). *Leaving Home*. NewYork: Atheneum.

—— (1983). *What to do if You or Someone You Know is Under 18 and Pregnant*. New York: Lothrop, Lee & Shepard Books.

第一部分　女性发展

第二部分　倒错

第三部分　孤独

第四部分　精神分析技术

第五部分　电影

Section I:
Female Development

第一部分
女性发展

引言

我最初写关于女性发展的文章，是对查理斯·布伦纳的作品做出回应。他刚出了一本书，声称解释了为何有实证发现抑郁在女性身上更普遍，而男性更普遍的是焦虑。他的解释是，男性焦虑是因为他们害怕在将来会失去阴茎，女性抑郁则是因为她们相信自己已经失去了阴茎。我认为，女人是会焦虑生殖器损害的。我也认为男人可能抑郁，因为他们缺乏更敏感和神经分布更丰富的女性生殖器。我认为，社会对待女性的方式导致了许多人的抑郁。当我把这些告诉布伦纳博士的时候，他的回应是："找资料，写成文章。"我对这一挑战深感荣幸和感激，于是设定了自己的方向，决定写写我与女性病人的经验，和我对女性撰写的女性分析性文献的研究。

现在我看着自己关于女性特质的作品，我觉得它是自传体式的。对我来说，作为一个女性的精髓就是拥有一个女性身体。我的家人传说我在还不能坐起来的时候，就迷上了音乐。我的最早记忆是在我十五个月大时，很愤怒地看到我的小表亲骑走了我的学步车，那是我第一次单独行走，踉踉跄跄地追着他，一边叫喊"还给我，还给我。"幼童时期的我，很爱骑我的三轮车，很爱爬公园里的攀爬架，也很爱跑步及一切能感受自己身体的运动。后来，我爱上了滑冰、跳芭蕾舞和踢踏舞，也很享受游泳。而我最爱的就是骑马。所有这些乐趣都有助于我对自己女性身体的感受。

我从来对洋娃娃没有什么兴趣。一直到我十岁时，都没有比我小的弟妹出生，所以我对婴儿的兴趣受限于我与他们相处的经验。我的母性感觉后来才出现，而且远不如我作为女孩的身体感受来得有吸引力。另外，我是祖母的唯一孙女，我六岁前都由她抚养。作为一个女孩并且是家里第一个在美国出生的孩子，我得到了家庭的重视。直到后来我才获悉，我受到如此重视与他们当时的合法地位有关。因为我出生在美国，所以我就不能被驱逐出境。而当时的法律规定，我的父母也不能被驱逐出境。并且因为他们不能被驱逐出境，我的祖父母和叔叔们也就不能被驱逐出境。他们每个人都通过我得以在这个国家扎根。当然，在我还是婴儿和幼儿的时候，这些事情对我都不重要，但是他们珍爱我的方式，的确有很多意味。

所有这些都意味着，我所阅读的关于女性发展的分析性文献会让我很难理解。女孩体验自己是一个男孩的观点让我无法理解。对我来说，我并不是一无所有的，我没有失去什么。我总是体验自己的身体是快乐的源泉，而我的“下面”是美好感觉的一个特殊来源。“这种愉悦感对我不重要”这个观点对我来说很陌生，跟我自己的体验完全不符。我觉得它是精致的，不想伤害那里，不想让任何我不信任的人触碰它。“只有当女孩看到男孩有阴茎时，才开始意识到自己是一个女孩”的观点，对我来说也很难接受。后来修正的分析理论假设，“当小女孩被社会环境告知她是一个女孩时，才理解自己是一个女孩”，这个观点对我来说言之有理。“生殖器对女孩来说是令人失望的，因为男孩有‘更多’”或“女孩肯定会嫉妒男孩的生殖器，认为自己一无所有”的观点，也与我自己的体验不符。

另外，女孩接受她的生殖器更低等的信念，是因为这一信念附带让她长大后可以有一个婴儿的承诺，我不相信这个观点的理由有三条：（1）我的生殖器提供了愉悦；（2）我感到作为女孩被重视；（3）长大成人是很遥远的事情。

当然，也有很多小女孩体验自己是潜在的小母亲，她们玩洋娃娃和扮过家家，她们期待能够拥有自己的婴儿。但是还有别的小女孩，被迫去照顾年幼的弟妹。其中一些小女孩盼望着不需要再去照顾更多的婴儿。对她们而言，有能力拥有自己的孩子的想法也许更像一个惩罚而不是奖赏。看到女性从她们器质性和社会性的体验出发，产生如此多样的婴儿体验和如此多样的幻想生活，现在的我被女性发展的多样性而非规则性所打动。总而言之，我现在觉得个体差异比类似更让人着迷。这让精神分析的态度偏向于一门艺术多于科学吗？也许倾听和回应病人的技术已经改变了我们对女性发展的看待方式，因为我们理解了人类是有那么多其他面向的。

第一章　女性的力量?

我开始写这篇文章的时候，在意大利的博洛尼亚市，那是一个我见过的最母性的城市。古城的人行道上覆盖着拱廊，为行人遮阳挡雨，使行人避开来往车辆，夜晚为行人照明。它提供了一种介于世界和自己的身体之间的母性调节感。它是一个过渡空间，是安全的地方，可以与别人会面而又不失去自己的空间。那些给予庇护的拱廊，就像我们生命中的第一个女人：温暖地环绕、给予保护并设定限制。在拱廊下散步，让我想到作为庇护者的女性。但是，我像所有人一样，在生命的很早期就开始感觉和思考女人，并且从我可以思考之后就一直在思考这个问题：一个女人是什么？是什么赋予了她力量?

在物理意义上，女人是一个能够怀孕、分娩和养育孩子的人。男人是一个可以使女人受孕的人。但是，这种思考男女的方式太粗糙和狭隘。一个选择不要孩子的女人依然是女人，如果她无法生育，也依然是一个女人。一个男人，如果他的精子很少或没有，也依然是男人。也许一个女人是渴望有男人爱她的人。也许一个男人是渴望有女人爱他的人。但是，假如她渴望另一个女人爱她，她同样是一个女人；如果他渴望另一个男人爱他，他也同样是一个男人。

弗洛伊德区分男人和女人基于这个人是否拥有或缺乏一个阴茎。他认为，男人通过担忧失去阴茎的可能性来定义，而女人的心理定义是对阴茎的嫉妒。克莱茵回答说，男性和女性婴儿都羡慕远在他们看到阴茎之前哺育他们的乳房。拉康指出，男性和女性都体验到匮乏感，渴望拥有我们所没有的东西。但是，渴望并不是自我定义或身份认同的唯一可能根源。霍妮宣称，女性早在意识到阴茎之前，就为我们自己的性别感到快乐和骄傲。

许多精神分析学者追踪过男性和女性的各个发展时期的轨迹，如婴儿早期、学步期、童年期、青春期和成年期。许多研究显示了生理感觉对女性和男性特征的影响。其他研究则强调了社会期望和规则对女性和男性特征的影响。还有一些研究显示儿童的活动对以后发展的影响，以及在抚养孩子的过程中所表达的家庭和社会需求对孩子的影响。我认为，所有这些在个人性别的发展和表达上都起到了一定的作用。

身体是有影响的，但是有些人感觉他们的身体有一个错误的性别。一些人的身体没有明确的性别标志，比如阴茎或阴户。一些人感觉社会对他们的期望是错的。还有一些人感觉到对同性性伴侣的渴望，另一些人渴望异性性伴侣；一些人渴望有一个孩子，另一些不想要；一些人在青少年期就已经体验到了那种渴望，另一些人直到进入中年才有这种体会。人类的经验是多样的、反常的、愉快的和痛苦的。对大多数人而言，最激烈的快乐和痛苦经验都与性和性别有关。

我想简要地以我自己的情况为例来素描成为一个女人的体验。在这个有男人和女人的世界里，我是一个极端特异的例子，应对一个具体的身体和我特定的家庭与社会力量，推动我朝向两级性别的发展。两级性别指的是，每个人要么是男性化的男人要么是女性化的女人。

在我最早有记忆开始，我就成长在一个大家庭里。我的主要照料者是我的外公，他也是我最珍视的照料者。他是母性的，因为他既是我母亲的父亲，也是喂养、庇护和教育我的那个人。他年轻的时候在西伯利亚（Siberia）生活过一段时间。当他因为莫须有的边境走私烟草罪行而服刑时，他离开在波兰的妻子和三个孩子，我现在相信他之所以喜欢照顾我是因为他错过了三个孩子的童年早期。但在当时我只知道他爱我。被他所庇护的我，感到很幸运。

一旦我明白母亲无法照顾我是因为她要“上班”之后，我就想去上班。外公带我去他的洗衣店一起工作。三岁的我，学会了如何给衣服和家庭用品分类。这些衣服和家庭用品是用家用推车运到店里，他再进行挑选。虽然我只是觉得很好玩，但那是一种蒙特梭利教学式的体验。对我来说，作为一个女人是工作的一部分，而这很有趣。

我几乎没有朋友可以跟我比较身体，但我显然是一个女孩。在我双腿之间的我的“小便便”，在我站起来的时候就看不见。当我坐在浴缸里时，我可以看到有趣的褶皱。我可以触摸到那些脆弱的部分。那是我的一部分，作为一个女孩的一部分。作为一个女孩意味着长大是一个女人，而那就是力量。

在我上幼儿园之前，其他孩子取笑我，说我的母亲不在身边。跟我的外公在一起让我显得那么与众不同，而这个不同是坏的。我试图找出什么能让我跟别的女孩更像，于是我学会了做饭、绣花和针织。我重视这些活动，因为它们给了我力量，特别是女性的力量。

作为一个成长中的女孩，我喜欢滚轮式溜冰、滑冰、爬单杠和爬树、骑马，以及在冷山溪中钓鱼。这些活动促使其他孩子叫我“假小子”，这种性别分类加上我对外公的认同，强化了我对来自缺席的母亲之工作理念的认同。这种现在看来是无意识的幻想，跟母亲在一起、做任何她在做的工作，都让我愉快地待在学校里。在我看来，在学校的工作就是读书。我成了一个贪婪的读者。

在这个时候，我发现了一本名为《海蒂》（*Heidi*）的书，作者是约翰娜·斯皮尔（Johanna Spryii）。它叙述了一个小女孩跟祖父生活在瑞士阿尔卑斯高山的草甸上重获健康的故事。这个故事让我接受了被外公抚养成人的有效性，从那时起，我在学校的成功就是由我对这个故事的爱所促成的。

青春期的我准备好去享受成为一个女人。我为月经感到高兴，特别是因为我是朋友中最晚的一个。现在，我跟她们一样了。而且这意味着我可以享受做代数，并且在中学毕业的时候，我得到了数学奖章，然后又在短暂骚乱的高中生存下来之后，去了大学。在那里，我很高兴地学习我想知道的东西，对被迫学那些我不想知道的东西很反抗，并且成功地保持着强烈的女性意识，例如，在一整天的科学哲学考试间隔烤一锅松饼。

我读了弗吉尼亚·伍尔夫的《奥兰多》(*Orlando*)。该书讲述了一个人在不同年龄交替成为一个男英雄和女英雄的故事,在其中我捕捉到了自己的故事,感觉自己在某些阶段更男性化,而在另一些阶段更女性化。我喜欢小说中的男英雄/女英雄,我也时而阳刚时而阴柔,在我生命的不同阶段转换着我认同的不同部分。时间跨度越来越短,但我在交替阶段捕获到了同时成为两者的感觉。当我成年后,就不再交替了,而是整合成一种允许我享受一部分的同时又不丢失另一部分的方式。

编织一个有意义的生活,对我来说意味着努力工作,让我的丈夫从医学院毕业,同时还要养家。不知何故,生活越困难,我越感到快乐,已经准备好为自己感到骄傲,因为我获得了看起来难以取得的成就。

作为一个女人,意味着与我的男性伴侣跳同样的舞蹈,却是穿着高跟鞋且后退着跳。在我生命的那个阶段,“我想回学校”这一不停歇的愿望令我变得更忙。然后我去申请了华盛顿的研究生院,但是它拒绝了我,因为年龄太大:我当时二十七岁。但是,我忠诚的丈夫开了一整夜的车让我参加了哥伦比亚大学师范学院的面试。安妮·麦基洛普(Anne McKillop)面试了我。学校录取了我。我的孩子们去了那里的学校,以便我可以每天早上带他们去学校,跟他们一起吃午饭,放学后带他们去上音乐课和舞蹈课。作为他们的母亲,是我生命中最重要的部分。

所有这些都是在说,作为一个女人意味着要把自己的需求和野心及每天花费在孩子身上的时间和精力结合在一起。当他们成长后,他们想要更少的联结,想要更多自己的时间,而我尊重他们。但是每一步的分离都很痛苦,每一次都需要哀悼。而作为一个妻子,也很重要。有时,特别是在夏天,当孩子们去了夏令营后,我感到可以更自由地享受与丈夫独处的时间。每年夏天的那个时候,都像是一次蜜月。

在研究生院论文答辩的时候,我面临一次可怕的写作瓶颈。在那时,我的丈夫已经完成了他的分析训练,所以我们能够负担我的分析费用。我在与分析师的共同努力中了解到很多关于我自己及我自己的矛盾,我试图让自己坚持自己的野心：不管分析师不断询问我为什么还要这么努力地工作，因为如果我们搬到郊区，我的丈夫可以供养我，以便我可以做一个全职妈妈。我幻想可以像我的祖母那样，作为一个磨粉员来供养家人，或者像我的母亲那样供养她自己、我和我的父亲，并且跟三个兄弟一起供养她的父母，而我就通过像在我的童年早期那样作为一个帽匠努力工作。像那些女人一样，我想要工作。相比之下，我害怕成为我的外婆那样，太抑郁，以至于除了为家人做饭以外没有别的事情；或者像我的母亲那样，当父亲终于找到一份工作后就辞职了，从此致力于她所讨厌的家务和烹饪及跟别的家庭主妇一起消遣来避免抑郁。我决心永远不会成为那样一个过早退休、太容易贬值的女人。

了解了我的过去，以及我的女性祖先和角色榜样，帮助我在六个月内完成了我的论文，启动了一个成功的事业，并且感觉充实。我当时及现在都非常感激。

我每天在往返分析室的路上写诗。我把它们收集在一本活页夹里，作为离别礼物来表达我的感激之情。但是，离开分析就像是抓了一把荆棘。我的分析师认为它们不是真正的诗歌，没有押韵。那也需要哀悼。

不是一切都是美好的。比如孩子生病，他们跟朋友产生问题，担心是否被别人喜欢，尝试他们没有天赋的技能，为离开朋友或朋友离开他们而心碎。他们受苦时，父母也跟他们一同受苦。有人说，父母只能和他们开心程度最低的孩子一样开心。我的孩子们轮流那样。那是一个哀悼失去亲人和朋友受伤的过程。

变老还意味着成为一个祖父母的乐趣，以及不能够像我渴望的那样接近他们的痛苦。现在我有足够的自由来诉说这一切，把它作为一个案例来叙述，作为成为一个女人意味着什么的例子来叙述。这就是我所相信的，它引导我实现了我拥有的任何力量。

现在看来，很清楚的是，我认为分析从抑郁中拯救了我。我同意谢弗（Schafer）所说的，将一个人的人生偶然事件组织成一个连贯的叙述是一种有治疗效果的分析。我同意阿洛（Arlow）将无意识的幻想意识化，使人从自我破坏的行为中解脱出来。我同意布伦纳（Brenner）所说的，分析暴露了冲突，以便一个人可以在自己的愿望和恐惧之间做出更好的妥协。我也同意比昂（Bion）的观点，感觉到被容纳和被保护，可以帮助一个人直面非理性的恐惧。

但是，影响我最深的分析理论家们是女性。我被梅兰妮·克莱茵（Melanie Klein）赋权，去思考攻击性是如何成为婴儿想要活下去的意志的一部分。我还受到了她的启发，想到“嫉妒是基础”的观点。我认为她的作品让我看到，对女人来说，阴茎嫉妒的想法没有一直所认为的那么重要。我从霍妮的早期作品中学习，从赫尔姆特（Hug-Hellmuth）一篇名不见经传的论文中学习，从格林纳格（Greenacre）、霍多罗夫（Chodorow）、韦尔登（Weldon）、安娜·弗洛伊德（Anna Freud）、莎乐美（Salome）、兰格尔（Langer）、安妮·莱西（Annie Reich）、多丽丝·伯恩斯坦（Doris Bernstein）那里学习，从许多女诗人、小说家、歌曲作者、画家和雕塑家那里学习。艾伦·斯科曼（Ellen Sinkma）最近对我有强大的影响力，跟我共同创作的所有合著者和编辑们也都教会了我很多。我感觉自己像一个社区，社区里包括了那些在我很久之前活过的女性，以及继续着伟大对话（我相信是关于女性也是关于人类的）的女性。我列出了这个影响名单，因为我相信一个好的分析能使个体通过理解他人的体验来学习，并通过允许他人了解自己来回馈。

关于我自己，我已经说得够多了，那么你呢？你是怎么看待我的呢？

在孩子心中和其他成年人心中，强大女性的形象回应和改变着人们对我们生活中真实女性的态度。生下我们的母亲，是第一位强大的女性。婴儿从人生的第一天开始，就更爱看椭圆形而优先于其他任何形状，他们要寻找一个类似人脸的形状。听到声音的时候，婴儿会看向一个说母语的人。所有婴儿都会扭头把嘴朝向任何碰触他们脸颊的类似乳头的物体。婴儿来到这个世界时，就已经准备好与母亲发生联结。

从婴儿的角度来看，母亲拥有一切，知道一切，给予自己生命、奶水、爱、温暖有趣的互动；她也可以不给奶水、爱、温暖有趣的互动。她就是整个世界。难怪这个第一印象很棒！随着时间的流逝，成长中的孩子将母亲视为语言专家、道德选择的权威，她知道如何烹饪和整理、如何做清洁和装饰房子、如何玩游戏和与他人相处。即使母亲达不到做这些事情的最高成人标准，她在孩子眼里也是权威。

在现代社会与在最古老的狩猎社会一样，她还是一个供养者（Hrdy，2005）。而且，就像在那些最早期的社会中一样，她有代理人帮助她抚养孩子，这显然是她的支持团队，在家庭中没有比她更重要或更强大的人了。正如科茨（Coates，2016）所说："保姆的关系在本质上是复杂的，从母亲和及保姆的角度来看……保姆常常是令人困惑的角色，被视为家庭成员，但没有权力。"（p. 47）有一个保姆意味着母亲的力量甚至超过照顾这个孩子的成人。那使母亲更加强大。

当一个孩子成长时，一个全知的形象也在成长。当孩子不能阅读的时候，一个能够阅读的母亲，可能知道如何玩乐器，知道歌词，知道天气、植物、动物、季节及自然界的所有属性，知道如何绕过城市的街道、操场和学校的所在地，知道哪里有食物、如何找衣服，知道什么值得拥有、什么不值得，以及外面世界的许多其他事情。

从孩子的角度来看，在孩子出生前，母亲就已经有了多年的经历。母亲有知识的力量，而且有力量让她那蹒跚学步的婴儿、幼童、青少年孩子获得力量。博科维茨（Berkowitz，2016）指出，一个自主的母亲可以允许孩子依赖自己，也可以允许联结而不害怕在联结的过程中失去自己的自主权。从孩子的角度来看，母亲是限制的设定者，也是尊严和自尊的可靠体现。一个不能认同强大母亲的女孩，很难感到自信。一个强大母亲的怨恨，不鼓励女儿对她的认同，会导致年轻女孩的心里产生对其他强大女性的怨恨。我相信，这是女性之间大部分嫉妒、竞争和仇恨的来源。当投射出去之后，这些感觉放大了纠纷和不满。

女性的力量源于她们自己的体验，有一个强大的母亲可以认同，利用强大母亲的形象来获得自己的自我价值感。这适用于男孩吗？不太适用，认同母亲会让他们变得“娘娘腔”。他们越是认同女性特质，就越难以感到自己会被其他认同父亲的男孩所喜欢。对于男孩来说，与他们的强大母亲“去认同”（dis-identifying）是一项有困难的任务。一些男孩认为自己是在男孩身体里的女孩，报告说在他们还是孩子的时候从来没有强大的男性可以去认同，所以就保持着对母亲的认同。

与母亲的“去认同”（dis-identification）让她不一样，由于她被视为外来者，她就是危险的，那将导致不信任和贬低，乃至最终不信任和贬低所有女人。这一连串的思想，在许多社会群体中是如此普遍，因为维护男性特质的需要在所有时代和国家里都是共通的。男孩有压力要与母亲“去认同”并维护男子气概，被同辈群体所强化，这些群体从男孩六岁开始就变得重要，到了青春期更甚。成为男孩的要求跟女孩和女人不一样，要更优越。

对女孩来说，对母亲的“去理想化”和“去认同”是之后才出现的，而且只是部分的。它使用代际而不非性别差异作为关键区分。当遇到一个强烈而痛苦的危机时，就像珀尔塞福涅（Persephone），这个开始感到男人对自己有性吸引的一个女孩，就觉得跟男人比跟自己的母亲更亲近（Kulish, N. & Holtzman, D, 2008）。这些作者相信，神话描述了女儿与母亲的分离，但母亲对于女儿的离开有困难。从神话中女儿的角度来看，是她的性欲让自己离开的。她与母亲分离，但又与母亲保持联系的能力被象征化地表现为，她只吃了石榴的六颗种子，这样她每年与母亲在一起六个月，与丈夫在一起六个月。性欲的禁止及其隐藏的本质被表达为她嫁给了一个生活在地下的男人。他是地底下的，但是有着巨大的能量，就像性欲。

当女儿获得力量，变得可以生育并体验到性欲，她可以报复母亲，因为在女儿没有性权力的时候母亲却有。年轻女性拥有性吸引力的力量。男人把她视为能够拒绝他们的女人，她可以通过拒绝羞辱他们。年轻女子“蛊惑”男人，激起他的欲望，可以毁灭他的自尊，或者同意跟他做爱以增强他的自尊。年轻女性在这方面的力量甚至可以让她们不计后果地引起男人的兴奋，结果却未能保护自己免受不想要的性。

可生育让一个女人强大，繁殖或不繁殖的力量令她来到了强大母亲的位置。但是，更年期和丧失性吸引力，以及丧失生育能力会导致女性像干瘪丑老太婆一样可怕（Haase,E., 2015）。衰老后，她们可能成为年轻女性愤怒报复的目标，报复那个时候母亲拥有生育的力量而小女孩没有。塞勒姆（Salem）女巫审判，其中十几岁的少女和十岁前的小女孩谴责已过更年期的老女人，是一个年轻女孩怨恨老女人的公共版本。老女人被视为一个懂很多的人，有过很多的快乐和成就，是一个嫉妒、鄙视和恐惧的目标。嫉妒导致对报复的恐惧。

在戏剧《严峻的考验》（*The Crucible*）中，阿瑟·米勒（Arthur Miller）突显了嫉妒和报复的主题。他写作的时间是麦卡锡时代，当时尤其针对成功的艺术家和学者有类似歇斯底里的指责。艺术家创造性的力量，就像女人的创造力，吸引这类嫉妒和毁灭创造者的欲望。

随着现代技术的发展，越来越多的女性变得更加强大。不能自己怀孕的女人可以捐赠卵子，使用捐献的精子，使用代理人去怀孕和生育，或者这些操作的任意组合。纳迪娅·莎尔门（Nadya Sulemon），一个昵称是“八胞胎妈妈”的女人，使用现代医学技术将六个胎儿同时植入她的子宫（来自维基百科）。她声称有两个胎儿是孪生的，从而使她同时孕有八胞胎。她的壮举将技术受孕的力量达到了可笑的比例（grotesque proportions）。这种女性力量的展示使她开始作为一个媒体人的职业生涯，尽管她明显对自己生下的十四个孩子的健康缺乏关心。她的怀孕和分娩是一次运动和技术的壮举，让人想起那些远在公元前23000年时的生殖崇拜形象（Gimbutas, M., 1989, p. 5）。这是超出人类范围的母性。

女性在科学领域也获得了权力，例如居里夫人发现了镭。女性成了重要的精神分析学家，像安娜·弗洛伊德、梅兰妮·克莱茵等许多其他人。有的女性作为艺术家、摄影师、音乐家、演员、作家、电影导演和商界领袖获得了力量。母性的力量只是一个女人潜在力量的一种。教育使许多有才华和努力工作的女性实现了与男性同行相同的成就。平衡这些外界成就与母性的力量，是当代女性的一个重要问题，对各个时代的女性也同样如此。但是它现在更加剧了，因为很多的婚姻失败了，很多女性成了单亲妈妈，很多使母亲可以有时间外出工作的家庭网络（network）被破坏了，因为城市化导致家人生活在不同的地方，所以祖父母、阿姨、叔叔都不在附近可以照顾婴儿和幼童。

现代女性的力量维持一个新的平衡。一个这样的女人告诉我："我知道，即使当我还是青少年的时候，我也永远无法忍受像我母亲那样待在家里做饭、清洁和缝纫。我要雇一个保姆照顾我的孩子。我会待她很好。"另一个说："我有一个妹妹，她很喜欢孩子。她会把我的孩子跟她的一起带大。"这种问题解决方式意味着这些有才能的女性会在外工作，会将母性的部分力量给予其他女性，以换取一段从事其他工作的时间。力量意味着妥协，现实地对待自己可以做什么和不能做什么。对当今女性的力量而言，平衡不同的力量是寻找作为一个女人的快乐和满意的关键。

参考文献

Berkowitz, S. (2016) Sole support mothers and autonomy from the child's perspective. In: *The New Motherhoods*. Akhtar, S.(ed) New York: Rowman & Littlefield.

Coates, S. (2016) Helicopter parents, tiger parents and cellphones. In: *The New Motherhoods*. Akhtar, S.(ed) New York: Rowan & Littlefield.

Gimbutas, M. (1989) *The Language of the Goddess*. San Francisco: Harper & Row.

Haase, E. (2015) *The old crone*. In: Myths of Mighty Women. A. K. Richards & L. Spira (eds.) London: Karnac.

Hrdy, S. (2005) *Mothers and Others*. Boston: Harvard.

Kulish, M. & D. Holtzman (2008) *A Story of Her own*. London: Rowan & Littlefield.

第二章

我们曾去过哪里，我们将走向何方

——《性欲的出现：历史认识论和概念的形成》书评

在这本博学且推论缜密的书里，阿诺德·戴维森（Arnold Davidson）思考了创造这三种制度的概念性架构的起源：作为医学类的精神病学，作为心灵理论及心理疾病之治疗形态的精神分析，以及作为一门欲望科学的性欲论。他优雅地展示了这一架构——医学诊断和对行为、思维、感受的治疗——是如何在19世纪发展起来并取代了当时观念的，而且认为疯狂是一个神学问题。沿着福柯（Foucault）的道路，他扩展了历史认识论，主张这一概念（在哲学意义上）不是固定的和既定的柏拉图式理想，而是一种世界性视角，会随着历史环境的改变而改变，并且他还暗示，它会随着思想的变迁而发生改变。他的书很及时，因为精神病学和精神分析的道路现在似乎正走向分叉——前者朝向医学，后者发展为一种谈话治疗，由心理学家、社会工作者和其他专业人士执行。在我们的时代，心理疾病概念的发展，伴随着以下分歧：一方面有对焦虑、抑郁、多动、精神分裂和其他具体症状群开药的药剂师们，另一方面是病人及其对个人想法和感受的艰难而又缓慢的探索，目标是在个人的愿望、恐惧、道德理想和与他人的关系中达到最适应性、最不痛苦的妥协。要看到我们走向何方，先看看我们曾经去过哪里也许会有帮助。从这个视角出发，戴维森的有关我们的概念及其之间关系的历史学，对分析师非常有价值。

戴维森认为，福柯发现了对行为的医疗化处理，之前则是被奥古斯汀（Augustine）归类为宗教异端邪说或视为神的惩罚，这标志着权力从天主教会转移到了医院，从神父转移到了医生手上。教会归类为罪行，现在精神医学却把人划分为不同种类（也就是人格）和障碍种类。教会世界里曾有许多鞭笞刑罚，但是只有当萨克-马索科（Sacher-Masoch）命名和描述它并创造了受虐概念之后，才使受虐进入了话语领域。现在，我们可能去谈论受虐——他的书提供了这样的语境和例子，使此概念成为可能。心理失常和“倒错”现在被看成性本能的功能失调，而不是大脑退化的结果。但是，性本能的功能是被当作物种繁衍使用的，所以任何性行为如果不为繁殖服务，必视为倒错。因此，精神科的功能化体系一直稳固，直到弗洛伊德在他的《性学三论》中替代了它。对福柯而言，精神分析是对思维和感受进行医学治疗的历史性的下一步。通过将病人带出医院，走进咨询室，去询问他们的想法和感受，弗洛伊德将理解心理疾病的“倒错—遗传论—退化”体系替换为一套新的概念，与他的新治疗方法配套。根据戴维森的说法，最显著的是，弗洛伊德置换了新本能的概念，这个概念本身是当时很流行的“倒错—遗传论—退化”的精神科体系的一部分。在哲学、社会学和历史学中，疯狂替换了罪恶，关于愉悦和痛苦的观点替换了好和坏的见解。

戴维森主张，其中的第一篇文章是弗洛伊德要与先前被接受的将任何非繁殖性性行为定义为倒错的观点划清界限。关键的转变在于，弗洛伊德将性驱力（sexual drive）定义为一种目的（aim）和一种客体，各自独立，只有在发展过程中才会“焊接在一起”。在弗洛伊德的概念中，驱力不同于本能，因为驱力独立于其客体。基于这一点，他总结倒置（inversion）或同性恋不是倒错（perversion），由于它只是涉及了一个不同的客体而已，不是一种不同的本能。更进一步，弗洛伊德解释到，性驱力的生殖器本质不是绝对的，但是生殖器区域是连续区域中的一环，为性行为提供动力。

弗洛伊德如此推论，假如接吻是用嘴唇做爱，为何口腔-生殖器的接触就不同了呢？戴维森想要认同这一论点，得到结论说，没有所谓的倒错。他解读弗洛伊德是在说非生殖器的性不是倒错，那么戴维森称为的固定性（fixity）也就不是倒错，因为与一个非儿童或非动物客体的固定生殖器关系不是倒错。戴维森由此获得结论说，没有所谓的倒错。但是，弗洛伊德以自己的论点得出的是不同的结论。虽然他相信同性恋不是倒错，但是他仍然认为倒错是存在的。不过，他定义倒错为两个领域的交集：性驱力的非生殖器目的与其固定性。

为了阐明这一点，一个维恩图解（Venn diagram）①会有用处。首先，想象两个圆部分重叠，圆A（非生殖器的）不是倒错，圆B（固定性）不是倒错。现在，想象一个圆是黄色的，另一个是蓝色的。你可以看到，没有一个圆是绿色的。但是两个圆的交集处是绿色的。戴维森认同弗洛伊德的主张说，第一个圆不是绿色的，第二个圆也不是绿色的。所以，戴维森说，倒错并不存在。但是，弗洛伊德说它们交集的重叠之处是倒错。这个既有固定性也有非生殖器的区域，部分就是倒错的区域。

作为一个哲学家，戴维森毫无疑问很熟悉这种推理方式，但是他似乎无法在这个语境中去理解它。他是作为一个21世纪的哲学家和福柯的后继者在写作，在当时，倒错概念被认为是性歧视和具强制力的。他写到，福柯也如此认为。另一方面，弗洛伊德是一个20世纪的精神分析家。倒错概念对弗洛伊德很有用，因为它描述了一种特定的症状类型，可以解释治疗过程中的相关障碍。

戴维森引用拉普兰彻（Laplanche）和蓬塔利斯（pontalis）在《精神分析术语辞典》（*Dictionary of Psychoanalytic Terms*，1973）中对倒错的定义，作为最好的对弗洛伊德使用该术语的总结。拉普兰彻和蓬塔利斯将此术语在精神分析中纯粹的性含义与它在其他语境中的使用进行对比。他们强调，弗洛伊德拒绝将同性恋与其他人区分开而当成一个特殊群体——他拒绝精神科的模型——因为他说，所有人类都在他们的人生发展中的某个时刻曾经做过同性恋客体的选择。他们主张，同样的考虑也适用于有关固着（fixation）的争论。也就是说，所有人类都曾体验过早期的组织状态，即与他人的性快感更

① 也叫文氏图，用于显示元素集合重叠区域的图示。

优先从身体其余部位获得，而不是生殖器。他们总结到，弗洛伊德在后期作品中发展了这个观点，倒错的存在（正如在精神科模型中一样）是固定的和冲动的行为，但是它们拥有历史性先驱和决定因素的复杂层次，并蕴含个人防御和体验世界的方式之结构在其中。

由此可见，弗洛伊德与倒错问题的关系并不简单。一开始，他拒绝用精神科的方式去看待它，接着自己建构了倒错的遗传学和发展论。尽管如此，拉普兰彻和蓬塔利斯的理论没有包含对这一主题的弗洛伊德思想之演化的最后一步。也就是说，将攻击性放置在性欲平衡力的位置上，由此提议了不同驱力的辩证论，而不是单一的驱力理论。这一步对后来的分析师具有决定性作用，因为它允许早期将倒错视为针对定律的攻击性回到了理论中来，为超我、良心、内疚、自我憎恨和自我惩罚提供了空间。通过略去弗洛伊德思想发展的最后一步，戴维森保持了自己论点的纯粹性，但也不必要地简化了它。我相信，假如他包括了弗洛伊德理论中对倒错概念的后期演化，以及带来更近代的思考的变化部分，他会让他的观点——倒错不是一个固定的概念——更完善。

戴维森还为知识的呈现写过一篇论文。其中他问道，“我们为何主张知识？”他论述说，如何使用证据才能服务于交流，是在仅当语境都被清晰地描绘出来的时候——不仅只是措辞，还有情绪、语气和确定程度的语法指征。他表明了陈述是如何离不开论据的。虽然他没有直接将个案研究的例子作为一种历史形式，分析师会不可避免地看到与戴维森之论述的关联性，关于证据思考的法庭式和历史性风格之间的分歧。对法官而言，聚焦于特定的人、时间和地点的事件是有用的。对历史学家来说，这样的证据过于局限，因为它排除了诸如社会生活、思维方式和其他难以捉摸却足以影响历史论述的强大势力。

法官的结束和历史学家不同，所以他们收集证据的方式及证据推论的方式也不一样。作为一个分析师，我想用精神科诊断的数据收集方式（与法官的类似），因为证据的某些片段被要求用来归类出一种疾病，或者以一个人作为那种疾病的样例：比如，精神分裂症或一个精神分裂症病人。但是，假如历史记录要有语境和意义，更广泛和更独立的证据不仅是有效的而且是关键的。语境是有用的，因为它允许倾听者使用重复、空隙、比喻和其他叙述线索，来评估有时隐藏在事实下面的真相。与其坚持要求一个陈述贴近事实，以便产生意义，负责任的陈述者会努力同时呈现推测和事实，并仔细区分两者。因此，戴维森敦促我们要更加深刻地意识到历史学家的干预，而不是企图消除它们——与当今的精神分析和文学使用的策略类似。

所有这些回到戴维森的主要观点：除了在性欲理论中倒错作为核心部分的这一特定时间和地点之外，倒错并不存在。他说："比如'倒错'这个概念，必须不被辨识为某种心理状态，这种心理状态可以通过内省来发现、来承接'倒错'这个标签。这个倒错或性欲的概念也不能通过其使用方式被辨识，不能通过主宰它们的使用链接从而允许它们进入福柯所称的'真相的游戏'"被辨识（p.181）。戴维森警告，那些对待倒错概念犹如它是一个终极真相的分析性哲学家们，他们不得不在医学思维方式的语境下去理解它，将倒错作为性欲的一个分类。他选择了"应用领域"的观点（来自福柯）作为语境，来确立这类倒错和性欲概念的意义。我的理解是，这意味着即使一个临床学家使用倒错这样的观点，作为一个精神分析概念去帮助一个因为抚摸未成年人而被捕的人（而不是使用它去诋毁这个人），他维持在福柯的范例内，即医学机构使用医学概念的权力去进行惩罚。福柯认为，命名某物就是去惩罚它，无论这个名字是被多么共情性地（对立于施虐性地）给予的。

无论如何，权力，正如其他概念一样，通过语境获得其意义，而临床语境与教堂或国家语境的确是不一样的。而且，权力的概念在精神分析语境中也与在精神科语境中不同。精神分析中的权力，不是像教堂或国家所执行的惩罚的权力，或者由精神科施行的去分类和开药的权力，而是一种通过共情和理解去从痛苦中解放的权力，甚至从被社会最不接受和反感的人类心理症状——倒错行为中解脱出来的权力。

参考文献

Laplanche, J. & Pontalis, J.-B. (1973). *The Language of Psychoanalysis*. New York: Norton.

此文初次发表于：

Richards, A.K. (2003). Book Review: The Sexualities in Life and Art. *Journal of the American Psychoanalytic Association.* 51: 1385-1390.

第三章
希尔达·杜利特尔和双性恋①

通过研究希尔达·杜利特尔在与弗洛伊德分析后的那个夏天所写的两首诗，来探讨双性恋（bisexuality）问题。本文的观点是，这次分析使她可以整合、赋予价值，并把自己冲突的双性恋转化成一门艺术工作。这些诗作探索了在女性中的男性和在男性中的女性，两部分在一起共同勾勒出创造力。

双性恋，这个概念没有得到分析家像对弗洛伊德的儿童性欲理论那样的关注。但是如果没有这一概念，我们很难理解冲突的普遍存在性。一些孩子被抚养在看似艰苦的家庭中，却可以很好地成长；而另外一些在看上去很理想的环境中培养的孩子，却成长得不太好，受困于神经症性症状，无法实现他们的潜能。这是一种几乎所有人都有的体验：无法得到自己想要的东西、不知道自己想要什么，以及那种绝望的不幸感。在分析性的调查中发现，这些跟想要获得一切有关。男孩女孩都想做异性可以做的事情，想拥有异性拥有的东西，而最终想要同时成为双性。这个观点在弗洛伊德早期写给弗里斯（Fliess）的一封信中（Masson，1985）出现过，以及他的临床（Freud，1905a）和理论（1905b，1908）作品中也有。更近代的麦克杜格尔（MacDougall，1991）和斯蒂默（Stimmel，1996）曾经聚焦于女性的双

① 与作者沟通后，文中的“bisexuality”都译作双性恋。作者认为，双性恋在此的理解是与男人和女人都有性关系。对于男人和女人来说，都渴望我们所没有的。我们想成为妈妈最爱的，或是爸爸最爱的。我们也都要处理由这些渴望所带来的冲突。另外，所有女孩嫉妒男孩，所有男孩也嫉妒女孩。我们也嫉妒那些跟我们同性别的人。我们想要别人所拥有的，所以双性恋有很复杂的含义。——译者注

性恋幻想，以及它们与创造力的关系。“不可能拥有一切”的痛苦占的比例如此之大，以至于几乎会不可避免地认为双性恋愿望是普遍存在的（Fast，1984）。但是，我们只有相对较少的关于双性恋行为和生活风格的分析数据。少数被分析过的双性恋者之一，是美国诗人希尔达·杜利特尔。她留下了她的分析叙述（1975）和两首诗。这两首诗是处理她分析后新获得的自我理解所激发的感受。

在讨论精神分析对现代美国诗产生的影响时，范德勒（Helen Vendler，1991)评论说，不论是诗的内容还是诗的结构，都被诗人的精神分析治疗体验所影响。她在霍兰德（Holland，1989）使用精神分析观点之方法的基础上，从诗去分析心理并从对诗人本人的认识来分析诗。范德勒评论说，洛厄尔（Robert Lowell）和巴里曼（John Berryman）两人都曾以短段落的串联作为整体形式写过史诗，就像分析的小时也是串联起来形成分析性体验一样。史诗总是采用段落串联的形式，来形成一个较长的故事。但是，洛厄尔的《生活研究》（*Life Studies*，1972) 和 巴里曼的《梦之歌》（*Dream Songs*，1959)有着与史诗不同的形式。在《梦之歌》和《生活研究》中，片段之间有一种递推关系，与史诗的一连串冒险形成对比。在我看来，范德勒开辟了一条理解现代诗的新途径。她的观点让我去思考另一个接受过精神分析心理治疗的当代诗人希尔达·杜利特尔的作品。我想知道希尔达·杜利特尔的诗的形式是否受到她的分析的影响，假如是的话，是以怎样的方式。她在分析后创作了史诗，而那是她分析前无法做到的。在另一篇文章中，我希望根据范德勒的假设去探索她的史诗。在我看来，要了解分析对于诗的形式的影响，首先要看的是她在分析后创作的第一个作品。希尔达·杜利特尔离开弗洛伊德、精神分析和维也纳之后，立即去了瑞士，并在那里工作。那年夏天她创作了三首诗，单独发表了一首诗《主人》（*The Master*，1983），另外两首她放在一起发表：《诗人》（*The Poet*）和《舞者》（*The Dancer*）。这两首诗放在一起发表似乎是诗的意义的一个线索：一对可以是一种辩证。这就是为何我在这里聚焦于这个作品。

希尔达・杜利特尔与弗洛伊德的分析是为了试图解决她的写作瓶颈（Duplessis, 1986），经过分析之后，她每天写作几个小时，创作的作品质量之高，使她成为第一个入选美国艺术暨文学学会的女性。在我看来，这证明了分析治疗成功地将她从症状中释放了出来。在与弗洛伊德的短程分析中，她对自己所了解到的东西如此显著地改变了她，使她的写作瓶颈从此消失了。要问她究竟是如何改变的，等于去问她了解到了什么。她相信弗洛伊德给了她两个主要的洞见。第一个是，她像所有女人一样遭受着某种形式的阴茎嫉妒，使她自己的生殖器天赋蒙受贬低。第二个是，她是“完美的双性恋者”。在我的一篇较早的论文（Richards，1992）中，我聚焦于阴茎嫉妒的诠释对其创作力的有效性。而在这里，我想要检查双性恋这个诠释对其作品形式的影响。

诗中提到的诗人是劳伦斯（D. H. Lawrence），是希尔达・杜利特尔早年的恋人，在写诗的时候已经去世。第二首诗的舞者是她在写诗不久前第一次见面的一位女性。

诗人

那里有海马和雄人鱼，
以及一块平坦的潮汐礁地，
那里有一座沙丘，
朝向月亮，以及一缕湿水草，
再远处，
还有几缕，
覆着烧灼的颜色，
散布着从水草上掉落的
草籽的荚壳。
那里有一只吟歌的蜗牛，（蜗牛竟会吟歌？）
似纤细的哀怨，

不是风，
亦不是鸥，
那鸥栖息的枝，
是沉入沙中的船，
并非任何可以转译的声响，
当然，或许是远处内陆的
某种芦苇鸟，
在陆上的一个
长满荷花的池塘，
但，它们可是生在淡水，
而海水就在近旁，
有人会慌张，陆上的潮，
乍起的哀号，
会涌过淡水的湖面，
吹起，
吹进，
吹倒水上的莲，
这就是我担心的缘由，
我望着你，
思虑着你的歌，
看着你来的长长路途，
（你的勇武几乎就要散了）
你的歌就是那哀怨，
唱得触不可及，
我几乎就要抓住，
却终归糊涂。

2

但你是我的哥哥，
我们在这里相见，实在奇特。
那里有今年，
有那年，
我的爱人，
你的爱人，
那里有死亡，
有死去的过往：
但你根本就没有活着，
我也是浑浑噩噩，
所以，年月映照着另外的年月，
不属于这些年月的我们，
已经逃了，
不知到了何方，
人们都有个去向，
我知道，在这个时间点上，
当你转身，挖苦地谢我，
（你的嘴里尽是些挖苦）
是因为我给你的小酒缸，
（你不能再喝白酒了）
你对诸般的事，
都是那么节制，
（灵感是否也被节制？）
几乎，就在你停步，
要回应我的不管不顾，
我相信，我已经舍弃了，

因为我离开了我自己的荚，
成了一只蝶。
哦，蜗牛，
我知道是你在吟唱，
你的头骨就是你的荚，
你的歌就是回响，
你的歌如大海浩瀚
你的歌，似空茫，
你的歌是高浪，冲走了
那旧船帮，
那湿水草，
那干水草，
那散布的草籽荚，
但留下了你，
对你那副外壳的讽刺来说，
你是真诚的，
对你自己来说，
你是真诚的。

3

是的，
出来是危险的，
你不应该舍弃，
但留下，
也是危险的，
除非你是一只蜗牛。
蝴蝶有一对触须，

它是端庄的，
也是讽刺的。

4

你的壳是一座神庙，
我在傍晚得以看到，
你这座小小的科普特式神庙
被遗留在内陆，
尽管有风，
但沙暴
尚未把你埋掉；
你的壳是一座神庙，
它的窗是琥珀，
你的微笑，
和一根蜡烛被置于
某处的祭坛，
所有人都听说过那小小的科普特式神庙，
但有谁知道
栖息在那里的你？

5

不，我没有以某种方式去假装理解，
不认识你，
甚至看不见你，
我说，
“我参不透他的哲学，
我无法理解。”

但我伸出一只手，扶那扇冰冷的门，
（我们都是远方来的旅人）
我触到的是某种不灭，
我在寻思，
为何他留在这儿？
为何独自守着这座神祠？
如此孤立地
在这条直通迷茫的路上。
在这无人问津的祠中，
他手执一盏烛灯，
在空中，
定然有某种关于他的
迷梦，
若没有幻象的抚摸，
若没有声音嘘走寂寞，
他不能孤独地活在这荒漠。

6
我几乎不敢坐在三尺之外的
那块石头上，
（希望你不会知道我在这儿）
我几乎不敢望向那扇窗，
或去看那盏静止的烛光；
我几乎不敢开口，
当然更不能说“别来无恙”，
或者“后会有期”，或者其他寒暄的事项，
我几乎不敢自己去想，

为什么，
他在这个地方。
（曹思聪 译）

舞者

我来自远方，
你来自远方，
都是从陌生的城起航，
我来自西边，
你来自东边，
但是距离不能稀释，
亦不能阻止，
我们见面，那是火遇到冰，
或者冰遇到火，
哪个是哪个？
彼此即彼此。
你是一位女巫，
从虚空中迈出，
你所踏着的甲板，
正驶向小亚细亚，
你来自某座围城，
你随身带着那儿的巫术，
我是一位女祭司，
我是一位男祭司，
你是一位女祭司，
我是赫卡特的信徒，
在深深的罐子里蜷伏，

那罐子盛着草药，
心跳，还有白豆子，红豆子，
未知名的彼岸花，和草叶子，
我崇拜自然，
你就是自然。
我崇拜艺术。

2
现在，我来自思想者之城，
那是智慧的产地，
我看着那个从遥远走来的人，
穿着银色的袍子，
我的手中没有酒罐；
我专心地看，
像一个与答案同在的局外人，
智慧要调到最高，
我在这儿是要宣告，
那究竟
是不是
神的来到，
我张开了所有视听，
非常冷静，
一个女孩抓紧了情人的手腕，
我并不在乎，
（我全然关注你的一举一动，
你播下了怎样的草种）
我知道那个年轻人的思绪，

那个老年人心中的不平，
那个从上次战争回来的
脸色苍白的士兵，在冷清的酒吧
正体会怎样的疗愈和激情，
应有一双手臂扶着他，
没有什么能够躲开
我的视听，
如果你敢差之毫厘，
我将亲自手刃你，
我有的是仇恨，但没有惧意，
你不能背叛我，
你不能背叛我们，
以及太阳，
它是你的主，
因为你是抽象的，
你在空中作的诗，
你在风中写的律，
行行规整，
字字珠玑。

3
完美的，
完美的，
完美的，
我们是否值得拥有美？
纯粹的，
纯粹的，

火焰，
我们是否敢
跟随欲望，
在你展示
完美的地方？
最可爱的，
哦，坚强的余烬
在冰中燃烧，
雪覆盖了余烬，
火焰照透了清冽的冰，
凝成了红玫瑰的图形，
大雪压弯了杜鹃树，
但每朵花都保留了原来的颜色，
花覆盖了树，
雪覆盖了火，
紫色的，
深红色的，
深蓝色的，
浅蓝色的，
白色的，
水晶
花萼。

4

我们超越了人的局限，
追随着你的热焰，
哦，女人呀。

我们超越了火的招展，
追随着你把握中的震颤，
我们超越了冰，
把心跳的声音慢慢听，
就像那树干中汁液汇成的暗流，
这树托着花，披着深冬的雪，
我们超越了自身的边界。

5
赋予我们力量去追随，
那力量将美神圣，
你是环绕那棵秃树的风，
你是那棵不屈的秃树，
你是一张硬弓，
你是一支箭，
你的奔跑箭矢如雨，
你那双飞的箭，
你的奔跑化成一团火焰，
哦，如此耀眼，
你的双脚化成折起的羽翼，
就像美人鱼的尾鳍，
哦，首尾相连的爱，
打开，
闭合，
再打开，
你是蝴蝶的每一片色彩，
现在披着碧绿的衣裳，你是一只白色的蝶，

我从水中望到，
你是一朵月亮花，
在白色烈焰中升华。

6
你是每一种花，
我不停地去命名，
我无法宣称，
自己可以从竖琴演奏手中脱颖；
我的曲谱蹒跚，
无法从笛子演奏手中夺冠，
因为我无法维系，
和其他戏子，
在你的脚下，
站立，
我无法命名
多立克或者爱奥尼克的风格，
无法宣称伟大；
在特尔斐，
我没有获得
桂冠；
但是他，
你的父，
挚爱着他的儿子，
尚未拥有他的智趣，
他说，在所有当中，
有一个声音，

一位元老，
去听，
赫多科里亚，
他说，
“起舞，因为这世界已亡，
起舞，因为我是你的情郎，
你是我的笔触，
你在风中书写，就用这只足，
就用那只足，
就用这支箭镞；
你的手摆动，
如锋利的箭，
你那紧绷的躯干
也是一支箭，
我的消息，
你是我的箭，
我的火焰；
我遣你进入这世界，
在你身边，
人们可以去命名
无有其他；
你永远都不会死亡，
你所看到的这个人
也不会离开人间，
这个坐着的、忧郁的、静默的
诗者。”

7

哦，我的爱，愿我们从未谋面，
愿我们从未把手相攥，
作为男人和女人，
作为女人和男人，
作为女人和女人，
作为男人和男人，
哦，我的爱，愿我们从未开口，
愿我们从未诉求，
比我的心跳更轻的词，
比你的舞足更轻的语，
白色的幼天鹅，
黑色的槲鸫，
愿我们从未
紧搂对方的胸膛，
愿我们从未
往那蓝色的火海硬闯，
在旋风里，
在奔流中，
野花，
被神的光辉压碎，
哦，纯真的阿芙洛狄忒，
让我们狂野而自由，
让我们保留天性，
保留激情，
紧绷得一如弓，
一如特尔斐人的弦，

去杀戮悲痛。

8
有太多需要我们知道
而时间甚少，
哦，明亮的箭，
有太多需要治疗，
无暇让我们感受到
至高无上的陛下，
只有一点需要我们知道，
而时间几世都用不掉，
哦，我的姐妹；
不必着慌，
不必匆忙，
这可算不上浪费，
只是歇步，
无尽的歇步，
去颂扬，
和谐，
我们的王。

9
所以，不必匆忙，
明亮的流星，
不必浪费力量，
哦，完美的星球，
歌唱的姐妹，

循着微妙的力量滑步，
停步，
永不疲倦的演出，
采集蓝色的谷物花，
绑几支罂粟花在你的发，
哦，女祭司，
教给男人们，
日轮①
是可以忍受的，
以及他的热情，
再勇敢一些，
和我一起凝望
死亡的面庞，
说，
爱更强壮。

10
玉凤花，
杜鹃树，
摇摆，停顿，再翻覆，
杜鹃树，
哦，野玫瑰，
打开，颤抖，停住，
再闭合，
杜鹃树，

① 埃及太阳神象征。——译者注

哦，强壮的树，
摇摆，弯曲，
朝我讲话，
或许我可以
把那些话语
捕捉
到我的木板上
去雕琢，
那些话语让男人们停步
匍匐，
我们所感到的脉动
让他们粉身碎骨，
杜鹃树，
月桂树，
摇摆，停住，
回答我的沉思，
你逃离了你的主人和陛下，
直到他在这样的欲望中震颤，
没有女人，
此后
能够
承受他那神圣的子嗣。

11
只有歌唱的愚人和陶罐
树
或许也可以讲出

他的预言。

杜鹃树，
哦，狂野的树，
不要让以帽掩面的蟒蛇，
进入
知道我们所知的世界，
杜鹃树，
哦，洁白的雪，
不要让那凡人知道
那秘密，
这秘密掩藏在
这神圣之树的
重重
蓝色
粉红色
金色之中，
杜鹃树，
以山之名，
以川之名，
向我起誓，
不许有人掀开
特尔斐人的睡幕。

12

我们将在此筑一座祭坛，
以树、以山、以星之名起誓，
以风、以海湾的弧线之名起誓，

他的海豚正在这弧线上跳跃，
向着祭司歌唱，哦，高高地
筑起这祭坛，
生命终归尘土，
但他的歌永不落幕。

13
如海鱼般
从水中跃起，
挥动手臂如鱼鳍，
抑或潜入水底；
在那里，长笛的调子
唱的是男人们，
离开了家
追随着梦，
请男人们追随
一如我们追随，
一如竖琴的调子诉说着铁，它满身的弦
都来承载不朽的冒险，
（那或许是神才能享用的盛宴）
请男人们感受
一如我们感受。

要寻找希尔达·杜利特尔的分析对其写作的作用的证据，我建议着眼于其内容和形式（形式包含意象）。作品的形式初看是一副双联画。两首诗被捆绑在一起。更近一点看，第一首诗有六节，第二首有十三节，而十三节又分前六小节为第一段落和后七小节为第二段落。现在，我们有了一副三联画。这种形式本身有助于思维的辩证模式：论点、对立论点和综合论点。这也是在分析时段中可以发现的思维模式。病人说话、分析师说话、病人和分析师共同创造一种新的理解。

在这个作品中，主题中的爱是辨证的。第一首诗是异性恋，第二首诗前六小节是女同性恋，后七小节获得了一种对双性恋的和解与整合。在这个意义上，形式上增加了重点，还为内容添加了情感。

这些作品的共同主题是海岸。《诗人》的第一小节设定了场景：

那里有海马和雄人鱼
以及一块平坦的潮汐礁地，
那里有一座沙丘，
朝向月亮，以及一缕湿水草，
再远处，
还有几缕，
覆着烧灼的颜色，
散布着从水草上掉落的
草籽的荚壳。

这些句子在湿和干、沙和水之间交替，潮汐的暗礁时而在水下，时而浮现。诗所探索的是模糊感和双重性。它描绘了一个地域，有时海、有时沙，在不同的时候两者都在那里。这为诗提供了一个设定，在其中可以探索内在双性恋的深层次感受。这个设定是一个隐喻，如果这些诗没有前景中的内在模糊和冲突，它们可能会被看成通过拟人化的文学手法（pathetic fallacy）所描绘的有缺陷的情感。这是希尔达·杜利特尔的天才和她分析的成果，使诗的结构完成了隐喻，而没有贬低双性恋。

在写给劳伦斯的诗里，杜利特尔回忆起她对男性高潮的高度男性化狂热。这首诗始于双性海马，这是一种由雄性海马携带着育幼袋养育幼小海马的物种。雄人鱼对西方人来说没有美人鱼那么熟悉，会震惊读者并刺激到他们。这种震惊让读者准备好去思考这首诗中性和性角色的模糊性。暗礁和沙丘朝向月亮，提供了有着女性内涵的风景。大海和它的月亮潮汐让人联想到女性月经，与潮水留下的海草的重叠踪迹呼应。哭泣和唱歌的影像引入了劳伦斯本人：唱着歌的蜗牛。在诗中回忆他，杜利特尔想起一幕“我看着你来的长长路途（你的勇武几乎就要散了）”。这次射精伴随着“你的歌就是那哀怨，唱得触不可及，我几乎就要抓住，却终归糊涂”。这里暗示沙滩上的做爱，但是很模糊。哭泣意味着痛苦，不信任被问题表达出来“蜗牛竟会吟歌？”这是一首爱的歌曲，充满了对爱人的同情，还有对他的不举的恐惧。简而言之，这是一首悲剧情歌。诗人拜伦有一只畸形足，却是非常强壮的游泳健将，曾经把自己称为雄人鱼。他跟劳伦斯一样，表现出高度男性化的自我认知和典雅的罗曼蒂克之爱。但拜伦是被淹死的。杜利特尔提起拜伦的悲剧早逝，预示了也强化了劳伦斯早逝造成的悲剧性。

在第二小节中，杜利特尔责备劳伦斯“你对诸般的事，都是那么节制”。她显然想要的是亲密，“但你是我的哥哥”。在第一次品尝后，他拒绝了，“你不能再喝白酒了”。她相信他后悔跟她在一起的自由时刻，当“几乎，就在你停步，要回应我的不管不顾”，他说，“我相信，我已经舍弃了，因为我离开了我自己的荚，成了一只蝶”。她提醒他从蛹壳出来的蝴蝶“是端庄的，也是讽刺的”。此外，留在蜗牛壳里很危险，除非它是一只蜗牛。这一危险很快袭击了诗人之灵感男神——劳伦斯。当诗完成的时候，他真的在新墨西哥去世。在诗里，正如在现实中一样，他的壳成了沙漠里的一座庙宇。在那里，没有人认识他。庙宇的唯一生命迹象是一颗琥珀，一份古老生命的纪念品。沙漠里的庙宇有种温和感，孕育着女性特质。它是一个子宫。很矛盾的是，杜利特尔这个女性诗人，已经离开和结束，像蝴蝶一样飞翔；而劳伦斯，一个男性诗人，保持在他性模糊的蜗牛壳里直到生命的尽头并且死去，然后以女性的形象被铭记，作为某种干涸了的壳、干燥的阴道。诗在可怕的肃静中结束，杜利特尔坐在石头上，几乎不敢让自己想他。

在第二首诗里，再次出现的火和冰的意象来自彼特拉克（Petrarch），一个伟大的异性恋诗人。他借用了萨福（Sappho）的意象，后者曾经用狂热和寒冷来描述女同性恋的爱情。就像《诗人》中的性欲意象一样，《舞者》的意象是颠倒的。舞者是一个女人，但是她的特质是传统所认为的男性特质。诗以旅行开头。两个女人都刚刚完成一次旅程，“我来自远方，你来自远方。”但是，在紧接着的句子中，差异性而非相似性被强调：“我来自西边，你来自东边。”突出的是差异，即使杜利特尔和她的爱人都是女性。摆荡在相似与差异之间的是诗的形式模糊，正如女人的描述也是模糊的。跟男人类似，却比他更大胆，女性爱人矛盾地更男性化。与女性爱人的相遇制造了火与冰，就像异性恋者彼特拉克那样，却不是同性恋者萨福的寒冷与狂热。这个差异和相似的主题持续进行，在祭祀/女祭祀、崇拜自然/自然和崇拜艺术/艺术的影像中呈现。杜利特尔将自己描画成一个理性的观察者，与舞者形成对比：舞者不需要逻辑和语言，在空气中作诗。

舞者是冰里的灰烬，雪中的红玫瑰，冰里的火焰。甚至更绝妙的是，那火焰是紫的、深红的、深蓝的、淡蓝的、水晶白的。舞者的美是雄性的：“环绕那棵秃树的风”，这“不屈的秃树”“一张硬弓”“一支箭”。所有这些都是绷紧的、饶恕的，是男性化的影像。但她也是美人鱼，呼应了作为雄人鱼的劳伦斯。她是劳伦斯不敢成为的蝴蝶，她循环地搏动着，打开、闭合、打开。这里描写的是阴道括约肌的理想影像、女性的力量和不朽的承诺。这是一首对不朽的赞美诗，与对劳伦斯逝世的哀悼小节平行；一共六小节，也跟劳伦斯的六小节平行。

将对男人的爱或对女人的爱这些问题提出来后，希尔达·杜利特尔在另一个悖论中解决了她的性欲双重性。她展开了第七小节“哦，我的爱，愿我们从未谋面”。她不曾紧扣住爱人的双手，甚至从不曾与她交谈，而是跟她一起去敬仰她俩的主人：“和我一起凝望死亡的面庞，说，爱更强壮”。她援引古希腊形象杜鹃（Rhododendron）。美少女达芙妮（Daphne）从阿波罗（Apollo）那里逃离，逃得那么坚定那么迅速，以至于他失去了追她的能力。根据奥维德（Ovid）的说法，她祈祷可以从导致被神追捕的美丽身体中释放出去，她的祈祷得到了回应，她变成了一棵月桂树。于是，月桂树的叶子被用来表彰诗人的不朽。再后来，它们也被用来表彰罗马战争的胜利者。少女很乐意把自己屈从于性欲的女性命运与象征诗人荣誉的树交换。在阿波罗神话阉割的地点，希尔达·杜利特尔和舞者将共同建造一座祭坛，一个像劳伦斯的祭坛，但是紧靠在维护生命的母亲河旁，而不是在干旱的荒漠里。希尔达·杜利特尔在这里暗指诗的第一个影像——海马和雄人鱼（mermen）。因为“Mer”代表海，而“Mere”代表母亲，海马是携带育卵袋的男性海马。而在海的边缘，女人教会男人去感受神的愉悦，去跳跃和潜水，离开家追随自己的梦，去感受艺术家的感受。

很明显，希尔达·杜利特尔接受并喜欢来自弗洛伊德的“充电”。她想成为诗人，而不是一个被情人追求的美丽女人。事实上，对于一个已经四十八岁的女人来说，这很是说得通。更何况她的女性情人与她共同抚养她的孩子，情人是家庭的经济支柱，从孩子出生起就承担着父亲的角色。但是，还有一层更深更普遍意义上的理解：要在她的艺术中协商出一种她自己的方式，希尔达·杜利特尔需要聚集她所有的时间和精力用于写作。然而，弗洛伊德仍然鼓足了大量的勇气，坚定了信念，才会对希尔达·杜利特尔建议这样的解决方法，正如他也需要大量的勇气在他自己的本性中辨析出双性恋愿望，使他成为他自我塑造的那种艺术家。

结论和一个推测

这些诗的存在证明了作家的瓶颈被分析解除了。但是，分析师相信精神分析不仅是消除症状。关于消除症状的可能机制的问题烦扰着分析师们。一个症状被消除后去了哪里？症状的消失是如何影响其余心理组织的？这些问题在我看来，在这个例子中，与分析如何影响诗的形式的使用有关。

回到杜利特尔的诗的形式受其分析所影响与洛厄尔和巴里曼受影响的方式是否相同这个问题上，我相信，分析的效果在这组诗里与《梦之歌》和

《生活研究》中不同。在我看来，杜利特尔的《诗人》和《舞者》反映的是一次分析小节里的对话结构。它们包括一个辩证论和一个解决方式，与病人的声音与分析师的声音之间的交替有相似的模式。它们也反映了更假设性的愿望和禁忌与病人内部妥协形成的综合体之间的交替。

更深刻的是，它们反映了对男人的爱和对女人的爱的相互冲突。这个冲突并未被消除。无法写作的症状由艺术工作替代。当冲动又一次被唤起，或对杜利特尔而言继续有其重要性时，它们呼唤更多的诗创作，于是作家的瓶颈被写作的需要替代了。分析中发展出来的思维模式和自我功能，结构化了这种需要的强度和它持续的命令力。所以，分析同时影响了诗人的生产力及其作品形式。

安娜·弗洛伊德（1936）依据防御的改变来描述心理的改变：天真地去理解，这会被认为是防御的消除，在更复杂的层面上，它是将僵化的、通用的（all-purpose）防御性结构替换成更灵活的、由情势而定的防御结构。布伦纳（Brenner，1982）曾提议，我们在伴随对满足的妥协形成、防御策略和超我禁令去思考改变，将其转化为允许更多的自我接受和更好的功能。阿洛（Arlow，1987）相信分析增强了个体对幻想的觉察，同时也让个体像欢迎其他心理功能那样接受它们。巴赫（Bach，1985）的文章暗示，可以轻松自在地从一种看待世界的视角过渡到另一种视角，是衡量分析成功的标志。我认为这些观点的共同点在于对满足的看法。我相信所有这些作者都会同意希尔达·杜利特尔与弗洛伊德的分析是成功的，如果结果是她感觉到了满足——而且的确是这样。

希尔达·杜利特尔和弗洛伊德在分析中完成的，是使她能够处理俄狄浦斯问题和性认同及性对象选择的问题。她学会了接受自己的双性恋，并且相信在她的创造力中其女性部分很关键。自由地同时去爱男人和女人，去在她的工作中升华这种爱，是希尔达·杜利特尔相信自己能通过分析所实现的。这些诗支持了一个观点，即希尔达·杜利特尔在这个人生目标中取得了成功，在某种程度上，明白无误地反映了分析目标的自我知识已经获得

（Ticho，1972）。

什么是双性恋？希尔达·杜利特尔给爱人布莱（Bryher）写过一封信，信里称弗洛伊德为“爸爸”，她说道：

> 还有，通常孩子会决定支持或反对父母的一方，或认同其中一个。但是，我直接失去了父母双方，于是某种完美的双性恋态度出现了，丧失和独立。我尝试过成为一个男人或女人，但我必须是两者。爸爸说，而且我现在也说，通过写作，是会成功的。（Richards，1992，p. 400）

弗里德曼（Friedman，1981）相信弗洛伊德授权给了希尔达·杜利特尔，通过允许她反对他、与他的观点争论。她认为那代表一个传统男性的角色，从而允许希尔达·杜利特尔去从事创造性的、传统上认为的男性行为。女人相信她们能够创作，但是不相信男人会重视她们的作品。弗洛伊德之所以能帮助希尔达·杜利特尔重新写作，是因为他重视她作为一位女性和一位作家。贝内德克（Benedek，1968）说：

> 在我们的语言中，双性恋这个术语指代一种特殊的先天倾向、对环境影响的某种心理反应，控制着人格的整体发展。男女婴儿内射（introject）对父母双方反应的记忆痕迹……这意味着基本假设是两种性别的孩子都有一种生物性的先天倾向，去发展对别人的而不仅只是自己的，还有对异性的共情性反应：没有这个，两性之间交流是不可能的。（p. 427）

对弗洛伊德来说（Sulloway，1970）心理学中的“双性恋”概念来自一个生物学概念的变形。它源于弗洛伊德的第一个研究，即对鳗鱼生殖腺的研究。由于鳗鱼在生命周期中一部分时间作为生物性雄性，一部分时间作为生物性雌性，所以对其性器官的研究是心理学调查心理双性恋气质人类的最好原型。它也体现了弗洛伊德第二个研究项目的内容，即对双性生物体七鳃鳗的脊髓神经的研究。萨洛维（Sulloway）总结说："所以，当弗里斯（Wilhelm Fliess）在1890年中期将弗洛伊德的关注拉到双性恋理论上时，他找到了一个准备好的生物学倾听者。这个倾听者不仅在该领域接受过领军人物的训练，而且亲自对人类的双性起源进行过第一手研究。"（p. 160）众所周知，弗洛伊德与弗里斯的科学关系是弗洛伊德双性恋观念的来源，但是萨洛维解释了为何弗里斯的想法会对弗洛伊德有这样的冲击。这一观点的生物学基础反映在贝内德克的定义中。那个论点基于解剖学，而它的发展已经被霍妮（Horney，1924）的文章所取代，在那篇文章里她显示了对父亲的认同是如何促成小女孩产生想要拥有一个阴茎的想法的。尽管如此，贝内德克强调了双性恋的认同（identificatory）及其客体关系方面，从而包含了这个心理转化。它是在弗洛伊德接受霍妮关于双性恋认同起源的观点时，锻造进精神分析理论中的。

早期关于女性双性恋的观点有，维特尔斯（Wittels，1934）认为女性使用她们的美貌就像一个阳具。他相信，使用化妆品和日常美容获得自恋式自我提升是神经症性的、同性恋的和男性化的。他认为，阴茎嫉妒是神经症依附于美貌的成因。布莱恩（Bryan，1930）认为，在异性恋男女的性刺激和满足中有双性恋的表征。

关于女性的心理双性恋一个更为直接的生物学基础，是由谢菲（Sherfey，1968）预示的。她描述了人类性器官的胚胎学发展，是从一个形态学女性开始，在有男性荷尔蒙存在的情况下发展为男性结构。她认为，从生物学来说，女人不能被视为一个有缺陷的男人，但是男人必须被视为一个女人的变体。我们还不清楚从生物学到心理学的镜像可以到何种程度，但是"女孩的第一个认同对象是母亲"这一观点支持着这个类比。

当爱恨达到最激烈程度的时候，认同是最强的。舒斯特（Schuster，1969）描述过一个病人："认为母亲拥有阴茎，并且解释了她的危险倾向”。舒斯特相信这一幻想涉及原初场景[①]的体验：“他的认同倾向于摆动在性交中的父母之间；有时他是一个攻击者，有时他被攻击。”（p. 78）。更早期，舒斯特（1966）曾描述过一位女性，在她的自我意象中自己有一个男人的下半身，隐藏着一个阴茎。这个病人梦见自己打她的继女，她对梦的联想使舒斯特得到结论：“梦里的妈妈和孩子代表父母在做爱，病人同时认同了双方。她认同了施虐的攻击性父亲，自己变得暴力，以便防御对无助的受暴母亲的认同。这个梦超越了女性乱伦的愿望和想要去惩罚的愿望，它也代表了一种通过对攻击者认同而获得的胜利。”（pp. 362-363）

弗里德曼（1976）描述了一个迷恋父亲肚脐的小女孩。她想把自己的手指戳进去，每次看见父亲肚脐的时候就大笑，还会花时间窥伺父亲换上衣，希望可以瞥见它。在弗里德曼的另一个分析报告中，一位成年女性总是感到有冲动，想要在做爱的时候就用手指戳老公的肚脐。这个替代部位，在男性和女性身上是一样的，都很容易被戳伤。肚脐是拟人化的双性意象。

威顿（Wisdom，1983）曾经证明，在两性中的男性和女性倾向，可以被理解为他所称的早期人格交换过程的结果。这个过程类似于认同，但是还包括相互作用（reciprocity）。性别特质首先通过认同被内化，如果另一方性别的父母再认同孩子的话，会使其发生转化。这一过程意味着，所有被男性女性父母抚养或代养长大的孩子，都会获得来自两种性别的特质，因此都会有双性恋特质。我们称之为精神分析式获得自我理解的过程，于是，就必然导致病人学会同时欣赏自己的两种性别特性，并重视它们。希尔达・杜利特尔的分析似乎就做到了这一点。

不管是异性恋还是同性恋，都对双性恋这一主题充满恐惧和谴责。普劳斯特（Proust，1913—1972）在《所多玛和蛾摩拉》（*Sodom and Gemmorah*）中带着恐惧看待它。他写道：“当他享乐女人的时候，恶习开始颠倒。”他认为，忠于自己的最初选择是成为一个完整的人的关键。对普劳斯特而言，

① 指父母性交的场景，是弗洛伊德在狼人案例上的理论发现。本书以下同。——译者注

问题不是对另一个人忠诚，而是对自己的性格保持一致，他将这一点视为决定性地塑造了个人的客体选择。而对希尔达·杜利特尔来说，问题则是如何整合客体选择与她的职业选择。

我相信，在这一复杂的工作中，希尔达·杜利特尔将冲突整合成了一个真正适应性的妥协形成。蜗牛壳、雄人鱼和潮汐池等影像代表男人，箭和触针代表女人：男性和女性整合成为一个创造性的人。通过在男性中发现女性、在女性中发现男性，希尔达·杜利特尔整合出一个自体，能以男性的方式工作、写出史诗，也能从事女性的工作，在史诗中体现女性体验的本质。本文中所研究的这些诗证明了她朝向这一成就迈进的一个发展阶段，说明弗洛伊德给她的双性恋诠释对她产生了深刻的影响。

在这个语境中，我想要冒险提出一个假设，关于在有双重客体选择的女性身上，双性恋这一特殊形式是如何发展的。从我们已知的关于婴儿发展的心理学文献中，母亲对待男女婴儿的方式是很类似的，专心于养育和保护。但是，父亲会对男婴更粗心，对女婴更轻佻（Maccoby，1998）。我自己来自幻想和观察的想法是，男婴和女婴都发展出对养育的期待，以及与母亲般的人物有亲密依恋的期待。但是作为蹒跚学步的他们，在后来有能力懂得另一个人是有主动性的独立个体时，才出现与其他人竞争母爱的情况。托玛塞洛（Tomasello，1999）把这个放在第一年的结束，玛勒、派恩和伯格曼（Mahler，Pine & Bergman，1975）将其放在介于十八个月和第三年之间。只有到那个时候，对另一个竞争母亲之爱的对手的幻想，才会让孩子感到有失去母爱败给对手的危险。我想，无论对男孩还是女孩而言这都是可怕的打击，是孩童时期的灾难之一，并且会一直在心中挥之不去。我不认为竞争母爱的对手是男是女会很重要。男性或女性同性恋夫妇报告说，他们的孩子跟异性恋家庭长大的孩子一样有竞争心。我觉得重要的是，所爱之人、对手和自己这一基础群体的构成。每个人发展的独特环境决定了故事中无止境的幻想的各种变形。这让我们习惯称为的负性俄狄浦斯情结群，成了女孩发展中基础的，并且是最决定性的结构。因此，在发展中女性客体选择是第一位的，而一个女孩的双性恋就是以这种内在冲突为基础的，是介于其负性俄狄浦斯渴望和想要成为母亲生一个孩子的愿望之间的冲突。直到那个轻佻的父亲或其他轻佻的成人，尝试劝诱小女孩离开母亲，为她提供一个妥协的出路；即使不是全部，至少大多数小女孩都想要选择这一出路，尽管很少女孩怨恨母亲选择自己作为她唯一最爱的那个人。

参考文献

Arlow, J. (1987). The Dynamics of Interpretation. *Psychoanalytic Quarterly,* 56: 68-87.

Bach, S. (1985). *Narcissistic States and the Therapeutic Process.* New York: Jason Aronson.

Benedek, T. (1968). Discussion of Sherfey's Paper on Female Sexuality. *Journal of the American Psychoanalytic Association,* 16: 424-448.

Bergman, J. (1954). *The Dream Songs.* New York: Farrar Straus.

Brenner, C. (1982). *The Mind in Conflict.* New York: International Universities Press.

Bryan, D. (1930). Bisexuality. *International Journal of Psycho-Analysis*, 9: 150-166.

Duplessis, R. (1986). *H.D. The Career of That Struggle.* Bloomington: Indiana University Press.

Fast, I. (1984). *Gender Identity.* Hillsdale, NJ: Analytic Press.

Freud, A. (1936). *The Ego and the Mechanisms of Defense.* New York: International Universities Press, 1966.

Freud, S. (1905a). Fragment of an Analysis of a Case of Hysteria. *Standard Edition,* 7: 1-122. London: Hogarth Press, 1953.

—— (1905b). Three Essays on the Theory of Sexuality. *Standard Edition,*7: 123-243. London: Hogarth Press, 1953.

—— (1908). Hysterical Phantasies and Their Relation to Bisexuality. *Standard Edition,* 9: 155-166. London: Hogarth Press, 1959.

Friedman, S. (1976). On the Umbilicus as Bisexual Genital. *Psychoanalytic Quarterly,* 45: 296-298.

Friedman, S.S. (1981). A Most Luscious Vers Libre Relationship. A*nnual of Psychoanalysis* 14: 319-343. New York: International Universities Press.

Guest B. (1984). *Herself Defined.* New York: Doubleday.

H.D. (1975). *Tribute to Freud.* New York: McGraw-Hill.

H.D. (1975). *The Poet and the Dancer.* San Francisco: Five Trees Press.

H.D. (1983). *Collected Poems.* New York: New Directions.

Holland, N. (1989). *Poems in Persons.* NewYork: Columbia University Press.

Horney, K. (1924). *On the Genesis of the Castration Complex in Women.International Journal of Psycho-Analysis,* 5: 50-65.

Lowell, R. (1972). *Life Studies.* New York: Noonday.

Maccoby, E.(1998). *The Two Sexes.* Cambridge, MA: Belknap Press/Harvard University Press.

Macdougall, J. (1991). Sexual Identity, Trauma and Creativity. *Psychoanalytic Inquiry,* 11: 559-581.

Mahler, M., Pine, F., & Bergman, A. (1975). *The Psychological Birth of the Human Infant.* New York: Basic Books.

Masson, J., ed. (1985). *The Complete Letters of Sigmund Freud to William Fliess (1887—1904).* Cambridge, MA: Harvard University Press.

Proust, M. (1913—1972). *Remembrance of Things Past.* New York: Random House.

Richards, A. (1992). Hilda Doolittle and Creativity. *Psychoanalytic Study of the Child,* 47: 391-406. New Haven, CT: Yale University Press.

Schuster, D. (1966). Notes on "A Child is Being Beaten." *Psychoanalytic Quarterly,* 35: 357-367.

—— (1969). Bisexuality and Body as Phallus. *Psychoanalytic Quarterly*, 38: 72-80.

Sherfey, M.(1968).The Evolution andNature of Female Sexuality inRelation to Psychoanalytic Theory. *Journal of the American Psycho-analytic Association,* 14: 28-128.

Stimmel, B. (1996). From "Nothing" to "Something" to "Everything."*Journal of the American Psychoanalytic Association (Suppl.)*44: 191-214.

Sulloway, F. (1970). *Freud, Biologist of the Mind.* New York: Basic Books.

Ticho, E.A. (1972). Termination of Psychoanalysis. *Psychoanalytic Quarterly,* 41: 315-333.

Tomasello, M. (1999). *The Origins of Human Cognition.* Cambridge, MA: Harvard University Press.

Vendler, H. (1991). Freud and PostwarAmerican Poetry. Paper presented at IPTAR Symposium on Applied Analysis, New York.

Wisdom, J. (1983). Male and Female. *International Journal of Psycho-Analysis,* 64:169-186.

Wittels, F. (1934). Mona Lisa and Feminine Beauty: AStudy in Bisexuality. *International*

Journal of Psycho-Analysis, 15: 25-40.

此章节初次发表于：

Richards, A.K. (2000). Hilda Doolittle and Bisexuality. Gender and Psychoanalysis, 5: 37-66.

第四章
弗洛伊德和女权主义：一份批判性评鉴

本文追溯了女性作家针对弗洛伊德女性观点的文献。弗洛伊德通过鼓励和支持女性的事业，偿还了他从她们那里接受的礼物，并且以理论为工具，帮助女性从家庭束缚和缺陷的幻想中释放出来，却被后“弗洛伊德学派”用作让女性回到封闭的家庭生活中的辩护理由。本文通过详细关注萨宾娜·斯皮勒林（Sabina Spielrein）、露·安德烈亚斯·莎乐美（Lou Andreas-Salomé）和希尔达·杜利特尔，阐明了女性为早期精神分析做出的贡献，并推测弗洛伊德的思想是由他对女性的信念所引导的，即他相信女性是而且应该是被视为与男性平等的。

弗洛伊德发明了精神分析，作为一门倾听的艺术和科学。他是一位倾听者，设法去听和努力理解他所听到的，而且他所听的是在当时被很少关注的声音——女性的声音。他不像他的许多教授，他倾听他的病人，尤其是女性的声音，使他与当时的男性更加分道扬镳。

我将我的思考和对这个主题的全部兴趣都归功于我自己的分析，在那里我学到的最根本的东西是我作为女性的地位并不一定会限制我的野心或成就。很多年后，当阅读了杜利特尔的《献给弗洛伊德》（1975），我找到了自己体验的共鸣。希尔达·杜利特尔在分析中得到了鼓励，得到了一种目标感和对她自己创造能力的信念。她被给予了什么？我写这篇文章就是为了回答这个问题。在完成草稿后，我把它给几个女权主义同行看。令我很沮丧的是，她们中的一些人提出反对，认为我忽略了弗洛伊德的其他方面：女权主义评论家们指控他的厌女症（misogyny）。我可以明白弗洛伊德关于女性性欲发展的理论侮辱了女性，但令我很困惑的是，一些女权主义者的精神分析效果和弗洛伊德理论中后来导致女权主义精神分析家们谴责他关于女性性欲发展的观点之间的矛盾。仔细思考后，我的结论是，最好先去检验弗洛伊德对女性之态度的证据，然后再来考虑他的理论中导致女权主义评论家们相信他诋毁女性，同时暗示精神分析是在诋毁女性的那些重要方式。

我的论点是，弗洛伊德是一个提倡平等的女权主义者。他挑战时代，证明女性值得被教育，可以参与正在崛起的现代科学世界，可以挣钱，并值得获取对她们参与的社会价值的重视。他的一部分成就在于展示了女性在工作和智力能力上是与男性平等的。我希望能够证明他现在遭受质疑的关于“男孩女孩的发展相同，直到他们命运性地发现了阴茎这一时刻为止”的报告，不是为了要展示女性低于男性因为她们没有阴茎，而是说明女性在其他方面与男性有相同的装备。但是，假如弗洛伊德是一个要求平等机会的女权主义者，他又如何会创造出一个冒犯了那么多女性和女权主义者的理论呢?

在这个语境中，很有用的是，想到女权主义现在是也曾经是有着三重职责的运动。女权主义者们在三方面有所努力：（1）投票、教育和机会的平等性；（2）对两性差异的尊重；（3）对母亲身份的支持，包括幼儿的照管和教育。这三方面的女权职责不总是相互兼容的，有时会产生冲突。安东尼（Susan B. Anthony）在1857年写给斯坦通（Elizabeth Cody Stanton）的信[①]中说道：“我的灵魂在燃烧，这种观点（女性是情绪性的，而男性是理性的）不过是旧世界观的翻新而已，跟一开始就把女人划分到情感范畴，要去服从男性智慧的教条一模一样。”斯坦通是一个平等女权主义者。她提出女性能够而且应该自我支持，她相信性吸引存在于“两性差异的知识”中。她认为这一知识是社会性的，而不是生物性的，而且它可以被衣着和修饰及社会传统的性别标志所改变。她相信，在更深层的意义上，男人和女人是一样的。用现代术语来说，她是一个社会建构主义者。她的女权主义视角是弗洛伊德

① 1998年7月18日《纽约时报》专题。

了解且遵从的。在我们自己的时代，吉利根（Carol Gilligan，1982）就是一个差异女权主义者（difference feminist）的例子。她赞成尊重女性在人际连通性上（connectedness）的价值体系，而不是因为女性跟男性不一样，更倾向于重视个人多于原则，就假设她们有一个缺陷的超我。那些希望获得政府支持选择留在家里做母亲的女权主义者们，或者赞成女性需要致力于家庭和子女，因此必须允许丈夫照顾她们的女权主义者们，是第三批女权主义者。所有都是女权主义者，但是不同群体之间信奉的价值和政策之间会有碰撞。

弗洛伊德是一个平等女权主义者，明确反对女性应该满足于用奴性来获得支持和保护的观点。弗洛伊德的平等女权主义，像斯坦通和安东尼一样，是在美国内战后的舆论气候中形成的。那么多男人被杀，导致许多中产阶级的年轻女性被遗弃，无望再婚或者得到男人的保护。她们不得不学会照料自己。对这种情境的回应之一是女性大学的建立，为女性做好从事专业或学术工作的准备。这一特殊历史，以及这一特殊的历史后果，让女权主义者们品尝到了失败和嫉妒的味道，讽刺地混合了一种强烈的选择感和特权感。平等女权主义从美国传播到欧洲，在欧洲影响了弗洛伊德。这些互相冲突的趋势同时影响了弗洛伊德和女权主义，其具体方式仍有待细查。

弗洛伊德错过了女权主义赋予母性以特权的那条船。他拒绝完全采纳差异女权主义的观点，而且他也承认他不知道平等主义的职责应该包括什么才足以承担“女性特质”的牺牲。他以让女人自己去琢磨这一切而著名。出于这些原因，他成了女权主义者否认和憎恨的目标。

20世纪70年代，第二波女权主义者开始批评弗洛伊德，作为对他的女性发展理论在杂志和报纸里普及的反应。我相信广告业的意图，以及20世纪50年代美国那些租用广告的企业之意图，是为了避免战后抑郁和失业问题，通过指引一半劳动力离开职场，回家做全职消费者而依赖另一半劳动力的供养。如果女性在家照料孩子和从事家务，她们在战争期间所做的工作岗位就可以开放给男人。男人会供养女人，然后一切都会恢复正常。到这里为止，女性被告知，弗洛伊德相信她们不得不在作为妻子或母亲所感受到的那种天然满足和大龄单身女性在工作或职业中享受到的替代性满足之间做出选择。波伏娃（Simone de Beauvoir，1952）认为，这种战后的宣传证明了在当时西方文化中无处不在的对女性智力和女性工作的深刻不尊重。弗里旦（Betty Friedan）在《女性神秘性》（*The Feminine Mystique*，1963）中反对将一种模式概括为全部女性的观点：快乐主妇的理想是每个女人的理想。弗洛伊德也会同样反对这种观点。费尔斯通（Shulamith Firestone）在《性别的辩证论》（*The Dialectic of Sex*，1970）中坚称弗洛伊德对“解剖学即命运”的论述奴役了女性，将她们的角色绑定为孩子的照料者。她提倡使用新科技来替代怀孕和哺乳。米莱特（Kate Millet，1970）认为不仅母性而且性交也是为父权服务的，男人通过使女人成为性奴来主宰她们。对她而言，弗洛伊德关于女性渴望性行为的观点是另一个奴化她们的途径。彻斯特（Phyllis Chesler，1970）认为，婚姻和心理治疗都是在鼓励对男人的依赖。威斯坦（Naomi Weisstein，1971）认为贝特汉姆（Bettelheim）通过坚称女性都必须成为养育者而排除了她们的选择，指出社会思想对女性特质的影响。这些女权主义者没有将歪曲弗洛伊德观点的后继者们作为靶子，而把她们所处年代的性别歧视都归结到了弗洛伊德身上。

如何理解这样的矛盾呢？一方面是弗洛伊德对他所学习和教授的女人们的智力和天赋的尊重，另一方面是那些归结给他的对女性性欲和情感发展的诋毁式描述，并且在一些情况下他的确也赞成。于是，我重读了弗洛伊德。在1886年标准版（the Standard Edition）的一开始，三十岁的弗洛伊德是一名刚起步的医生，受过当时可以获得的诊断和治疗神经紊乱的最好的神经病学训练。在巴黎他跟随沙可（Charcot）学习，并翻译了沙可的著作。其后，弗洛伊德开始着手自己的精神分析写作（先前他曾经写过生物学和生理学的研究论文），想要调查“生殖器系统”和神经症之间的关联。在1941年标准版的末尾，他死后才出版的最后一段中，他告诉了我们他的最终想法：对阴蒂的认同是女孩自卑感的来源，而不是阴茎嫉妒。他开始于也结束于女性性欲的谜团。他对这一谜团的回答没有满足斯芬克斯（Sphinx）。当然，他也没有让许多女性信服他是理解她们的，而且他的回答让他受到了女权主义者们的批评。但是，这样又把话扯远了。针对谜团，他很努力地工作，不是因为任何抽象的或施恩的理由，而是为了服务于那些他试图理解的女性——不是只作为性欲化的存在，而是需要从心理痛苦中解脱出来的人。除了对女性性欲感兴趣之外，弗洛伊德同样也感兴趣并受影响的是女人本身。而这才是故事本身。

弗洛伊德向他的病人学习。这些女人所遭受的心理干扰，是19世纪后半期维也纳最常见的场景：歇斯底里。首先是贝莎·帕蓬汉（Bertha Pappenheim），也就是1892年至1893年间弗洛伊德和布罗伊尔（Breuer）著作《歇斯底里研究》（*Studies on Hysteria*）中的安娜·欧。弗洛伊德的报告包括一份恭敬地对她熟练掌握多种语言和她的文化复杂度的评论。贝莎最后成了一个激进的未婚女性。她为未婚母亲和她们的孩子建立了一个家庭，把渥斯顿克雷福特（Mary Wollstonecraft）的书《女性权力的辩护》（*Vindication of the Rights of Woman*，1792）译成德语，发现并第一个出版了一个欧洲女人的日记——对哈默尔恩（Glückel von Hameln）[①] 的回忆——终其一生致力于女权主义。然后是安娜·里本（Anna Van Liben），从1887年到1888年接受弗洛伊德的治疗，他称她为“老师”。正如他和布罗伊尔从贝莎那里学到的，跟随与某一症状相关的想法和感受会对释放症状起到重要作用，弗洛伊德也从安娜那里懂得，助推症状形成的那些想法和感受同样也可以助推创造性的过程。在一封写给弗里斯的信中，弗洛伊德称安娜是“一个高智商的女性，我受到她许多恩惠，帮助我获得了对歇斯底里症状的一个理解”。

从他的病人莫斯尔（Fanny Moser）那里，弗洛伊德了解到跟病人交谈要比催眠他们好，而更好的是去倾听。他在《歇斯底里研究》中称范尼（Fanny）为“艾米”（Emmy von N），对她的倾听使弗洛伊德发现，是家

① 在他为1977年肖肯（Schocken）版本的《哈默尔恩回忆录》所做的引言中，罗森（Robert S.Rosen）声明“两份德语翻译的第一份，是由哈默尔恩的后裔贝莎所作，并于1910年在维也纳私下出版”(p. xii)。

庭的秘密引发了她的羞耻和内疚，从而刺激形成了失眠、抑郁、痉挛和神经痛。

从一个他称为“卡特琳娜”（Katharina）的女孩那里，他知道了过早的乱伦诱惑是一种足以导致神经症性症状的创伤。假如弗洛伊德是歇斯底里症的学生，老师就是他所治疗的女人们。作为一个好学生，他从她们那里学到很多。他与她们的工作关系不是那种专制的权威男人和顺从女人之间的关系；相反，这些歇斯底里的女性可以教给他很多，而弗洛伊德也很热切地学。这种关系已经成为良好精神分析治疗关系的典范。有时候也许会被误解，而且后来的实践者们有时也会用非常不同的态度对待病人，但是这个典范会一直作为精神分析治疗奋斗的理想树立着。

向病人学习

弗洛伊德向来到他咨询室的女性们学习。他是仅仅把她们当病人对待吗？我的一个同行曾经反对说：“对女性病人的热心或同情不一定可以说明她们在医生眼里是平等的。”她觉得弗洛伊德的态度只是“医生对病人的好态度”，不是真正的尊重。但是，证据表明是相反的。皮格纳内西和弗勒斯特（Appignanesi & Forrester，1992）用这种方式描述弗洛伊德的态度：

> 这种当面对女性病人时表现出的轻信和易骗——在琼斯（Jones）眼里如此典型的弗洛伊德式特征，以至于成了精神分析发展的一个必要前提——是弗洛伊德对那些最难接近的女性偏执狂病人总是具有同情性的关注的必然伴随物。跟她们工作时，他对存在于所有妄想和幻觉中的真相内核的好奇心并不会被有治疗性获益的期待所阻碍，而同时，他对每个被任何方式剥夺了性满足的女性的同情也可以充分表达出来。他的一些病人注意到他轻微的冷漠和不感兴趣，这些都能够以最有益的方式被运用起来，通过去最大化他自己的理解获益。（p. 182）

我觉得这显示了弗洛伊德不仅作为一个医生有对病人的好态度，而且他对女性病人的同情和关心从她们身上扩展到了其他女性。他的传记作者琼斯（Ernest Jones）认为，他没有那么受到去治疗某个具体女性的热情所驱动，更多是被他可以从出现在咨询室的某位女性身上学到东西从而可以使所有女性获益的兴趣驱动着（Jones，1955，p.421）。

这种希望去学习的相同态度，以及这种对被剥夺了性快感的女性病人的同样关心，不仅在早期治疗中十分明显，而且在他的案例研究中也一样（Freud，1915，1920）。在《对一个歇斯底里案例的分析片段》（Fragment of an Analysis of a Case of Hysteria，1905）又名“杜拉”（Dora）的案例中，弗洛伊德勤奋地试图理解女人想要什么。杜拉是一个十几岁的女孩，被父亲的一个朋友拥抱时感到恶心。这个男人是已婚的这一事实，在弗洛伊德看来不构成任何障碍：他可以离婚。评论家们攻击过弗洛伊德在这个案例中的技术，断言他太过唐突，对杜拉要求太多，太渴望她遵从家人的愿望，太刻意想让她结婚，太轻视她的道德顾虑（Shainess，1970；Glenn，1980；Scharfman，1980；Langs，1980；Kanzer，1980；Bernstein，1980；Bernheimer and Kahane，1985）。关于弗洛伊德给杜拉的建议，说她可以嫁给父亲情人的丈夫从而解决家庭问题。马库斯（Marcus）评价说，“没有人——至少在近几年——曾指控弗洛伊德是一个放荡的人，但是这毫无疑问提供的是一个放荡的解决方式”（1985，p. 87）。

但是，这曲解了弗洛伊德的意图。他对杜拉暗示的是，比起对求婚者之意图的恐惧，她更害怕自己的欲望。他没有把她仅仅视为男性欲望的回应者，而是一个有她自己愿望的主体，以及她自己性欲望的拥有者。对弗洛伊德在这一个案中的观点的评论，尤其是伯恩海姆（Bernheimer）和卡恩（Kahane）在《在杜拉个案中》（*In Dora's Case*，1985）中曾指出她只是一个年轻的处女，仿佛在说处女对欲望免疫。但是弗洛伊德相信，与他所在的维多利亚时代的观点及一些当代精神分析师的愿望相反，即使青少年女性也可以享受她们欲望的第一手体验，假如她们不是神经症的话。在这种意义上来说，他既相当现代，也相当于赋予女性以权力。

弗洛伊德也曾因为他只授权给女性以异性恋欲望，且没有注意到杜拉拒绝异性恋欲望时所隐含的对父权的厌恶而遭到诟病（Ramas，1980）。“杜拉”，这个弗洛伊德用来掩饰病人身份所取的假名，也是一个仆人的名字，在她成为弗洛伊德的姐姐罗莎的保姆时，曾被迫使用它来取代自己真实的姓名罗莎（Moi， 1981）。拉马斯（Ramas）指出所有未婚女性都是潜在的仆人，被委托照料孩子和做各种家务劳动，而维多利亚时代社会对女性仆人的贬低变得那么极端，到了允许像杜拉的求婚者K先生那样去诱惑和抛弃她们却不受任何惩罚的程度。杜拉向弗洛伊德解释，她不能接受她的求婚者，因为他曾经诱惑并抛弃了他的孩子的女家庭教师。他是在使她蒙羞，像对待女家庭教师一样向她献殷勤，然而一旦她屈服于他的愿望，他可能也会把杜拉一脚踢开。这种说法的确解答了为何杜拉不接受她的求婚者。但是，我认为它没有解释弗洛伊德的问题：为何她反而会感到恶心？

弗洛伊德告诉我们，杜拉着迷于圣母玛利亚的一幅肖像画，一个因为保持了处女之身而获得无尽崇敬的女人，并且一直保持甚至到她生完孩子。作为圣母玛利亚本人，会确保杜拉可以拥有异性恋满足，而不会像一个佣人那样被贬低。她可以胜利地同时成为一个生物学上的女人和一个理想和精神的典范。但是，弗洛伊德仅仅是顺便记下了这一点。他更感兴趣的是，为何这种解决方式对她行不通——为何她没有选择婚姻，在婚姻中她会成为一个理想化的玛利亚式的妻子，却反而变得歇斯底里。

在那里，他依赖她的陈述，她说看见父亲的情妇拥有“一个迷人的白色身体”。他假设，她想要获得父亲情妇的爱的愿望，妨碍了她自己拥有一个男人的愿望。他的大胆结论是，这个女人想与男人做爱，也想跟女人做爱，但是每个愿望都干扰了她去满足另一个愿望的能力。

我认为杜拉个案显示了弗洛伊德在努力跟随病人的叙述。他没有总是成功，但是他的确强烈地向她建议，也向其他人建议：成为有性欲的要比成为歇斯底里来得好。在他给《关于精神分析运动的历史》（*On the History of the*

Psychoanalytic Movement，1914）的引言中，弗洛伊德说了三个故事。三个故事都跟年老资深的同行们的一个随意评论有关，他们说歇斯底里的成因永远是性剥夺。这个关于女性被性剥夺的令人惊异的谈论，跟维多利亚时代的观念相距甚远，因为在当时，女性性欲仅被认为是去忍受丈夫的性要求而已。

尽管弗洛伊德被问及女性性欲，但在1914年前他没有就该主题发表过任何理论性论文。相反，根据布尔（Buhle，1998）的说法，他踌躇了很久；而当时，关于女性心理学（Weininger，1908）主题的畅销书永远是不公平地将女性与男性在很多维度上区分开来。最可信的对弗洛伊德沉默的解释，是他正在寻找一个对女性更严格的理解，因为在他的年代都只是轻浮地将女性视为有缺陷的人类。更深层次地分析女性，以及对女性早期发展的更全面的研究，要求他提供那种他觉得有说服力的大量数据和连贯理论。

女性同行们

与此同时，他在自己的圈子里支持女性平等。根据1910年4月6日的维也纳精神分析协会备忘录（Nunberg and Federn，1967），弗洛伊德特别为女性说了话：

> 萨吉尔（Sadger）宣布他反对女性加入协会的原则。
>
> 阿德勒（Adler）支持作为医生及对主题有严肃兴趣并想要合作的女性入会。
>
> 弗洛伊德教授认为，如果我们在原则上排除女性是一种恶劣的不一致性。
>
> 在弗洛伊德的发言后进行了投票，结果显示11票中有3票是反对女性入会原则的。这将迫使主席在这一点上的推进需要极度谨慎。（p. 477）

于是，弗洛伊德坚定地站在男权位置的对立面，甚至愿意冒着在他十一个追随者的脆弱团队中产生纠纷的风险。他声明他反对“在原则上”排除女性因为那是不一致的，这是很重要的。正如一个同行曾经指出，这一声明可以暗示排除女性与精神分析所倚赖的根本原则矛盾。如果是这样的话，就意味着弗洛伊德觉得，女性应该被视为平等是来自精神分析理论的视角，并且是包括在精神分析运动中的。

在那个时刻，被推荐成为会员的女性玛格丽特·希法亭（Margarethe Hilferding）曾于1909年10月被列为协会的二十三个成员之一。她的提名被提交到执行委员会里，在4月20号的会议中再次讨论，遭到延期之后，最终在4月27日以12票对2票的投票优势选上。她作为一个正式会员于5月3日参加了第一次会议。这些细节所叙述的故事是，弗洛伊德愿意为女性把其权力和威望置于危险中。他甚至愿意冒险产生分裂，而分裂是一个那么小的协会几乎无法负荷的东西。他很明确他在女性平等问题上的立场。

但是，弗洛伊德是在阅读了莎乐美（Lou Andreas-Salomé）的专题论文《色情》（*Die Erotik*，1910）之后，才写了他关于女性想要什么的第一篇论文。在这篇专题论文中，莎乐美描述了她认为在性欲区什么是正常的女性发展。里尔（Lear，1998）指出，弗洛伊德直到1914年的《自恋》（*On Narcissism*）一文，才在精神分析思考中纳入了爱欲（Eros），而那是在他读了莎乐美的论文之后写的。当读了她对爱欲之重要性的评论后，弗洛伊德使用这个概念而不是“力比多”，来作为一种更少生物性更多心理学的方式去思考正性感受。再一次，弗洛伊德倾听了一个女人——这次不是女病人，而是一个同行。我们可能希望他在那篇论文中引用她的文章，但他只是在一封私信中感谢了她。

从他们互相的通信中显示，弗洛伊德对莎乐美的思考有最高的敬意。他尊重她的工作，后来扩展到他在他自己尝试分析女儿安娜之后，将安娜送去她那里接受分析。

莎乐美关于女性说了什么，让弗洛伊德有所回应？弗洛伊德是一个平等女权主义者，确信女性可以做男性做得到的事情。莎乐美是一个女权主义分支的先锋人物，她强调男性和女性之间的差异。她描述异性恋爱情作为一种联结可以将两种非常不同的性别联合起来。如果弗洛伊德在此之前是站在平等女权主义者的一边强调两性的平等，以及要求平等受教育、平等的机会和政治舞台上的平等对待的话，他阅读莎乐美使他意识到，支持差异不必等同于支持劣等，不必像魏宁格（Weininger）的作品那样。

弗洛伊德不再满意他先前的信念，认为男性发展的结论可以假定同样适用于女性。既然现在对差异的关注不一定意味着诽谤性的类比，那么当他谈论性差异的时候，就不再有危险会站到轻视女性的魏宁格那边。差异成了一个女性化的要求，致力于它是一种尊重的标志。

许多当时的女权主义者们受到艾伦·凯（Ellen Key）的影响。她是一名瑞典作家和演说家，作品有《妇女运动》（*The Woman Movement*，1912）。她相信女性角色是母亲，而且这一主要责任应该得到社会的大力支持和尊重。后来霍妮（Karen Horney）也拥护她，但是莎乐美没有支持这种观点。对凯和霍妮而言，母亲身份是一个小女孩的野心，也是一个成年女性的成就。但是，没有孩子的莎乐美看到作为一个女性有其他获得满足的可能性。弗洛伊德至少从莎乐美那里学到两件事情：第一，承认女性心理学与男性心理学的不同不一定是对女性的轻蔑；第二，女人能够以一种男人不行的方式自我确定（self-assured）。他的论文《关于自恋》可以被解读为对作为理想女性的莎乐美之性格的研究。

莎乐美获得快乐和满足的能力，令弗洛伊德及其他男人着迷。她自己就是完整的。弗洛伊德在《关于自恋》中将这一点评论为女性性格的精髓，并将它与正常男性的性格进行对比。弗洛伊德论述，对男人而言，赢得漂亮女人是关键的。男人想要去爱，女人想要被爱。男性放弃他的一部分自尊去理想化女性。女性受到男性的爱的支撑而保持了自己的自尊。这一公式刻画了弗洛伊德与他所爱的女人之间的关系，尤其是莎乐美。

比如，当某次她没有参加周三晚间的系列演讲时，他写信给她（Pfeiffer，1966）：“我很遗憾我不得不写信回复你，也就是说，你周六没有来参加我的演讲。我因此失去了我对固着的观点……你宠坏了像我这样持续想抱怨人类的人，你可以理解那些未被说出的话”（p. 13）。弗洛伊德重视她政治和科学问题上的意见。例如，莎乐美在一封信里这样对弗洛伊德说，“昨晚你递给我的那张纸条问我对周日的演讲有什么感想，我还欠你一个答案”（p. 12）。他给她的信揭露，关于她对政治议题的意见，他有类似兴趣：“但是仍然，一个人禁不住感到有一种隐蔽的欲望想要知道在另一个人看来整件事情是怎样的，这个人是一个男性或女性法官，而我坦白，我会最愉快地将那个位置委托的人是你”（p. 17）。同时，他对她的科学作品也很感兴趣。对于她提到的正在写的一篇论文，他回复说：“假如你曾背诵《肛欲和性欲》（*Anal and Sexual*）一文的话，兄弟们也会想要听听”（p. 19）。

关于这篇论文，她在1919年10月19日写给他：

> 在我看来总是这样的，由于我们的身体必须为我们扮演双重角色，由于它既作为“我们自己”，同时也是外部现实的最直观的部分（most immediate piece），我们会依照外部世界其余人一模一样的风格，用各种各样的方式强迫调整自己——因为这个理由，它只能在我们自恋行为的道路上陪我们走一小段。如果它被灌注了超越这个点的力比多（“过度被唤起”），那么它就会以不舒适的张力来回应，然后摆脱这部分过量的力比多，也就是说，会以与我们不太一致的方式行为，并且跟我们进入一种很坏的关系中。（pp. 25-26）

他回应她对《关于自恋》的详细评论时说：“我不把你对自恋的评述理解为反对，而是作为一种试图就这个主题做进一步概念化和事实澄清的激励。我同意你所说的，但是无法解决你提出的问题。”（p. 26）他最强烈地需要她的意见的时候，是当他提出新概念的时候：“这篇关于无意识的论文，会包括对这个术语的新定义，实际上相当于一次重新声明。我必须询问你就此的观点”（p. 28）。他不仅想要她的意见，他还渴望确认：

> 你知道如何澄清和鼓励。我不会相信，尤其是在我当下的孤立状态中，精神分析会对另一个人意味这么多，或任何人能够从我的文字中理解这么多。而与此同时，你用一种微妙的方式指出缺口变得明显的地方，以及哪里需要进一步的论证。（p. 35）

他视她为他最敏锐的读者："我还没有收到关于你对无意识论文的看法的信。实际上，在那篇论文中有个地方我非常想知道谁会是第一个看出其重要性的人。我肯定那将又一次是你。"（p. 39）

最重要的是，他倚赖她的理解，帮助他琢磨出如何进行下一步思考：

> 我不相信，有任何风险你会误解我的论点。如果这样的话，那一定是我们之间的误解，在这种情况下，是我的错误。毕竟，你是一个最卓越的"理解者"，而且你的评论是对原作的扩增和改进。随后你跟随并添加遗漏的东西，在那个基础上，把原先孤立的部分放回它合适的上下文中。我不是总能理解你，因为我的眼睛在黑暗中更加适应，可能受不了强烈的光或者广阔的视野。但是我没有变得像一只鼹鼠那样，无法享受更强光芒和更广视野的观点，甚至去否认它们的存在。（p. 45）

但是，不只她对他作品的意见让他感兴趣，他也重视她的贡献：

> 你的手稿已经收到了，现在在编辑手里，他们向你传达谢意。在我看来，这是迄今为止你给我的最好的东西。你惊人的、敏锐的理解力和令人钦佩的从调查筛选过的材料中进行整合的天赋，在这个作品中获得了极好的表现。（p. 36）

最生动的要数弗洛伊德对莎乐美1916年的论文《肛欲和性欲》的着迷和

尊重。他两次提及它，超过任何其他作者的任何作品。他在1920年《性欲三论》（*Three Essays on Sexuality*，1905b，p. 187）再版中附加的一段长脚注里使用了它。这是他最重要的作品之一——与《梦的解析》及《自我和本我》同样重要，在教学和引文中都常被使用到。因此，弗洛伊德基于莎乐美的作品加了这么长的一段附录，传达了他的信念，即不仅只是他，而且所有分析师都可以向她学习。

这一段友谊是基于顺从女学生和权威男教师的模式吗？有些女权主义者坚称是这样。但是，莎乐美在1921年写过一篇关于自恋的论文，作为对弗洛伊德1914年这一主题论文的回应和纠正。莎乐美说道："不要期待我会把弗洛伊德对女性力比多的描述太当真，一种强调阴蒂性欲到阴道的被动性观点。"（pp.9-10）她不仅不同意孩子是阴茎的替代品，她对母亲体验的理解也很不一样："正是这一行为满足她几乎到了双性恋的程度，但是另一方面，让她保持在原始自恋中：因为世上没有别的哪个地方可以像在这里一样只看见自己作为母亲的形象，她生育了自己，并一直自我哺乳"（pp.11-12）。这种自我满足、自我养育的母亲是弗洛伊德对无私母亲的理想化的完全对立面。不管弗洛伊德说对了没有，重点在于莎乐美是准备好而且能够呈现其观点的，对反对弗洛伊德完全不感到抱歉。这种果断并没有以任何方式破坏他们挑衅的和相互智力促进的关系。而在这篇论文之后，他持续地转介病人给她，写信给她谈论关于他的工作和生活。也是在这篇论文后的1930年，他写信给她说："今天我指示我的儿子恩斯特（Ernst）从交由他保管的歌德奖奖金中转了一千马克给你。通过这种方式我可以减少一点点他们把这个奖项颁给我所犯的不公正"（p.190）。由此，他用行动和言语表达了他的尊重与感激。

弗洛伊德对她的工作、思想和创造力的尊重一直持续到他们1936年的通信结束，当时两人都已经衰老，但还是继续互相照料和关心着彼此。期间，弗洛伊德发展了自己的学识，以及与其他女性的友谊。其中之一是赫尔姆特，也是弗洛伊德科学圈里的早期成员。她在1909年获得了维也纳大学的物理博士学位，是第一批女性学生之一（MacLean & Rappen 1991）。她也在1907年到1910年间接受了萨吉尔（Isidor Sadger）的分析。当她的分析性兴趣取代了她对物理学的投入时，弗洛伊德支持她加入了他的周三晚间活动，强烈要求她对孩子的发展进行观察，并鼓励她建立孩童分析领域。1912年，她发表了论文，由弗洛伊德赞助。她的作品关于孩子的梦、信件和记忆，关于心理结构和战争神经症，以及最重要的、关于儿童分析的技巧。通过十几岁和二十几岁的青少年，她描述关于女性性欲、女性倒错及女性战争神经症。她对女性思考的现代性和临床敏锐度都很惊人（Richards，1992）。她是第一个发表了一篇关于女性倒错论文的人，清楚地指出了女性倒错不是像后来的作者所想的那样，只与顺从男性倒错者相关，而是基于与早期发展相关的幻想，以及早期发展对女性欲望的影响。

紧接着第一位女性加入周三晚间圈子后，另一位女性向弗洛伊德呈现了一个后来证明是很严重的僵局。在1909年3月7日，他收到一封来自荣格的信，当时荣格是他的门徒。荣格说他有一个女病人“激起了一次邪恶的丑闻，单纯因为我拒绝跟她生一个孩子”（McGuire，1974）。弗洛伊德回复说，这是这个职业的危险之一，让荣格不要把它太当真。但是，麻烦没有过去。在六月，萨宾娜·斯皮勒林联系弗洛伊德要求做一次面谈。弗洛伊德推掉了。在1911年6月4日的一封信里，他写道：“荣格医生是我的朋友和同行。我觉得我在其他方面也了解他，我有理由相信他不可能会有轻佻或卑鄙的行为”（Carotenuto，1982，p. 114）。但是，随后弗洛伊德要求荣格讲述他那儿的故事，荣格支吾其词。萨宾娜·斯皮勒林答应了弗洛伊德的建议，自己与荣格私下解决问题，让荣格承诺：告诉她的父母和弗洛伊德他的确占了她的便宜。弗洛伊德为自己先前的怀疑态度向她道歉。他在6月24日写信给她：

> 我今天从荣格医生本人那里获悉了一些事情，关于你提议与我面谈的那个主题，现在看来我对一些事情的预测很准确，但是错误地解释

了其他一些事情，造成了对你的不利。我必须就后面这一点请求你的原谅。无论如何，我错了，正如我年轻的朋友他自己所承认的，失误的责任在于男人而不是女人，这个事实满足了我崇敬女人的需要。请接受我衷心的同情：对你解决这一冲突的具有尊严的方式。（Carotenuto，pp. 114-115）

弗洛伊德不仅向她道歉，还向她证明了自己对她的尊重：成了她的导师。他允许她加入周三的讨论会。1911年10月11日，她当选为维也纳精神分析协会的正式成员。在那个时机下，她的论文开始考虑“死亡本能”，一个她最先提出的概念，其后对弗洛伊德和荣格都产生了深刻的影响。她解释这一概念是本能的变形，她的观点至今仍在讨论中。1908年，她还详述了另一个观点，即性欲对个人是有害的，虽然它对人类而言是创造性的。

荣格直到1952年才承认她的贡献，而弗洛伊德早在1920年《超越快乐原则》中就认可了她的功劳，在他关于破坏性的第一份理论声明中——一个他此后职业生涯中定期回头思考的问题。他说：“这些推测的相当一部分是由萨宾娜·斯皮勒林的一篇有趣且有启发性的论文所促成的，虽然很不幸的是，我对此并不完全清楚。她在其中描述了性本能的施虐成分，是有‘破坏性的’。”（p. 55）他的确花了大半个十年的时间去彻底思考萨宾娜·斯皮勒林的贡献，从他听说她的论文开始，到他着手写，以及其后都在持续地一直思考。他认可其贡献的意愿，清楚表明了他对她及其思想的重视程度，他视她为同行，而不仅只是智力供应的一个来源。

在1912年前，弗洛伊德会转介病人给她。他曾经这样评论她：“你知道，你可以有孩子，但是那浪费了你的天赋。”于是，她遵从了弗洛伊德（仅是表面的）的矛盾建议，如果想要，就去结婚和生孩子。但是，她没有放弃事业。在弗洛伊德的帮助下，她成功地拥有了全部。到了1920年，她开拓了一条新的思考路线，就“言说的起源和发展”（The Origin and Development of Spoken Speech）一题发表了一篇论文。弗洛伊德鼓励她搬去日内瓦，她在那里成立了一所新的分析学院。

她对语言的思考，对她的三个分析者均产生了巨大影响：皮亚杰（Piaget）、维果茨基（Vygotsky）和奥迪尔（Charles Odier）。皮亚杰和维果茨基发表了几篇论文，在关于孩童的发展中“到底是语言影响思考还是思考先于语言”的争论中进行抉择。他们的工作依次影响了儿童发展、教育、语言学和哲学领域。弗洛伊德对萨宾娜·斯皮勒林之天赋的肯定和对她工作的鼓励，让精神分析思想对西方文化产生了极重要的影响。

弗洛伊德很早就意识到，他作品的翻译和出版对精神分析的未来多么重要。琼斯想要这份工作的事实表明了，这不只是让女人陷入无法摆脱的类似秘书的工作。但是，弗洛伊德坚持由琼·里维埃（Joan Riviere）来负责《国际精神分析杂志》（*The International Journal of Psycho-Analysis*）和他的论文集（*Collected Papers*）的英文版。他委托她向英语国家介绍他的作品，以及其他所有为精神分析投稿的德语参与者的作品——确实是一个需要巨大信任的职位。弗洛伊德也在1927年的论文里称赞了里维埃，因为她不同意安娜关于精神分析理论和技术的内容。关于那篇论文，他说：“附带地说一句，甚至在里维埃夫人的错误中也可以显露出她的逻辑和洞察力。她非常正确地发现了这个理论仅适用于克莱茵夫人的技术。难道不是应该结束这段完全不令人愉快的插曲了吗？如果里维埃夫人继续被劝阻和疏远，我将很遗憾。”（Appignanesi and Forrester，1992，p. 361）

接着是弗洛伊德与女儿安娜那强烈自豪和强烈感人的关系。从十四岁开始，安娜就被允许参加周三晚间的研讨会。弗洛伊德从最早可能的年龄就训练她用心理学思考，参与学术讨论，将她视为其科学圈子的一部分。他是否允许她发展自己的天分呢？他没有送她去读大学。另一方面，也没有证据显示她想要接受大学教育。因为在当时，即使对男人而言那种程度的教育也很罕见。当时的看法跟现在的观念很不一样。

安娜在一种师资培育的过程中（teacher-training course）的确发展了自己的天分。这一过程完成之后，她被允许将赫姆特关于儿童游戏治疗的作品翻译成英文。这让安娜能够开始自己的分析事业，与弗洛伊德平行，而不是完全受他的庇护。弗洛伊德在安娜的工作中鼓励她，但是在她的爱情生活中阻挠她。他反对她的男性追求者们，但是最终同意了她对多萝西·波林汉姆（Dorothy Burlingham）的爱，一个为了接受弗洛伊德的分析、带着两个孩子离开丈夫来到维也纳的女人。多萝西和安娜成了终身的搭档和最好的朋友。她们共同筑造了一个家，共同抚养波林汉姆的孩子，并且有了一段传记作家们所称的“波士顿婚姻”。

我要指出的重点是，当考虑弗洛伊德与安娜的关系时，虽然一个人的政治有时会向他最亲近的关系动力让步，但是那不意味着不存在政治。弗洛伊德控制和占有着安娜，却是以一种与他的观点相符的方式，即女人可以在男人所享受的相同类型的职业中找到满足和快乐。他矛盾地将她推进了一份精彩的事业中，进入世界上的一个重要位置，是他的儿子或其他女儿都没有达到的。对此结果，他的满足感在1935年6月1日写给莎乐美的信中表达了：

> 我的满足感的源泉之一是安娜。在普通分析师中，她可以获得那么多的影响力和权威是多么令人惊讶啊！唉，就人格方面而言，他们中的许多人从分析中收获甚微。同样惊人的是，她对于主题的掌握是多么锋利、清晰和毫不畏缩。而且，她是真正独立于我的。我最多是她的催化剂。（Pfeiffer，1966，p. 204）

弗洛伊德担心会因为另一个男人而失去安娜，当她与波林汉姆在一起之后，这个顾虑就消除了，但是，她作为一个分析师的声望还是个问题。1927年，她的《儿童分析技术入门》（*Introduction to the Technique of Child Analysis*）一书对建立她作为独立思考者的声望起到了重要作用。弗洛伊德想要澄清，他尊重她的见解，但她是靠自己完成的。根据皮格纳内西和弗勒斯特（1992）所说，他写信给莎乐美：“你不会相信我对她的书贡献了多么少，只不过缩减了她与克莱茵的争论。除了那个，它是一本完全独立的作品。”（p. 288）减少与克莱因争论是个例外，这是一个惊人的声明。尽管在生活中，弗洛伊德偏袒女儿，但是他的偏袒是有限度的。当他相信另一个女人是对的时，他不会支持女儿与之对立。这种持平也能够在上述对里维埃的评论中看出来。

弗洛伊德在1931年的论文《关于女性性欲》（On Female Sexuality）中引用了两位女性的观点。他从珍妮·格鲁特（Jeanne Lampl-de Groot）那里接收了这样的观点，即在前俄狄浦斯期女孩的发展是与男孩平行的。从德育西（Helene Deutsch）那里，他采纳的观点是，当女孩放弃她对母亲强烈的生殖器性依附以便被动地转向父亲时，女性受虐产生。这两个观点都属于当代女权主义者所认为的贬损女性的观点之列。然而，这些观点是弗洛伊德从女性那里接受的，而他使用女性的观点证明了他对她们作为精神分析师的尊重。

女性的主要兴趣在于繁殖，而男性对性快感最感兴趣，这是另一个当代女权主义者眼中侮辱女性的观点。这个观点在不同女权主义者那里基本都是错误的，而这是弗洛伊德从霍妮（1924）那里拿来的。当弗洛伊德论述女性想要男性所拥有的东西时，霍妮反对说，女性想要的是只有女性才可以有的：孩子。德育西（1925）对这一观点详细阐述后，弗洛伊德刚刚接手过来，就立即成了一些女权主义者（Dimen，1998）的证据，证明他是重男轻女的。

弗洛伊德从露丝·布伦斯维克（Ruth Mack Brunswick）那里了解到前俄狄浦斯发展，她是另一个早期女性分析师。他关于早期母爱对小女孩之重要性的想法，受到了马克·布伦斯维克（Mack Brunswick）的观察的影响。她最终在1940年的一篇有影响力的论文中发表了这个观察。

我的感觉是，弗洛伊德向女性学习的非凡能力最有趣的证据来自他对美国诗人杜利特尔的分析（Richards，1992）。杜利特尔遇到了一个写作瓶颈。1933年，她去见弗洛伊德的时候四十七岁。弗洛伊德当时年事已高，在维也纳德高望重。杜利特尔到维也纳的第一天写信回家：“那个经理惊叹得要命，我们维也纳人知道弗洛伊德医生从来只接见最博学的教授，难道他现在也接见——啊，呃，病人了吗？”然而，弗洛伊德对杜利特尔印象深刻。她报告说，他迎接她进入了他的咨询室，一边说：“请进，美丽的夫人。”她对接受他的治疗抱着最高的期望：“要记录下所有爸爸的评论，有可能是用来抵抗全世界的弹药，每时每刻。”（Hilda Doolittle，1933；爸爸是杜利特尔给弗洛伊德取的昵称）

弗洛伊德相信，希尔达·杜利特尔对一些事物的判断对他很重要。在1933年3月3日，她写信给她长期的伙伴布莱：

> 爸爸有一套全新的理论，但是他说他不敢写出来，因为他不想与女人为敌。显然，我们都觉得他害怕了。他的观点是，所有女人都有根深蒂固的阴茎嫉妒，不仅是双性恋或同性恋女人。只不过，先进女性或知识分子女性更坦白。仅此而已。[①] 但是，正常女性成年期的全部崇拜（cult）和发展都基于一个相同的事实：女人对阴茎的嫉妒。现在，这像是将所有事情串联起来的一条线索一样冲击着我。这是女人之所以忠诚而男人不忠诚的理由，一个多萝西（Dorothy R.）或一个可儿（Cole）会拼命地黏住像阿伦（Alan）或格拉德（Gerald）那样的怪胎的理由，母亲或者我的母亲对于一些最奇怪的事情发疯的理由。这个的理由，那个的理由。我昨晚一整晚都没睡，早上7点后就醒了……因为这一点看起来比任何事情都更令我信服。击中我的是，他说双性恋女性只不过更坦白和真实而已，但是所有女性气质都是完全一样的，只不过将它的崇拜建立在了欺骗之上。好吧，他没有说欺骗。他只是扔出了这个观点。我对他尖叫。“但是，对女人最高的赞美就是信任女人予以这个重大的秘密。”我说，布赖尔、公主和我都会珍惜它，将它保持下去。或者其他类似的东西……这是要做的一件事情，比如柴迪（Chaddie）就曾反对，想证明月经是有趣的，而男人嫉妒女人。好吧，男人的确是……现在你

① 下划线表示希尔达·杜利特尔在信件中用红墨水的地方。

看到的所有这些在无意识里，也许被我们对小狗的喜欢所佐证着，因为我觉得我们肯定是的。（H. D.，1933）

这里杜利特尔确信弗洛伊德对女性心理学的伟大贡献是阴茎嫉妒的观点。她把这个观点联系到女性对阴蒂的愉悦感上，她称之为“小狗”。由于她对这个观点很热情，可能无心地误导了弗洛伊德以为其他女性也是这样的。这可能是一个答案。她想，为何那么多女性似乎愿意参与到镇压自己的共谋之中。也许应该归因于小女孩对阴茎力量的信念。如果女孩看见母亲和姐妹们被当作次于男人的人类对待，如果她看见她们忍受压迫，弗洛伊德想，她一定会认为这是因为她们不像男人那么完整，她们是有缺陷的、不足的，因此也应当受到社会的压迫。而结果是，其他女性都认为这个观点很无礼和错误。根据杜利特尔的描述，她之前的分析师伊丽莎白·查德维克（Elizabeth Chadwick）的观点是男人嫉妒女人，看起来更靠近当代女权主义者的看法。在这里，查德维克很显然受到了克莱茵（1921）的影响，即第一嫉妒是对乳房的嫉妒。霍多罗夫（Chodorow，1978）相信，母亲是婴儿的第一个敬畏客体。这个拓宽的概念，对女权主义者们产生了巨大影响。后来，拉康派女权主义者对作为暗喻的阴茎感兴趣，称之为“阳具”（phallus）——作为权力和尊重的符号。他们并不看重身体感觉和愉悦感的价值，不像弗洛伊德的阴茎嫉妒观点那样，他们看重的是，幻想阴茎具有阴蒂的力量，但是因为尺寸相对更大所以力量也加倍。

杜利特尔不得不努力斟酌弗洛伊德把阴茎概念作为一个暗喻的理解。在5月15日她写给布莱说：“但是治愈的关键将在于，我害怕自己，所以我写作……这一点很重要，因为书显然意味着阴茎，而作为‘作家’，我只有在无意识中以正确的方式与男人获得平等。”因此，相对弗洛伊德的理解而言，杜利特尔对阴茎嫉妒的理解是更加身体性的、具体的、非符号性的。不过这个理解让她可以去写作和出版，不仅有数量，而且有相当的质量，以至于在1960年她成了第一位接受美国艺术与科学学会（American Academy of

Arts and Sciences）奖章的女性。弗洛伊德在1933年写给她的告别信息是这样的："我深感满足，当听说你已经在写作和创作，我记得这就是为何我们深入钻研你潜意识的原因。"（H. D.，1933）

争议

弗洛伊德想培养希尔达·杜利特尔的创作力，正如他对待以上提到的所有女性及很多其他女性一样。女权主义者们坚称，弗洛伊德在其科学著作中对女性的见解是侮辱女性的，毕竟在这种情况下，私人部分并不重要。是那个公众形象、那个科学家和学者影响了精神分析世界的视角，以及所有其他受到他及其追随者的作品所影响的科学和艺术。我们时代的女权主义者尤其憎恶作为女性心理学的阴茎嫉妒这一观点（Horney，1924；Fliegel，1973，1982）。更糟糕的是弗洛伊德的声明："她们（女性的）超我永远无法做到不动摇、客观、独立于其情绪起源，像我们要求男人的超我那样。"（1925，p.257）在众多反对这一具体声明的人中，有伯恩斯坦（Bernstein，1983）和泰森（Tyson，1990）。

正如霍夫曼（Hoffman，1999）曾指出的，弗洛伊德疏忽了女性攻击性的重要性和无处不在，尤其是朝向其婴儿的。他也疏忽了（Richards，1996）女性生殖器感觉的重要性，这种感觉让小女孩珍视自己的生殖器，造成了因为拥有一个敏感的因此也是潜在脆弱的身体部位所伴随的生殖器焦虑，以及形成了原发性女性特质，并对小女孩自体感的塑形起着重要作用。我认为，他在这些关键方面对女性的误解导致女性感到被曲解和低估。只要他没有理解女孩发展过程中生殖器感觉的强度和独特性，女性就会感到他没能理解她们。

作为对批评弗洛伊德的女性性欲、女性攻击性和女性超我视角的回复，弗洛伊德学派的女权主义者开始更新精神分析对女性的理解。斯米尔格（Chasseguet-Smirgel，1970）的《女性性欲》（*Female Sexuality*）显示，女性如何可以一起学习了解自己的内心。米切尔（Mitchell，1974）论述精神分析不是社会安排的药方，而实际上是关于潜意识和性欲的。她说对弗洛伊德的攻击与他抛弃创伤理论和暴露儿童性欲有关，与他的女性自恋、女性受虐及视被动性为一种女性特质的理论有关。米切尔表明这些理论观点不是用来征服女人，而是为了让神经症性的人们从有害的潜意识性欲幻想的支配中解放出来。

施特劳斯（Strouse，1974）把许多短文汇集在一起，显示了分析如何为女性赋予个人力量。米勒（Miller，1976）不仅强调了女权主义与精神分析的结合的重要性，而且展示了它们如何共同合作。布鲁姆（Blum，1978）编辑了一本《美国精神分析学会期刊》（*JAPA*）副刊，用以阐明女性心理学的这些补充内容：我们的工作是为了理解女性的思想，而不是去描述一个理想女性应该思考什么。由于布鲁姆非常认同弗洛伊德和他的作品、他的兴趣，表明了自己作为弗洛伊德派火炬监护者的代表，要在弗洛伊德的传统下修正对女性的理解的意愿。

特别有影响力的是南希·霍多罗夫（1978，1989），她和解了两个女权主义的坚决主张——关于女人所拥有的女性心理学的特殊知识，以及母亲所拥有的感受的特殊知识——并总结道，女性尤其能够将分析聚焦到感觉上。欧巴赫（Susie Orbach，1999）做了补充：通过鼓励女人谈论她们的感受，精神分析赋权给她们。普罗赞（Prozan，1992）表明，有一些女权主义者的议题是由自己接受过精神分析或精神分析性心理治疗的女性所完成的。因为弗洛伊德倾听女性，他赋权给她们。他认真对待女性的想法，她们获得了一个呈现给她们的新平台。这些作者中的许多人承认，她们在弗洛伊德运动中被赋权。自从20世纪70年代以来，弗洛伊德理论的改变迎来了理解女性的另一个里程碑：关于女性心理学的第二份*JAPA* 副刊，于1996年发行。这些女权主义论文，对于在女性精神分析治疗中使用对女性生殖器和原发性女性特质的最新理解，以及对于在女性分析师的工作中运用女性性别，都进行了深入思考。因此，弗洛伊德的遗产不仅在专业层面上为女性提供了就业，而且提供了很多让女性的想法和创新得以被认真对待的机会。

其他当代女权主义精神分析师（Young-Bruehl，1990；Dimen，1998），当他们阅读弗洛伊德文集的标准版，以及后来发行的弗洛伊德的各种邮件合集时，都转而同意了这个观点。布鲁尔（Young-Bruehl）论述女权主义者们误解了弗洛伊德的意思，认为女性特质是失败了的男性特质，而他实际上主张的是女性特质是一种原初双性体的受限，正如男性特质一样。既不是父权式理论家，也不是厌恶女人的人，弗洛伊德渐渐被看成他想要尝试成为的：一个平等机会的女权主义者。

参考文献

Andreas-Salomé, L. (1910). *Die Erotik.* Frankfurt am Main: Literarische Anstalt Rutter und Loening.

——— (1921). The Dual Orientation of Narcissism, Transl. S. Leavy. *Psychoanalytic Quarterly,* 31: 1-30, 1962.

Appignanesi, L., & Forrester, J. (1992). *Freud's Women.* New York: Basic Books.

Bernheimer, C., & Kahane, C., eds . (1985). *In Dora's Case.* New York: Columbia University Press.

Bernstein, D. (1983). *The Female Superego: a Different Perspective.* International Journal of Psycho-analysis, 64: 187-202.

Bernstein, I. (1980). *Integrative Summary: On the Reviewings of the Dora Case. In Freud and His Patients,* ed. M. Kanzer & J. Glenn. New York: Aronson, pp. 83-91.

Bernstein, P. (1999). Personal Communication.

Blum, H., ed. (1977). *Female Psychology.* New York: International Universities Press.

Breuer, J. & Freud, S. (1893–1895). Studies on Hysteria. *Standard Edition* 2.

Brunswick, R.M. (1940). The Pre-oedipal Phase of the Libido Development. *Psychoanalytic Quarterly,* 9: 293-319.

Buhle, M. (1998). *Feminism and Its Discontents.* Cambridge: Harvard University Press.

Carotenuto, A. (1982). A Secret Symmetry. New York: Pantheon.

Chasseguet-Smirgel, J., ed. (1970). *Female Sexuality.* Ann Arbor: University of Michigan Press.

Chesler, P. (1972). *Women and Madness.* New York: Doubleday.

Chodorow, N. (1978). *The Reproduction of Mothering.* Berkeley: University of California Press.

—— (1989). *Feminism and Psychoanalytic Theory.* New Haven: Yale University Press.

De Beauvoir, S. (1952). *The Second Sex.* New York: Vintage Books.

Deutsch, H. (1925). The Psychology ofWomen in Relation to the Functions of Reproduction. *International Journal of Psycho-Analysis,* 6: 405-418.

Dimen, M. (1998). Strange Hearts: on the Paradoxical Liaison Between Psychoanalysis and Feminism. In *Freud: Conflict and Culture,* ed. S. Roth. New York: Knopf, pp. 207-221.

Doolittle, H. (1933). H. D. Archive, Beinecke Library, Yale University.

—— (1975). *Tribute to Freud.* New York: Mcgraw-Hill, 1956.

Firestone, S. (1970). *The Dialectic of Sex.* New York: Morrow.

Fliegel, Z. (1973). *Feminine Psychosexual Development in Freudian Theory. Psychoanalytic Quarterly,* 42: 385-409.

—— (1982). Half a Century Later: Current Status of Freud's Controversial Views on Women. *Psychoanalytic Review,* 69: 7-28.

Freud, A. (1927). *Introduction to the Technique of Child Analysis.* New York: International Universities Press.

Freud, S. (1905a). Fragment of an Analysis of a Case of Hysteria. *Standard Edition,* 7: 7-122.

—— (1905b). Three Essays on the Theory of Sexuality. *Standard Edition*, 7: 125-247.

—— (1914). On the History of the Psychoanalytic Movement. *Standard Edition,*14: 7-65.

—— (1915). A Case of Paranoia Running Counter to the Psycho-Analytic Theory of the Disease. *Standard Edition,* 14: 261-272.

—— (1920a). Beyond the Pleasure Principle. *Standard Edition,* 18: 3-71.

—— (1920b). The Psychogenesis of a Case of Homosexuality in a Woman. *Standard Edition* , 18: 145-172.

—— (1925). Some Psychical Consequences of the Anatomical Distinction Between the Sexes. *Standard Edition,* 19: 248-258.

—— (1931). On Female Sexuality. *Standard Edition,* 21: 223-246.

Friedan, B. (1963). *The Feminine Mystique.* New York: Norton.

Gilligan, C. (1982). *In a Different Voice.* Cambridge: Harvard University Press.

Glenn, J. (1980). Freud's Adolescent Patients. In *Freud and His Patients,* ed. M. Kanzer & J. Glenn. New York: Aronson, pp. 23-47.

Glückel (1977). *The Memoirs of Glückel of Hameln,* Transl. M. Lowenthal. New York:

Shocken.

Hoffman, L. (1999). Passions in Girls and Women: Toward a Bridge Between Critical Relational Theory of Gender and Modern Conflict Theory. *Journal of the American Psychoanalytic Association,* 47: 1213-1237.

Horney, K. (1924). On the Genesis of the Castration Complex in Women. *International Journal of Psycho-Analysis,* 5: 50-65.

Jones, E. (1955). The Life and Work of Sigmund Freud, Vol. 2. New York: Basic Books.

Kanzer, M. (1980). Dora's Imagery. In *Freud and His Patients,* ed. M. Kanzer & J. Glenn. New York: Aronson, pp. 72-82.

Key, E. (1912). *The Woman Movement.* New York: Putnam.

Klein, M. (1921). The Development of a Child. In *Love, Guilt and Reparation and Other Works.* [New York]: Delacorte Press, 1975, pp. 1-53.

Langs, R. (1980). Misalliance Dimension in The Dora Case. In *Freud and His Patients,* ed. M. Kanzer & J. Glenn. New York:Aronson, pp. 58-71.

Lear, J. (1998). Open Minded. Cambridge: Harvard University Press.

Maclean, G. & Rappen, U. (1991). *Hermine Hug-Hellmuth.* New York: Routledge.

Marcus, S. (1990). Freud and Dora. In *In Dora's Case,* ed. C. Bernheimer & C. Kahane. New York: Columbia University Press, pp. 56-91.

Mcguire, W., ed. (1974). *The Freud-jung Letters: The Correspondence Between Sigmund Freud and C.G. Jung.* Princeton: Princeton University Press.

Miller, J. B. (1973). *Psychoanalysis and Women.* Baltimore: Penguin Books.

—— (1976). *Toward a New Psychology of Women.* Boston: Beacon, 1977.

Millet, K. (1970). *Sexual Politics*. Garden City, NY: Doubleday.

Mitchell, J. (1974). *Psychoanalysis and Feminism: Freud, Reich, Laing and Women.* New York: Pantheon Books.

Moi, T. (1981). Representation of Patriarchy. *Feminist Review*, 9: 60-73.

Nunberg, H. & Federn, E. (1967). *Minutes of the Vienna Psychoanalytic Society.* New York: International Universities Press.

Orbach, S. & Eichenbaum, L., (1999). Relational Psychoanalysis and Feminism: a Crossing of Historical Paths. In *At the Threshold of the Millennium,* ed. M. Lemlij & M. fort Brescia. Lima: Sidea pp. 175-181.

Pfeiffer, E., ed. (1966). *Sigmund Freud and Lou Andreas-Salomé: Letters.* New York: Harcourt Brace Jovanovich.

Prozan, C. (1992). Feminist Psychoanalytic Psychotherapy. New York: Aronson.

Ramas, M. (1980). Freud's Dora, Dora's Hysteria. *Feminist Studies,* 6: 472-510.

Reisner, S. (1999). Freud and Psychoanalysis: into the Twenty-first Century. *Journal of the American Psychoanalytic Association,* 47: 1037-1060.

Richards, A.K. (1990). Female Fetishes and Female Perversions: "A Case of Female Foot or More Properly Boot Fetishism" by Hermine Hug-Hellmuth Reconsidered. *Psychoanalytic Review*, 77: 11-23.

—— (1992). Hilda Doolittle and Creativity: Freud's Gift. *Psychoanalytic Study of the Child,* 47: 391- 406.

—— (1996). Primary Femininity and Female Genital Anxiety. *Journal of the American Psychoanalytic Association,* 44(suppl.): 261-283.

Scharfman, M. (1960). Further Reflections on Dora. In *Freud and His Patients,* ed. M. Kanzer & J. Glenn. New York: Aronson, pp. 48-57.

Shainess, N. (1970). A Psychiatrist's View. In *Sisterhood Is Powerful,* ed. R. Morgan. New York: Vintage Books, pp. 257-274.

Strouse, J. (1974). *Women and Analysis.* New York: Dell, 1975.

Tyson, P. & Tyson, R. (1990). Gender Differences in Superego Development. In P. Tyson & R. Tyson, *Psychoanalytic Theories of Development:An Integration.* New Haven: Yale University Press, pp. 228-245.

Weininger, O. (1908). *Sex and Character.* New York: Ams Press, 1975.

Weisstein, N. (1971). Psychology Constructs the Female. In *Woman in Sexist Society,* ed. V. Gornick and B. Moran. New York: Basic Books, pp. 133-146.

Wollstonecraft, M. (1792). *A Vindication of the Rights of Woman.* New York: Norton, 1967.

Young-Bruehl, E. (1990). *Freud on Women.* New York: Norton.

此章节初次发表于：

Richards, A.K. (1999). Freud and Feminism: A Critical Appraisal. *Journal of the American Psychoanalytic Association,* 47: 1213-1238.

第五章
原发性女性特质和女性生殖器焦虑[①]

原发性女性特质是指在女性发展过程中有着类似于男性阉割焦虑的丧失和破坏的基本焦虑。女性的恐惧可以归类为对插入疼痛的恐惧、失去快乐的恐惧，以及丧失生殖功能的恐惧。本文的临床资料显示了前两个类型的恐惧在成年女性身上的表现方式。

睡觉前，我给女儿读了第三遍《米奇和深夜厨房》
（Mickey and the Night Kitchen）的童话故事：
女儿张开她的双腿，发现她的阴道，
没有毛，这是任何一个陌生人
都无法碰触的地方，一旦触碰
就会引起她的尖叫。她要求
看一下我的，一瞬间
在溢出的玩具堆里
我们是巨型的明星。
我巨大的扇贝暴露在她整洁的贝壳面前。
——丽塔·达夫（Rita Dove）1989，p. 41

① 我要感谢雷欧·霍夫曼（Leon Hoffman）博士，他是RAPS研究小组的成员，为医学精神分析协会（Society for Medical Psychoanalysis）研究女性心理。还要感谢阿诺德·理查兹（Arnold D.Richards）博士、格兰（Jules Glenn）博士，以及阅读这篇文章的其他读者，他们向我问了很多敏锐的问题，使我不能以简单的答案而侥幸通过。

诗人描述了母亲和小女儿之间的一个亲密时刻，在十多年前这可能是难以启齿的。小女孩想看母亲的生殖器，母亲就给她看了。她们互相比较。这种性开放的教育态度，在字里行间清晰呈现，允许孩子有好奇心，以及有权控制自己的性欲，我们能做到这种程度吗？

自从布鲁姆（1976）在更新我们的观点上做了重要努力后，精神分析学家就已经学到很多关于女性精神分析的知识。特别使我感兴趣的是，当我们将女性性欲与身体意象、自尊，以及生殖可能的感觉进行关联时，对女性性欲就有了新的理解。其中包括认识到，女性生殖器是她们重视同时是可能担心失去的。这不是一个新观点，却是有争议的。我想用临床数据来支持这一观点，即女性关于生殖器的焦虑可能是对女性丧失特定解剖特征、功能和感觉的焦虑。

这场争辩的另一方是在早期分析文献中（Freud，1905，1908；Deutsch，1930；Rado，1933；Jacobson，1936）发展的关于阴茎嫉妒作为女性行为之动力基石的观点。与这个观点相关的理念是：女性的阉割焦虑是因为害怕失去一个幻想中的阴茎（Freud，1924）或者她们相信自己已经被阉割了（Freud，1933；Brenner，1982）。

我特别感兴趣的就是去检验，当“阉割焦虑”这一概念的公认解释运用于正常女性的发展，以及当发展走偏而导致人们出现症状到我们的咨询室来求助时，用这些解释去概念化这些女性的体验。形成这篇文章之基础的观点是，认为女孩和男孩一样，重视快乐和害怕不快乐。由此得出的结论是，女孩也会重视由其生殖器刺激所带来的愉悦感。因此又可以得出，女孩不需要体验比生殖器快感更复杂的体验，才能重视这种愉悦感；也不需要先体会生殖器疼痛之外的痛苦才使她们害怕这种痛苦。不愉快的恐惧必须被理解为对疼痛的恐惧，或者是对明确的快感丧失的恐惧。一旦采用这种立场，几乎在与任何女性病人的分析工作中都会发现，“疼痛和快乐的丧失”这一观点是显而易见的。如果将快乐的丧失理解为包括性功能丧失的恐惧（aphanisis）和性冷淡，那么它作为一个概念将会经常出现在分析性文献的报告中，特别是作为神经症女性病人的病史。由于成年女性对生殖器疼痛的恐惧几乎总是伴随对插入疼痛的恐惧，我也假定了对插入疼痛的恐惧这一观点。奎诺多茨（Quinodoz，1989）提出了更为包容的观点：

> 这种在女孩身上存在的关于丧失女性功能和器官的焦虑，与男孩对应的焦虑是一样的（Klein，1932），但是，从来没有对其给予一个专门术语。弗洛伊德所定义的阉割丧失，也只是指阴茎的丧失，甚至不包括睾丸。（p. 58）

斯多勒（Stoller，1968）勾勒的原发性女性特质，蕴含的是一个信念，即一位女性会重视自己的女性特质和女性生殖器。这个关于原发性女性特质的观点是基于临床证据显示，女人和女孩有对生殖器损坏的恐惧。由于“阉割焦虑”这个术语是指对阴茎丧失的恐惧，这种女性恐惧最好被标签为“生殖器焦虑”（Goldberger，unpublished；Lax，1994）。

这篇文章兼有对伯恩斯坦（1990）和其他作者观点的批判和详细阐述，他们认为女性有对生殖器损坏的恐惧。本文提供了新的临床材料来支持这一观点，伯恩斯坦建议将女性生殖器焦虑最好概念化为对于进入（access）的恐惧、插入（penetration）的恐惧和扩散（diffusivity）的恐惧。虽然我同意插入恐惧在女性病人中无处不在，但是我也相信它和伯恩斯坦所说的进入是重叠的。因此，我将它们合并为一个类别。我不同于伯恩斯坦的是，我没有发现扩散性是关于女性生殖器焦虑的一个恰当概念。当我向病人诠释这种扩散性恐惧时，她们感到很惊讶也很有兴趣，但是并没有引起心理上的改变。不像伯恩斯坦，我推测很多女性的主要恐惧是功能的丧失。在我看来，这种丧失有时候是生殖器给予快乐功能的丧失，有时候是恐惧生殖功能的丧失。基于这些原因，我将修改她的分类。本文中的临床材料用来举例说明这些概念。我希望这一建构能使读者以不同于以前的方式来聆听他们的病人。

女性生殖器焦虑包含很多明显的恐惧：第一，对于插入疼痛的恐惧（Horney，1926；D. Bernstein，1990）；第二，对于丧失快感的恐惧（Jones，1927）；第三，对于丧失生殖器官生殖功能的恐惧（Mayer，1985；Bergmann，1985）。在这里，我将不会论述第三个类别。小女孩可能对这些不幸中的任何一个或者全部都感到恐惧。在我的临床经验中，成年妇女则明显有一个或多个这样的恐惧。她们也害怕丧失爱、丧失客体，并体验到内疚和羞耻感。在后面的材料中可以看到，分离问题（Olesker，1990）和其他恐惧，而临床治疗师可能会选择关注这些问题中的一个。我论述的问题是，女性生殖器恐惧是否值得进行诠释？还是像过去所做的那样，将这些问题看成与“阴茎嫉妒”相关，就已经足够了呢？

插入的疼痛

这种对插入疼痛感的恐惧是如何表现的？有些女性害怕单独待在家中，晚上会听到各种声音；有些害怕漆黑的街道和停车场。她们对这些危险的担忧是现实的。除了这些现实担忧之外，有些女性还会幻想强奸犯躲在她们的床下或者在某些偏僻废弃的地方。这些女性或许也希望强有力的或者非自愿的插入，但是她们的恐惧不仅只是为了否认欲望。

一个这类幻想的例子是，一个女性宁愿忍受丈夫的虐待很多年，也不愿面对独处的恐惧。在分析中，她一直很顺从，报告她的梦，诉说她当前的生活，回忆她的童年事件和感受。这种行为与她当前生活中的行为，以及她所报告的过去行为是平行的。当她受到伤害、轻视或斥责时，或者当她觉得自己被分析师不平地对待时，她经常保持沉默。当面质她的顺从谦让的态度时，我做出了这样的诠释：她让其他人成为坏人，自己做好女孩，通过制造这种处境，来表达她隐藏的攻击性。这个诠释使她能够探索对客体潜在有爆发性攻击性的幻想，并能修正她的行为。她渐渐能更多地谈论当她感觉分析师在伤害她时的感受，然后谈论丈夫对她身体上的虐待。逐渐地，她意识到，她更喜欢看到自己作为分析师的被动受害者，而不是一个主动探索自己的痛苦和折磨的人。她开始意识到，她需要丈夫虐待她，来取代她自己的攻击愿望。接受了实际上她内心是多么暴力，让她能够要求虐待她的丈夫离开。他离开家后不久，又强行重返家里，表面上是取回自己的物品，最后他砸碎了走廊上的镜子，发泄对结束这段婚姻的愤怒。在这次暴力侵入之后，她的第一个梦是：

> 有个人驾驶着一架飞机，那是一次战争任务，一次秘密任务。人们站在地面上等着他。飞机漏油了，压力变小了。我觉得好像我可以停止它。我闭上了眼睛。他的后脑勺开始爆炸，血流出来，流到他的整个面部。然后，梦切换到地面上，人们在找他，他们在地上发现了一些东西：一个照明弹和一个散开着的降落伞包。那是一块旷野，但是杂草丛生，这时候他们找到了他，他还活着。我不是真的想看到他，我很害怕，刚开始我不知道他是否还活着，我不知道我是不是想看到他。他的脸上都是血，还好，我不在梦里。他们进到水里，我在游来游去。这之后的梦有我在里面，但是我一点儿也记不起来了。我在努力回忆。

病人没有情感。她说梦跟她的恐惧有关，她害怕丈夫可能会做玉石俱焚的事情，她说她感到“怜悯、痛苦和好奇”。她的一些自由联想包括，流很多血的阴茎、切割包皮，以及近期她的其他关于溺水、浮动和游泳的梦。她还发出了一连串评论：她否认她在梦里，她说感觉自己可以停止它，她断言她闭上了眼睛，不想去看，以及她无法弄清楚记住了哪些。这使我问她是否她就是那个飞行员。她讨厌我的这个问题，但是在我看来，她最终还是确认了我的说法，她若有所思地回答说，飞行就像是在水里游泳。

这个梦中在发生战争，我俩都知道她的父亲曾经参加过战争。想损坏男人阴茎的想法和不知道血是从哪里流出来的，引出了她看到父亲裸体的想法。父亲喜欢裸游，甚至在她还是个小女孩时，他教她游泳的时候也不穿泳衣。这引出了在月经期间性交的想法，从而允许她将爱人的阴茎染上血但又可以不伤害到他。父亲会让她掉进水里的想法与梦中飞行员的坠落相关。最隐匿的无意识幻想，就是她是那个流血的人。最终，她声称是她的生殖器受到了损坏，产生了疼痛。

在她显而易见的对男人尤其是对男性生殖器的攻击和毁灭态度底下，是恐惧。这一恐惧只有我们理解了她既是梦者也是主角时才能够被意识到。因为她是梦者，那场战争就是她的战争，那个攻击就是她的攻击。她对自己的攻击性的恐惧置换为梦里战争时期的敌人。如果她离开丈夫，她害怕他会“玉石俱焚”，也是对她离开丈夫后可能会发生在自己身上的事情的置换。她会被伤害。她拒绝跟父亲讨论支付给我分析的费用，如果她想继续治疗，她又不得不要求他这么做，因为她不再有一个分担她开支的丈夫了。她确信如果她向父亲寻求帮助，父亲可能会“向她爆发”。我们重建了一个童年幻想，幻想她父亲在一次爆发式的性交中将她毁坏掉。她被破坏的这种恐惧，不是简单地作为希望被父亲插入的防御，这种恐惧也通过置换到丈夫身上而被防御了。她害怕独自面对自己指向丈夫或其他男性的攻击性。即使她的分析师是一位女性，她对我的想法和她对男性的想法是类似的。在移情中，我是一个父亲角色，总是被挡开、防范和安抚。我在要做诠释时常常感到犹豫不决，就好像对她说出我的想法就会伤害到她一样。这种害怕自己会受到伤害的感觉，来自她确信父亲的阴茎已经伤害了她的生殖器。因此，她的幻想符合德弗鲁（Devereux，1957）所概述的模式，但是有一个重要的区别是，她没有体验到自己拥有一个幻想的阴茎。相反，她幻想自己有一个被插入后损坏了的女性生殖器，而且可能会以相同的方式再次被损坏。这种差别可能归因于她实际上没有被强暴，而不像德弗鲁的病人。

每当在晚上独处时，很多其他女性病人会幻想危险迫在眉睫。她们会幻想被谋杀、抢劫、袭击和被强暴，这些幻想源自婴儿期对生殖器被损坏的恐惧，就和我的这个病人一样。甚至那些享受和她们所选择的伴侣性交的女性，也会想象自己将遭受痛苦和折磨，作为她们独处时手淫幻想的后果。这种痛苦的一部分是用来惩罚自己有愿望想与代表父亲的陌生人达到性满足。这个愿望的婴儿期起源构成了这种恐惧的另一部分。父亲的阴茎对小女孩来说太大了，不可能不损坏她的生殖器，因此她想象插入必然是疼痛的。

对插入疼痛的恐惧的概念，增加了我对这个特定病人的理解，即她害怕承认自己的攻击性，因为这一害怕中有明确的性成分。在移情中，我频繁发现她幻想自己没有攻击性愿望。她总是及时支付会谈费用，即使有时她不得不剥削自己来做到这一点。她用沉默来抹掉自己指向我的攻击性愿望。由于她想象如果她哭了，我可能会因为伤害了她而有负罪感，所以在会谈中她让自己不哭。分析她的攻击恐惧中的性成分——她恐惧自己会破坏阴茎及与之相关的她的生殖器被破坏的幻想——为她害怕离开丈夫提供了另一个链接。

攻击性、阴茎嫉妒、阉割愿望、恐惧分离和丧失，以及其他主题在这里都可以给出诠释，但是思考梦中关于害怕插入造成的疼痛，可以让病人看到与自己的身体和心理相关的挣扎部分。这个问题超出了目前她和丈夫的互动，以及当下与我的斗争。它带领我们回到早期，当父亲在游泳池教她游泳的时候，用前臂支撑着她，使她的脸朝下，而他自己没有穿泳裤。我相信，这一概念的独特价值在于，它让她去思考自己对那个经历的幻想，她是如何组织自己的记忆的，以及她如何将之用来塑造自己的视角，认为世界是一个危险的地方，而她的身体太弱小了，太脆弱了，是无法容纳或表达她的攻击性的。我相信我们对这种恐惧的探索，有助于她之后去选择一个温和的情人。

快乐的丧失

丧失快乐的恐惧是如何表现的？女性害怕她们找不到性伴侣，有些相信她们必须早点结婚来避免这种命运，还有些把自己交给自己不想要的男人以确保不会没有伴侣。另外一些女性因为强奸、自慰或者未能找到可以爱的男人，担心自己会变成性冷淡。只有一个“白马王子”的幻想，清楚地反映了她们的信念，即只有与那个独一无二的男人在一起才能拥有快乐，这个男人就是：父亲。她们认为这个人只存在于未来，反映了她们明白所寻找的父亲仅仅存在于过去。在儿童期的幻想是，父亲是给予她们性快感的那个人。即使作为成人，她们仍然相信没有父亲她们将不会再有性快感。

一个一直以过分禁欲的方式生活的女性在她的分析后期，推断出她对于丧失生殖器快感的幻想。在分析结束时，我们得出结论：她的禁欲主义是一种防御策略，允许她拥有自己害怕失去性快感的方式，因为她体验到与祖母的性快感，觉得自己应该因此受到惩罚。几年的分析工作使她能够在大学毕业和开始工作后第一次去度假。在她休假后那周的会谈，一开始就谈到她做了一个奇怪的梦，梦里的“现实生活”发生了一些事情：

病人：昨晚或者是今早做的一个梦。是在地铁站，那儿有很多人，我所有的朋友都准备去某个地方跳舞，丹娜和艾伦在决定要把她们的手包放在哪儿。我打算把我的手包放在地铁站的储物柜里。我决定不穿长裤，否则会太热。其他人都穿着长裤。他们在前行。男士们出现了。罗伯特在那里，他们正在为什么事筹钱。他们在，我不知道在干嘛……我很气自己总是这么复杂，把事情弄得很复杂。然而在现实生活中也是这样，总是这样。我总是花很多时间准备出发。我很惊讶我的室友在我们决定出去的时候，可以那么快就准备好。

在梦里有一个餐馆，我看见了哈利，但是现实中哈利在以色列……跟帕姆在一起。在梦里，我待在她的公寓里，昨天晚上其实我回到康涅狄格州老家去了。萨莉回来了，但是她不在那里。昨晚她肯定待在比尔那里了，他在村里弄了一个公寓，以便能改变萨莉的计划。我打包我的衣服开车到桑姆的街道上，那里没有停车的地方，于是我回到车库，然后再走回去。

分析师：听起来你把你的生活搞得很复杂，有那么多的人、计划和活动。

病人：在凤凰城没有办法去大峡谷，巴士到不了，所以我必须在飞机起飞前想出去凤凰城的办法。我必须早上十点钟搭车到弗拉格斯塔夫。我去了光明天使旅店，这些店都归一个人所有。乔跟我说过，可以用他的电话。我还遇到了吉姆，当时我正试着打电话，花光了我的零钱。我告诉吉姆，我打算用乔的电话。于是，吉姆两秒钟就预定好了飞机座位。我觉得当我想用自己的方式去做什么事的时候，总会做到最糟糕的程度。我总是把事情复杂化。我总是把事情看得很艰难，实际上根本没那么难。

我没有真的告诉萨莉分家具的事。我可以留着那些不用的家具，直到她有时间来处理。她说其实我只要给好愿（公司名）打个电话就行，他们会过来搬走的。我的解决方式总是有问题，这让我想起我的爸爸，想起他该打而没有打的电话。过去这些年他唯一一次给我打电话，是向我要我兄弟的电话号码。但是，每年有两次他都会寄给我贺卡和钱——在我生日和圣诞节的时候。

分析师：我也很少打电话给你。我今天说得也很少。

病人：我同意。

分析师：我很好奇为什么你必须要做这么多。在我们的会谈中，你也把你所有的零钱塞到了电话机里，不让我对你做出反馈。我钦佩你把你想告诉我的东西展示给我的技巧。

病人：我总觉得其他人都能直奔要点，只有我不得不弄得这么复杂。

分析师：你的准备去跳舞的梦里也有这个问题。你阻碍着你自己通往快乐的路。

病人：我觉得你在谴责我，你是说我不值得拥有快乐，因为我总把事情搞砸。

这是她典型的做法，把所有一切都理解为她不该让自己快乐的证据。她还相信她身边的每个人也都想要剥夺她的快乐。在她做分析之前，她不知道自己放弃其他那些乐趣其实是为了保全自己不要丧失性快感。

她说，她在去跳舞前把手包放到地铁站的储物柜里，这个意象代表她想对自己的性器官所做的事情。她不想穿长裤，因为她不想太“热”（惹火）。她认为这个梦代表了她对性兴奋和性快感的防御。按照她自己的看法，她渴望安全感，于是牺牲了快乐以求获得安全感。我暗示她说，是她自己想象出那些外在的危险以确保自己不能获得任何快乐。而那些她所害怕的危险，实际来自她的内在世界。一个危险是，谴责她自己想从父亲那里获得性快感的希望；另外一个危险在于，她向父亲索取多于他愿意给予的爱，就会使她失去父亲的爱。虽然她认为自己只是希望父亲多给她打电话，多来看看她，但是她也逐渐看到这些代表了自己希望和父亲睡在一起，并从他那里获得性快感的童年愿望。

谈到假日旅行的安排困难时，她表达了同样的观点。愉快的旅行让她觉得有问题，即使在旅行氛围中她也不能允许自己开心。她必须得花时间花钱赶公交，而不去坐很方便的飞机。在她看来，她的男性朋友毫不费力地安排事情是因为他是男人。她认为女人要挑剔得多，她们更侧重于细节，更需要确定自己在做什么。而男人更愿意冒险。再说了，坐飞机花钱比巴士多。她觉得男人比女人乐意花更多的钱是因为，男人肯为自己的乐趣买单，而女人不会。

我向她诠释这次会谈的另一个主题是，她坚持让她的陈述堆满许多名字，以及让自己的生活中充斥太多朋友。在这里，她使用的是潜伏期儿童典型的妥协方式。她有很多同伴，因此她不会和某一个人走得太近。这样，就避开了性亲密。她会有性高潮，但那都是一些不太认真的性关系，并总是以在她其余生活中拥有极少乐趣或毫无乐趣为代价。在大学时代，她和一群年轻女性共度时光。当她们中的大多数都在长期的亲密关系中稳定下来时，她感到被遗弃了。她的最后一个室友萨莉，现在也要离开她们职业生涯早年共同居住的那座房子了。

她必须扔掉那些多余的家具和床，这就好像她们把她和其他不要的东西一起丢弃了一样。她们继续生活，与她们的性伴侣一起，只有她还固守在昔日生活的旧壳里。她们曾经有很多聚会，现在她们和男人们约会，包括病人在内，还和其中一些人发生性关系。但是，只要她们还住在一起，她一直保持着她们首先要对这个团体忠诚的幻想（Kernberg, 1980），那些性关系是不重要的。

当她为她们的离开而哀悼时，她也在哀悼父母离婚时家庭的丧失。她从来不能坦然地让别人离开，或者让一段旧的关系了断，这也部分解释了为什么在她的生活中有这么多人。她有几个早年的照料者，她与每个人都建立了特殊的关系。这种早年的爱之客体的多重性，似乎导致了她成年后的人生中爱之客体的多重性。她体验自己被禁止与任何一个早期爱之客体有性愉悦的愿望。而现在，她抓住那么多人的影像却被禁止从任何一个那里获得性愉悦。

她对于肮脏而又危险的女性生殖器的幻想的一个重要先导是，她的出生环境。父母在她出生前就离异了，她反复听到一个家族传说，那就是父亲觉得母亲在怀孕时没有吸引力，所以他们才离婚的。在她的幻想里，母亲讨厌拥有女性生殖器官，觉得这个器官肮脏恶心，而她也应该这么觉得。她的妥协方式是，她可以享受性器官，却剥夺了自己的其他乐趣。

这次会谈后不久，她想起奶奶去世时自己非常伤心。当她还是个小女孩的时候，她曾经在和奶奶同床时自慰。这个罪行的内疚感一直缠绕着她。在她先前讲到的故事里预订的旅馆“光明天使”（Bright Angel）这个名字也很重要。奶奶曾经钟爱地称她为“天使”，而现在奶奶自己也已经与天使们在一起了。她相信天使和人差不多，唯一好处是无性。天使没有性冲动。如此说来，她表面上的禁欲主义，是为了防御自己不会因为早期乱伦快感而受到失去生殖器快感的惩罚。

要她承认移情幻想很困难。她拒绝我的观点，说她在生活中扯进了那么多朋友，以及在我们的会谈中她提到了那么多名字是作为防御会失去我的盾牌。她不喜欢我所做的推论，即她通过向我讲故事延长治疗来抓住我。她理解的分析工作是我希望她变得“热辣”起来，而我保持“冷静”的状态，如此来羞辱她。更糟糕的是，她相信我有很多病人，每个病人都爱我，她也会被诱惑得只喜欢我一个人，由此她就会被她所坚信的、我那不可避免的拒绝而受到伤害。我们逐渐看到，她相信我会与她分离，就像她父亲跟母亲离婚一样。在治疗的这个时刻，她体验到我正危险地引导她走向诱惑，我在移情中成了她的奶奶。

在对这个问题工作了数月之后，我得出了这个公式：她在描述她的愉悦感所遭遇的干扰，而这些干扰源于她对性的贪婪幻想。自慰及其伴随的乱伦幻想非常普遍，它们只有在特殊情境下才会引起严厉的抑制。对于这个病人来说，她与奶奶在一起的经历是非常关键的。对于其他女性来说，与兄弟姐妹早年试验的回忆、被迫与成人发生性关系或者被引诱，都属于这类特殊情境。对丧失愉悦感的恐惧的概念聚焦，在她的治疗中则体现为，她剥夺自己现在爱与被爱的愉悦感，因为她坚信自己应该为过去那些性快感而受到惩罚。通过自我惩罚，她避免了来自外部的惩罚。她的惩罚非常有效，因为这是一种以牙还牙的报复方法。她曾经体验过愉悦感，那她现在必须放弃愉悦感。她曾经有过很多爱的客体，那她现在一个都不该有。她理解到自己做的所有一切都是为自己孩童时的性“罪行”赎罪，这种理解使惩罚看起来荒谬可笑，如此，她就可以放弃赎罪了。

快感体验可能会被禁止到这样的程度，即禁忌会威胁或者破坏性功能，包括月经与生小孩的能力。一些女性会通过挨饿的方式让自己的体脂含量保持在机体所需水平之下，以此来抑制自己的月经。还有一些人会节食、通便、禁食、运动或者综合使用这些方法。只有考虑到惩罚因素时，这些抑制才能得以完全理解。这类恐惧为女性生殖器恐惧增加了另一维度，我想在别的机会再去讨论这个问题。

讨论

现在该回到理论与临床观察之间关系的问题上来了，我们需要读者来决定，原发性女性特质与女性生殖器焦虑的概念，是否对刚才所述案例的临床材料的理解有所启发。在我看来，插入疼痛似乎符合那位有战争梦的女性的恐惧，丧失愉悦感的恐惧似乎符合另一位延长依赖一群朋友而禁止自己进入更成年状态的病人。这些描述性的概念，看似比阴茎嫉妒的观点更贴合病人的所思所感，即使阴茎嫉妒被看成社会重视男性特质的隐喻（Grossman & Stewart，1976）。

关于生殖器恐惧这一概念的临床实用性，我们可以在每个个案中去评估。对于第一个病人，让她恐惧的是插入疼痛会对自己的生殖器造成伤害，这个观点允许她把问题看成是自身的。假如将她的恐惧诠释为恐惧失去一个幻想的阴茎，可能会很容易导致她更担心丈夫的离开，会被她理解为一种劝告，要她与丈夫待在一起并容忍他的暴行，因为只要丈夫在周围，她家里就有了一个阴茎。对于第二位病人的诠释，即她恐惧丧失愉悦感与她对自己不配拥有愉悦感的定罪，看起来确实起了作用，因为这一点涵盖了她剥夺自己乐趣的整个生活史，并且涉及了她坚持不肯长大的生活模式。而阴茎嫉妒的诠释不会如此有直接效应，因此，我相信较少可能会改变她的行为。对于这两位病人，以及对于所有女性，认为阴茎嫉妒是她们行为的动力这个观点，只是在支持这个说法，即阴茎是唯一值得拥有的生殖器官。显然，这种说法与女孩和女人们所拥有的每一种快乐体验与功能行使的经验是大相径庭的。

因为临床材料显示了原发性生殖器焦虑理论如何改变治疗师对病人所做的诠释，我认为它实际上会被临床材料所确认。这个理论的有效性在于，它比先前的理论更好地解释了观察到的现象。从我自己来看，与把阴茎嫉妒作为主线的理论相比，这一理论在帮助病人的自我理解与行为改变上更有效。

从霍妮（1926）假设小女孩的原始欲望是拥有小婴儿开始，女性生殖器官的功能就已经被看成行为的重要动力。在最近的思考中，母亲身份被看成女性意象的核心部分。在帕森（Person，1986）主张仅需将母亲身份当作女性身份的一个有限部分而非其全部身份认同的同时，威尔顿（Welldon，1991）也警告，不要将母亲身份理想化为一种全职职业。他们的观点显示母亲身份观念在当下已经成了女性身份的强大隐喻。弗洛伊德（1917）相信，想要一个婴儿的愿望是女孩的次级妥协形成。德育西（1944）和埃里克森

（Erikson，1968）认为，对婴儿的渴望引导成长中的女孩们重视自己生殖器的内在部分。梅尔（Mayer，1991）也表明，今天的小女孩仍偏爱包含封闭空间的结构，而小男孩偏爱塔。但是，梅尔反对因这种偏爱就推断女孩对自己内在生殖器有所意识。与此同时，贝森（Bassin，1982）推理出内部空间的早期体验有助于形成一种架构，可以结构化之后的认知，使女孩可以部分地根据其内在体验的模型去构建一个世界。讽刺的是，弗洛伊德一直坚持阴蒂之重要性的同时，在其思想核心中认为小女孩自始至终都意识到自己外部生殖器的存在。认为小女孩重视自己的外阴与周围区域的观点，其可能性又花了约50年（Richards，1992）。现在，有一篇神经心理学论文（Damasio，1994）指出，不可分割的躯体感觉与所导致的躯体意象在所有心理运作中均有作用。一方面，稳定的躯体感觉只可以作为持续的心理运作的一个背景；另一方面，可以想象那些具有戏剧性强弱变化的躯体感觉，比如生殖器感觉，必然会在早期就来到心理运作的前景中，而伴随生殖器功能行使的快感与疼痛则会在躯体意象和形成对生殖器毁灭的恐惧中扮演重要角色。

梅尔认为，女孩重视自己的外阴和恐惧失去开口，似乎与失去快感和功能的恐惧一致。假如女性生殖器的开口失去了，那么性交快感的可能性也就随之荡然无存。相似的是，失去了阴道口意味着失去了月经与生小孩的能力。

为什么精神分析师们长期以来相信小女孩在看小男孩的生殖器时会看到一些可嫉妒的东西，并且相信她们自己“什么都没有”呢？小女孩真的相信自己“什么也没有”吗？不是的。为什么精神分析师会这样想呢？我的假设是，认为女孩“什么也没有”是为了防御男性对女性生殖器的恐惧。

自上古时期以来，对女性生殖器的象征就使男女都充满恐惧。早在希腊由母系氏族的农业社会转为父系氏族的城市制造业社会时期（Gimbutas，

1989；duBois，1988），美杜莎[1]的影像就让人们恐惧（Hamilton，1940）。根据杜波依斯（duBois）的观点，随着希腊社会结构的变化，女性的象征也发生了变迁。早期的女性象征，一个完全付出的母亲/大地形象陆续让位于各种隐喻，比如被男性耕种收获的农田；密封着内部秘密空间的石头——可以从中诞生生命，也可以深陷死亡；烘烤男性精子成为食物用来维系生命的烤箱；铸写遗嘱的碑。所有这些意象在古代同时存在，所有图像中最可怕的当属美杜莎图像，因为但凡看见她的男人就会变成石头。根据吉布塔斯（Gimbutas，1989）的观点，美杜沙的意象，是大地女神的形象，是由石头雕刻所保存下来的一个意象。

与拉康及拉康学派的女权主义者相反，杜波依斯认为这样的母亲并非一个阳具母亲，而是一位具备生育力量的母亲，这种力量是先于阳具并且相对独立的。她的观点与伯格曼（Bergmann，1985）关于母亲身份的重要性为现代女性赋予了力量的观点不谋而合。这与拉克斯（Lax，1994）的观点也有交叉，即认为原始女性特质是源于女性体验。我自己强调的是，感官感觉的强大源于整个生殖器及生殖器周围的区域（1992）。巴斯（Bass，1994）对泌尿括约肌感觉的研究也支持了这个位置。伯通（Burton，1994）为女孩肛门区与生殖器区的感官感觉的合并寻找解剖学根源，吉尔摩（Gilmore）又在前者的观点中加入了客体关系的视角。吉尔摩将这种合并理解为一种退行性的幻想，“对阉割感觉的补偿，以及对无助感、被插入、来自俄狄浦斯幻想中的父亲阳具所造成的伤害、性交、生孩子的恐惧之补偿。”这些阉割的感觉呼应了我命名为对丧失快感与功能的恐惧。这些对于父亲阳具、性交、生孩子的幻想呼应了我命名的插入恐惧。对于躯体由于被插入而造成伤害的恐惧在小女孩中非常常见，而对于生孩子造成躯体伤害的恐惧在成年女性与小女孩中都存在（Bonaparte，1935；Luquet-Parat，1970；I. Bernstein，1976；

① 根据诗人奥维德的《变形记》所述，美杜莎原是一位美丽的少女，因为与海神波塞冬私会（也有一些版本称因美杜莎自恃长得美丽，竟不自量力地和智慧女神比美，而被雅典娜诅咒），雅典娜一怒之下将美杜莎的头发变成毒蛇，而且给她施以诅咒，任何直望美杜莎双眼的人都会变成石像。因此，美杜莎一词有“极度丑怪的女子”之意。

Blum，1976；Parens et al.，1976；Friedman，1985）。

在讨论本文的前一个版本时，格兰（J. Glenn）引用了两个先天性阴道缺失的案例。其中一位是分析师格林纳丽（Phyllis Greenacre，1958）的女病人，另一位是个女孩，接受过格林纳丽一位同事的治疗。这两位病人都想变得更女人一些，她们做了外科整形手术，制造了阴道并很满意手术结果。他描述其中一个病人在治疗中会幻想毁掉男人的阴茎，以及害怕会被治疗师毁灭。他分析这些幻想是对在她潜伏期后期骚扰她的一群男孩的报复，而非原始嫉妒。正如瑞（Ree，1987）一样，他相信女孩的男性身份认同和变化无常的发展过程增加了女孩们幻想的复杂性，很难将阴茎嫉妒或阉割幻想简单看成：看见阴茎时所受到的“阉割的打击”。

未来研究的启示

为什么1930年到1970年间，关于女性生殖器焦虑的研究如此之少？霍夫曼（1996）提出，弗洛伊德及其追随者不能理解女性性欲是因为他们无法设想女性的主体性。他认为，这导致了弗洛伊德将来自女性本身的任何主动愿望都定义为男子气的。原始的女性特质让男人觉得害怕是因为，主动的女性是有力量的吗？一个充满力量的女人为什么会吓到男人呢？霍多罗夫（1978）相信，这是因为这样的女性唤起了婴儿期强有力的母亲的意象，让人还原到那段人生阶段的被动和无助中。

阉割焦虑看起来就不言而自明了，没有人会问男性害怕被阉割时害怕什么。阿贝林（Abelin，1994）将女性的极度顺从与缺乏攻击性归结于她们担心引发男性的阉割焦虑。对疼痛、失去快感、功能丧失的恐惧看起来构成了阉割焦虑的突出成分。保留“阉割焦虑”一词来代表对于丧失阴茎和/或阴囊的恐惧，使用“女性生殖器焦虑”来代表对于外阴、内部生殖器结构被破坏的恐惧，可能有助于澄清在小男孩和小女孩们从肛欲期到俄狄浦斯期发展期间之体验的不同。戈德伯格（Goldberger）建议将“阳具”期更换为“婴儿生殖器”期，以此使女孩拥有她们独有的恐惧与发展主线。另一种选择是，称这一阶段为“生殖器自恋”阶段，这意味着男孩和女孩将他们自己拥有的生殖器官视为标准的，体验着丧失自己所拥有的生殖器的恐惧和对他们看到或想象的异性所拥有的性器官的嫉妒。格兰森（Galenson）、罗菲（Roiphe，1976）和欧莱斯克（Olesker，1990）所做的婴儿观察及关于婴儿发展的理论建构（Tyson，1990）可以增加我们对于这一阶段之恐惧起源的理解。

当阴茎嫉妒被认为是唯一值得去关注的反应时，这一研究的影响力并不是旨在提供另一个视角去看观察结果。为了研究是否有迹象表明小女孩会享受、重视和担心失去自己的生殖器，研究者要在收集数据时特别观察她们的这类反应。日托中心与婴儿护理处的观察会起重要作用。此外，来自父母或其他抚养者的逸事也是很重要的证据来源。

成人分析的证据需由分析师收集，分析师要对女孩像男孩一样重视生殖器的快感、恐惧不愉快感这样的观点持开放态度。莱西（Reich，1964）描述了女性生殖器快感在增强自尊方面的巨大效果。恐惧不愉快感需要被理解为对疼痛的恐惧和对丧失明确的愉悦感的恐惧两方面。放弃生殖器快感的体验可以严重到，禁忌威胁甚至破坏了性功能的正常行使。这一症状可被视为一种妥协形成，其中对于丧失感觉的恐惧或者确信感觉已经丧失是关键。即使愿望也许是与一个自己喜欢的照料者产生性快感，但是对不愉快的恐惧仍然来自痛苦或者性机能丧失恐惧（aphanisis）。

不幸的是，学生与经验丰富的分析师依然会读到一些文章，主张以下观点就是事实：（1）女性生殖器在内部，是看不到的；（2）女性生殖器无力聚焦于感觉，也无法直接释放性欲；（3）女孩的性欲是被男人唤醒的；（4）女人不自慰；（5）与做爱相比，女人更喜欢拥抱和被爱抚。还有许多类似的观点被原本理性的分析师视为真理。在我们科学工作的进程中，我相信我们有责任挑战那些已经被认可的至理名言，尤其当它们与感官经验、常识相悖的时候。

恐惧生殖器的疼痛或愉悦感的丧失总是与客体相关吗？我相信是的。而且我相信一个分析师在理解幻想与冲突时考虑到客体是很重要的。不过，这不是全部。原始女性特质的观点部分向我们展现了女性的性欲发展是一个很复杂的过程，交织在躯体意象、客体意象、幻想的发展和与养育者的互动中（Breen，1993）。拥有一个好母亲不能免受生命的各种变迁。有一个不够好的母亲也不一定预示着灾难。除了足够好的客体之外，另一个因素就是个体对自己身体的体验。

身体作为知识来源，媲美于身体作为愉悦来源。正如皮亚杰、戴维（Dewey）、蒙特梭利（Montessori）和其他很多人所充分证明的那样，发生在感觉运动水平上的学习远远早于语言系统的完全发展。正如维果茨基和其他人所指出的那样，以语言为媒介的学习随着年龄的增长变得越来越重要。许多教育学家都知道的，肌肉运动的学习比语言媒介的学习更稳定，需要较少意识，也更持久。一旦你知道了怎么骑自行车，你就永远都会了。但是你很容易忘记几何学定理，假如你从没有用踱步测量田野来学习它们的话。

所有这一切都是在说，一个小女孩对于她生殖器的感官体验，也许无法用语言描述，却是深刻的，要追溯回她的早年生活。括约肌和周边肌肉组织的弯曲和放松的结果是永久的，而且因为带来了大量愉悦感而被小女孩重视。相比之下，看见男孩的生殖器仅是一个相对短暂的、纯视觉的、不一定会成型的体验。将女性发展的整个理论基于那样单一的一个体验，却忽略持续的肌肉深度感觉，以及对阴蒂和阴唇刺激的表面体验，在我看来是不理智的。我相信女性生殖器感觉的体验和这种体验对女孩自身躯体感发展的重要性，类似海因茨·哈特曼（Heinz Hartmann ）所指的身体自我（body ego）。这是作为女性的基本体验。分析女病人关注这个体验，只会加强她们的分析体验。

参考文献

Abelin, G. (1994). The headless woman. In *The Spectrum of Psychoanalysis*, ed. A.D. Richards & A.K. Richards. Madison, CT:Int. Univ. Press, pp. 161-184.

Bass, A. (1994). Urinary sphincter.Psychoanal. Q., 63:491-517.

Bassin, D. (1982). Woman's images of inner space. *International Journal Psychoanal of Psychoanalysis,* 9:191-205.

Bergmann, M.V. (1985). The effect of role reversal on delayed marriage and maternity. *Psychoanalytic Study of the Child*, 40:197-220.

Bernstein, D. (1990). Female genital anxieties, conflicts and typical mastery modes. *International Journal of Psychoanalysis.*, 71:151-165.

Bernstein, I. (1976). Masochistic reactions in a latency-age girl. *Journal of the American Psychoanalytic Association*, 24(Suppl.):589-607.

Blum, H.P. (1976). Masochism, the ego ideal, and the psychology of women. *Journal of the American Psychoanalytic Association*, 24(Suppl.):157-192.

Bonaparte, M. (1935). Passivity, masochism and femininity. *International Journal of Psychoanalysis*, 16:325-333.

Breen, D. (1993). *The Gender Conundrum*. New York:Routledge.

Brenner, C. (1982). *The Mind in Conflict*. New York:Int. Univ. Press.

Burton, A. (1994). The meaning of perineal activity to women:An inner sphinx. *Journal of the American Psychoanalytic Association*, 44(Suppl.):241-259.

Chodorow, N. (1978). *The Reproduction of Mothering*. Berkeley, CA:University of California Press.

Clower, V. (1970). (Panel Report) The Development of the Child's Sense of His Own Identity. *Journal of the American Psychoanalytic Associatio*n, 18:165-176.

Damasio, A. (1994). *Descartes' Error*. New York:Putnam.

Deutsch, H. (1930). The significance of masochism in the mental life of women. *International Journal of Psychoanalysis*, 11:48-60.

Deutsch, H. (1944). *The Psychology of Women*, Vol. 1. New York:Grune & Stratton.

Devereux, G. (1957). The awarding of a penis as compensation for a rape. *International Journal of Psychoanalysis*, 38:398-401.

Dove, R. (1989). *Grace Notes*. New York:Norton.

DuBois, P. (1988). *Sowing the Body*. Chicago, IL:University of Chicago Press.

Erikson, E.H. (1968). *Womanhood and the inner space*. In Identity:Youth and Crisis. New York:Norton, pp. 261-294.

Fliegel, Z.O. (1973). Feminine psychosexual development in Freudian theory. *Psychoanalytic Quarterly*, 42:385-409.

Freud, S. (1905). Three essays on the theory of sexuality. *S. E., 7.*

Freud, S. (1908). On the sexual theories of children. *S. E., 9.*

Freud, S. (1917). On transformation of instinct as exemplified in anal erotism. *S. E., 17.*

Freud, S. (1924). The dissolution of the Oedipus complex. *S. E., 19.*

Freud, S. (1933). Femininity. *S. E., 22.*

Friedman, L. (1985). Beating fantasies in a latency-age girl. *Psychoanalytic Quarterly*, 54:569-596.

Galenson, E. & Roiphe, H. (1976). Some suggested revisions concerning early female development. *Journal of the American Psychoanalytic Association*, 24(Suppl.):29-58.

Gimbutas, M. (1989). *The Language of the Goddess*. New York:Harper & Row.

Greenacre, P. (1958). Early physical determinants in the development of the sense of identity. In:*Emotional Growth*, Vol. 1. New York:International Universities Press, 1971, pp. 113-127.

Grossman, W. & Stewart, W. (1976). Penis envy. *Journal of the American Psychoanalytic Association*, 24(Suppl.):193-213.

Hamilton, E. (1940). *Mythology*. Boston:Little Brown.

Hoffman, L. (1996). Freud and Feminine Subjectivity. *Journal of theAmerican Psychoanalytic Association*, 44(suppl.):23–44.

Horney, K. (1926). The Flight from Womanhood. *International Review of Psychoanalysis*, 12:360-374.

Jacobson, E. (1936). On the Development of the Girl's Wish for a Child. *Psychoanalytic Quarterly*, 37:523-538.

Jones, E. (1927). The Early Development of Female Sexuality. *International Journal of Psychooanalysis*, 8:459-472.

Kernberg, O.F. (1980). Love, the Couple, and the Group. *Psychoanalytic Quarterly*, 49:78-108.

Klein, M. (1932). The Effects of Early Anxiety Situations on the Genital Anxiety of the Girl. In *The Psychoanalysiso f Children.* NewYork:Norton, pp. 194-239.

Langer, M. (1992). *Motherhood and Sexuality*. New York:Guilford.

Lax , R.(1994). Aspects of Primary and Secondary Genital Feelings and Anxieties in Girls During the Preoedipal and Early Oedipal Phases. *Psychoanalytic Quarterly*, 58:271-296.

Luquet-Parat, C.(1970). The Change of Object. In *Female Sexuality*, J. Chasseguet-Smirgel, ed. AnnArbor, MI:Universityof MichiganPress, pp. 84-93.

Mayer, E. (1985). Everybody must Be Just like Me. *International Journal of Psychoanalysis*, 66:331-348.

Mayer, E. (1991).Towers and Enclosed Spaces.*Psychoanalytic Inquiry*, 11:480-510.

Olesker, W. (1990). Sex Differences During the Early Separation-individuation Phase. *Journal of the American Psychoanalytic Association*, 38:325-346.

Parens , H., Pollock, L.,Stern, J., & Kramer, S.(1976).On the Girl's Entry into the Oedipus Complex. *Journal of the American Psychoanalytic Association,* 24(suppl.):79-108.

Person, E. S. (1986).Working Mothers.In *The Psychology of Today's Woman*, T. Bernay & D. Cantor, eds. Hillsdale, NJ:Analytic Press, pp. 121-138.

Quinodoz, J. (1989). Female Homosexual Patients inAnalysis. *International Journal of Psychoanalysis*, 70:55-63.

Rado, S. (1933). Fear of Castration in Women. *Psychoanalytic Quarterly*, 2:425-475.

Rees, K. (1987).I Want to Be a Daddy. *Psychoanalytic Quarterly*, 56:497-522.

Reich, A. (1964). Masturbation and Self-esteem. In *Annie Reich:Psychoanalytic Contributions*. NewYork:International Universities Press, 1973, pp. 312-333.

Richards, A. K. (1992). The Influence of Sphincter Control and Genital Sensationon Body Image and Gender Identity in Women. *Psychoanalytic Quarterly*, 61:331-349.

Stoller, R.J. (1968). The Sense of Femaleness. *Psychoanalytic Quarterly*, 37:42-55.

Tyson, P. & Tyson, R.I. (1990). *Psychoanalytic Theories of Development:An Integration.* New Haven, CT:Yale University Press.

Welldon, E. (1991). *Mother, Madonna, Whore*. New York:Guilford.

此章节初次发表于：

Richards, A.K. (1995). Primary Femininity and Female Genital Anxiety. *Journal of the American Psychoanalytic Association,* 44：261-281.

第六章
括约肌控制和生殖器感觉对女性身体意象和性别认同的影响

女性感觉发展的一个方面，被假设为用于解释年轻女性病人在治疗中的某些现象。恐惧失去生殖器的快乐，即肛门和泌尿生殖器括约肌的收缩，被视为由生殖器期、口欲期、肛欲期形式显现出来的冲突的核心问题。这个理论认为，女性对自己生殖器的意识来自她还是小女孩时的括约肌普遍感觉，然后由身体意象来代表。身体意象是生殖器快乐和重视女性化特质之间的纽带。

在我里面的每一个都是一只鸟。
我在拍打我所有的翅膀。
他们想要把你切除，
但是他们不会。
他们说你是无法测量的空，
但你不是。
他们说你病得奄奄一息，
但是他们错了。
你像一个女学生一样地唱歌。
你没有被撕裂。
——《庆祝我的子宫》
安妮·塞克斯通（Anne Sexton，1981）

我们知道，当我们说男人害怕阉割时所指的是什么。许多精神分析家相信，他们知道当女人害怕阉割时是在害怕失去一个幻想的阴茎，或者害怕她们自己的受虐愿望，这种受虐愿望是对她们想要阉割男性之愿望的回应。无论是否正确，对我来说这不是全部，甚至不是其主要部分。在本文中，我将呈现一些证据来证明：女性相信她们有一个内部的（和一个外部的）性器官，它是快乐的来源，她们害怕失去它。安妮·塞克斯通的诗中这样说。我分析的一些女性也如此认为。梅尔（1985）和瑞内科（Renik，1990）也这么认为。对塞克斯通而言，恐惧是恐惧失去她的子宫，这个子宫就像“女学生一样地唱歌”，是一种快乐的内部来源。

当一个女人说她害怕失去自己的女性特质时，她可能是在谈她的第二性征、外部的生殖器，或者像塞克斯通，她可能是指她的内部生殖器。内部生殖器的体验和它与身体意象方面的关系，以及与女性性身份认同方面的关系，就是我想在这里探讨的问题。我认为在如厕训练中会阴部肌肉的收缩，导致性兴奋感，让俄狄浦斯期的女孩感觉像是生殖器，也因此她会害怕失去它——这是对自己俄狄浦斯愿望的惩罚。本文要讨论的问题是：在何种程度上女孩恐惧阉割就是恐惧失去生殖器感觉？以下的案例旨在说明，这种恐惧如何在一些女性病人的分析中出现，而其病理性的种类和水平各不相同。

案例

一个很快晋升到职业生涯最高位的年轻经理，进入了一周四次的分析性治疗，因为她需要我帮助她决定是否结束与情人的关系。假如关系继续的话，她需要我帮助她改善这段关系。她的成功让她感觉与自己的根切断了。当她意识到情人来自一个富裕家庭时，她与他在一起时就失去了自己的自发性。她相信他的母亲不同意他们的关系，每次他带她参加家族活动时她都会抱怨。但是，她死死地抓住他，忍受他的忽视和虐待。随着治疗的进展，他变得不那么施虐了（因为她不那么常激怒他，抱怨他跟他自己的家庭走得太近），她失去了对他的兴趣。

在这段关系变淡的过程中，也是她进入分析的第四年，有一天她坐出租车下班回家。司机告诉她，假如她跟他回家的话，他会“吃掉”她。她去了，而且享受了这次邂逅，没有害怕或羞耻感。第二天她在会谈中解释说，当昨天她这样做的时候，没有一个父亲意象站在床脚看着她和反对她，而在她与情人做爱时，这个父亲意象是时常出现的。我们开始明白她与情人在一起时，感觉自己太强大和太阳具化了，而与出租车司机一起堕落时却感觉到了女性特质。我把这与她对于父亲想要她成为一个男孩的想法联系起来：她觉得父亲想要一个儿子，但是她同时也相信他憎恶男性化的女性。她既重视又轻视的是，她自己的女性特质。

她害怕如果她与情人继续下去，她的性别角色会被颠倒。她需要被视为次等的、肮脏的、不道德的，被视为一个外来者，因为她鄙视任何形式的性行为。这也来自她因为想要被父亲插入而感到的内疚，最可怕的是，她恐惧假如她在事业上，以及与情人的关系上都很成功的话，她会失去自己的女性特质和生孩子的可能性。她的情人对女性太恭顺了。

在她有记忆以来，这样的困境一直折磨着她。比如，她是家里唯一的女孩，每年秋天都会跟随父亲和叔叔们去他们的狩猎小屋。她也是班级里唯一的一个数学成绩比其他科目都要好的女孩。青春期时，她的数学和科学成绩还是保持得很好，结果却是她相信她作为一个女孩有些不对劲。很快，她就交了个男友，一直跟他在一起，相信自己假如拥有一个男人，就不会比其他人更不女人。男友的任何她所认为的男子气的下降都会让她陷入恐慌之中。当男友决定进入艺术领域时，她就离开了他，因为他永远也不会比她在业务上赚得多。她所害怕失去的女性特质是她获得高潮的潜能。她说她重视的阴道“翅膀拍打”（fluttering）的感觉，我理解为代表紧紧抓住高潮的括约肌。那种翅膀拍打感呼应塞克斯通的意象：“在我里面的每一个都是一只小鸟”。这个案例阐明了我曾在其他女性病人那里观察到的东西：一些害怕失去女性特质的女病人，是害怕失去女性生殖器的内部体验。

就我看来，在传统的男性化职业里成功的其他女性，像这个病人一样，特别容易让自己任由男性剥削，因为她们需要证明自己是被渴望和女性化的，而不是男人婆。任何在男人身上看到的柔软或开放都是可怕的，因为那会威胁到角色颠倒，导致生殖器感觉的丧失。那些超级男性化的男人会得到这类女性的重视，因为跟他们对比会感到自己更女人。她们很可能会成为冒牌货的受害者（Gediman，1985），因为她们觉得自己也是冒牌的女人，在男性角色中获得了成功。一个更明显的例子是，一个原本月经规律的女病人突然月经提前了两周，当时她正在做演讲，在台下大批观众的眼中，她是一名严肃而成功的学者。她的尴尬反击了她对成就的自豪感，当演讲结束时，她无法再坐在台上。对她而言，男性化的成就却被身体反击了，提醒她其实她仅仅是一个女人；不过这也是一种安慰，一颗定心丸，说明她的成就并没有让她丧失女性特质。事业有成者的社会角色可能会被这样的女性视为对女性生殖器功能丧失的一种威胁。

另一个病人是一个患有进食障碍的作家，每周做三次治疗。她每天喝很多人工加糖的咖啡。令她苦恼的是，医生告诉她复发的膀胱感染可能跟她的咖啡和糖精摄入量有关，她决定试着不再喝这么多咖啡。但是她在写作的时候，必须吃柠檬饼干，而只有咖啡才与这种饼干最搭。她的写作是跟父亲学的，他以前经常把这种饼干放在书桌上。我诠释了她对父亲的认同。但是，她抗议说父亲不喝咖啡。我们逐渐理解到咖啡其实是一种毒品，用来惩罚她沉迷于做父亲的甜心的幻想，以及惩罚她幻想可以成为父亲，做一切他能做的事情。当她比父亲还要成功时，渴望连续喝咖啡的症状也加重了。我们把这个症状理解为，是她在努力获得父亲的爱，以及她的内科医生与母亲的关注和担忧，于是她的症状减轻了。用咖啡使自己生病会使她的奋斗付诸东流，因为她觉得那样太男性化，对作为女人的她是一种阉割。我诠释这种自动填充（self-filling）是一种对插入的自慰式替代品。我告诉她在用食物插入自己，而幻想中是父亲在插入她。因此，她不得不惩罚自己去喝有毒的糖精咖啡。

被填满生殖器的愿望，以对括约肌的控制为表现，上移置换为口欲，合并了声门闭合与阴道括约肌的控制。她用吃作为她可以保持控制的区域，以便安慰自己，对她来说代表男性化活动的职业并没有摧毁她的女性特质。当分析中谈到括约肌的控制，并将她的性担忧和吃关联起来时，她渐渐能够放弃咖啡。

当掌控的需要被身体或性虐待创伤激发时，紧握和松开的会阴括约肌变得很重要。掌控感的一般体验在如厕训练过程中获得，当女孩感到有被侵入或者穿透的威胁时，它可以成为退行的节点。这种括约肌掌控也可以用来抵挡其他威胁，比如以下的例子。

一个年轻的极度热爱去舞厅跳舞的女性被分析者，在她开始理解自己对一个施虐的、反社会的性伙伴的复杂需要之后，终于能够鼓起勇气忍受与自己施虐性男友的分离。只要她仍然害怕对抗他，她就一直无法甚至只是考虑离开他。我给她的一个诠释是，她利用在舞厅里跳舞，允许自己由他带领，也将他的行为保持在了一个可接受的社会形态中。她觉得这个诠释很合情理。紧接着，她回忆起她独自坐在家里轿车的后排，听着父母吵架感到十分害怕的情境。她想起自己蜷缩在前排和后排座椅之间的空间里，一边自己哼着歌，一边跟随音乐的节奏收紧和放松自己的会阴部肌肉。

想起这种全神贯注在自己内部感官感觉而产生的安抚效果时，她接受了我的诠释，她是在通过意识到自己括约肌的力量，来感觉自己有力量去忍受当时父母破坏性的大吵大闹。这一领悟让她感觉强大，足以去结束她与施虐性情人的关系。她说她不再需要他去“成为那个坏人”。我认为，这意味着她不再需要投射自己的攻击性给他，然后诱惑他对她付诸行动。

当我们试图了解她早期解决父母吵架的破坏性作用的这种方式的来源时，她回忆说，她的艺术家母亲花很多小时作画，在她看来那些是抽象画，但母亲会要求父亲赤身裸体摆出姿势，仿佛是在画他的画像一样。作为一个小女孩的她，感到对父亲身体的强烈嫉妒，尤其是他的阴茎。她相信，母亲会让父亲做任何事情，打破任何规则，因为母亲想看他的身体。这个早期幻想中的男人身体是如此美丽，让他只要展示身体就可以为所欲为，与病人对自己身体的态度形成了强烈对比。

她描述自己的身体是“强壮的，像农民或机器。不精巧、轮廓不清晰，也不优雅”。她对原初场景的幻想包括一个黑帮类型的男人，打扮优雅，但是做坏事且侥幸脱身。她想象女人像爱情的奴隶，被这个男人“风流倜傥”的阴茎所迷住。父母的争吵对她来说如此可怕，部分是因为他们太生动地诱发了这个原初场景的幻想。我诠释说，她当时一定希望他们是在做爱而不是争吵，一定觉得自己如此无力阻止他们，于是就用自慰式的紧握松开来感觉强大和被爱。她在车里的位置确保她是独自一人，保护自己不感到被侵入。因此，我现在想起来，她是在保护自己不受超我的谴责，谴责她侵入了原初场景。她评论她的情人反社会行为的一个优点是，跟他相比，她总是可以感觉自己是个好人。在我看来，她将自己的内疚投射到情人身上，是为了让自己可以享受主动做爱的内疚快感。

对这个病人来说，只要她能责怪其他人，那一切都好。成人的自慰式紧握和松开是坏的，因为是她自己主动而为的。舞厅跳舞不是坏的，即使她有同样的肌肉体验，因为她可以合理化为她只是在跟随音乐和领舞者。她可以享受它，同时通过把自己看成只是一个被动的工具，以安抚她的超我。

所有这些女性，她们对自己社会角色的抱怨、与周围男女的互动，以及她们的自我理解，在我看来都被她们对生殖器括约肌感觉的体验和重视所渲染。这些观察所提出的问题是：（1）女孩是如何意识到她内部生殖器的发展的？（2）内部生殖器感觉的意识是如何联系到女性的阉割恐惧的？（3）女性对解剖学的认识有助于客体关系的发展吗？（4）对内部生殖器感觉的意识与倒错的关系是什么？

内部和外部

成年女性的精神分析治疗引起了女性性身份认同发展的复杂看法。伯恩斯坦（1990）、梅尔（1982）、克斯腾伯格（Kestenberg，1965，1968）、霍妮（1924）等人将女性性心理发展看成对早期尤其是女性性别认同的详细阐述。在我看来，成年女性的性取向和对自己性欲的看法，是几条不同的线路发展汇集到一起而产生的。阴茎嫉妒也许是其中的一部分，对早期客体的感受肯定也在里面，在这里强调的女性性发展的线路，是基于内部生殖器的肌肉运动体验这一线路。

弗洛伊德（1932）将性欲视为最复杂和最难追溯的动因（motivators）。他鼓励女性分析师扩展对女性发展的理解。从一开始，她们强调原发性女性特质。这与弗洛伊德（1931）的观点相反，他认为女性心理发展的一开始是男性，从女孩发现自己没有阴茎时开始转向，而且在这个命运转折点之后就一直定下来了。早期的女性分析师们尝试对阴道意识的理解解决了这个问题。博纳帕特（Bonaparte，1953）指出阴道黏膜几乎没有任何敏感性，甚至无热感也无痛感。她认为，性唤起取决于外阴、尿道口或会阴和阴道内衬的勃起组织的运动知觉敏感度。挨打的幻想象征着阴道被阴茎撞击的刺激。我推断，挨打幻想是从收缩括约肌的感觉中发展出来的，接着提供了心理表象，将早期括约肌体验和后期的性交感觉联系在一起。

拉克尔（Laqueur，1990）断言，当时弗洛伊德的“阴道高潮”被认为在解剖学上是不可能的，因为早就众所周知的是，阴道内的神经供给相当稀少，而外阴的神经则供给丰富。针对“阴道高潮”，拉克尔说：“它包含的感觉并不存在，于是，成为一个性欲成熟的女性就要活成一个矛盾体，变成终身的‘正常歇斯底里病人’，患有一种被称为‘接受’的转换神经症。”（p. 243）这种荒谬不可能逃过弗洛伊德的眼睛，因此，他谦逊地总结说，他不认为女性性欲已经被证明。

谢菲（Sherfey，1966）仔细而详尽地研究了来自马斯特斯（Masters）和乔森（Johnson）的解剖学和发展学数据，以及行为学证据，阴道高潮的观点似乎终于要平息了。谢菲总结到，阴道高潮并不存在，阴蒂、阴唇和阴道的下部三分之一，三者作为阴道内性交的一个功能单元。更具体地说：“……没有所谓的心理病理性阴蒂固着，只有不同程度的阴道不敏感和性交性冷淡。”（p. 110）我对此的理解是，不是敏感度的转移，而是阴蒂敏感性被整合到一个由部分器官构成的更庞大复杂的集合式功能中去了。

这留下了一个问题：那么如何才能达到这个内部的空间呢？没有括约肌的身体开口，也就没有对于进入的控制。这个观点首先在巴内特（Barnett，1966）的作品中出现，随后伯恩斯坦（1990）对其进行了阐述。在我看来，虽然这个观点可能与月经流出不受控制的感觉相关，却没有考虑到蹒跚学步的女孩，已经可以觉察到在其会阴部存在一套胜任的肌肉群。女孩不可能没有意识到这一肌肉组织，因为它的自发控制是如厕训练中必要的（Kestenberg，1956）。尽管不是任何时候都意识到括约肌的自发控制，但是它每天会有几次成为女孩关注的中心。

埃里克森（1950）发现女孩会修建封闭型建筑物，并在里面玩耍；而男孩子会搭建塔、道路和房屋，在外面玩。他的结论是，女孩被她们的内部生殖器所驱动，正如男孩被外部生殖器所驱动那样。皮亚杰和英黑德（Piaget & Inhelder，1966）描述早期学习是通过感觉运动进行的。也就是说，早期学习是通过大肌肉运动（gross motor activity）发生的。女孩在这个早期感觉运动发展阶段中形成性身份认同（Fast，1984）。同一阶段，她也开始了如厕训练。此外，还有分离—个体化这一关键事件的出现（Mahler，et al.，1975）。所以，女孩是在如厕训练过程中发现了性别的意义并产生影响的。

对发展中的女孩来说，我相信在如厕训练中最重大的事件就是发现肛门和尿道括约肌的自发控制。女孩最早在十八个月大的时候就获得了对这些括约肌的控制。母亲们普遍报告说，女孩的如厕训练比男孩早。一对双胞胎的母亲介绍了她的经验："简在十八个月的时候接受了训练，看起来是她想要的。而乔伊一直不愿意，他现在已经三岁半了。"（Bond，1990）我认为女孩通过控制自己的括约肌实现的掌控感，被她通过控制而实现的性快感放大了。下水道的幻想一辈子困扰着女性（Goldberger，1988；Spitz，1955）。区分被高度重视的生殖器产物和被贬低的肛门产物对女性来说很重要，以至于这一区别所遭到的任何威胁都会引发危险（Stein，1988）。之前提到的有进食障碍的女作家就被这一混淆所折磨，从来不清楚她的产品是"伟大的"还是“屎”。

小女孩控制括约肌的快乐也许是她倾向于享受干净、整洁和有序的起源。孟坦格雷恩（Montgrain，1983）假定阴道的退行心理表征，聚焦在阴道性欲的口欲根源和肛欲根源。根据巴内特（1966）的言论：“正常女性发展的完整顺序可能完全基于孔和腔的性欲发泄。”（p. 130）从口欲到肛欲再到阴道腔，女孩也许总是体验着内部黏膜带来的性快感。这也许是内部或外部刺激的快感如何会被体验为阴道快感的原型（Glenn & Kaplan，1968）。

有进食障碍的作家十分关注排泄（elimination）。这平行于她对于摄入的冲突。我相信，她泛化的括约肌关注是用来防御超我禁令的，禁止她在投入一些让她联想到父亲的活动中体验到生殖器感觉。

伯恩斯坦（1990）说：“撒尿必然会引起一种退行倾向，退到早期膀胱和括约肌控制所伴随的焦虑和冲突中……”（p. 154）尤其膀胱是女孩早年生活中生殖器刺激的来源。尿滞留，使用紧缩和放松括约肌来排尿，是女性阴道兴奋感和高潮的原型。格兰森和罗菲（Galenson & Roiphe，1976）断言，小女孩发现男性的尿流时就像发现阴茎时一样充满惊叹。我认为，这是根据她自己调节排尿所感受到的快乐而推断出来的。从最早的那些年开始，外阴可以整个地被压缩和扩张。小女孩能够也会去有节奏地压缩和松开她们的括约肌，获得性器官的快乐（Clower，1976）。有报道说，潜伏期年龄的女孩会通过跑步、骑马、体操、骑自行车、双腿互搓和类似的活动来自慰。她们热情地专注到这些活动中，也许就证实了她们非常重视从中获得的快感。对我来说，害怕丧失这种能力被体验为害怕强行插入或强奸，是女性性恐惧的基础。

在正常发展中，女孩的感官体验不是来自单一的阴蒂或阴道，而是大腿内部上沿、外阴和下腹部一个整体的区域（Sherfey，1966），包括肛门区；当刺激的位置从排便到尿流再到腹部的不定部位时，肛门、尿道和阴道口强有力的括约肌受到意识化的控制和体验。因为小女孩被教导，关于这些感觉的沟通是社会不接受的（Lerner，1977），我相信她们学会了去享受这些感觉却并不会记录在意识中。哈格隆德和皮阿（Hagglund & Piha，1980）描述这个过程是使用外部操控所诱发的感觉来进入内部的。女孩通过快感体验到生殖器的内部和外部是相连的。以这种方式取得的掌控感，可以抵御女孩自己无法接受的攻击冲动所带来的不愉快。那个在父母轿车后座摇晃的女病人使用她的括约肌感觉，作为防御她觉察到她对父母没能保护她而产生的愤怒，以及恐惧他们会杀死对方。

以上描述的执行方式让这个病人回想起在整个潜伏期她相信自己与别的女孩不同。不是更好或更坏，只是不同。对她来说，心灵在内部，她对自己心理功能的骄傲加固了她身为女性的感觉，直到当她开始认为自己的智力是男性特质的时候，情况变得复杂起来。一旦这种情况发生，她需要拥有一个情人作为她的女性身份的外部标志来支撑自己的女性特质感觉。

阉割恐惧

一个女病人表达说，她害怕她的阴道会干涸就像葡萄干掉那样脱落。这种形式的女性阉割恐惧与认为女性只是害怕丧失一个幻想的阴茎的观点形成对比。女孩就像男孩一样重视生殖器，因为能从那里产生快感。恐惧丧失生殖器提供的快感是两性共有的。但是生殖器细腻的神经分布，既产生快感也必然更易疼痛。在我看来，恐惧丧失快感和体验痛苦是必要的，并且能充分地解释阉割焦虑，即使对于那些从来没有被威胁过要被阉割的小孩来说也是一样。想象失去快感和体验到疼痛的可能发生的具体方式时，会将快乐和痛苦都编织到幻想中去。博纳帕特（Bonaparte，1953）视“阉割恐惧”或丧失想象的阴茎为继发的，而她所称为的“穿孔恐惧”（fear of perforation）是女性更普遍的问题。伯恩斯坦（1990）理解强奸恐惧是恐惧插入而不是阉割。这正好符合了博纳帕特的“穿孔恐惧”，以及巴内特（1966）认为女孩害怕失去对阴道肌肉的控制。伯恩斯坦展示了女性阉割焦虑如何表现为害怕“进入”“插入”和“扩散”。

从婴儿期开始就有高度快感的女孩生殖器，与排泄器官如此靠近，使排泄功能与生殖器功能互相混淆。因此，对排泄物和排泄功能的恶心危及到了生殖器快感。麦克道格（McDougall，1988）描述女孩的阉割焦虑是害怕“她的母亲会攻击她的整个内部”（p. 167）这一女性性欲观点强调了内部，将强奸或强行插入与死亡和将身体转变为粪便的死亡幻想，两者形象地等同起来（Bach and Schwartz，1972）。

梅尔（1985）表明对女性阉割焦虑最好的理解是，对丧失女性生殖器的恐惧。她将对女性发展的观点基于女孩意识到自己的外阴。对梅尔而言，女孩发展平行于男孩的发展，因为小女孩体验自己的身体是身体的原型，体验两性之间的不同是男性的缺陷或畸形，正如男孩会体验这种不同是女孩的缺陷或畸形一样。我同意外阴和周围区域的视觉感觉，对女性赋予自己的生殖器开口的价值有很关键的影响。但是，我想要强调那些看不见却是肌肉运动可知觉的括约肌肌肉，作为产生身体意象的角色。

瑞内科（1990）描述过他的一个女性病人，当瑞内科揭示她想要插入和使分析师怀孕的愿望时，激起了她对自己的主动阳具式奋斗有关的恐惧。他将这些奋斗解释为否认她可以用自己的女性性欲去主动诱惑。希望拥有异性的性设备对男性或女性都意味着阉割。拥有一个阴茎是女性想要但又恐惧的，因为拥有它之后紧接着的就是损失珍贵的快感来源。舞厅舞者依赖男人来跳舞，是因为她需要否认自己的女性诱惑的力量，同时也因为她嫉妒和害怕男性力量。害怕丧失内部生殖器在塞克斯通的诗里提到子宫的部分也很明确，以回应切除子宫的建议。它在病人的症状里是隐藏的，但是随着诠释之后的症状缓解，证实了丧失生殖器感觉的恐惧在形成这些症状中扮演了角色。

那个担心自己对情人太控制或太强势的经理，相信她如果屈服于外部势力，就会毁掉她的内在控制感。在治疗中，她让自己介于两个选择之间，一是更频繁的面谈，二是用这些钱做手术矫正她的“过高的足弓”。我诠释说，她可以改变内部或者外部，但是不能同时。改变外部看起来不那么可怕，而且保护了她不用去面对改变内部的巨大危险。由于她相信我希望她继续在职业中精进，她需要外科医生拿她的钱，这样她就不会进行那么多的治疗，使她变得太男性化。治疗还会剥夺她那被伤害和不足的幻想，也就是父亲会选择的那种女人。从这个意义上说，她的困境可以看成到底选择外部、足部被阉割，还是内部、心灵被阉割。

解剖学还是客体关系学

威顿（1983）强调社会在何种程度上定义了女性化的构成。虽然帕森（1980）认为性欲是由客体关系决定的而不是一种生物“驱力”，但是她仍然同意性别“在心理结构中扮演了一个组织者的角色，类似它对其他认知形式那样，比如空间、时间、因果关系和自体客体分化”（p. 49）。霍多罗夫（1989）比较了对原发生殖器的觉察的概念与将父母的标签作为女性性别发展的解释。她在第一阵营中引用了格兰森、罗菲和克斯腾伯格的观点，在第二阵营引用了斯多勒、克利曼（Kleeman）、勒纳（Lerner）等人的观点。玛尼和尔哈特（Money & Ehrhardt，1972）可能属于后者。括约肌的觉察有助于身体意象，从而也有助于性别身份的观点，支持了原初的生殖器感觉对于性认同形成的重要性。我认为，科学历史中的新证据支持了这一观点。

拉克尔（1990）提供了女性性解剖学的理论历史。他说明了“女性性解剖学是倒转的男性性解剖学”的观点在西方医学和科学思想中流行直到较近代。从这个角度看，女性是不完善的男性。拉克尔追溯到18世纪，认为子宫是不一样的，这种差异决定了拥有它的人的生理和心理生活。在这里，女性是男性的对立面。这个信念由弗洛伊德在其著名的格言中重申，“解剖学即命运”，将重点放在生物差异，而拉克尔相信，事实并不支持这个观点。因此，女性解剖学产生的感觉，具体到由黏膜覆盖的、肌肉发达的括约肌，看不见却有丰富的感觉，是一种明确的女性器官，不应该由与男性的区别或缺失男性器官的方式来界定。

与此相反的是，拉克尔（1991）同意弗莱德（Flyd，1933）的观点，女孩只有在有了俄狄浦斯式领悟的时候，才会接受自己的女性特质，即她不能取代父亲而与母亲在一起，因为她没有阴茎。劳菲尔（Laufer）将自残、厌食、贪食和自杀行为看成对一个严厉的、惩罚性母亲之形象的反应，这个形象出现在小女孩的青春期或之后尝试手淫时。青春期的女孩将自己的身体视为一个惩罚性的客体在攻击自己。在劳菲尔看来，这就是为什么与母亲的客体关系决定了女孩的身体意象。在这里，劳菲尔与斯米尔格（1988）类似，后者说，“第一范畴是母亲 / 父亲”（p. 126）。斯米尔格认为，觉察男女的区别不是基于一个人自己的解剖结构，而是基于原初客体之间的不同。与劳菲尔相反，佩伦斯（Perens，1991）指出女孩一开始无特异性，在前俄狄浦斯阶段后期才发展出一个女性身份。

根据费舍（Fisher，1989）的观点，与父母的早期关系预测了后来的性行为，也就说明原初的客体关系比解剖学对身体意象的发展更有影响。他没有考虑回忆与父母的早期互动也许会受到随后的性欲和认知发展的影响这个可能性。这种线性思维会妨碍对女性发展的理解。根据利特沃（Ritvo，1989）在座谈小组中的发言：

> ……性身份认同的形成不是一个简单的二分变量，或一个固定的有标准终点的线性发展顺序，而应该被看成一个复杂的建构，其中包括依照力比多和攻击性目标，早期意义产生回溯性转换的可能性。（p. 801）

因此，思考解剖学发展，需要补充从客体关系的角度对发展的认识。我相信，现在我们可以指定早期女性发展的另一方面：括约肌的体验。

为了阐明客体关系和身体感觉在成年性别认同的形成中的复杂互动，我想暂时回到本文一开始的案例上。女经理发展出父亲希望她是个男孩的幻想，来解释自己想成为男孩的愿望。这个愿望之所以被否认，是因为假如实现的话会威胁到她的女性特质，以及她对父亲之爱的需要。这个幻想发展成：只要她有情人，她就不会太男性化的观点。这反过来导致她变得屈从于情人，不合理地要求他证明他的男性特质。可是任何一个足以让她感觉到女性化的有男子气概的男人，都不适合她也无法接受她的成就，从而让她无法接受他们。我认为所有这些都基于她的女性生殖器快感，一种她不愿放弃的快感。

那个作家也有美好的回忆，她曾经对父亲是特别的。她经历了严重的冲突，因为她既认同父亲也想要他的爱。当她相信自己像他一样时，她体验到自己太过男性化而不被他喜爱。同样，这种从客体关系的视角看待她的冲突的方式是一种简化，需要辅以对括约肌控制问题的理解，我认为这对她的精神病理学是贡献良多的。

舞厅舞者主要认同了她的艺术家母亲。她需要一个男人带领她以安抚她的超我。她钦佩情人的反社会行为，替代了因为看到父亲的裸体和当父母吵架时在场所感到的内疚。但是，这同样也有身体因素。她享受舞厅跳舞的刺激，免于强迫自己惩罚自己的手淫。

女性性欲和倒错

早期发现女性倒错（Richards，1990）后，很长一段时间，大部分分析师认为女性根本没有倒错（Richards，1989）。否认女性倒错反映了视女性性欲为被动、回应男性或根本不存在。对于斯米尔格（1978）来说，倒错是对俄狄浦斯禁忌的否定，否认代际禁忌和两性之间的分化。斯多勒（1985）支持倒错的核心是一种羞辱他人的敌意欲望。这些定义认可女性和男性都会有倒错。承认女性倒错的存在，也就承认了女性有自发的性欲。正如我们在解剖学和客体关系中所看到的，括约肌感觉可能是女性性欲的一个基础。

斯多勒报告各种女性性体验，包括情欲性呕吐，阐明了内部和外部生殖器意象的相互作用。通过贪食症（Sours，1974），一个女孩将一个愿望付诸行动，去获得和去拒绝一个巨大的腹部和乳房，而那是小女孩幻想母亲有怀孕能力的象征。想怀孕的愿望可能与想要填满和清空一个内部空间的愿望相关。这个幻想可以在那位必须吃柠檬饼干和喝咖啡的女病人身上看到，是早期括约肌快感的延伸。

这些幻想使社会性别的完成变得复杂，从蹒跚学步的小孩给自己贴上男孩或女孩的标签开始，一直到成熟成年人协商性别身份、性别角色、客体选择和客体关系。达尔（Dahl，1988）这样说道：

> “性别身份”不是沿着一个线性发展顺序到达一个固定的标准化终点，而是一个复杂的建构，涉及身体和心灵之间及内部与外部现实之间的相互关系……心灵必须找到介于外部现实的需要和要求与身体的需要和要求两者之间的一个平衡……它通过创造我们包含在“性别身份”这个术语中的各种幻想的构成来达成。（p. 363）

小结

女性性欲体验似乎同时与女性生殖器外部和内部的体验都有关。这种体验的心理表征似乎会与早期父母和父母角色认知有相互作用，也会与社会男性标准和女性标准相互作用，以产生支配着女性性欲发展和功能的各种可能性幻想。一个极其重要但是我认为还没有被足够强调的女性生殖器方面的表述是，会阴肌肉组织的收紧最初在肛门和尿道括约肌的自主控制中，后来在位于高潮的非自主收缩中出现。这在某种程度上是自慰的首选方法，可能对女孩的发展有重要影响。身体意象的概念基于身体活动的模型，而不是仅仅基于视觉影像，在建构身体表象和身体自我的发展理论中，这是一个重要且容易被忽视的事实。我相信，在临床中关注到女性性欲发展的这个方面能够使我们对女性病人的理解更加丰富。

参考文献

Bach, S. & Schwartz, L. (1972) A Dream of the Marquis De Sade: Psychoanalytic Reflections on Narcissistic Trauma, Decompensation, and the Reconstitution of a Delusional Self. *Journal of the American Psychoanalytic Association,* 20: 451-475.

Barnett, M. C. (1966). Vaginal Awareness in the Infancy and Childhood of Girls. *Journal of the American Psychoanalytic Association,* 14: 129-141.

Bernstein, D. (1990). Female Genital Anxieties, Conflicts and Typical Mastery Modes. *International Journal of Psychoanalysis,* 71: 151-165.

Bonaparte, M. (1953). *Female Sexuality.* New York: Interntional Universities Press.

Bond, A. (1990). Personal Communication.

Chasseguet-Smirgel, J. (1978). Reflexions on the Connexions Between Perversion and Sadism *International Journal of Psychoanalysis,* 59: 27-35.

—— (1988). Interview in *Women Analyze Women.* E.H. Baruch & L.J. Serrano, eds. New York/London: New York University Press, pp. 109-126.

Chodorow, N. J. (1989). *Feminism and Psychoanalytic Theory.* New Haven/London: Yale University Press.

Clower, V. L. (1976). Theoretical Implications in Current Views of Masturbation in Latency Girls. *Bulletin of the American Psychoanalytic Association,* 24: 109-125.

Dahl, E. K. (1988). Fantasies of Gender *Psychoanalytic Study of the Child,* 43: 351-365.

Erikson, E. H. (1950). *Childhood and Society.* New York: Norton.

Fast, I. (1984). *Gender Identity: Advances in Psychoanalysis, Theory, Research, Practice Vol. 2* Hillsdale, NJ: Erlbaum.

Fisher, S. (1989). *Sexual Images of the Self.* Hillsdale, NJ: Erlbaum.

Freud, S. (1931). Female Sexuality. *Standard Edition,* 21.

—— (1932). the Acquisition and Control of Fire *Standard Edition,* 22.

—— (1933). New Introductory Lectures on Psycho-analysis. Lecture xxxiii. Femininity *Standard Edition,* 22.

Galenson, E. & Roiphe, H. (1976). Some Suggested Revisions Concerning Early Female Development. *Bulletin of the American Psychoanalytic Association,* 24: 29-57.

Gediman, H.K. (1985). Imposture, Inauthenticity, and Feeling Fraudulent. *Journal of the American Psychoanalytic Association,* 33: 911-935.

Glenn, J. & Kaplan, E. (1968). Types of Orgasm in Women: A Critical Review and Redefinition. *Journal of the American Psychoanalytic Association,* 16: 549-564.

Goldberger, M. (1991) Pregnancy During Analysis—Help or Hindrance? *Psychoanalytic Quarterly*, 60: 207-226.

Hägglund, T.-B. & Piha, H. (1980). The Inner Space of the Body Image. *Psychoanalytic Quarterly,* 49: 256-283.

Horney, K. (1924). On the Genesis of the Castration Complex in Women. *International Journal of Psychoanalysis,* 5: 50-65.

Kestenberg, J.S. (1956). Vicissitudes of Female Sexuality. *Journal of the American Psychoanalytic Association,* 4: 453-476.

—— (1968). Outside and Inside, Male and Female. *Journal of the American Psychoanalytic Association,* 16: 457-520.

Laqueur, T. (1990). *Making Sex: Body and Gender from the Greeks to Freud.* Cambridge, MA: Harvard University Press.

Laufer, M. E. (1991). The Female Oedipus Complex and the Fear of Passivity. Presented to the Meeting of the New York Freudian Society.

Lerner, H. E. (1977) Parental Mislabeling of Female Genitals as a Determinant of Penis Envy and Learning Inhibitions inWomen. *Bulletin of the American Psychoanalytic Association,* 24: 269-283.

Mahler, M. S., PINE, F., & BERGMAN, A. (1975). *The Psychological Birth of the Human Infant: Symbiosis and Individuation.* New York: Basic Books.

Mayer, E. L. (1985). 'Everybody must Be Just like Me': Observations on Female Castration Anxiety. *International Journal of Psychoanalysis*, 66: 331-347.

Mcdougall, J. (1988). Interview in *Women Analyze Women.* E.H. Baruch & L.J. Serrano, eds. New York/London: New York University Press, pp. 63-86.

Money J. & EHRHARDT, A. A. (1972). *Man & Woman, Boy & Girl: The Differentiation and Dimorphism of Gender Identity from Conception toMaturity.* Baltimore: Johns Hopkins University Press.

Montgrain, N. (1983). On the Vicissitudes of Female Sexuality: The Difficult Path from "Anatomical Destiny" to Psychic Representation. *International Journal of Psychoanalysis,* 64: 169-186.

Parens, H. (1991). The Female Oedipus Complex. Presented to the Meeting of the New York Freudian Society.

Person, E. S. (1980). *Sexuality as the Mainstay of Identity: Psychoanalytic Perspectives in Women, Sex and Sexuality.* C. Stimpson & E.S. Person, eds. Chicago: University of Chicago Press, pp. 36-61.

Piaget, J. & INHELDER, B. (1966). *The Psychology of the Child.* New York: Basic Books, 1969.

Renik, O. (1990). Analysis of a Woman's Homosexual Strivings by a Male Analyst.

Psychoanalytic Quarterly, 59:41-53.

Richards, A. K. (1989). A Romance with Pain: A Telephone Perversion in a Woman. *International Journal of Psychoanalysis,* 70: 153-164.

—— (1990). Female Fetishes and Female Perversions: Hermine Hug-Hellmuth's "A Case of Female Foot or More Properly Boot Fetishism" Reconsidered. *Psychoanalytic Review.* 77: 11-23.

Sexton, A. (1981). *Complete Poems.* New York: Houghton Mifflin.

Sherfey, M. J. (1966). The Evolution and Nature of Female Sexuality in Relation to Psychoanalytic Theory. *Journal of the American Psychoanalytic Association,* 14: 28-128.

Sours, J.A. (1974). The Anorexia Nervosa Syndrome *International Journal of Psychoanalysis,* 55: 567-576.

Spitz, R. A. (1955). The Primal Cavity: A Contribution to the Genesis of Perception and its Role for Psychoanalytic Theory. *Psychoanalytic Study of the Child,* 10: 215-240.

Stein, Y. (1988). Some Reflections on the Inner Space and its Contents. *Psychoanalytic Study of the Child,* 43: 291-304.

Stoller, R. J. (1985). *Observing the Erotic Imagination.* New Haven/London: Yale University Press.

Vogel, S. A. (panel report) (1989). Current Concepts of the Development of Sexuality. *Journal of the American Psychoanalytic Association*, 37: 787-802.

Wisdom, J. O. (1983). Male and Female. *International Journal of Psychoanalysis*, 64: 159-168.

此章节初次发表于：

Richards, A. K. (1992). The Influence of Sphincter Control and Genital Sensation on Body Image and Gender Identity in Women. *Psychoanalytic Quarterly,* 61: 331-351.

第七章
希尔达·杜利特尔和创造性
——弗洛伊德的礼物①

本文以一个具体案例的方式处理了女性的工作抑制问题。在1933年到1934年间，弗洛伊德为美国女诗人希尔达·杜利特尔进行了一次短程分析性治疗。本文从病人的视角来调查，抑制是如何被治愈的。

弗洛伊德很可能也曾经困惑女人到底想要什么。不过，有这样一个跟他做过分析的女人把分析的故事说了出来，让我们清楚地看到他给了这个女人她想要的。这个女人就是希尔达·杜利特尔（1886—1961），一个美国诗人，声称自己遇到了写作瓶颈。这是一个工作抑制的问题。阿普嘎特（Applegarth，1977）观察到，我们这个时代的女性也有工作抑制的问题。如果弗洛伊德在这一点上曾设法帮助到杜利特尔，那么也许我们可以从中推断出用于解决女性的这类问题的当代版本。

在杜利特尔与弗洛伊德分析之前，曾写过一些优美精炼的意象诗、一个小剧本和一些给朋友们的书信。她的第一首诗发表在《诗歌》（*Poetry*）杂志上，当时她二十七岁。四年后她出版了一本很薄的诗集。她早期作品的质量让其他诗人十分激动，庞德（Pound）认为她是全新的诗意美学、后来被称为意象主义学派（Imagism）的创始人。要传达出这一学派早期作品的样子，唯

① 感谢瑞尔（Beinecke Rare）书籍和手稿图书馆，感谢耶鲁大学的热情好客及对本文研究工作的配合，感谢斯沃斯坦（Louis H. Silverstein）先生特别提供了帮助。本文所引用的信件均来自他们的收藏。不寻常的拼写、语法特性、宠物名字和代码词语可能使阅读会有一些困难。我为了保持直接性，选择不改变它们，即使因此牺牲了正确性。

一的方式是以她的诗为例。这是她的第一本诗集《海上花园》（*Sea Garden*）中的第一首诗，出版于1916年：

海上玫瑰

玫瑰，刺人的玫瑰，
饱受蹂躏，花瓣稀少，
瘦削的花朵，单薄，
疏落的叶子，
比一根茎上唯一的
一朵淋湿的玫瑰
更为珍贵——
你给卷入了海浪中。
开不大的玫瑰，
叶子这样小，
你给扔到了沙滩上，
在风中疾驰的
干脆沙粒中，
你又给刮了起来。
那芬芳的玫瑰，
能滴下这样辛辣的、
凝于一片叶子中的香气？
（裘小龙 译）

这首诗被列为女性短篇诗歌的典范，但比中短篇更加精美短小，使这一时刻和这几平方厘米的空间被玫瑰填满了整首诗。这里的玫瑰是无情的，与以往诗人作品中的郁郁葱葱、甜美、圆润、馥郁的花截然相反。它不是情人送给他的夫人的，它不传达感情。重要的是影像，是事物本身。而这是一个坚硬的影像。考虑一下她用来形容玫瑰的字眼："刺人的""蹂躏""消瘦的""单薄""疏落的""开不大的""扔""辛辣的"和"凝于"。诗的动作发生在被动的玫瑰上。她被"卷入""扔""刮了起来"。杜利特尔发明性地使用的语言历久弥新：沙子是"干脆"的。当然，这跟西方文化中的玫瑰相反。然而，诗人坚称这朵玫瑰的意象比我们通常会欣赏的丰满盛开的花更加甜美，而意象是有说服力的。

虽然杜利特尔的写作没有中断，但她作品的质量和原创性在她去寻求分析的时候已经有所下降（Duplessis，1986）。她在20世纪20年代写了三篇未发表的平庸的小说。1933年她接受弗洛伊德的治疗时是四十七岁，刚完成了一本不太有趣的剧本。弗洛伊德曾在分析开始前要了一份她作品的副本，以便通过她的作品来熟悉她的个性。一旦他接受她成为病人，他很清楚自己的意图是要使她可以创作，他后来回想这个目标时也是同样明确的。在1933年10月7日他给杜利特尔的信中写道："听说你在写作和创作，我深感满意，我记得那就是我们为何深入你的潜意识的原因。"分析结束后她写作并发表的史诗，其广度是在我们这个世纪都极少有人尝试的，而在任何时代更少有女性尝试过。她的史诗在质量和凝聚力上都是卓越的。1960年，她成为第一位接受美国艺术和科学学院奖章的女性。她还在结束短程分析后的二十五年间出版了几篇著名的散文。人们可能会问，到底弗洛伊德给了杜利特尔什么呢?

幸运的是，关于她觉得弗洛伊德所给予她的，她在作品中留下了太多的证据。此外，我们还可以从她写给朋友们的书信和她收到的弗洛伊德及其他人的书信中进行推断。1933年从3月1日到6月12日，她一周六天拜访弗洛伊德为她进行治疗。接着从10月底到12月2日的五周时间，她又恢复了治疗。根据现代的标准，这样的时间长度远远不够资格称为一个完整的精神分析，但是其治疗效果在任何标准下都可以说是惊人的。无论弗洛伊德给了她什么，很清楚的是，她在其后的人生中都依仗着它。她在《献给弗洛伊德》（Tribute to Freud，1956）中最直接地描述了她对那次分析的回忆。她最重要的小说

《嘱咐我去生活》（*Bid Me to Live*）和《礼物》（*The Gift*）中带有她与弗洛伊德工作体验的印记。此外，她的主要诗集《三部曲》（*Trilogy*）、《海伦在埃及》（*Helen in Egypt*）和《主人》（*The Master*）都是在处理她的分析体验，通过几种隐喻进行了再加工：像一场战争、一首岛屿牧歌、一次重生和一次旅程。它不仅提供了接下来二十五年可工作的材料，也提供了工作的自由和内在的完整性，即使作品没有立即发表。

生活中，杜利特尔在性上是模棱两可的。她在文字世界的位置初期是由一个男人确立的，即她当时的前未婚夫庞德（Ezra Pound）。她的事业、她的女儿、她的分析，以及她的生活是由她富裕的女情人布莱[出生名为艾乐曼（Winifred Ellerman）]了支持的。杜利特尔在与布莱结合之前，结过一次婚，并两次怀孕。即便在她与艾乐曼同居期间，她也有几个男性恋人。因此，她的性欲很复杂，男性伴侣和女性伴侣对她都很重要。而且，有一致同意的看法认为（Duplessis, 1988；Freidman，1981；Robinson，1982），杜利特尔与昔日情人会在双方热情冷却后的几十年间仍保留亲密的友谊。

然而，她的作品在分析之前不是雌雄同体的，而是完全沿袭了女性传统。她写的抒情诗，简短而充满激烈的私人情感，就像其他主要女性诗人一样。但是在分析之后，她写的史诗中，像在《奥德赛》和《伊利亚特》中所探讨的冒险主题占了主导地位。因此，不仅是她工作这个事实，而且她的作品形式在分析之后也被认为是男性专有的。另外，她能够运用史诗的形式去表达其他诗人从未表达过的内容。她发展了一种方式去探索战争的古典主题及其后果，结合了旅游、探险和冒险，带着特殊的女性对母性和养育的关注。

令人不解的是，她如何能够实现这种创造力。在她每日一次甚至有时每日几次给布莱的信中，她写到，她感到她正在做的事是重要的，她敬畏弗洛伊德，并且她决心要让分析对她有用。1933年2月28日，她给布莱的信中叙述了当她在实际开始治疗前遇到酒店经理时，他那惊奇不已的态度："这个经理极其折服，他说我们维也纳人以为弗洛伊德医生只接待最博学的教授，现在他也接待——啊，呃，病人？我说过我通过一个朋友才与他一起工作，朋友也是一位伦敦的教授或者类似那样的话。”

这些信件和信件的频率，支持了这一点，即她很渴望在分析期间与家人保持联系，让他们放心她没有忘记他们。当时她的家庭很复杂，包括布莱、杜利特尔的女儿和麦克弗森。麦克弗森曾经是杜利特尔的情人。布莱嫁给了他，按说是为了稳定关系。虽然他后来成了同性恋者，这三个成年人住在一起像一个家庭一样，并一起抚养杜利特尔的孩子。假如每个家庭都会忧虑家庭成员在分析性治疗中产生的变化对其他家庭成员会有何意义，这个特殊的、极不规则的家庭则会比大多数人的家庭更令人担忧。杜利特尔会不会变成异性恋？她会失去对布莱的兴趣吗？弗洛伊德会试图“治愈”她的同性恋吗？她在信里尝试提供的保证，肯定渲染了她对弗洛伊德本人的陈述及她与他的工作。不过，我们值得去筛选她的信件，去看她认为分析中的有效行为是什么，以及寻找线索来发现她没有觉察到的、可能影响了她的东西。

1933年3月1日，她写道：“我穿着大衣，被招待领进等候室，在我还没来得及在无趣的过道镜前整理自己时，一个白色的小鬼魂忽然出现在我的手肘处，我几乎晕倒了，它说：‘请进，美丽的夫人。’我就走了进去。”杜利特尔呈现的弗洛伊德是小小的，还是个鬼魂。她用“它”来指代这个鬼，是一个存在而不是一个人。她也许是在削弱这个鬼的力量，通过称它是“小”的，又或者她是在强调他的灵性力量，以他缺乏的身体力量为反衬。她继续描述她与弗洛伊德的第一次会面：“我们谈论种族和战争，他说我是来自美国的英国人，一点也不难。‘我是什么？’（弗洛伊德问）我说：‘嗯，一个犹太人。’他看上去是想让我说出来——然后他继续说，‘那也是一种宗教联结，因为犹太人是唯一还存留在世界上的古老的民族’。”在这里，杜利特尔描述了治疗的开始阶段，弗洛伊德鼓励移情性表达，特别是负面的，因为在彼时彼地，犹太人是被仇恨和迫害的。弗洛伊德应该已经从杜利特尔的诗里知道，杜利特尔对于古老世界的全情投入，她使用古希腊世界的意象作为诗的话语领域。因此，通过描述自己是古老世界的一员，弗洛伊德培养她对自己的认同。把自己描述成古老种族的一员，也是在说他与她的诗的源头结盟。

到了3月2日，她用一种完全不同的方式描述他："他从办公桌拿下一个加尔各答精神分析协会送给他的象牙毗瑟挐[①]，还抱出一个帕拉斯[②]，大约有15厘米高，他说那是他最喜欢的。哦，可爱的，可爱的小老爸爸。"3月10日，她已经看到了她的治疗结果："要记录下所有爸爸的言论，也许会是对抗世界的弹药，每时每刻。"这个强烈的正向移情是探索她的过去的工具。3月23日，她这样形容他们一起的工作：

> F说我的绝对是第一层。我被困在了最早的前俄狄浦斯阶段，"回到子宫"似乎是我唯一的解决方案。
>
> 我的三角关系是母亲—兄弟—我（self）。也就是说，早期的阳具母亲、弟弟婴儿或小弟弟，以及我。我在此围绕这一点做了些工作，我曾经跟我的母亲有孩子，做过那个阳具婴儿，也就是在芦苇里的摩西。我曾经跟我的弟弟有孩子，也就是克鲁斯汉克（Cruikshank）、格雷（Cecil Grey）、肯纳什（Kenneth）等。我曾经得到过"启示"，或者回到子宫跟弟弟一起，所以才有了我和你在科孚岛（岛＝母亲），而罗戴克（Rodeck）一直是那个阳具母亲……好，好，好，我可以一直继续下去说啊说，不过一旦你懂了第一个想法，那么接下来看起来多变的论证以某种方式都可以说通了。领悟？实在太奇特了，一开始我觉得生命都浪费在这些重复里了，等等，但是不知怎么回事，F似乎觉得这很有趣，而且有时候显然我是一个好的"生命"震动，因为我会继续不断重复，想要付出生命和拯救生命，从来不会想去毁灭生命（除了自我告密以便回到最自然的子宫阶段）。

这个关于她的生活和她早年日子的重复看法，似乎是一个可接受的故

① 守护神，印度教主神之一。——译者注

② Pallas Athena，即智慧女神雅典娜。——译者注

事，可以告诉她的爱人和赞助人，去向她保证分析工作对关系没有威胁，她花的钱是值得的。

但一切并非如此简单。存留下来的杜利特尔的信里没有提到过负性移情。麦克弗森给她的两封信没有注明日期，但很可能是在1933年，暗示了负性移情不仅存在，而且也曾跟布莱交流过。布莱是以她宠物的名字“菲多”而被提到的。“柴迪”（Chaddie）是杜利特尔的第一任分析师，一个英国女人，似乎也曾治疗过麦克弗森。“肯温”（Kenwin）是她们在英国共同居住的一所乡村房屋的名字。第一封信说：

> 我从菲多处得知，你跟爸爸的时间现在变成了混战的时间。那一定是太“肯温”而无法令人愉快了！那肯定无法顺利地引出内在的意识流。

第二封信详述了这一主题：

> 你！你和你山岳般的老人，那一定是一种很奇怪的局面。我不知道你是否像你所想的那样喜欢它？更多？更少？当然那是独一无二的体验，如果这样说可以起到一点安慰作用的话。那个自杀了的剧作家女人，跟精神分析纠缠不清。我猜她曾经去见过某个“柴迪”。不对，比“柴迪”更糟，因为必须说，即便是可怕如“柴迪”，她的确可以让人振奋精神，让人觉得旧包袱都见鬼去吧，无论如何她还是她！……不管怎样，我期待你在爸爸的躺椅上光荣地斥责。祝你有力量！

麦克弗森鼓励她不要太敬畏弗洛伊德的权力或声望，要保持她自己的幽默感和完整的自体感，由此意味着他相信她因为对弗洛伊德的愤怒而感到了害怕或气馁。她提到了她的担心，害怕精神分析会促使她自杀，但是麦克弗森试图安抚她，而不是使她惊恐。

到了3月3日，杜利特尔有了一个对她困境的全新理解，她跟布莱是这样表述的：

> 爸爸有一套全新的理论，但是他说他不敢写出来，因为他不想与女人为敌。显然，我们都觉得他害怕了。他的观点是，所有女人都有根深蒂固的阴茎嫉妒，不仅是双性恋或同性恋女人。只不过，先进女性或知识分子女性更坦白。仅此而已。但是，正常女性成年期的全部崇拜和发展都基于一个相同的事实：女人对阴茎的嫉妒。现在，这像是将所有事情串联起来的一条线索一样冲击着我。这是女人之所以忠诚而男人不忠诚的理由，一个多萝西或一个可儿会拼命地黏住像阿伦或格拉德那样的怪胎的理由，母亲或者我的母亲对于一些最奇怪的事情发疯的理由，这个的理由，那个的理由。我昨晚一整晚都没睡，早上7点后就醒了……因为这一点看起来比任何事情都更令我信服。击中我的是，他说双性恋女性只不过更坦白和真实而已，但是所有女性气质都是完全一样的，只不过将它的崇拜建立在了欺骗之上。好吧，他没有说欺骗。他只是扔出了这个观点。我对他尖叫。“但是，对女人最高的赞美就是信任女人予以这个重大的秘密。”我说，布赖尔、公主和我都会珍惜它，将它保持下去。或者其他类似的东西……这是要做的一件事情，比如柴迪就曾反对，想证明月经是有趣的，而男人嫉妒女人。好吧，男人的确是……现在你看到的所有这些在无意识里，也许被我们对小狗的喜欢所佐证着，因为我觉得我们肯定是的。

这封信一部分是用红墨水写的，在这里用黑体字代表。它包含了许多下划线和一些全部大写的词，是所有信件中唯一有这样加强语气的地方。杜利特尔无疑在写的时候很兴奋，对观点感到兴奋，也许对弗洛伊德因担心女性会对他太愤怒而害怕大声说出这个观点的想法也感到兴奋。五十多年后，女权主义者仍然认为“阴茎嫉妒”是弗洛伊德理论中最挑衅的观点。它被视为对女性的侮辱，对年轻女性的发展是毁灭性的，应该被理解为，如果真的要去理解的话，仅仅是一个隐喻。对杜利特尔来说，这个观点不是一个隐喻。她提到的“小狗”，是为阴蒂而取的腼腆的宠物名，显示她想到的是真实的阴茎，不是一个等价物或隐喻。杜利特尔的兴奋表明，她认为那是她分析的关键。自从他第一次在他的《性欲三论》（*Three Essays*，1905）中提出后，这是一个弗洛伊德一直尽心阐释的观点。看起来新的部分可能是所有女人、同性恋和异性恋，都共享这一动力。

这种针对实际事物，而不是隐喻的观点，成了分析的主题。5月15日，杜利特尔写信给布莱说：

> 但是治愈的关键在于，我害怕我自己，坦率地写那该死的一卷，就像历史一样，毫无修饰地出现在纳塞克斯（Narthex）[①]、重写本[②]之类里面那样（希尔达·杜利特尔这样写是指她自己带有祖先、原生家庭和早年生命的印记，但也受到她后来不断擦写早期时光的影响。——笔者注）。我不停地梦到文学家肖（Shaw）、坎宁安（Cunningham）、格拉汉姆（Grahame），现在是科沃德（Noel Coward）和劳伦斯本人，一次又一次。很明显，书意味着阴茎，这很重要，而作为一个“作家”，只有当我在潜意识中才能做到以对的方式跟男人平等。真是太奇怪了!无论如何我们会把所有问题都解决了，只是此刻我很厌恶我自己。我真的、真的、真的希望你在这儿啊。

杜利特尔似乎需要与自己圈子里的男性文人感觉平等。她只有通过写作去实现她所渴望的平等，而不是通过跟布莱的关系。到了5月18日，杜利特尔后悔交流了这个观点，即她只有通过写出她的经历才可以被治愈，从1913年

① 一种古文明。——译者注
② 尤其指莎草纸或羊皮纸的底稿，已被写了不止一次，以前写的东西已被完全擦掉，通常是清晰易读的。——译者注

她的婚姻那时写起，到她的怀孕，再到她在1919年与艾乐曼建立关系。他们习惯式地使用缩写、昵称和假名，在古代文化中寻找隐喻，所有这些篡改和逃避现实的方式都必须被放弃，至少是暂时被放弃。杜利特尔知道，这对布莱来说不会那么容易接受。她写道：

> 这是给你的一根骨头，我意识到，但是爸爸似乎明确相信，弄明白1913年到1920年间的我是对我最好的。我仅仅是在外部收集数据，完全不是在进行梦或“意识流”的工作。爸爸说我的梦显示，潜意识里的一座桥已经被不知怎么回事就建好了，还有整个心理分析或多或少在原始意义上“结束了”，但是还需要我有很多的勇气（我的词），才能以坚定的方式把事情完成，而不是像山羊一样跳跃在事情的上方，像纳塞克斯一样迟钝的意识流。

她的这部分分析完成了。杜利特尔独自去了瑞士，写下她的分析及她所了解到的东西。她在那年夏天创作的手稿在“二战”期间一直保留在瑞士。1944年，她在伦敦写了《致敬弗洛伊德》（1956）。战后她返回瑞士时，用私人笔记本写了一个对《致敬》的注解。它以《出现》（Advent）为名发表，是《致敬》的完结部分。许多信件里的细节在《出现》中被重新创作：毗瑟挐、雅典娜、讨论弗洛伊德的犹太性、三角关系、文人朋友，以及关于什么是真实、什么是梦、什么是幻想的思考。《出现》中略过了四月和五月的事件，但是六月雅典娜被再次提起，并与更早的女神联系在一起。最后一句是这样的：“我们中的一些，一群六个或八个人，现在坐在一座山坡上问：我们死了吗？”（p. 187）

死亡的主题应该是预言式的。当杜利特尔在1934年秋天回去找弗洛伊德做更多分析的时候，是去处理与死亡恐惧有关的问题。她外显的动力来自弗洛伊德的另一个病人的死亡，在她第一次治疗时，在她前面时段的一个年轻男人。他死于一次飞机事故。杜利特尔害怕弗洛伊德的死亡，既因为他是个老人，也因为她了解纳粹对犹太人的意图。这唤醒了她对父亲死亡的恐惧，当她还是孩子的时候，父亲头部严重受伤，流了很多血。在1934年11月14日那天，她写信给布莱："现在整个分析都是关于死亡的，不是很令人雀跃，但是我猜潜意识中的沸腾已经降下来了。"这个主题无疑对杜利特尔非常重要。她是在一个有过太多死亡的家庭长大的。她父亲的第一个妻子和他们的女儿死了，他们的两个儿子存活了下来；她母亲的最大的孩子，一个女孩，也死了。当杜利特尔还是小女孩的时候，一家人经常去扫墓。从而，她最早的体验就包括了女性尤其脆弱容易死亡这样的想法。在她是年轻女性的时候，她经历了她的第一个孩子的死亡，以及她的父母、祖父母和兄弟姐妹的死亡。在杜利特尔与弗洛伊德第一次治疗结束后不久，布莱的父亲去世了。他对杜利特尔是一个重要人物，以至于她在9月22日写信给布莱说，"父亲有伟大的心灵，深远如海洋和天空，我自己的父亲，你的父亲，还有我们亲爱的老'爸爸'……那三个男人是我的三个智者。"他们之中，只有弗洛伊德还活着。

但是，死亡不是杜利特尔治疗第二阶段的唯一主题。性欲的话题又一次作为一个决定性话题出现在她1934年11月24日写给布莱的信中。

> 看起来，我是那几乎绝种的现象（原话），完美的双性。
>
> 我可以保持做一个'女人'甚至是一个'好女人'大概2个小时，然后，我感到有一种幽闭恐惧症的恐惧，这不是开玩笑——并且不得不从书本上做一个智力性撤退——以证明我是一个男人。然后，我又要再次证明回来。我想要的唯一的东西，就是隐身斗篷。这就是为何待在奥德雷（Audley）超过几个小时就那么困难。我可以完美地表现那个部分，持续几个小时，然后我就觉得我要疯了。这造就了我，作为一个'天才'，如果我可以使用这个词的话，但是这也打碎了我，作为一个人。我知道你会体谅并努力理解，能够跟弗洛伊德有这样的联结意味着一切。

创造性工作，而不是社会的或性欲的满足，才是杜利特尔在生活中的满足，这是她所获得的理解。双性是一种解决方式，让杜利特尔可以在不拒绝布莱的前提下，优雅地退出女同性恋活动，因此也就不用去咬那双曾如此慷慨喂养过她的手。通过形成一种完美的双性人格的认同角色的思考，这种解决方式被加强了。11月27日，杜利特尔写信给布莱：

> 另外，通常孩子会决定支持或反对父母中的一个，或认同父母中的一个。但是对我来说，这是简单地失去了双亲，然后某种完美的双性态度出现了，丧失和独立。我曾尝试成为男人或女人，但是我必须同时是两者。但爸爸说，并且我现在也这么说，一切都会通过写作解决的。自慰对我来说，只是毁掉了完美，我必须是完美的，通过写作我可以获得它，而且生活中的写作将变得更加抽象，既然现在我知道了我是什么，噢，我是多么感激和快乐啊，菲多。

在这个关口上，杜利特尔找到了她的僵局的出路。她通过将自己看成完美的双性体，通过为自己的选择找到儿童时期的根源，并且接受了来自弗洛伊德的允许，认为自己是完美的，她能够放弃努力去做一个对她来说是不可能的选择。现在，她可以自由地把写作当成她快乐和满足的主要来源。正如所想的那样，在接下来的二十年里，她一周七天，每天写作几个小时，创作了高质量的诗和散文。其中一些作品创作于伦敦大轰炸期间，当时她和布莱一起住在伦敦的一个非常狭小的住宅里。

尤其惊人的是，“二战”所带来的艰难和恐怖没有干扰她的写作能力。她在一战期间有过很悲惨的经历：饥寒交迫、失去孩子、弟弟和父亲的去世，还有她的婚姻破裂，都发生在那次大战期间和之后。“二战”唤醒了她所有的那些记忆。她总是要求安静、独处，将新削尖的铅笔放在桌上以便工作。在伦敦大轰炸期间，一切无序，独处是不可能的，安静根本不存在。她用新的发现能力，写她认为不伪装的东西，她甚至允许自己在这样难堪的条件下继续写作。

她在伦敦大轰炸期间创作的作品，叙述了她回忆与弗洛伊德工作时的体验。而核心的诠释包括这样一个时刻，正如在本书中所描述的，当弗洛伊德交给她一个小雅典娜铜像时“‘她是完美的’，他说，‘仅在她失去了她的矛之后’”（p. 69）。这样的一个诠释几乎不可能赋权给一个女性作家。但是，对这个特定的女性作家，这一评论得到了共鸣，而非那个一般的评论，即阴茎作为权力器官而女性是被阉割没有权力的人。弗洛伊德曾经要求阅读她发表过的作品。1927年，她写过一个剧本《希波吕托斯顺应时势》（*Hippolytus Temporizes*），其中有一句：“让高挑的雅典娜拥有折断的矛”（p. 31）。高挑的杜利特尔很可能已经将雅典娜视为自己的一个面向。这里的矛，事实上不是雅典娜的一部分，只是她的武器。如果她失去它，她失去的是她的工具，而不是她的能力。对杜利特尔也一样，如果她不拥有阴茎，她仍然是完美的。她仍然拥有她创作的才能。她所有需要的就是铅笔、纸和意志力。

《大师》（*The Master*）是一首向弗洛伊德致敬的诗，表达了同样的想法：

> 我对那个老男人很生气，
> 气他谈论男人的力量。
> 我气他的秘密，他的许多秘密，
> 我争辩，直到天的破晓。
> 噢，太晚了，
> 上帝会原谅我的生气，
> 但是我无法接受。
> 我无法从智慧中接受，
> 爱所教给我的，
> 女人是完美的。（1983，p. 455）

选择接受“女人没有阴茎也可以是完美的”这个观点，对杜利特尔来说，就是去产生幻觉。这部剧本处理了这种不可能性。在剧本中，希波吕托斯进入女猎人阿耳忒弥斯（Artemis）的森林，并拒绝了他的父亲雅典国王特修斯（Theseus）的理性世界，以试图获得爱和激情。通过选择森林而不是城市，选择阿耳忒弥斯而不是雅典娜，希波吕托斯结果跟他的继母菲德拉（Phaedra）上了床，失去了他的道德判断力、他的清醒头脑，最终失去了他的生命。

弗洛伊德对这部剧本的理解及他回忆起的这句话，一定都凝缩进了这句诠释中。他的意思不是说女人是被阉割的，而是她隶属于理性法则，而理性比疯狂更可取，克制比无法无天要好，人际互动比亡命之徒的生活要好。雅典娜是一个法律制定者，将希腊从以牙还牙的报复法则的恐怖中，以及在阿特柔斯的房子里世代传承的纷争和罪行中释放出来。要接受雅典娜的完美，就是去接受理性、平衡与合理，而不是完美。最好是生活在一个已经给予的世界里，而不是逃入疯狂。

对杜利特尔而言，疯狂曾是更好的选择，以便接受她的女性身体。在几年前与布莱去希腊岛的一次旅途中，她出现过幻觉，后来她实际上设法想要再次获得这种幻觉。弗洛伊德似乎已经让她信服，她的幻觉是症状，不是启示，也帮助她调和了她的女性特质和双性特质。在分析后，杜利特尔了解她的双性特质需要通过她的作品加工她的幻想。她也逐渐明白，她需要那些可以支撑起她的女性身份的行为，以便与更偏男性特质的写作行为交替进行。这种双性特质的幻想（或理论）取代了她早先的女性特质受损的幻想。幻觉是一种适应不良的妥协。诗是一种至上的适应物（Breener，1982）。弗洛伊德不仅帮助她变得更富有创造性，而且还帮助她接受她自己作为一个人。他吩咐她不仅去写作，而且要去生活。

讨论

一个现代分析师会尝试分析这个女人吗？幻觉是精神病的诊断，或者是弗洛伊德所称的自恋性神经症。非正统的家庭形式，杜利特尔寻求治疗时的年龄，她在之前的分析治疗中没能获益，所有这些因素都暗示着分析可能无法帮助这个女人。现代分析师倾向于使用与弗洛伊德不同的诊断分类，肯定会认为她有“边缘人格”。基于这些诊断的可能性，会得出有早期自恋性创伤的推论。早期自恋性创伤预期会让分析期很长、分析很困难，而且极其痛苦，还有可能促使一次精神病爆发，或以僵局告终。即使她进入了分析性治疗，那个独特的阴茎嫉妒的诠释也不会被使用。这类诠释会被认为很有可能是误解，因为这样的一个病人会无法将它作为一个隐喻来理解（Grossman & Stewart，1977）

这些想法让发生在这次独特治疗中的事情很难被接受。一种理解它的方式是，说这次治疗终究不是分析。弗洛伊德在那时已经老了，他的癌症持续不断地发作、无止境地疼痛，以及他作为一个犹太人在当时德国和奥地利还有欧洲其余地区日益增长的反犹太政治气候中的危险境况，已经把他消耗殆尽。我们可以说他仅仅是在缓解她的痛苦，因为他正在面对自己的痛苦；他教她去承受她的烦恼，正如他承受自己的烦恼。

霍兰德（Holland，1969）、利多（Riddel，1969）、弗里德曼（1981、1986）和杰弗里（Jeffrey，1992）曾经提出，关于弗洛伊德给了希尔达・杜利特尔什么的理论。利多聚焦于她的阴茎嫉妒的诠释，而霍兰德考虑的是所有性心理发展阶段。杰弗里强调了客体关系，也就是杜利特尔对弗洛伊德的理想化和她对他的认同。弗里德曼（1986）结论说，杜利特尔把“她人生最后二十五年创作力的爆发”归因于她与弗洛伊德的治疗（p. 329）。在弗里德曼的观点中，希尔达・杜利特尔来见弗洛伊德时，准备好要反对他，然后也获得了他的许可。弗里德曼明确地忽略了基于弗洛伊德关于女性性欲理论所做的诠释及其所带来的治疗性获益的任何可能性。所以，她是如此理解这个理论的："他论述说，作为创伤性地揭露她们的'阉割'的反应，女孩们或者变成'正常的'女性特质的女人，在跟男人的关系中保持被动；或者变成男性特质的女人，将她们对阴茎的欲望升华成与男人的竞争；或者变成神经症性女人，困在爱和工作中。"弗里德曼的结论是，这个理论无法充当"为女性创造性赋予力量的来源"（ p. 329 ）。

因而，弗里德曼将他们一起工作的疗效归功于弗洛伊德性格的复杂性。她相信弗洛伊德母性的一面和他对独立的喜欢，鼓励了杜利特尔反对弗里德曼所认为的弗洛伊德的破坏性观点。她认为弗洛伊德是通过打破他自己的规则，使用直觉（一个女性化风格的智性功能的代码词），以及通过互惠性而不是等级式的互动，与杜利特尔获得了成功。弗里德曼推断弗洛伊德和杜利特尔有某种象征性的性交，使她能够在她的余生继续产出他们共同的礼物馈赠后人。

弗里德曼的观点对我来说有几处严重的矛盾。如果让弗洛伊德能够帮助杜利特尔的，是他的女性化方式，被动地接受反对意见和直觉式地思考方式，那么他又如何通过使她受精来帮到她呢？"受精"这一意象当然是男性功能的典型意象，是任何人都必须理解为良好男性行为的一个东西。把受精归因于弗洛伊德的女性化一面，结果是男性特质和女性特质的混乱，而不是两者的混合物或相互作用。一定不仅仅是这个。虽然我对她的结论不满意，但我相信弗里德曼是在发现答案的正确轨道上，究竟在这次短程治疗中发生了什么，让杜利特尔在离开的时候有如此灿烂的结果，性欲模糊性的问题是关键。

布伦纳（ 1982 ）会将诠释的治疗行为看成对妥协形成的修正。虽然在分析前杜利特尔的性取向是雌雄同体，而她的诗歌是女性化的，但是分析之后，她在爱情生活中变得主要是女性化，并在诗中能够同时包容女性和男性两个主题。这一观点优雅地描述了这一情形，但是我认为它可以通过考虑性欲模糊性的自恋特质来予以增补。

我们可以假设，弗洛伊德把杜利特尔当作一个可能的学徒，教她一些心理功能的原则，关于发展的一些理论，由此给了她自恋性的满足，帮助她治愈早期的自恋伤口。这种观点是基于由几个理论学家推进的自恋的病因学观点（Kohut，1971；Kernberg，1975）。在我的心里，这些观点被巴赫（1985）最好地勾勒过：

> 相似的自恋“幽灵”，比如过渡性客体、想象的同伴、替身、吸血鬼、鬼魂、缪斯和创造性产物本身，可以被视为再适应的现象，用于矫正心理和身体健康的扭曲，尤其是当这些扭曲出现在一个稳固自体感的建立之前。（p. 15）

“幽灵”的观点在原则上是可互换的，意味着对自恋现象的治疗原则是可互换的。对巴赫来说，精神分析的治疗行为源自病人运用多种视角的能力。如果她只能忍受一个所有人都关心她的世界，那么每次其他人没有回应她的需要时她就会受伤。如果她无法将自己视为世界的中心，她就会体验到一种灾难性的自尊丧失感。其中任何一种体验都会促成心理不幸。如果病人可以看到，她同时既是她自己世界的中心，也是其他人世界的一个外围的人，她就不会那么容易受到自恋创伤的侵害了。精神分析允许个人可以同时看到真相的两面。如果此观点应用到杜利特尔的分析中，通过将她自己看成不拥有阴茎却是完美的，以及通过把这看成她和一些她信任的人保守的一个美妙的秘密，那么，杜利特尔就从一个性罪犯或怪胎变成了一个完美的艺术家、天才。当她重塑她对自己的看法时，她也把症状转化成了适应。我相信能够理解幻想是不真实的，而与此同时又能将它作为真实去对待和体验，这是很关键的。杜利特尔这样深刻地描绘她的双性体：在幻想中做一个男人，感觉像是一个女人；可以在这两者之间交替的想法是如此重要，因为它提供了成为和不成为、拥有和不拥有、做和不做的幻想体验之原型。在我看来，这一视角也顾及幻想形成的适应性价值，以及它潜在的不适应后果（Arlow，1969a，1969b）。从这个角度来说，心理改变可能包含了多重视角、多重幻想的发展，以及相对容易地从一个幻想到另一个幻想的过渡，而不是用现实或接受必然性来取代幻想。

总结

针对杜利特尔的工作抑制和写作瓶颈问题，弗洛伊德成功地完成了分析性治疗。给病人印象深刻且极有帮助的是，他所做的两个重要诠释。第一个是重构了她的早年愿望，即想在与她的母亲和弟弟的关系中成为一个阳具性伴侣。这一点被编码在她关于她的分析的书里，书中声明雅典娜是完美的，只因为“她失去了她的矛”。“她是完美的”这一观点使杜利特尔能够接受她的创造性能力，并同时承认她的女性特质。第二个是重构了双性体是“完美的”这一观点，蕴含在后来关于她同时认同双亲的诠释中，这种认同起因于她婴儿式的信念，相信她遭受了同时丧失双亲的痛苦。她找到的解决方法是，容忍自己交替性的观点，在工作中视自己为男性化的，在生活其他方面，尤其是爱情生活和社交关系中视自己为女性化的。

参考文献

Applegarth, A. (1977). *Some Observations on Work Inhibitions in Women in Female Psychology,* H.P. Blum, ed. New York: International Universities Press, pp. 251-268

Arlow, J.A. (1969a). Unconscious Fantasy and Disturbances of Conscious Experience. *Psychoanalytic Quarterly,* 38: 1-17.

—— (1969b). Fantasy, Memory and Reality Testing. *Psychoanalytic Quarterly,* 38: 28-51.

Bach, S. (1985). *Narcissistic States and the Therapeutic Process.* New York: Aronson.

Brenner, C. (1982). *The Mind in Conflict.* New York: International Universities
Press.

Doolittle, H. (1916). *Sea Garden.* Boston: Houghton Mifflin.

—— (1927). *Hippolytus Temporizes Redding Ridge.* CT: Black Swan, 1985.

—— (1956). *Tribute to Freud.* New York: Mcgraw-Hill, 1975.

—— (1960). *Bid Me to Live.* New York: Grove.

—— (1961). *Helen in Egypt.* New York: New Directions.

—— (1969). *The Gift.* New York: New Directions.

—— (1983). *H. D.: Collected Poems.* New York: New Directions.

Duplessis, R. (1986). *H. D.: The Career of That Struggle.* Bloomington: Indiana University Press.

Friedman, S. (1981). *Psyche Reborn.* Bloomington: Indiana University Press.

—— (1986). A Most Luscious Vers Libre Relationship. *Annual of Psychoanalysis,* 14: 319-343.

Freud, S. 1905 Three Essays on the Theory of Sexuality. *Standard Edition* 7, 3-122.

—— (1937). Analysis Terminable and Interminable. *Standard Edition* 23, 209-254.

Grossman, W. & Stewart, W. (1977) *Penis Envy in Female Psychology* H.P. Blum, ed. New York: International Universities Press, pp.193-212.

Holland, N. (1969). H. D. and the "Blameless Physician".*Contemporary Literature,* 10: 474-506.

Jeffrey, W. (1992). Lazarus Stand Forth. *International Journal of Psychoanalysis.*

Kernberg, O.F. (1975). *Borderline Conditions and Pathological Narcissism.* New York: Aronson.

Kohut, H. (1971). *The Analysis of the Self.* New York: International Universities Press.

Riddel, J. (1969). H. D. and the Poetics of "Spiritual Realism".*Contemporary Literature,* 10: 447-473

Robinson, J. (1982). *H. D.: The Life and Work of an American Poet.* Boston: Houghton Mifflin.

此章节初次表于：

Richards, A. K. (1992). Hilda Doolittle and Creativity—Freud's Gift. *Psychoanalytic Study of the Child,* 47: 391-406, 1992.

Section II:
Perversions

第二部分
倒　错

引言

我对倒错的理解来自我自己的体验，当我读弗洛伊德的《性学三论》时，我震惊地意识到了这一点。他的“先是口腔和肛门，然后是生殖器，再是从婴儿到幼儿、幼儿到孩子的发展中最重要的快乐”这一观点无疑是正确的。我还记得在我的成长过程中体验并享受了所有这些。早期的快乐一直持续，即使后续发展让它们成为从属性的，这种说法是有道理的。弗洛伊德是正确的，他认为许多人成年后，生殖器快感仍然包容其他快感。他也是对的，说在一个功能完好的成年人身上，看、听、闻的乐趣连同其他乐趣都协调地结合在一起。但是，有些人并不觉得生殖器快乐最重要。对有些人来说，感到疼痛，施加疼痛，施加与接受屈辱、内疚和羞耻交织起来的感觉要大于性交行为。对有些成年人来说，肛门快乐跟生殖器的触摸一样重要或更重要。对有些人，口腔快感即使在成年期也是至关重要的。其论点的推力在于，即使面对最骇世惊俗、令社会无法接受的倒错者，其实也是在面对另一个跟我们自己一样的人，只不过他/她还没有放弃婴儿快乐的主导地位而已。

我回想起在我十二岁时阅读过一些类似人类学其实是色情刊物的书，关于在非洲和大洋洲人类的性行为。这点燃了我对这些异国人类的兴趣，并且在小学的学习部门找到了支持，收集到了世界各地不同国家的地理和历史资料。那是一门相当复杂的课程，包括学习每个国家人民的文化。我们研究的主题包括：气候、食物、住所、衣服、制造、商业、音乐、艺术、舞蹈和政治，性行为从来没有提到过。所以，当时我只是继续我一直被教导要去重视的学习。但是，阅读这些性行为的效果是性唤起的，我觉得我体验到了一种秘密和被禁止的兴奋。想到这是被禁止，就增加了这种兴奋感。后来，当我读到马索克的《穿裘皮大衣的维纳斯》时，我想到强烈的童年期体验，比如被殴打，被暴露在裸体或原初场景中或伴随性刺激的可怕事件里，可能会使快感固着以至于到了成年期它仍然是最重要的。这种兴奋感必须伴随这样的想法："这是最好的，不可能有比这更好的了。"那种想法必须保持不变，不受成熟趋势的推动，因为成熟通常会导致欲望形式的变化。但即使在那时，必须有与这些后来我辨识为倒错的病人见面，才会使我对当时精神分析学家的固定信仰有所警觉，其中之一是，只有男性才会有倒错，因为所有的倒错都是由阉割恐惧所引起的，而只有男性可能被阉割。我不得不沿着一条孤独的路思考，发现阉割真正意味的是去除或破坏生殖器官：男性的睾丸或女性的卵巢。我的那条思路之所以会出现，在某种程度上是因为我曾经对马非常感兴趣。我知道切除阴茎才是过去的精神分析学家称为阉割的正确命名方法，而女性像男性一样珍视她们的性腺。

但是，勒伯（Loeb，2012）出版了一本关于临床实践中的倒错的书，依然坚称倒错是男性阉割焦虑的结果。他们使用非常好的临床证据来支持这种说法，引用了每一个细节完美、令人信服的治疗性分析案例来指出，每个个案历史的一个主要方面就是有一个启动了男孩的倒错行为的母亲。然而，难道这样不会也启动了一个女性的倒错吗？他们的个案都将证实威尔顿（Estela Welldon，1992）的观点，即常见的女性倒错、母亲对孩子实施虐待，是母亲在孩子身上看到了她自我憎恨之自体的延伸。回到对女性性欲的早期研究，我发现了支持这个想法的材料：

目睹生孩子的主要作用，是母亲自己婴儿性欲的复苏。一方面，性嫉妒被唤醒；另一方面，长期的、足够的性压抑只有通过巨大的努力才能维持。因此，通过虐待孩子来表达的敌意冲动，有可能也与母亲童年性欲的苏醒有关。（Nunberg & Federn，1962—1975）

在拉普兰彻（Laplanche，2004）作品中，简洁地重述倒错为性犯罪。

在这个视角中，虐待儿童是所有罪行的模型，不管所犯的罪行是明显性欲化的，还是更多伪装成盗窃、抢劫和白领犯罪。犯罪总是涉及一个支配—服从的动力，因此总是有一个施受虐的形式。不管是将倒错行为视为使用另一个人就好像他们是无生命的物体，还是视为在有意识地享受他人的痛苦，倒错者的支配地位是行为的主旨。倒错的结果不是去创造新生命，而是破坏他人的生命。在我看来，死亡驱力的概念只会由理解倒错的人所假设。弗洛伊德把这一概念归功于萨宾娜·斯皮勒林。她是一个通过被殴打来达到性高潮的女人，她打心眼里理解受虐狂。

一个新的想法：手淫是一种倒错吗？拉克尔（Laqueur，2003）描述了现代医学的历史是如何重新定义这种行为的，它通常被视为一个罪行、对身心健康的一种危害、性潜能的滥用和对社会的威胁。他赞赏弗洛伊德挑战了这一观点，通过证明自慰属于弗洛伊德称为“生殖器期”的正常发育阶段。自慰的舒缓和镇静作用可能会让它被看成平行于倒错的，但是弗洛伊德的理论挑战了道德和宗教的论点。这种论点认为只有为了怀孕的性才是合法的性，而大多数以快乐为目标的性是非法的。与这一点有着深刻联系的是，弗洛伊德揭露婴儿性欲，将其作为所有成人性欲和异性成人之间性交的基础，而在其中，怀孕的意图只是更广泛的、更多样化的各种乐趣中相对较小的一种变体。

参考文献

Freud, S. (1905). Three Essays on Sexuality. *Standard Edition* 7.

Laplanche, J. (2004). The So-Called ‘Death Drive’: A Sexual Drive, *The British Journal of Psychotherapy,* 20(4): 455-471.

Laqueur, T. (2003) *Solitary Sex.* New York: Zone Books.

Loeb, L.R. & Loeb, F.F., Jr. (2012). *Helping Men: A Psychoanalytic Approach.* New York: IPBooks.

Nunberg, H. & Federn, E. (eds.) (1962—1975). *Minutes of the Vienna Psychoanalytic*

Society (vol. 3), transl. Margaret Nunberg with the assistance of H. Collins New York: International Universities Press,pp. 119-120.

Welldon, E. (1992). *Mother, Madonna, Whore.* London: Karnac.

第八章　对倒错的重新审视

“倒错”这个概念的发展历史是经过深思熟虑的，尤其仔细审视了这个概念在临床上是否有用。本文呈现了三个不同严重程度的案例，用以说明这个概念在分析情境中的临床价值。三个案例都是女性，可以注意到“倒错”这个概念在女性身上尤其有用。其中，攻击性的地位及因其表达所带来的快乐是很突出的。

我特别想聚焦在一个相当含糊却有极大吸引力的女性倒错的主题上，这个主题有着悠久的历史。首先，什么是倒错？历史上，这个术语的发展离不开神学背景，含义是指做某些违背“上帝法则”的事情——尤其是把性用在生殖以外的任何事情上。在启蒙运动时，“倒错”这个词的含义演变成任何违背“自然法则”的行为。就像“自然”代替了“上帝”，医生代替了神职人员。随着把“异常”行为医学化，倒错可以被理解成一类精神病理性学家所描述的症状群。这些是弗洛伊德出场之前的形势。

在《性学三论》中，弗洛伊德列举了如下倒错：与未成年人或动物性交、口交、肛交、恋物癖、受虐和施虐。接下来，他试图超越根据一系列行为的特点进行分类的方式，获得了如下定义：倒错是一种有着固定的、排他的、非生殖器性目的的性交。他对倒错的定义与“倒置”（inversion）截然不同，他用“倒置”来描述同性恋。他认为，倒错的病理是因为正常的婴儿期阶段延伸到了倒错的成年人的身上，那些在婴儿阶段的其他性欲区域是主要的，而不是生殖器官。他继承了马索克（Sacher-Masoch，1870）、萨德（Sade，1966）等人的观点，他们假定倒错具有需要体验到或者给予痛苦，以此作为性释放的必要和充分条件的特点。这种观点反映出那些把口腔—生殖和肛门—生殖的性行为视为正常的需要，因为无法接受对别人施加痛苦。

弗洛伊德已经确定，那些让倒错再现的愿望也存在于所有正常人身上，对于正常人没有表现出倒错的性行为，他对此的假设是：文明要求压抑这些愿望作为一种必要的牺牲。他认为这种压抑的代价就是神经症。“因此，症状的形成部分以不正常的性行为为代价，<u>因此我们也可以说，神经症是倒错的反面。</u>”（p. 165；弗洛伊德本人所加下划线）

在《性学三论》第二篇中对发展的强调，以及提出倒错是神经症症状的先驱，为第三篇做了铺垫。在第三篇中，弗洛伊德认为青春期的变化导致口腔、肛门和性器的（phallic）快感让位于生殖的（genital）快感，温柔和肉欲的结合提供了在婚姻中永远结合的能力。这种观点使他断定：正常发展的终点是“正常”异性恋的结合，在这种结合中性兴奋和对他人的温柔和关心永远依附在一个人身上——所爱的人。有人（Foucault，1978；Lapalanche & Pontalis，1973）批判了这种观点，就像弗洛伊德（1927）自己在他后来关于恋物癖的文章中所说的那样。虽然弗洛伊德最后的结论是正常即发展的终点，但是这个观点无法使当代的分析师信服，倒错与“正常”性欲有着同样高度的发展——换句话说，同样的复杂和多重化。正如福柯指出的，“正常”本身的困难在于，人们所接受的正常并不是“自然的”，而是由社会决定并随着社会价值的改变而改变的。那么至此，在当代精神分析理论中，我们该如何理解倒错呢?

在接下来的讨论中，我将把倒错看成一系列行为，伴随想法、感受和幻想，并且感到这些想法、感受和幻想是强迫性的（compulsion）。我把倒错理解为一种快乐的来源，诱使人贬低做爱带来的快乐。倒错有反社会的含义，因为这种性快乐意味着在自己或他人身上引起痛苦。正如斯米尔格（1984）指出的，倒错是强制地使用他人，而不是为他人的快乐服务。它包含自尊的成分，倒错者通过成为“特殊”来强调自己的骄傲，认为自己比那些正常性交的人更好（Sacher-Masoch，1989；Khan，1979；Goldberg，1995）。某些施受虐可能在任何的人际关系里都能见到（Kernberg，1991），但是以憎恨和施受虐占主导地位是倒错的特征。所以，倒错的定义性特征有：（1）认为某个特定情境、动物、无生命物体或人的一部分比另一个人的快乐或认可更有价值；（2）强迫性；（3）性快感和释放攻击性的快感；（4）羞耻及伴随着的夸大感；（5）强制伪装成爱。这些特征中的任何一个都可以追溯到特定的愿望和禁令，正如神经症症状可以在童年期的愿望和禁令中找到它们的前身一样。所有这些特征结合成一个单一的行为，被看成比与所爱的人性交更有价值，这就是倒错。这种观点的新颖之处是，它考虑到倒错的复杂性——不但从病因学的观点考虑，而且更重要的是，从临床治疗的角度考虑。我的观点也与迄今为止援引的绝大多数男性理论家不同，我不认为男性倒错是理解女性倒错行为或动机的模板。我在这里会跟霍妮（1924）、布鲁姆（Blum，1976）、泰森（Tyson，1982）等人一样，将女性发展作为女性行为的标准常态，而不会像弗洛伊德（Orgel，1996）那样，似乎将它当作男性发展的一种变体，即使他的临床资料来自女性。

“神经症是倒错的反面”这样的评论似乎意味着，如果通过倒错行为获得快感的愿望被压抑是神经症的成因，那么去实现这样的快感就是其对立面。在这样的定义中，暗含了解除压抑将会促成心理健康的观点。精神分析技术的历史是一个尝试改善理论、使其更有效地治疗病人症状而不屈从于解除压抑的故事。我坚持认为，通过用新的方式理解倒错，包括上述列举的五个倒错特征，以及强调释放攻击性获得快感的观点，可以提升对一部分人的治疗。我将用三个案例来说明，在倒错治疗中普遍存在的一系列困难。

在描述完这些案例后，我会先审视过去关于女性倒错的文章，然后把讨论带到当前，仔细思考还有哪些现代关于倒错的思想可以丰富我们对这些案例的讨论。自始至终，我都会在心中思考这个问题：在咨询室中，将一种特定行为称为“倒错”，对我们治疗病人的能力助益了什么？

案例

第一个案例是一名年轻的女性，她呈现出似乎长期的、严重的分离焦虑，表现为需要每天给母亲打很多次电话（Richards，1990）。第二个案例也是一名年轻女性，她不能完成大学课程必须要完成的论文，当这种症状得到处理后，她又诉说了一种购买时尚服装的强迫行为。第三位病人是一名三十多岁的女性，她来寻求治疗是因为她找不到丈夫。她有严重的焦虑障碍并伴有施受虐的特点，随着治疗的进展，她明显可以被诊断为边缘型人格。这三名女性都没有主诉她们有倒错。通常，人们不会专门因为倒错而前来治疗，因为倒错是给他们带来快乐的行为。倒错是在对当前主诉和症状的工作过程中被诊断出来和被理解的。我的主张是，这三名病人勾勒出一个倒错的连续谱，从相对能治疗到几乎无法治疗。我还想说的是，倒错是值得治疗的，即使治疗结果可能不是去达到“完全的”心理健康。

我自己对倒错的兴趣始于第一个案例。这位不停给母亲打电话的年轻女性和我每周进行四次的精神分析，已经持续一年多了。当她说起在一个周一的上午、她给在另一座城市上大学的朋友打电话时，她是在试图处理那些看起来像是分离焦虑的东西。之后，她又在周六晚上打给这个朋友，被告知朋友在一个男人的家里。她成功地说服朋友的室友这是一个紧急情况，要来了那个男人的电话号码并打了过去。她的朋友很生气：“你为什么在我和男人上床的时候打电话过来？你有病啊，你是变态吗？”这个偶然的评论让我想到，她有可能从这些电话中真的获得了性的快感。每当病人离家在学校或野营，这些电话都使母亲待在家里等着接电话。她对我暴怒，因为我说的这些指向这样一个想法，即把母亲拴在她身上是她感到对母亲暴怒的需求的一种再现（enactment）。在这之后的几年里，她心理发展的方面得到了分析：这些包括哥哥们对她痛苦的折磨、强迫她见证他们的“小便比赛”、当父亲出差时母亲带她参加晚间派对。这种痛苦的结果是一种对攻击者的认同，这导致了她的施虐。母亲保护她避免被折磨的方式，即带她去派对而不是让她单独和哥哥们一起待在家里，促进了她是母亲的护卫者（escort）和真爱的幻想。

她与疏远和施虐的父亲的关系，被父亲视她为孩子中最机灵的一个的看法强化了。她是唯一一个父亲愿意送到昂贵的私立学校就读的孩子。父亲的疏远和他的优待一起，对她构成了某种戏弄，满足了她的施受虐幻想。我认为这是一个清晰的倒错案例，有引起他人痛苦的症状，但是病人把它体验为一种胜利，同时也是一种羞耻的污点。病人对这一解释的回应是：她构建起了一个“自己是强悍的人”的幻想，可以避开被哥哥们折磨、被父亲和母亲抛弃的恐惧，并且她通过表面上黏着母亲的方式监禁了她。她似乎能够更好地工作、约会，并且感觉自己更有能力。又做了几年的分析，她有一天给我打电话诉说着通常的痛苦，并且说她会一直憋尿直到全身颤抖。我们都认识到，伴随着给母亲和随后给我打电话时的性高潮，是她倒错的标识。有趣的是，不顾他人的意愿用电话作为媒介来获得性释放的行为，当打电话者是男性时，会很容易被辨识为是倒错，但至少有一位同事认为，将这个案例看成倒错存在困难，因为打电话的是女性。

第二位病人是一名大学生，她也害怕离开母亲。当她的治疗师告诉她，她依靠每天给母亲打好几个电话证明了她有分离—个体化问题，在试着与母亲分离、少打电话之后，她离开了位于附近城市的学校回到家里。现在，她在家和父母一起生活。每周，他们都要花一天的时间一起去购买时尚服装。她的描述是，她的父母会去看奢侈品。母亲会从中选一些试试，父亲则会夸赞穿戴起来的母亲。在几次挑选之后，母亲会真的买一些东西。之后就轮到她，父母会坚持让她试试那些像是母亲穿的衣服，然后告诉她这些太贵了。请求得到她想要的衣服也是这段体验的一部分，同样还包括穿上和脱下衣服，以及对她身体的赞美。最终，父亲会屈服，允许她买某些她（女儿）想要的衣服，但母亲总是会坚持这些必须要比她（母亲）买的东西便宜。

我首先解释这就像俄狄浦斯的再现，母亲重申了她对女儿的胜利，并且我询问病人，这种情况是否表示父亲以戏弄的方式爱她。她以一个父亲的朋友的故事作为回应，有传言说他使女儿怀孕了。她说自己的父亲绝不会做此类事情。她的回应让我明白，在她心中这种戏弄是一种微妙的乱伦形式。购物是她生活中最重要和兴奋的事，她觉得相比之下，男朋友就无趣多了。当她最终能够与一名男性建立起关系时，这位男性是一位她所在大学的教授。甚至他也被她的借口放弃了，因为病人的母亲觉得他配不上她（因为他的民族姓氏）。她不停地迷恋一部以肛交强暴为中心主题的电影，这促成了我的解释——她把和父母一起购物的出行过程体验为一种和他们之间被迫的、痛苦的给予和获得快乐的方式；这对她如此重要的原因是没有男性也没有其他做爱方式可以与之相比。因为把自己完全倾注在父母身上，她相信自己是一名好女儿，这增强了上述模式的强度和不可动摇性。这是一种具有自我协调性质的付诸行动，其肛欲的和暴露癖的特点结合在一起替代了性交，使我把它理解为一种倒错。前任治疗师聚焦于分离—个体化的问题未能解释黏附行为防御俄狄浦斯愿望浮现的可能性——尤其是消灭自己的母亲以获得父亲的排他性爱的权利的俄狄浦斯愿望（参见霍夫曼关于这个问题的文章；Brenner，1982；Kulish & Holtzman，1998）。

第三名女性病人已经被诊断为边缘型，她符合所有的诊断标准。但她同时也是一位母亲和一位专业人士，有时候功能很好——如此的好，以至于尽管她的行为古怪，在职业上仍然很成功。再一次地，女性倒错这个想法如此的令人不舒服，导致我在开始治疗的时候完全没有想到这一点。她刚开始的时候有黏附的倾向、婴儿式的行为，并且要求获得关注。她报告说，曾经从十九岁开始和一名男性分析师进行了五年的精神分析。在那个阶段，她结婚了，有了孩子，之后离婚并且完成了学业。作为一名单身母亲，在选定职业并忙碌地照顾儿子时，她终止了分析，她感觉自己已经从治疗中获得了巨大的帮助。她的第一个分析师在完成和她的治疗后不久，开始写关于边界问题的文章。她相信这与她的治疗有关，但是不愿详细说明。当她与另一个男性失去联系后，她开始对结婚和生更多孩子的机会感到十分绝望。之后她找了另一位男性分析师，持续进行了几年治疗。这段治疗结束得很糟糕，她控诉分析师侵犯边界，并威胁会就其违规行为起诉。直到分析师“自愿地”同意退休并不再恢复执业许可后，这个诉讼才得以解决。

当她来我这里时，她三十四岁。她的儿子那时在潜伏期后期。他开始在学校遇到麻烦，并且质疑她对待自己的方式。因为她是单身母亲，她把儿子送进男子宗教学校，她认为在那里会有男性榜样和导师。她仍然希望能够再婚，并且至少再有一个孩子，她一直想要一个女孩。她来做分析的目标是，找出是什么使这一切对她来说如此困难。在我们治疗的过程中，她提及和第二任分析师之间发生的事情。当会谈结束但她仍不愿离开的时候，他把她推出了办公室。当她想坐到他的膝盖上时，他把她推到了地上。当病人深夜在床上给他打电话时，他会跟她交谈。有时，她会在打这些电话时自慰。她声称，这是唯一可以使她入睡的方式。她把所有这些行为都理解为边界侵犯。我认为她曾经不断地、无情地挑衅那个男人。虽然我一开始只是对这些故事感到害怕和厌恶，但是后来逐渐同情那名分析师。当她挑衅我的时候，我也开始同情自己骑虎难下。在一次私下的交流中，霍夫曼向我建议，这种行为可以被理解为装扮成施受虐的俄狄浦斯式再现的分离问题。

她找到许多使我对她生气的方法：连续不断地打电话，设法找到我电话答录机的密码（这样她就可以听到其他病人给我留的信息），拿起我办公室里的东西并威胁要砸向我或者窗户，以及通过询问私人问题、激怒等待室中在她之前或之后的其他病人。当我们治疗中的剥夺（deprivation）对她来说变得过多时，她拒绝在会谈结束时离开，而我不会把她推出办公室。在不得不请求她后面的病人在其他时间段来后，我向她说明如果在每次会谈后她都不离开的话，我无法继续再治疗她。她仍然拒绝离开。在打电话叫警察把她带走后，我陪她去了急诊室。在综合医院短暂停留后，她开始寻求进一步的治疗。我把她转介给一位同事，他们一起工作了几个月。她认为接受他的治疗不会让她有任何好转，于是她给我打电话想再次转介。这段治疗又持续了几年。最终，她还是感觉我对她的帮助不够。

那时，她开始发疯似的与一系列各种不同形式的心理专家做咨询。她在一个针对性虐待幸存者的强化治疗项目中“恢复”了一段性虐待的记忆。她试过人际间学派的治疗师、认知治疗师、主体间学派和自体心理学家。每段咨询都以失望而告终。她给我打电话，想要回来和我做治疗。我同意和她做精神分析治疗，每周四次躺在躺椅上，意图是把她的感受和想法变成语言。

我也告诉她，除此之外，我无法提供更多。如果她需要更多，她得去找其他人。

她答应了，但很快她通过坐起来、转过身、伸出手来碰我、给我带礼物、想要把我办公室里的一些东西——比如铅笔、圆珠笔、纸巾、卫生间里的塑料杯——带回家等方式，来挑衅我。每次我都会告诉她，她可以把自己的愿望变成语言，这样我能够思考这些对她的意义，但是我不能提供除了语言之外任何其他东西。她哭了，说我恨她，她没有价值，没有活着的权利，她认为我鄙视她，她没有希望了，她说我对她的所有感觉都是恨，我想让她离开并且自己一个人待着。我开始考虑她最后一句话对我的控诉中，也许包含着一些真相。

同时，她跟我讲述其间的治疗故事。在我之后，她见的第一位治疗师是温尼科特的追随者。他告诉她，她想要婴儿式的舒适，这种舒适（他向她保证）是非性欲的。因此在会谈时，他允许她坐在地板上挨着他，把头放在他的膝盖上。他告诉她，治疗师不能够碰她，她却可以碰治疗师。她说她很享受与他的会谈，但逐渐感到厌倦，因为她清楚他不会帮助她达到目标。她也认为治疗工作会因她逐渐增多的婴儿式行为而恶化。他承认似乎他们到了一个僵局，于是把她转介给自己的导师。

这名男性治疗师对严重退行的病人更有经验，并且发展出一套技术，声称这个技术源自温尼科特和英国客体关系学派。他和她谈话，也接受食物或者其他礼物。他把她介绍给自己的妻子和孩子。当她害怕的时候，他会握住她的手。几年后，她相信自己已经作为一个额外的孩子融入了治疗师的家庭。最终，她认为他是在利用自己，于是离开了他。就像所有的治疗师一样，他也告诉过她，她在智力上十分有天赋。此外，他鼓励她相信所有症状都是她被严重剥夺和虐待的童年早期的结果。我对她说，我无法理解为什么她想和我做这种更加克制和令人沮丧的治疗。她坚持说，我在第一段治疗中帮到了她。

她继续激怒我：把手放在我脸上；恳求我触摸她；给我打电话说她吃了

药，刚好到昏迷的剂量，之后把门反锁，让我被迫报警把她送到医院。在每一种她能采用的方式中，她都通过要求比我能提供的更多的亲密，邀请我去拒绝她。

在很多次治疗中，我都会想到我第一次停止治疗时在她心中激起的感受。我不断把我们的对话拉回到治疗的最后一天，当时她有什么感受、她在想什么。有时候我好奇是否我只是受虐性地这么做，但这的确在治疗室中制造了一些空间，让我们彼此可以讨论我们之间发生了什么，以及这与她的其他治疗体验有什么联系。她将自己的早年体验带进来，然后我和她共同尝试把那些与这个决定性的日子进行联结。每当事情变得过于紧迫时，她就会越过抱枕，我会看到她的手伸向我。我告诉她，在我看来唯一能使她成熟的机会，是把她想要触摸我的愿望转化成语言而不是行动。她会因此哭泣并把枕头从躺椅上扔掉，但在下一次治疗中，她总能够设法平息下来。

我尤其好奇的是，当她被允许触碰其他治疗师时她的感受。正如她会抱怨每件事和每个人那样，她也会抱怨允许她这么做的治疗师。据她所说，他们还不如自己聪明。他们不知道她正在操纵他们。我识别出这只是她引诱治疗师，使其感到比其他治疗师和她的父母高一等的这个主题——一种相当普遍的反移情诱惑——的一种变异。我可以明白那些想要成为比她的父母更好的治疗师是如何被卷进这样的事情中的，而且我也正在被拉进来。我告诉她，她所有的举动都是为了不去谈论她所担心的事情。她坚持自己不能谈论它。我也坚持如果她不能谈论，我就没什么可帮她的了。在阅读过有关倒错和边界侵犯的文献后，我相信治疗中最大的危险是，她坚持不断地激起我的拯救幻想。我觉得，只要我把她看成一名格外聪明和有才能的人，我就参与了她的夸大性并允许我自己的夸大幻想支配我的判断。我决定必须把她看成许多病人中的一个，是有可能被帮助的某个人，但既不是比其他人更聪明也不是比其他人更糟糕。

我的这种态度激怒了她。她坚持说是我不相信她告诉我的东西。所有她以前的治疗师都相信她异常聪明，甚至我之前也这么考虑。当她结束某次会谈时，她恶作剧地说道："那时我差点让你握住我的手。我是你所有病人中最聪明的。"我说出的话让我自己都感到震惊，我说："是什么让你认为你是我的所有病人中最聪明的？"当我解释她的暴怒是因为对我拒绝参与进她的游戏而感到失望所引起时，她进一步被激怒。"哦！你认为我是个傻子。你认为我不如你其他病人的受教育程度或专业水平高。但这是因为对你来说我是个动物。在你眼中我是非人的，我不应该活着。"她在夸大性和灾难性地失去自尊之间的变换速度和极端化令人吃惊。

一次又一次，她试图让我证明我不想让她死，或者让我触摸她以证明我不觉得她恶心。一次又一次，我指出她是如何不给她自己和我留有中间立场。有一次，她告诉我上周末她给自己送花，她在卡片上签名，假装这花是我送给她的。她越来越坚持认为我们俩应该成为情侣，我向她解释，她既想要又不想让这样的事情发生。我感到她的行为像是一系列不断地挑战，要求我在想要去满足她因退行引起的愿望和与她交流恐惧或厌恶——我相信这会引发医源性的——之间不停摆荡。这种反移情是拉科（Racker，1953）定义的一致性反移情。正如我对于应付她感到无助那样，她对于对抗她的欲望也同样无助。当我对她暴怒时，我同时能感觉到她也在对我暴怒。我也对她谈论的内容反感，并把它理解为对她想要和我有施受虐的性活动的一种反应。它同样也激起了我的互补性反移情。这是一个埃切瓜扬称之为移情倒错（transference perversion）的极好例子。

结果

第一个案例，即那名电话倒错的女性，是这些案例中最可治疗的。她完成了分析，建立起成功的职业生涯和满意的婚姻。她不能在没有某些施受虐幻想行为的情况下享受性爱，但这种行为是游戏性的，也不会令丈夫不快。控制母亲的幻想——通过把她留在家中接电话的方式——仍是她情感生活的主要特点，但她能够理解这一点并保护她爱的人（不受到影响）。

购物倒错的那名女性的可治疗性较小。我觉得这是因为父亲的死亡，以及母亲不但在购物方面，而且在她生活的其余方面都坚持病人要成为她的同伴。移情变成一种母亲和分析师之间关于女儿忠诚的拉锯战。母亲赢了。无论我如何解释这种三角关系，病人仍把购物体验为一种要比分析师或男朋友所能提供的一切更令人兴奋的事情。不过，这名女性完成了学业并确立了职业生涯。她做出了一个“意识层面”的选择，即仍然做母亲的同伴。与那名电话倒错的女性不同，她成了失去父亲的牺牲品，也无法放弃这一突然扭转局面的可能性——通过成为母亲不可缺少的人，正如她曾经感到母亲对她是不可或缺的那样。在这里，控制母亲的幻想（强迫她买女儿选择的服饰）非常强烈地持续着，并且主要模式是性器的。但是，觉察到她在做什么使这名女性能够在学校和社会生活中、在与她朋友和其他亲戚的相处中获得满足。

在最后一个案例中，移情很难被诠释撼动，或许是因为病人已经有太多的成功引诱治疗师的经历，令她无法放弃这种快乐。但是，她能够保持在治疗中足够长的时间，让她的儿子成长、离家并建立起他自己的恋爱关系和职业生涯。这个母亲在移情中一次次地运用她的力量，这种再现使她的治疗师很痛苦，但可能避免了她的孩子遭受她暴怒地运用报复性力量时的正面冲击。即使后面两个案例的结果并不是最佳的，所有病人还是从治疗中收益巨大。或许正是这样的案例结果，导致了传统观念，认为倒错是无法治疗的。我相信如果我们能接受非完全的重建，他们在不同程度上是可被治疗的，而且治疗他们的努力既是值得的，也是非常有趣的。

文献

在文献中，女性倒错最早出现在20世纪，当时赫尔姆特（Richards，1990）描述了一个恋靴的女性案例。赫尔姆特认为，这名年轻女性尤其是对那些穿着光亮马靴的男性的爱完全基于靴子，而没有基于那名男性的任何品质。而且，这名年轻女性可以把她对靴子的爱追溯到童年的经历——当父亲穿着漂亮的靴子检阅部队时，她站在他旁边。她无法想象爱上一个不穿这样的靴子的男性。之后，是关于女性倒错文献的一段长时间空白。赫尔姆特的文章一直被忽视，直到格林纳丽（1953）在她关于恋物癖的文章中被引用。

同时，巴克（Bak，1953）提出倒错永远是阉割恐惧的结果，并假定阉割意味着阴茎被切除。因此，他总结只有男性会患倒错。这种观点已经显露出它的狭隘和错误（Richards，1989），因为阉割实际上意味着切除睾丸或卵巢。因此，在之前的文献中称为阉割恐惧的，实际上是男性害怕失去性交能力，害怕体会到痛苦和/或失去快乐。这显示出在女性身上对应于害怕失去生殖器快乐、害怕生殖器疼痛和害怕失去繁殖功能。这个更精确的阉割定义暗含一个完整的人伴随着复杂的感受，而不是聚焦于某个性别的生殖器部分，并使得如何把“阉割恐惧”应用在两种性别上变得清晰。

受虐，被认为是女性特征必不可少的部分（Freud，1924；Deutsch，1930），因为它使女性能够容忍分娩的痛苦，并且能够容忍接下来因养育孩子而要求的自我否认和放弃快乐。这种主张被解释为，受虐的女性不是倒错，即使她们所沉溺的行为在男性身上会被认为是倒错。查维赛诺思（Zavitsianos，1971）讨论了一名在公路上开车时自慰的女性，她展示自己，这样卡车司机可以盯着她的车内看。他给这种露阴癖贴上了“倒错”的标签，使一些人开始重新思考倒错不存在于女性中的观点。这个案例中的关键部分是，病人行为的攻击性本质。她是受虐的，但是她的行为危及了卡车司机的生命，以及她自己的生命。这与男性露阴癖者的行为的平行关系非常清晰，因此它不能被随意视为正常的女性受虐。

如果女性可以患有倒错，那么我们怎么知道病人确实患有倒错？第三位病人反复出现的倒错行为，埃切瓜扬称之为“倒错移情”。使用术语的科学推断，我相信观察到的是倒错移情，推断出的是“倒错自我”（perverse ego）。用我自身的经验来看，首先观察到的是对倒错移情的反移情。分析师体验到对病人的暴怒。从这种暴怒中，分析师推断出病人心里有想要挑衅的意图。通过询问，如果病人看起来没有觉察到任何挑衅的意图，或者不觉得挑衅有什么不正确的话，分析师可以推断病人有一个倒错自我。倒错自我与阿洛（1971）所说的性格倒错类似：也就是说，它在分析中表现为夸耀分析的规则，在日常生活中表现为一种对接受规则的夸耀。

埃切瓜扬讨论了贝蒂约瑟夫（Betty Joseph，1971）的文章，她相信倒错只有通过在移情中被体验才可以解决。色情化的移情、沉默、淹没性言语及被动性都可能反映出想要攻击分析师的愿望——不仅仅是防御性的，而是为了破坏。根据埃切瓜扬（1991）的说法，这种性格倒错可以出现在神经症或边缘型病人身上。倒错者引诱分析师成为窥视狂（scoptophilia），或者颠覆精神分析，使解释成为表面上的伪解释以破坏分析工具。埃切瓜扬采用拉康（1966）的观点，恋物癖是女性阴茎的具体化。我理解为就像美杜莎神话中描述的那样，是具有可怕力量的女性生殖器意象。在综合埃切瓜扬的临床观察和拉康理论关于女性生殖器具有心理现实这一观点的情况下，我关于倒错的观点考虑到了当“性—攻击倒错”本身出现在分析中时，对分析过程的扰乱和扭曲的理解。

由倒错移情引发的一个重要问题是，到底是倒错移情激起了倒错反移情，还是倒错反移情本身就是一种动力性的倒错移情。那些提倡通过握住病人的手或者其他形式的肢体接触来安慰病人的分析师，辩解说病人的这种需要是前俄狄浦斯病理或“古老的”需要。他们把自己的治疗方法比作母亲给婴儿提供的肢体接触。但是，母亲的接触未必是善意的。虐待性的接触可以是一种倒错吗？埃切瓜扬认为，在精神分析情境中的肢体接触永远是一种倒错，因为倒错是一种破坏规则时的快乐。把肢体接触理解为性欲化的（Goldberg，1995）意味着病人会误用那些对分析师来说可能是非性的接触。

戈德伯格（Goldberg，1995）曾论证，一位让他的女病人为他口交的医生患有倒错。根据戈德伯格的说法，“这个行为称得上倒错，因为它是不定期出现的、与焦虑相关的，并且紧接着有约翰所描述的像内疚但通常是羞耻的感觉”（p. 86）。在戈德伯格看来，对他人性欲化的滥用在为支撑实施者的自体表象服务时，这就是一种倒错。这种定义与埃斯特拉·威尔顿（Estella Welldon，1991）对倒错的定义很接近：倒错式母亲养育（perverse mothering）。在《母亲、圣母玛利亚、妓女》（Mother, Madonna, Whore）

一文中，威尔顿向我们展示了女性如何使用她们作为母亲的权力，通过倒错式母亲养育把性和攻击的伤害施加在孩子身上。在她看来，母亲困在一个世界，在这个世界里，除了在孩子身上施展权力以外，她是无能为力的。通过持续被否定挣钱机会而导致的隔离、忽视和被剥夺权力，母亲除了孩子以外没有其他的贪欲或攻击性客体。这导致她用孩子满足她的性需要和实现她的攻击性冲动。威尔顿把这种情况定义为倒错。根据她的说法，倒错是这样一种综合征，患有这种综合征的人会感到被迫用某些攻击性行为代替生殖器满足。这里，威尔顿回到了福柯关于倒错的根基是无权力感（powerlessness）这一建构上。这种无权力感类似于奥格登（Ogedn，1996）的说法，沿袭自卡恩（Khan，1979）和麦克杜格尔（1978）将其描述为一种死一样的状态（a sense of deadness）。奥格登认为这种死亡状态源自一种信念，即认为父母这对伴侣之间彼此的关系就像死一样。我认为上述几个案例显示，这可以从多样化的幻想中获得；其共同点都包含了无力感，这些无力感源自婴儿没有能力唤起母亲的照顾、学步儿童没有能力控制肛门和尿道产物、年幼儿童没有能力掌握超出最近发展区（Vygotsky，1962，Wilson & Weinstein，1990）的能力、俄狄浦斯期儿童没有能力引诱父母远离他们的伴侣——以及源自每个诸如此类的发展阶段里来自父母的攻击性和憎恨的痛苦体验。

在这种意义上，受挫的母亲打孩子是倒错的缩影。威尔顿（1991）使我们理解到，那些把孩子看成自己一部分的母亲也会虐待孩子，作为她自己自我憎恨的一种表达。当她打孩子时，它代表的受虐性自我伤害不亚于其施虐性攻击。我们缺乏关于施虐者一方虐待儿童的分析数据，但威尔顿的案例片段展示了暴力的儿童虐待可能导致倒错。

倒错的核心方面是，将客体攻击性地去人性化。他人就像一件设备，被迫服务于倒错者，其价值与鞭子、链条、人造阴茎及强制性情节的其他道具相当（甚至还不如）。严重情况下，当他人并没有表现出痛苦或被羞辱时，整个事情就变得不令人满意，并且倒错的剧本也结束了。威尔顿举了这样的例子：当意识到她的孩子浮现出胜利的表情，并且据她所说“甚至在享受”

她的病态行为时，她突然不再继续打了，完全停了下来（p.74）。

威尔顿描述了申戈尔德（Shengold，1978）关于母子乱伦案例中的一种类似的结果。当儿子第一次射精时，母亲停止了这种虐待。申戈尔德和威尔顿都把这一点归因为母亲害怕怀上儿子的孩子。但是这个问题对我来说，有可能这个母亲的停止与威尔顿的病人停止打两岁大的儿子有相同的原因。当"受害者"享受这种体验时，倒错就不再服务于攻击性的释放了。这一点很好地契合了戈德伯格把倒错定义为性欲化地使用他人为自己的自体表象或自尊服务。同样，这一点也符合埃切瓜扬和约瑟夫提出的另一种解释：朝向他人的攻击性导致了虐待是倒错的本质。因此，所有的倒错都是在爱的名义之下的攻击性。所有的倒错都会遭到倒错者的"爱之客体"的反对，恰恰是因为倒错者把他们当作客体而不是主体使用，才因此将他们去人性化和贬低他们。

这种去人性化是我们习惯称其为"阉割"的另一种方式吗？我认为是的，因为它使他人无权。但是，这种阉割在女人和女孩与在男人和男孩身上没有区别。感到无权、无价值、被忽视，会同样地激怒两种性别的人。被性欲化地用来让对方快乐而不是出于自己的渴望，会同样地激怒两种性别的人。需要承受痛苦来使他人获得快乐或便利，会同样地激怒两种性别的人。所有这些在某种程度上都是婴儿期不可避免的结果。克莱茵（1932，1953）、埃切瓜扬（1991）及克莱茵学派普遍强调了人类发展过程中攻击性的不可避免。戈德伯格（1995）、科胡特（1971）与其他自体心理学派强调，对自尊的伤害是一种缺少共情性父母的不幸结果。这两个学派补充了弗洛伊德学派关于俄狄浦斯幻想在塑造一个人后来的性生活方面起决定性作用的观点。通过强调自尊和自体内聚的问题，自体心理学家增进了我们同时对俄狄浦斯和前俄狄浦斯期在倒错形成中的影响的理解。通过把婴儿的攻击性和嫉妒感受放在显著的位置，克莱茵学派增加了另一个重要的维度。通过整合这些维度，我们可以使自己摆脱错误的两分法假设，只要我们沿用狭义的倒错定义，即对切除阴茎的阉割恐惧的一种反应，那么在男性身上是倒错，而相同症状在女性身上就不会被认为是倒错。拉康学派的观点是，一个可觉知的缺失所激起的欲望使倒错接近于通常的创造性和性欲（Jacobson，2003）。斯米尔格（Chasseguet-Smirgel，1984）和怀特布克（Whitebook，1995）都认为，创造性是应对倒错的适应性选择。更近期的是，霍夫曼（2003）和潘德尔（Pender，2003）向我们提出，在我们的大部分文献中都没有承认母亲体验到的指向婴儿和孩子的攻击性冲动的方式。潘德尔的案例遭受着支持系统的丧失或者重大的灾难，使他们理解到需要用一种虐待甚至致命的方式“保护”孩子。通过把这样的母亲倒错理解为试图恢复一种掌控感，我们可以发现，女性倒错是如何由源自每个发展阶段中恐惧失去权力感的困境所促成的。

现在，我们可以回到最初的问题：在咨询室中，将特定行为称为“倒错”为我们治疗病人增进了什么样的能力呢？我认为，当我们把一个行为称为倒错时，我们对源自这个行为的快乐和从这个行为中获得的力量和控制感的强调就更明显了。相比之下，症状是一种功能失调，是某些我们相信人们想要摆脱的东西。主诉的症状无疑是一个人想要摆脱的东西。把它们都归为妥协形成的确可以把污名从倒错行为上拿掉，并且让治疗师对那些原本令人恶心或厌恶的行为感到同情。同样，这也让我们探究焦虑或抑郁情感这样的负性情感——那些共同进入妥协形成之中的愿望、恐惧、道德禁令和防御。这会对病人和治疗师双方都有帮助。而把这种行为识别成一种倒错，会使聚焦于正性情感同样成为可能。如果病人有想要放弃这种行为的想法甚至只是希望，或是选择继续这种行为，相信即使失去社会的赞许也是值得的，那么，这些行为的快乐和价值都是至关重要的部分，并且需要去理解。精神分析工作可以给予一个人的重要自由是选择权。我相信对至少一部分前来找我们做分析的、有倒错行为的人来说，这是一个值得努力的目标，也是一个可以达到的目标。

从理论的角度来看，我在此提出的模型，表明了女性倒错的核心幻想与婴儿和儿童在每个发展阶段觉察到的母亲的攻击性有关。每个人的幻想都不相同，但它们围绕一个痛苦的核心，以及当儿童或婴儿发现无法掌控他们所认为的快乐之匙。通过真实或想象的痛苦体验，不愉快感长期存在，并且被随着儿童成长中逐渐形成的信念所激发。这种信念就是：快乐必须从一个残忍的对手或一个没有感情的冷漠之人那里奋力夺得。

参考文献

Arlow, J. A. (1971). Character Perversion. In Psychoanalysis: *Clinical Theory and Practice*. Madison, CT: International Universities Press, 1991, pp.318-336.

Bak, R. (1953). Fetishism. *Journal of the American Psychoanalytic Association*, 1: 285-298.

Blum, H. P. (1976). Masochism, Masochism, the Ego Ideal, and the Psychology of Women. *Journal of the American Psychoanalytic Association*, 24(Suppl.): 157-191.

Brenner, C. (1982). The Concept of the Superego: A Reformulation. *Psychoanalytic Quarterly*, 51: 501-525.

Chasseguet-S Mirgel, J. (1984). Creativity and Perversion. NewYork: Norton. DEUTSCH , H. (1930). The Significance of Masochism in the Mental Life of Women. *International Journal of Psychoanalysis*, 11: 48-60.

Etchegoyen, R. H. (1978). Some Thoughts on Transference Perversion. *International Journal of Psychoanalysis*, 59: 45-53.

—— (1991). *The Fundamentals of Psychoanalytic Technique*. London: Karnac.

Foucault, M. (1978). *The History of Sexuality*. New York: Pantheon.

Freud, S. (1905). Three Essays on Sexuality. *Standard Edition 7*:145-246.

—— (1924). The Economic Problem of Masochism. *Standard Edition 19*: 157-172.

—— (1927). Fetishism. *Standard Edition 21*:147-157.

Goldberg, A. (1995).The Problem of Perversion. NewHaven:Yale University Press.

Greenacre, P. (1953). Certain Relationships between Fetishism and Faulty Development of the Body Image. *Psychoanalytic Study of the Child,* 8: 79-98.

Hoffman, L. (2003). Mothers' Ambivalence with their Babies and Toddlers: Manifestations of Conflicts with Aggression. *Journal of the American Psychoanalytic Association*, 51:1219-1240.

Horney, K. (1924). On the Genesis of the Castration Complex in Women. *International Journal of Psychoanalysis,* 5: 50-65.

Jacobson, L. (2003). On the Use of "Sexual Addiction": the Case for "Perversion." *Contemporary Psychoanalysis*, 39: 107-113.

Joseph, B. (1971). A Clinical Contribution to the Analysis of a Perversion. *International Journal of Psychoanalysis*, 52: 441-449.

Kernberg, O. (1991). Sadomasochism, Sexual Excitement, and Perversion. *Journal of the American Psychoanalytic Association*, 39: 333-362.

Khan, M. M. R. (1979). *Alienation in the Perversions*. NewYork: International Universities Press.

Klein, M. (1932). The Effects of Early Anxiety Situations on the Sexual Development of the Girl. In *The Psychoanalysis of Children*. London: Psychoanalysis: Listening to Understand Hogarth Press, 1980, pp. 192-240.

—— (1953).*Envy and Gratitude and Other Works*. London:Hogarth Press.

Kohut, H. (1971). *The Analysis of the Self.* New York: International Universities Press.

Kulish, N., & H OLTZMAN , D. (1998). Persephone, the Loss of Virginity, and the Female Oedipal Complex. *International Journal of Psychoanalysis*, 79: 57-71.

Lacan, J. (1966). *Ecrits*. Paris: Editions du Seuil.

Laplanche, J. & P ONTALIS, J.-B.(1973).The Language of Psychoanalysis.New York: Norton.

Mcdougall, J. (1978). The Primal Scene and the Perverse Scenario. In *Plea for a Measure of Abnormality*. NewYork:International Universities Press, 1980, pp. 53-86.

—— (1986). Identifications, Neoneeds, and Neosexualities. *International Journal of Psychoanalysis*, 67: 19-31.

Ogden, T. (1996). The Perverse Subject of Analysis. *Journal of the American Psychoanalytic Association*, 44: 1121-1146.

Orgel, S. (1996). Freud and the Repudiation of the Feminine. *Journal of the American Psychoanalytic Association*, 44: 45-67.

Pender, V. (2003). *Female Aggression*. Paper presented at theWinter Meeting of the American Psychoanalytic Association, New York, January 2003.

Racker, H. (1953). The Meanings and Uses of Countertransference. In *Transference and Countertransference*. London: Hogarth, 1968, pp.127-173.

Richards, A. K. (1989). A Romance with Pain: A Telephone Perversion in a Woman? *International Journal of Psychoanalysis*, 70: 153-164.

—— (1990). Female fetishes and female perversions: Female Fetishes and Female

Perversions: "A Case of Female Foot or More Properly Boot Fetishism" by Hermine Hug-hellmuth Reconsidered. *Psychoanalytic Review*, 77: 11-23.

Sacher-M Asoch, L. (1870).VenusinFurs.InMasochism,ed.andtransl.Gilles Deleuze. New York: Zone Books, 1989, pp.142-272.

De Sade, D. A. F. (1966). *The Marquis de Sade: The 120 Days of Sodom and Other Writings.* Comp. & transl. A. Wainhouse & R. Seaver. New York: Grove Press, 1966.

Shengold, L. (1978). Assault on a Child's Individuality: A Kind of Soul Murder. *Psychoanalytic Quarterly*, 47: 419-424.

Tyson, P. (1982). A Developmental Line of Gender Identity, Gender Role, and Choice of Love Object. *Journal of the American Psychoanalytic Association*, 30: 61-86.

Vygotsky, L.V. (1962). *Language and thought*. Cambridge: MIT Press.

Welldon, E. (1991). *Mother, Madonna, Whore*. New York: Guilford Press.

Whitebook, J. (1995). *Perversion and Utopia*. Cambridge: MIT Press.

Wilson, A. & W EINSTEIN , L. (1990). Language, Thought, and Interiorization: A Vygotskian and Psychoanalytic Perspective. *Contemporary Psychoanalysis*, 26: 24-39.

Zavitzianos, G.(1971).Fetishism and Exhibitionism in the Female and Their Relationship to Psychopathy and Kleptomania. *International Journal of Psychoanalysis*, 52: 297-305.

本文初次发表于：

Richards, A. K. (2003). A Fresh Look at Perversion. *Journal of the American Psychoanalytic Association,* 51: 1199-1217, 2003.

第九章
女性时装：快乐、倒错或性反常

作者思考了对时装的兴趣在女性发展中为何重要的原因。弗洛伊德评论说，“所有的女人都是服装恋物癖者”，而他的解释，女人使用服装用于显示“别人可以在她身上找到一切对女人可期待的东西”，被放大并受到其他作者和精神分析证据的挑战。卡帕尔（Caper，1994）对病人的服装之色欲化含义的聚焦，与自我心理学家把“合适的”着装和配饰作为心理健康和功能完整的标志的用法截然相反。一名有购物症状的女性案例也被探讨了。她幻想生活中的症状根源、它对生殖器满足的取代、它在与父母互动中的前驱形式，以及在上演施受虐幻想时它的作用，在案例材料中均得到了详细描述。第二个案例简短地说明了禁欲性的拒绝服装，可能在一些女性心理生活中所扮演的角色。用服装作为一种展示身体的方式、一种财力的标志、一种引发嫉妒的刺激物，以及一种性诱惑都有所讨论。为了理解对服装之兴趣的心理特性，所举的例子涵盖了艺术、人类学、社会学、政治学和哲学。本文的结论是，服装和购买服装包括从正常的快乐到性反常，并遗留了一个未回答的问题，即它是否可能是一种倒错。通过聚焦有关购买时尚服装的临床材料，作者向我们展示了虽然购物对多数人来说都是重要的，但它是如何成为某些女性生活的中心的。本文通过女性对服装的态度和她们对服装的使用，举例说明了快乐、性反常和性恋物的来源之间的界线。

全然赤裸！所有的欢乐都源自你，
正如灵魂不具形体，为了品尝整个的欢乐，
身体也必须一丝不挂。你们女人用的美钻

像阿塔兰忒的金苹果，投掷在男人眼前，
当宝石闪耀愚人的眼睛，
他属尘的灵魂就会垂涎她们的东西，而不是她们，
犹如图画，或花哨的书籍封面，
原本只为外行准备，所有女人都这般打扮，
她们自身才是神秘之书，唯有我们
——因归于她们的优雅而荣耀——
必能领会启示。既然我们可以交合，
大大方方，像面对助产士一般，展现
你们自己：从此抛开一切，对，还有这白色纱巾，
不存在什么罪过，因为自然纯真。
为了教你，我已先行赤身；那么为何
你还要在那里掩掩遮遮。
——节选自《写给他即将上床的情妇》
约翰·唐纳（John Donne，1994，p. 246）
（张定浩 译）

为什么衣着、时尚和购买服装对女性来说如此重要？弗洛伊德（Rose，1988）是这样陈述的：

所有的女人……都是服装恋物癖者……它又一次是同样驱力压抑的问题，不过这次是以一种允许自己被看见的被动形式，被服装所压抑，由此，服装被提升到了恋物的高度。只有这样，我们才能理解为什么即使最聪明的女人对时装的要求也毫无抵抗力。对她们来说，服装代替了身体的一部分，而穿相同的服装意味着仅能展示其他人可以展示的，意味着只有那个人才可以从她身上找到一切对女人可期待的东西。（p. 156）

在当时，弗洛伊德认为服装被高估了，因为它们遮盖了（“压抑了”）女性想要展现裸露的身体，之后他把这一点看成一种被动型的倒错快感。但是他继续又说，服装是身体部分的假肢。他的意思是，它们是阴茎的替代物吗？他说他是指服装传递了这样的信息，即穿戴者拥有了一切对女人可以期待的东西。这是女性身体所有性欲部分的一种展示。这一观点与他后来的某些观点不同，似乎指的是女人想要拥有一个性欲化身体的愿望是女性诱惑力和功能的本质。

对女性来说，衣着和展示不是一种被动实施的行为。它们是伴随许多步骤和许多快乐的行为。女性的身体被展示为求爱的一部分，可以攻击性地炫耀以吓唬和羞辱男性，也可以成为女性稳固自体感的中心。就这一点而言，弗洛伊德评论，甚至最聪明的女人也无法摆脱时装的支配，提示我们这种兴趣的动机不是毫无意义的，而是有其心理学上的重要性。

作为病人未必觉察到的感受和想法的一种表达，服装已经引起了精神分析师的兴趣。临床案例报告常常提到，病人在开始治疗时着装邋遢或不适当，随着治疗的进行他们的衣着变得有更好的修饰作用，也更为得体。例如施瓦博（Schwaber，1977）的案例中，已经用服饰去评估病人的自尊感，也就是作为一种对病人心理健康的评估手段。类似还有伯格曼（Bergmann，1985）用穿着打扮的女性化作为一种病人适应其性别认同的指标，因此也是心理健康的指标。伯格勒（Bergler，1953）在循规蹈矩的全盛时期著书，引用了许多他认为不合礼仪或过时的服装案例，作为神经症存在的证据。

伯格勒还与弗鲁格（Flugel，1930）认为女性着装是为了端庄朴实的观点，发生了争论。弗鲁格相信，华丽和朴实的衣着之间存在一种本质的张力，而伯格勒认为女性化的服装永远是用来得到对女性性欲的关注。即使表面上朴实的衣服，它也通过减轻男性对脱光后的女性生殖器的恐惧而提高了吸引力。弗鲁格指出，服装通过放大身体特征的方式来强调身体。他注意到，裙子会使女性身体显得更宽，因此显得更有力量，尤其是当它被裙衬、箍或裙撑撑起的时候。弗鲁格也指出，对身体一个部分的放大只能是一定程度的，不能太夸张，才能达到最大的提升效果。

弗鲁格也注意到了衣服的保护性功能，既然母亲总是愿意建议孩子应该多穿而不是少穿衣服。根据弗鲁格的观点，男女衣着的严格区分对支撑男性的异性恋取向是必需的。他希望在未来服装会被完全淘汰。

霍兰德（Hollander，1994）以弗鲁格的观点为基础。她认为，在18世纪由西方男性穿着的女士裤装，通过强调活动的可能性，与象征繁殖的裙子形成鲜明对比。在我看来，这条推理思路可以得出这样的结论：通过穿裤子，女性发出了一种愿意积极参与社会工作的信号。因而，她们拒绝了由宽裙子所象征的专门繁殖的角色。服装呈现的不仅是身体的轮廓，也呈现了穿者想要身体被如何使用的功能。

服装对女性来说不仅是衣着，而且作为一种购物追求的对象也是非常重要的。威斯汀（Winestine，1985）描述了一名女士的购物癖，她追溯了来自童年期的诱惑。对威斯汀的病人来说，这种诱惑导致了一种无助感，所以她在昂贵商店里购物，要通过想象自己是一个强大富有的男人的妻子来体验权力感，以克服这种无助感。因为病人实际上买不起这些衣服，她尽情使用信用卡却不还款，然后她就会欺骗银行人员，同时还责怪他们老是提高她的信用额度。

在许多不同层面的讨论中，列出了许多原因来解释有明显性别特异性的女性对服装的兴趣。经济学的视角引用了消费主义的观点，需要有人消费产品，才能保证商业的运转。使女性相信她们需要衣服的广告无疑是其中一部分，但是这不能解释首先为什么女性是目标消费群体。威伯纶（Veblen，1899）指出，通过让女人穿戴昂贵的珠宝服饰，男人以此展示他们在经济上的成功。但是，这种社会–经济学的解释既没有解答为什么女人愿意并渴望顺从，也没有解答为什么其他时代和其他地方的男人会穿戴他们经济成功的硕果，正如现代很多男人所做的那样。

人类学家和社会评论家（Simmel，1904；Bell，1976；Lurie，1981；

Dalby，1993）研究了衣着的文化含义，并且得出了有关特定类型的服装传递出什么样的规则和地位的重要结论。黛比（Dalby）向我们展示了，日本和服的风格和样式不但把男女区分开，而且把育龄女性与非育龄女性区分开。她也向我们展示了服装可以巧妙地与季节协调来表达一种季节的习俗，但这种季节习俗有可能与天气不符。通过如此使用服装，穿者在不说一个字的情况下，传递出她的审美感受力和对社会习俗的觉察。

为什么女人需要新的和不同风格的衣服呢？女性服装服务于什么目的，才使制衣业成为全球最大的产业，甚至比全世界的“国防”机构还要大呢？贝尔（Bell）说：“我们既不容易知道上等服装穿在男性身上时，它们对女性有什么效果；也不容易知道对于穿者的女性或其他女性来说，女性服装是否有性欲化的效果。”（1967，p.48）女性把服装用作一种恋物对象吗？（Apter，1991；Gamman & Makinen，1995）我们何时把服装当作一种快乐的来源，是什么使它成为一种恋物，并且如果作为一种恋物的话，它应该被视为一种性反常还是倒错呢？

当服装被专门用作性快感时，它们可以是恋物的（Steele，1996）。但是，女性的恋物不一定与男性恋物癖者可能使用相同的幻想。尽管两种性别都可能用黑色的、金属的、橡胶的、皮革的或其他特定类型的服装作为恋物对象，男性使用恋物对象作为一种对阴茎完整性的保证，可能不会与女性使用同样的对象相呼应。劳尔蒂斯（De Lauretis，1994）引用了弗洛伊德的评论，一半的女性都是服装恋物癖者，阿普特（Apter，1991）也把女性对服装的兴趣描述成一种恋物。虽然阿普特认为，这种恋物代表了一个女性必然要承受的所有丧失；劳尔蒂斯相信，服装恋物代表作为一个整体的性欲化的女性身体。根据劳尔蒂斯的观点，对于俄狄浦斯期的女孩而言，当母亲拒绝离开父亲的床而去她的床上时，她自己女性身体意象的性欲化就会成为一个问题。

本文考虑了对时装的兴趣在女性心理中所扮演的角色的一些精神分析证据，简略地概括了时装作为一种构想性欲化女性身体的方式，以及作为一种对身体隐私的遮盖和女性生殖器内在部分的隐喻。本文也描述了购买衣服是一种与女性对服装的兴趣特别相关的活动。

时装作为性欲化女性身体的遮盖

卡帕（1994）动力学地使用了一个病人对服装的态度。他的病人梦见她“正在看着架子上的丝绸衬衫”。在梦里，她的姐姐告诉她，便宜的衬衫其实一样好，因为它们都是穿在外套里不露出来的，而好的衬衫几乎和外套本身一样贵。病人前一天已经抱怨过母亲给她的一件外套。分析师评论说，她会想要一套更性感的外套。这一评论让分析师触碰到了某些东西，从而改变了病人对自己的看法。它反击了病人的潜意识幻想，认为分析师一直在试图将她去性欲化（desexualise）。通过允许她拥有某些她认为其他人不想让她拥有的，这种诠释也帮助她感觉到在生活的其他方面自己也有权利拥有自己的想法。对于这个特定的病人，服装是相关的隐喻。对她来说，服装显然与女性生殖问题相关，即性感、吸引力和坚持女性性欲的积极价值。

用服装来加强女性对身体性欲的体验被广告和时装杂志广为传颂，它们致力于让女性担忧自己的性吸引力。

虽然唐纳调侃性的诗歌表达了一名男性想让情人脱光做爱时，情人羞怯地遮盖着身体令他愉快地急躁着，但是这首诗歌也说出了他坦率的不理解，为什么女人要比男人更应该遮盖自己呢？是什么原因让女性要遮盖自己呢？

一种答案来自一名小女孩听过的一首儿歌，这首儿歌想要教给小女孩性别的差异。歌词中唱道：“男孩的不凡之处在外面，女孩的不凡之处在里面。”小女孩听了愤愤不平，“不，”她说，“这不是真的。当我打扮好，我到处都不平凡。”对于男性听众来说，这听起来就像对阴茎嫉妒的一种补偿或防御。对这个女性听众来说，这听起来就像整个身体的自恋和快乐的一种表达。从小女孩的角度来看，她整个身体是一种快乐的来源，并且是一种美的表达。通过妆扮自己，她表达了对自己身体的满意，希望人们能够注意到她的身体，重新注意到它不同的方面。在她整个身体的一阵战栗中，她的性快感达到了顶峰。

只有从男性的视角来看，阴茎才是最重要的。男性对阴茎的强调似乎对她来说是一种简化论（reductionistic）。谁会那么在乎一个她只能看到却感觉不到的身体部分呢？男孩把阴茎体验为性快感的源泉，这使他珍视它并同情女孩，或幻想女孩必定会因嫉妒而备受煎熬。在我看来，以及在小女孩看来，问题并不是这样。当女性在分析中被告知她最根本的动机是阴茎羡慕时，她会感到被误解，因为那不是她的体验，而是一种男性的幻想，幻想如果他失去阴茎时会有的体验。

对女性来说，她的身体是性欲化对象（De Lauretis，1994）。一个成年女性会体验到男性嫉妒并恐惧她的阴道，同时贬低其女性气质的完满。服装充当了一个屏障，让她可以一次脱掉一点，以测试她的爱人是会进一步被她的女性气质吸引还是厌恶。因此，一步步地脱去衣服是求爱的重要部分。

性欲化的交换

一位做精神分析的女性描述了她和朋友交换衣服的快乐。她很高兴她的旧衣服对朋友来说是新的，朋友的旧衣服对她来说也是新的。她们所有人把不再想要的东西堆放在一起，之后每个人试穿自己喜欢的。互相欣赏对方穿上一套她们搭配的新服装，是她在这个过程中最喜欢的一部分体验。其他女性也描述了与一个朋友或一群朋友一起购物时，她们最享受的是被告知什么和自己很搭。给出这样的评价被视为有时是嫌弃的，[①]有时是一种肯定，但是得到它总是让人愉快的。分享衣服和在商店购买服装之间的区别很重要。分享避免了攻击性力量的展现，决定是否动用一个人的经济资源买衣服中，包含部分攻击性力量的展现。

当没有经济资源可用、经济资源不足或有冲突时，在商店偷窃可能成为力量感的来源。就像威斯汀引用的案例那样，顾客在欺骗店主时可能会感到

① 原文“deplete”，消耗、使空虚的意思，在此翻译为“嫌弃的”，意为当朋友不喜欢自己的衣着时，会觉得没有吸引力，没有力量。——译者注

有力量，正如她在不能无限购买优质商品时感到被贬低一样。一位同事向我指出（Mandlin，1995），那些在商店偷窃的女性可能会感到自己有权利这么做，以此来获得情绪物质的补偿，因为她们相信自己遭受了不公的剥夺。这些女性可能感到她们值得被保护、注意和喜爱，因为她们从没有得到过这些，通过偷窃她们可以找回一些公平感。威斯汀引用的诸如商店偷窃者这样的女性，她们试图迫使权威设定限制，以期望获得保护，保护她们远离自己还没体验够的冲动。

性欲化购物

接下来的这个案例解释了几个方面的问题，关于服装和购物是如何在女性心理中起突出作用的：

病人佩迪（Patty）是一位三十岁的售货员，身材高挑、四肢修长、金发碧眼。她在一家高端时装店工作，已经做了几年的分析。她最令人困惑的症状之一是，她需要不断地“改善”她的外貌。每天早上她都要花几个小时化妆、选衣服和做头发。尽管她很漂亮，但她确信自己是“一条狗”。拥有帅气的男朋友会令她发疯，因为她相信他们总是在寻找比自己更漂亮的女人。衣服和化妆掩饰了她认为自己丑陋和无价值的感觉。

过去的一周里，她很焦躁不安。在与一个她称之为“穷酸、肮脏、低等的男人”经历了一段灾难性爱情之后，她堕胎了。她想起了她在十六岁时对母亲隐瞒的一次堕胎。当母亲发现后，她扇了佩迪一巴掌，骂她是妓女。佩迪吓坏了，变得听话起来，不再去夜店。在大多数事情上，她遵从了母亲的建议，花大量空闲时间陪母亲或父母，还每天给母亲打电话，有时候一天打好几次。

她们共同的爱好是购物。佩迪把这些外出描述为对奢侈品世界戏谑地一瞥。购物之旅包括母亲询问佩迪是否“需要”买些衣服。佩迪会想到一些。她们会去一家精品店，母亲会试穿一些衣服，佩迪也会试穿一些，她们俩都会批评对方穿上服装后的样子。佩迪抱怨母亲坚持只买标价最高的、设计师设计的服装，却限制佩迪只能买便宜的。母亲的一句话使佩迪心寒并信以为真：“你永远找不到一个可以像我一样给予你这么多的男人。”很不幸，佩迪相信了她。这种声明触及了她自己的幻想，幻想自己是母亲心爱的人。这种幻想被她的信念滋养，又得到母亲的声明与之共鸣，即母亲是为了女儿才保持她的婚姻，她有多爱女儿，就有多恨丈夫，并且她的丈夫、佩迪的父亲，是一个可憎的男人，为家庭没做出任何贡献。这种信念太强烈了，以至于佩迪无法记起全家所有的钱都是父亲挣的。在她治疗的七年时间里，佩迪交替地知道和不知道这一点。

母亲总是不情愿地每次给她很少的零花钱。她对待佩迪的方式就像丈夫对待她一样，也导致了类似的结果。每当佩迪急需现金，或者想买奢侈品但自己的零用钱（当她不工作时）或收入（当她有的时候）负担不起时，她会从母亲钱包里或银行账户里拿钱。钱成了她内疚和焦虑的重点。

在堕胎的前几个月，佩迪让爱人搬进了她的公寓。母亲继续付租金。关于她对男人的选择，她说她现在觉察到，所有她选择的低等的、移民的、已婚的男人实际都是根据父亲的形象所做的选择。我提醒她，住在父母隔壁的一家人允许未婚的女儿带着孩子和他们一起生活。她曾怀疑，这个婴儿实际上是那个女孩和父亲乱伦的结果。通过堕胎，她放弃了拥有一个乱伦的婴儿。在所有这些工作之后，我对她大步迈向成熟的自我觉察感到十分高兴。然后在接下来的一次会谈中，她带来了一个令人吃惊的消息。虽然近来她已经能够控制她的购物欲，但是她刚刚又买了一件抵得上她一个月薪水的衣服。她买得如此匆忙，以至于没来得及试穿。在这样的背景下，我们谈论起有关购物的体验。

她否定父亲的冲突与她感觉到要不是父亲、她将注定永远是母亲的“女儿”这种感觉混杂在一起。这部分的重新激活使她需要购物。她甚至感到一种冲动，想再买一件母亲几年前给她买过的东西。她很高兴这次她不仅没有真的去买，而且发现自己能够克制住不去买已经有了的东西。这是她以前一直做不到的。

疯狂购物起初对我来说是一种退行或负性治疗反应，现在它有了新的含义，即试图恢复某种原状，以及试图将自己看成属于“我所认为的我”的世界。这种疯狂购物防御了她对堕胎的悲伤和潜在的抑郁，也有助于安抚她的自我谴责、关于乱伦的幻想和对母亲的不忠，以及终止胎儿潜在生命所带来的内疚。它还给予了她力量感，用于克服她自己造成的无助感。因为她选择了与一个没有能力抚养孩子的男人怀孕，而且也没有发展自己的职业使她有能力抚养孩子，她几乎确保了自己将会感到无助，并不得不依靠母亲的支持。所以，无论是有还是没有孩子，都会让她感到无助。只不过，疯狂购物将所有这些问题实际地暴露了出来。她的购物是一条通往她堕胎的心理动力线索。

类似的是，佩迪对服装的态度反映出她对身体的态度。在治疗的早期，她会买许多便宜的服装，只对它们感兴趣几天后又会想买更多。她频繁地借母亲和朋友的衣服。她似乎在寻找另一个身体。在现在的回顾中，我认为通过服装，她表达了对自己身体的焦躁的失望感，希望反复地改变自己的身体，一会儿是纤瘦和更孩子气的，一会儿是丰满和更女人味的。她最近的行为表达了她在月经周期中，时而将自己视为和打扮成在她看来是“胖的”、无趣的、主妇似的样子，时而又感觉和表现成清瘦和有趣的样子。在分析的早期，她试图变得非常瘦，并遭到了母亲极力反对。母亲-女儿戏码的一部分是更换全部服装以便配合她不断变化的身形。当她减轻或增加体重时，她抱怨没有一件合身的衣服。她用这种抱怨作为不断买新衣服的借口。在这一点上，她与母亲认同。但是母亲只会每季更换一次全部的服装，而佩迪会不断更换。为了实现这一点，她会用周末大部分的时间来购物。购物成了她的嗜好、她的激情、她永远的同伴。

对于买衣服的性欲化方面，她感到羞耻，正如她会因买衣服的性欲化快感而惩罚自己，通过剥夺自己原本可以用这笔钱购买的其他东西。就像她所理解的她的购物，是“一种释放”。

她用情绪激烈的语言表达了这一点，更充分地意识到这超过任何她与男人的性邂逅。“我选择商店。我喜欢那种可以让你坐在那里，店员给你展示商品的商店。我几乎负担不起那些商品。它们太贵了。”

“但是，我让人帮我获得了另外一种满足。我喜欢他们希望我想买，我喜欢最后不买。我最喜欢的是它刚好有一点太贵，我买不了。”

在治疗更早的时候，她会和父母一起去购物。一种可以扩展回至她童年的施受虐模式，在这些购物之旅中得以重复。就像她描述的那样：“当我的生日或别的什么日子，他们不会给我礼物。但是母亲说我可以拥有一件新东西，无论我想要什么。于是，我去商店并且找到某样东西。然后，我会打电话给母亲并请求她。她不会让我买它，但是她会说：‘好，我们周六可以去看看。’爸爸有时会跟我们一起去。我最讨厌的是当她说‘好’而他说‘不’的时候。当他们这么做时，我非常讨厌。她说‘好’，他说‘不’。他承受不起，但他是那个说想送我礼物的人。他们让我为此乞求他们。”

对这名女性来说，围绕买衣服的性欲化互动是施受虐人格障碍的一部分，这种人格障碍曾被阿洛（1971）描述为一种倒错人格（perverse character）。在早期阶段，她性格中的这一点更加明显。在分析中，这一点变得失调，并且她变得更能觉察到它是如何替代了所有其他形式的兴奋和快乐的。当她理解到这一点阻碍了她在性爱体验中与爱人之间的快乐时，她哀悼地放弃了它。

四季新款

玛丽，一位事业上非常成功的女病人报告说：“我昨天去看了医生，他说我开始停经了。这不是我想听到的。为什么这件事会现在发生？无论如何，我首先想到的是去花一千美元买衣服。那样的疯狂购物会让我振作起来。你不用担心。我并不会真的去这么做。四年前的我会。但现在我只是感觉到有这种冲动。”这名女性总是担心失去父母，从她八岁的时候起，父母就都患上了有生命危险的慢性疾病。现在她五十多岁了，却仍然活在父母死亡的恐惧中，即使他们现在已经八十多岁并且在这几十年里看着她度过了童年期、青春期和青年期。她站在进入自己生命最后一个阶段的边沿，仍然担心父母和自己的死亡，就像她还是个小女孩时一样。知道自己不再依靠他们，是她现在才刚刚获得的意识。

她和父母都很喜欢她近期送给他们的一张周年纪念日贺卡，上面有个小女孩说："这张卡是一个奇迹。我用自己的钱买的。"她一生一直需要从父母那里借钱。这些借款常常用来支付她疯狂购买的衣服。尽管她挣了很多钱，并且抱怨她的衣柜里塞满了她从未穿过的漂亮衣服，但是每当她可能会获得更大的成功、有更大的责任或她的关系会更牢靠的迹象出现时，她都需要购物来安慰自己。我把购买衣服和她多年前说过的一个幻想联系起来，在幻想里她有一个富有的和有力量的父亲，永远都会在那里保护她。因此，她是一个依赖的小女孩，为了保护她的幻想不被时间的流逝所侵蚀。

通过聚焦于她的春季衣柜、夏季购买新衣服的需要及对每个新季节的期待，她否认了时间的流逝。她让自己忙于清空自己上一季的衣柜，清理抽屉，熨烫、裁剪、加长、留下或者清出她的衣服。对她来说至关重要的是，拥有最新时装杂志中介绍的一模一样的新款。当她对流行时装的所有关心被我诠释为想要回避时间的流逝时，她责骂了我。但是，她随后显著地缩减了花在准备当季衣柜所用的时间，这个进步让她把更多时间花在事业里富有成效的工作中。

用拒绝作为美（Refusal as Aesthetic）

埃莉诺热爱购物，但最终什么也不买。她周末的爱好就是买衣服和首饰，到了下一周她又会把它们退回去。她不断地渴望衣服，买的时候感到满意，当因为购买它们而"感到陷入"保留它们的困境时，她又恨这些衣服。旧衣服、"古董"服装更容易被她接受。她很高兴地得知她所购买的古董服装卖家不接受退货。

在这个病人体验会到不断需要购物的感觉有所减轻的几个月后，她的一位叔叔去世了。在葬礼上，叔叔的女儿对她的到来表示感谢。病人感到极度悲伤。她反思自己从没有想过亲戚的死亡会对她的生活造成多大的影响。接着，她意识到父亲的死亡几乎没有对她的表姐妹带来波动。她对这个亲戚的哀悼是最小限度的，但是她开始购物，以一种她称之为上瘾的方式。这种模式严重到她都认识了商店的售货员，并且会因为她不断地占用他们的时间和精力卖东西给她，以及她退货时处理信用卡退款带来的这么多麻烦而感到尴尬。有时，她会把这些衣服送给亲戚或朋友，而不是把它们退回商店。同一件冬季外套，埃莉诺穿了十年，她一直想找一件替代的，却找不到任何一件她觉得舒服的。

她的购物模式在她还是小女孩时就形成了。她回忆起自己被带去离家不远的大城市买每季的新衣服。她和母亲会选很多东西，但她会退回其中的绝大多数。在她的分析中，她和母亲一直都在不断地“做和撤销”的模式变得清晰。

需要撤销的事情与母亲的父亲的早年去世有关。她在撤销她所恐惧的自己母亲的早逝。她对失去母亲的恐惧，很具体地体现在购买和退货的循环里。这个循环提供了令人宽慰的证据，证明任何事情都可以撤销，没有什么是最终的，没有什么是不可逆的，即便是死亡。

在她进行了几年分析后，她能够允许自己拥有更多。对于她来说，服装现在更多与快乐相关，而不是服务于否认死亡的季节性时装。有一天她走进来，说道：“我买了一件外套，花了好几百美元。它很柔软也很经典，是我的风格。我很吃惊我竟然做到了。现在我会留下它。你可能不相信，但它是两件外套里我很久前就想要的那一件。我以前不需要它。一共有两件，我最后选了它。女售货员说另一件外套美极了，效果会非常好。她说当你穿着它时，人们会在街上拦住你。那一件更特别，独具一格。但是我知道，我想要的是这一件。当我把它买回家时，我的丈夫说它很高雅，就像我一样，但我认为它很经典、简单。”

分析师：你丈夫觉得它高雅，是因为他认为它本质上代表了你——

克己的高雅。

病人：不是，这样说有点过了。我当时很担心，要是我把它落在出租车上，就等于丢了几张百元美金，那可怎么办。

分析师：几张？

病人：很贵。我感到幼稚和被羞辱——很渺小。你可能会觉得疯狂购物是一天花掉五千美元。对我来说几百就够了。

分析师：你不能把自己看成比我拥有更多的人。年长的人必须拥有更多。就像你母亲衣柜里有所有的衣服，而你需要向她借一样。

病人：我有我自己的品位。我不关心牌子。我还没有傻到对它感兴趣。我不在乎它。

第二天她进来以后，说："我做了一个令人不安的梦。我正要离开公寓，但是锁出了问题。我没法锁门。于是我返回并检查公寓，正如我实际生活中常做的那样。我看了一张床的底下，之后又看了另一张床的底下。最后，我朝第三张床底下看的时候，一只手和胳膊把我拉了进去。我被自己吓醒了。"

"它与我昨天买的外套有关。它与单身有关。在鲍比搬进来和我住之前，我从没有担心过这样的事情。现在当他出差的时候，我会整晚开着灯。问题是，我不知道如何理解这件事。为什么我现在反而感到脆弱？这与我上周六听到的声响有关。不仅仅是我一个人听到，鲍比和我都醒来听到了。有个女人当时正在尖叫。她说：'停下来，停下。'我觉得她被杀了。我记起在我们住的上个公寓里，有个女的每周末早上都会尖叫。那时我会一个人在家，鲍比在教堂。她会呻吟和尖叫。我讨厌听到这些。我无法理解为什么我如此讨厌。"

分析师：这个梦和恐惧是关于性欲的，以及性欲好像被杀了。

病人：不，不是这样的。它是别的东西。嗯，事实上，它跟结婚有关。

分析师：就好像结婚使你更脆弱，但这似乎解释不通，毕竟你的丈夫可以保护你。

在这次会谈的晚些时候，我提出她担心我会把她从沙发底下拉进我的领域。那个想要卖给她错误外套的售货员就像我一样，因为我想使她成为她不想成为的那个人。

她确认说，她相信我希望她成为我想让她成为的，而不是她想成为的。对她来说，穿一件女人会喜欢的衣服就好像是对女人有吸引力，而那是她一直抗拒的。

女人到底是为了男人还是为了其他女人穿衣打扮这个问题，不同的女性会有不同的答案。对一些女性来说竞争很重要，另一些女性觉得诱惑最重要，还有些人，对她们来说改变服装就等于改变了人格。就这位病人而言，它很明显与客体选择问题有关。这一点几乎平淡无奇，因为对所有女性来说都是这样的。在这个意义上，它是客体选择的一种升华后的表达，服装是文化的一部分。然而，无论它离公开的性刺激有多远，服装仍然是接触皮肤并因此与身体最亲密的选择。所以，它刺激了皮肤的性欲化，适合于恋物性的用途。

另一位病人罗拉，撕破的或破损的衣服对她来说有巨大的性欲意味。她报告了这样一个梦：

我和母亲在一间房里。我穿着破损的和撕坏的牛仔裤，让周围人很尴尬。母亲想让我换了它。我决定离开，于是开始收拾东西。当我正在清扫地板时，我发现了一小坨屎。它可能是狗屎或者人屎。不管是什么，反正我都需要把它打扫干净。我疯狂地打扫。

她回想起她实际上和母亲有过类似的对话，她去父母家时穿着一件破损的毛衣，母亲羞辱她直到她把它换掉。接下来，她想起见过一个女同性恋朋友女扮男装。她说朋友看起来棒极了，病人很好奇自己是否被那种高度男子气概的风格激起了性欲，不管是受到了生理上的男性还是女性的影响。她想起和一位刚跟男友分手的女性朋友一起去派对，病人担心朋友可能会和自己竞争一个情人。之后，她说："我新的座右铭是性，我想要一些性。"

那次会谈剩下的时间里，她谈论了竞争爱人、有性吸引力的服装和打扫。这些不同的主题使我想起她最近告诉我的一个故事，关于她从大学回来发现父母把他们的旧床放到了她房间的事情。床套上还有父亲精液的痕迹，这让她非常愤怒。母亲说她不应该如此心烦意乱，她的年龄应该知道父母会做爱。我提醒她这个故事，并且说，对她来说母亲似乎是在炫耀父亲的性排放物，把它作为母亲是俄狄浦斯战争胜利者的战利品展示给她。在梦里，精液的痕迹以屎和破损的衣服来象征。在梦里她使母亲尴尬，而在生活事件中母亲使她尴尬。对这名女性来说，服装作为隐喻，是女扮男装轶事中的性刺激物，在破损的牛仔裤上则是羞耻的象征。

讨论

埃莉诺购买服装的模式是拒绝的一种。罗拉的拒绝是另一种方式，选择破烂的服装就像拒绝每一个父母可以给予她的东西。她们禁欲的方式与佩迪疯狂购买合理用途之外的衣服之间形成鲜明对照。玛丽季节性的购物和翻新也很像一种贪食症，即她使用一种过度来拒绝接受自己正在老去的现实。

我们也可以把埃莉诺和佩迪的购物模式看成一种贪食症，包含暴食和呕吐的快乐。这两名女性都想拥有比她们能让自己得到更多的母亲的照料，以及一种与母亲的性欲化关系。两人都使用了衣服和购买衣服来表达关于爱母亲和被母亲爱的幻想。因为购买衣服在我们的文化中是一种女性的消遣，所以女孩会把与母亲一起购物体验为一种共享亲密和可接受的性欲化体验。这种用服装作为一种女人之间的共享被贝克曼（Beckerman，1995）在她给母亲的挽歌《爱、丧失与我所穿的》中令人着迷地描述过。当存在一种关于母—

女关系的幻想却无法用言语表达时，它们可能会在这些“倒错性的”情境中上演。

为什么女性会发展出这种症状？服装对女性的重要性超出它对大多数男性的意义。作为身体的装饰物，它吸引人们关注被认为有性吸引力的特征和部位。就像第一个案例中那样，它可以服务于许多功能。当佩迪和母亲穿着不同的套装向彼此展示自己时，购买服装可以是一种对身体的颂扬。

它也可以防御悲伤和丧失，比如当佩迪在堕胎后购买新衣服。它可以为互相矛盾的价值体系提供一个战场，比如当佩迪购买父母可以负担的东西，以及当她在打折或“从卡车上掉下来”[①]的交易场所购物一样。那些购物表达了她对自己的贪婪的谴责，她可以安慰自己花费的价值比衣服本身要少。当她在购买过程中对自己会为这些东西花费多少不假思索时，这也使她沉溺于拥有无限力量的幻想中。

她可以把购物当成在试衣间里与母亲共同进行的脱衣舞游戏。父亲的陪同，以及向女售货员咨询对她的试穿意见，进一步强化了她所展示的自己性欲化的一面。当涉及乞求父母买比他们想要花的钱更多的东西的戏谑式游戏时，她的性欲化成了问题。当她用它取代了生殖器的快乐时，她的性欲化变得令她衰弱。她宣称“没有男人能够给我买这个”表达了她的冲突。她只能允许自己沉浸在这种形式的性欲化快乐中，因为她为母亲放弃了男人，正如母亲已经为她所做的那样。

佩迪如此经常地需要新衣服，是因为她相信自己的身体是丑陋的。当她认识到新衣服似乎总是为她提供一种改变的希望，却从没有真正地改变衣服里面的身体时，她能够放弃这种非常频繁的购物。佩迪的分析提供了一种可普遍化的例证，即服装将身体隐藏在里面的同时，也呈现了它们所隐藏的身体，以至于厌恶自己身体的病人，也会在购买衣服之后很快厌恶衣服。

什么时候购买服装的快乐够得上被认为是一种性反常或倒错呢？

---

① off the truck，是“非法获得”的委婉说法。——译者注

（Kaplan，1991）“倒错”这个术语用于描述比性交更偏爱的行为，通常被理解包含有很大部分的攻击性，因为它会使倒错者与潜在的伴侣疏离。性反常在DSM-III-R（1987）中定义为：“作为对性对象和情境反应的性唤起，不属于正常的性唤起活动模式范围，它在不同程度上可能干扰互惠的、有情感的性行为之能力”。

但是这种定义回避了问题的实质，即它没有描述什么是“正常的性唤起活动模式”。打屁股是正常的吗？打扮成兔女郎是正常的吗？打扮成消防员呢？打扮成魔鬼呢？天鹅绒手套是正常的吗？鞭子呢？使用这些小道具是正常的吗？那么烛光呢？镜子？乳环？似乎存在如此多样的性唤起的可能方式，没有人能够把它们分成正常或异常两类。

我相信在实践中，当病人认为一个行为是症状时，临床医生才会视这个行为为性反常，值得尝试去消除它。我们会把同样的行为称为倒错，假如它们招来社会的咒骂。对临床医生来说，这种多样性会带来严重的后果。当病人说比起交男朋友她更喜欢购物时，这能被解释为倒错吗？它是否只是一种性反常或偏好呢？从本文的案例及我实践的其他案例中，我认为当不存在合理的需求时，要把这种驱动的性质、需求和不断更新的需求感理解成一种倒错，或者更实用些，一种倒错的症状。把它当成一种症状的思考优势在于，它会成为精神分析的一个线索而不是拿来谴责。因此，用服装获得快乐并不是一种症状，当它被用作一种性反常时，它替代了性快感，当用它被用作一种倒错的客体时，它挑战了社会习俗，同时也挑战了人类，因为人类通常是性欲的客体。如果穿着一双黑色靴子是为了感官快乐或为了吸引爱人，那是正常性欲的一部分。如果穿靴子这一行为比另一个人更加重要的话，那是一种性反常。如果穿靴子是为了伤害或刁难他人，尤其是要去否认他人的人性时，那就是一种倒错。

这篇文章中谈论的女性用服装达到的所有“正常”目的，其他人也会这么用。将服装用于角色扮演是具象化或上演幻想的部分，年幼的儿童会玩好几个小时。对成人来说，时装可以是一种成为更年轻或更年老的人、牛仔或阿拉伯人的幻想，尝试一种日常生活中永远不可能获得的幻想角色。在这个意义上，服装是通向潜意识幻想的一条线索（Arlow，1969）及付诸行动的一部分。对弗洛伊德（1907）来说，这种幻想是创造性的内核，并且位于心理生活的中心。在这些幻想中创造出来的现实不仅安慰了这个人，而且也提供了改变和继续发展的基础。

正如弗洛伊德在他早期评论中指出的，所有女性都是服装恋物癖者（Rose，1988），女性需要服装来展示她拥有女性的属性。在这里，弗洛伊德以一种现代的方式谈论着整个身体：不是作为阴茎的一个比喻，而是作为一种对女性来说重要的东西。因为性欲化的身体对女性来说是最重要的（De Lauretis，1994），可以改变、掩饰、强调甚至创造身体形态的服装是有价值的。

这种分析性的理解如何与这个主题在其他领域中获得的成果相匹配？当莎士比亚写道“只要我们口袋里有钱，身上穿得寒酸一点儿，又有什么关系？因为使身体阔气的，还要靠心灵”时，他采用的是经济学视角。但是，莎士比亚在这里低估了时装的用途。对于想用服装表达其他价值的女性来说，价格不是重点。经过打扮，女性可以用她的心灵通过服装和化妆品来改变自己的身体，这种方式让她借由身体外观去表达她的心灵。

威伯纶（Veblen）相信服装主要用于提供一家之主赚钱能力的证据，贝尔（1967）讨论了用服装来表达价值的许多方式。禁止奢侈的法律表明，服装可以用来展示财富。稀有或很难找到的材料和需要很多小时手工劳作的工艺，会增加服装的外观价值。通过穿着古代的或前卫的时装，穿者可以借此阐明她在社会中的地位，以及她是更喜欢过去美好的日子还是偏爱未来。女性可以用服装和配饰展示显而易见的安逸，例如长指甲、费时的发型、频繁变换的服装、要花很长时间穿上和调整的服装，以及通过保持一个细瘦的身材。

艺术家已经注意到，时装和服装在人类体验中的角色。视觉艺术已经用各种各样的方式聚焦于服装和时装作为对身体感受的表达。扎姆（Zahm，

1995）讨论了一位设计师的时装，通过拒绝在每季改变服装产品，引起人们对于时装的季节性和适时性方面的关注。通过循环利用他人和自己过去的设计，他提请人们注意到拥有每季的新衣服和那些与去年相应季节穿过的衣服不一样的新衣服，所蕴含的人为性。此外，这位设计师将服装隐藏结构的部件展示出来，由此，他打开了服装的信息，即身体遮盖物中所包含的秘密。

服装中的秘密，这个想法被雷奥和麦克唐纳德（Leone & Macdonald）（Meyer，1994）进一步落实。这些艺术家把他们全部共享的服装切碎并做成纸张。衣柜本身被制成一本手工书籍作为纪念，书中记录了做成纸页的服装。通过“滑稽帽”（foolscap），艺术家们循环利用了他们的服装，把它从时装业强加给它的形象转变为一种完全自我选择的形象，创造并表达了比起身体遮盖物，他们更需要纸张。另一种对服装的呈现来自艺术家阿内特·玛丝吉（Annett Messager）（Conklin，1992）。她把旧衣服当作文物，为它们附上请愿和祈祷。在指出服装的功能时，她标记出穿者生命中的特定场合或顺序，以及对那些可能想要一些相同衣服的观者的影响。这种服装的运用阐述了服装作为身体的一部分，它与穿者的气味有关，因为这些气味附着在服装本身上。在我看来，这与我的病人使用服装改变她的身体很类似，尤其类似于她憎恨那些已经带有她气味的服装。

没有穿者的空衣服（Felshin，1993）传递出服装在女性身份角色的另一方面。尽管它们可能是用来纪念特定穿者的，但空衣服，尤其是从未被穿过的空衣服也有另一种功能。空衣服让观者“试穿”或使自己与服装“匹配”。通过捕捉服装作为理想的维度，她可以用被期望或被认为有吸引力的形象来衡量自己。

总之，艺术家已经展示了服装适用于虚构、保密和强调。服装的所有这些方面与性反常的辅助物关系密切。服装是伪装性的，但它们也揭示了穿者的感受。

服装会撒谎，但它们告诉我们穿者希望自己成为什么的真相。服装是保护性的，但它们将穿者的幻想彻底袒露，观者可以看到它们并得出他/她的结论。

哲学家已经讨论了为什么女性看重服装这一问题。巴斯（Barthes，1993）用一种与分析语言学结构类似的结构分析法分析了时装。他叙述了描述时装的系统，并把它与已经提出的那些结构作比较。汉森（Hanson，1993）让读者警觉到，哲学对服装主题的担忧。她认为服装已经被哲学家贬低为肤浅的，忙于改变而不是保持不变、不能够经受或对抗死亡的变迁、基于人类身体而不是灵魂、被动而不是主动，因为它使穿者降低为艺术家凝视的客体而不是积极活跃的主体。尽管柏拉图把美与好之间画了等号，但是所有这些评论都是真实的。汉森总结到，女性对时装的兴趣可以扩展人类对具体事物的欣赏，在一个身体里并通过装扮它获得快乐，这可以扩展人类意识和自我认识。本文也是在这个方向上的一种尝试。

与其忽视服装并将购买服装和时装的兴趣看成肤浅和无价值的，我更建议我们尝试用病人对服装的兴趣作为理解她们心理的一种重要途径。如果服装是身体和世界之间的媒介，那么它说出了穿者想要传达的关于她身体的信息。它告诉观者有关穿者的愿望、恐惧及道德评价。它可以表达在其上所花的财力，以此展现穿者或其资助者、父母、配偶的力量。它可以反映出在其选择和购得上所花的时间和努力。它可以成为穿者在她自己的生活戏剧中扮演的那部分角色的戏服。我相信用这种方式看待服装，能够帮助我们看到不同病理程度的妥协形成，其范围从快乐到神经症症状，再到性反常，最后是倒错。

我很感谢利伯曼（Janice Lieberman）、鲁宾（Lynne Rubin），以及精神分析医学学会女性心理学的RAPS研究小组的全体成员，能够阅读本文并为本文做出的慷慨贡献。

参考文献

Apter, E. (1991). *Feminizing the Fetish: Psychoanalysis and Narrative Obsession in Turn-of-*

the-Century France. Ithaca, NY: Cornell University Press.

Arlow, J. (1969). Fantasy, Memory and Reality Testing. *Psychoanalytic Quarterly,* 38: 28-51.

—— (1971). Character perversion. In *Currents in Psychoanalysis,* I. Marcus, ed. New York: International Universities Press, pp. 317-336.

Barthes, R. (1990). *The Fashion System.* Berkeley: University of California Press.

Beckerman, I. (1995). *Love, Loss, and What I Wore.* Chapel Hill: Algonquin.

Bell, Q. (1967). *On Human Finery.* New York: Schocken.

Bergler, E. (1953). *Fashion and the Unconscious.* New York: Brunner.

Bergmann, M.V. (1985). The Effect of Role Reversal on Delayed Marriage and Maternity. *Psychoanalytic Study of the Child,* 40: 197-219.

Caper, R. (1994). What Is a Clinical Fact? *International Journal of Psychoanalysis*, 75: 903-913.

Conklin, J. (1992). Annette Messager. (Exhibition pamphlet) Ames, Iowa.

Dalby, L. (1993). *Kimono.* New Haven: Yale University Press.

Davis, F. (1992). *Fashion, Culture and Identity.* Chicago: University of Chicago Press.

De Lauretis, T. (1994). *The Practice of Love: Lesbian Sexuality and Perverse Desire.* Bloomington, IN: Indiana Univ. Press.

Donne, J. & HERRICK, H. (1948). *The Love Poems of Robert Herrick and John Donne.* Louis Untermeyer, ed. NY: Dorset Press, 1994.

Felshin, N. (1993). *Empty Dress: Clothing as Surrogate in Recent Art.* New York: Independent Curators.

Flugel, J. (1930). *The Psychology of Clothes.* London: Hogarth Press.

Freud, S. (1908). Creative Writers and Daydreaming. *Standard Edition* 9.

—— (1927). Fetishism. *Standard Edition* 21.

Gamman, L. & Makinen, M. (1994). *Female Fetishism.* NY: New York University Press

Hanson, K. (1993). Dressing down Dressing Up. In *Aesthetics in Feminis Perspective,* H. Hein & Korsmeyer, eds. Bloomington, IN: Indiana University Press.

Hollander, A. (1994). *Sex and Suits.* New York: Knopf.

Kaplan, L. (1991). Women Masquerading as Women. In *Perversions and Near Perversions in Clinical Practice,* G. Fogel &W. Meyers, eds. New Haven: Yale University Press.

Lurie, A. (1981). *The Language of Clothes.* New York: Random House.

Mandlin, H. (1995). Private communication.

Meyer, R. (1994). *Leone & Macdonald: Double Foolscap.* New York: Whitney Museum.

Rose, L. (1988). Freud and Fetishism: Previously Unpublished Minutes of the Vienna Psychoanalytic Society. *Psychoanalytic Quarterly*, 57: 147-160.

Schwaber, E.A. (1977). Understanding Unfolding Narcissistic Transference. *International Journal of Psychoanalysis,* 4: 493-502.

Simmel, G. (1904). Fashion. *International Quarterly* 10.

Steele, V. (1996). *Fetish.* New York: Oxford University Press.

Winestine, M. (1985). Compulsive Shopping as a Derivative of a Childhood Seduction. *Psychoanalytic Quarterly,* 54: 70-73.

Veblen, T. (1899). *The Theory of the Leisure Class.* New York: Macmillan.

Zahm, O. (1995). Before and After Fashion. *Artforum.* March 1995.

此章节初次发表于：

Richards, A.K. (1996). Ladies of Fashion: Pleasure, Perversion or Paraphilia. *International Journal of Psychoanalysis,* 77: 337-351.

第十章
倒错之苦亦是其治疗之源
——《弗洛伊德和普鲁斯特：倒错与爱》书评

普鲁斯特（Proust）的伟大的小说《追忆逝水年华》（*Remembrance of Things Past*），原版的法语名字（*À la recherche du temps perdu*）可以译为《寻找失去的时间》（*In Search of Lost Time*）。这个翻译清楚地显示，这本书是普鲁斯特对于父母抱怨他浪费了自己生命的一个回答。普鲁斯特没有投入于某项有用的事业，他的父亲和兄弟都是内科医生，他却成了一位社会名流、美学家、病人和一位健谈的写作家。在母亲去世后，他才把全部时间投入写作，缓慢而又痛苦地创作他那庞大的小说，以他那孤独的疾病和社会空虚的快乐体验为基础。普鲁斯特的伟大作品回答了父母对儿子的生活方式的反对，他通过社交生活的体验，获得了对人类动机的深层理解。

普鲁斯特相信爱就是渴望，只有没实现的时候爱才是可持续的。一个人只有能够享受痛苦，才能感受快乐。他相信饱足只会滋生迟钝和无聊，而嫉妒和羡慕预防了饱足的迟钝和无聊。因此在他的理解中，给予和遭受痛苦所带来的快感是人类之存在不可避免的动力。对普鲁斯特来说，他施受虐地逆转了社会地位，因为伴随着身体痛苦的羞辱是性欲刺激的原型。

首先，普鲁斯特以敏锐的精美细节看出并勾勒了心理和社会之间的平行关系，用小说的形式将原本分裂的东西统一为心理学和社会学的共同丧失。他的理解是，社会通过给予痛苦从而获得有组织的快乐。他认为，一场宴会就像爱一样，可以令人愉悦，仅当参与者意识到他们其实被赋予了受邀的特权，否则可能会被排斥在外。归属于一个社会圈子的愉悦感，部分来自将他人排除的愉悦。讽刺的转折在于，名副其实如普鲁斯特，也是到了现在，在他完成了他伟大的心理小说后超过半个世纪的今天，精神分析家才获得了一个倒错的视角，可以与他的视角发生交集。

哈尔贝施塔特–弗洛伊德（Halberstadt-Freud）开始去证明，倒错是在防御分离焦虑、身份溶解、淹没性攻击性、自恋性焦虑和对女人的恐惧。她把日常生活中的施受虐包括在倒错中，由此拓宽了她的研究范围。她将倒错的起源归因为诱惑性的母亲。哈尔贝施塔特似乎忽略了索克莱兹（Socarides）的结论，即倒错的前俄狄浦斯起源，以及早期及持续地与母亲的混乱关系在导致倒错中所起的作用。她相信这样的母亲鼓励俄狄浦斯期的男孩产生一个幻想，即她重视他多于父亲。小男孩对此的反应是，无法接受现实的局限，并否认母亲赋予父亲的性能力和他在家里的权力之价值。这种情形可能发生在甚至一个父权制的家庭中，假如母亲传达给孩子的信息是，父亲的权威不是真的、不是公平的，或不是她所相信的。这鼓励了孩子反抗权威，实际上是通过沉迷于被禁止的快感中，而这些禁忌的愉悦感是神经症可能不会甚至不允许自己有意识地去梦想的。

然而，这种观点如何与观察到的现象协调一致，即一个发展出倒错的成人常常令人恐惧，但他小时候是一个胆小的、过度抱怨的孩子。抱怨的孩子将自己的愤怒和嫉妒压制、分裂出去，并导入到手淫幻想里，后来就成了倒错行为的基础。

哈尔贝施塔特为我们做了一个出色的描述，以比较弗洛伊德的观点和普鲁斯特的观点之间的相似性。她指出，弗洛伊德和普鲁斯特都把倒错描绘成斯多勒后来所称的“恨的性欲化形式”（the erotic form of hatred）。她对普鲁斯特的“非自主记忆”（involuntary memory）与弗洛伊德的“初级过程”（primary process）进行了类比。两者都不受时间影响，都使用了凝缩、置换和意象。同样，普鲁斯特的“自主记忆”（voluntary memory）和弗洛伊德的“次级过程”（secondary process）很相似。两者都使用了时间、逻辑和现实法则。像弗洛伊德一样，普鲁斯特发现爱就是移情。同样跟弗洛伊德一样，普鲁斯特视醒着和睡觉之间的状态为梦的状态，是通往潜意识及孩童时期想法和感受的入口。两个人都相信，嫉妒是爱的一个必要条件。

哈尔贝施塔特相信，普鲁斯特与弗洛伊德之间的区别也是她与弗洛伊德之间的区别：弗洛伊德对母亲角色的关注相对较少，也从来没有完整阐述过倒错的起源。事实上，弗洛伊德对于李奥纳多（Leonardo）的讨论，确实暗示了早期口欲诱惑和突然丧失所爱的母亲可能会抑制异性恋的能力。但是，在弗洛伊德看来，李奥纳多并没有遭受倒错的困扰，而是成功地升华了异性恋的欲望，从而也让他能够公开地表达同性恋愿望。弗洛伊德没有重构一种特殊类型的母亲或母亲养育方式，将之与倒错关联。而普鲁斯特和哈尔贝施塔特都强调了母亲的角色，以及她促成了倒错的养育行为。

弗洛伊德关于倒错的最早期观点是，它是婴儿和幼儿的部分驱力的僵化版本。倒错是前生殖器愿望的满足，就像在虐待狂、窥阴癖和裸露癖中那样。据哈尔贝施塔特所说，他后期的观点恋物癖否认了性别差异，是所有倒错的关键。曾经被用来满足母亲的需要，而不允许他去表达和满足自己需要的孩子，他们不可避免的结局是去操纵客体。

哈尔贝施塔特给出一系列来自她的临床片段，以显示倒错病人是可分析的，并认为更深层地理解倒错，源于对倒错病人的临床分析。这些片段包括以下几个例子。一个男性异装癖者只有在假扮成一个女人的时候才感到放松和喜欢自己。他男扮女装地来见哈尔贝施塔特。她感觉与他没有“真正的接触”。治疗结束。一个女病人玩一种游戏，把她的男性爱人绑在床上，打他直至高潮；而他也对她做相同的行为。她从性交中得不到快乐。一个督导师建议哈尔贝施塔特不要继续这个治疗，因为倒错行为有太多的满足，无法被精神分析解除。哈尔贝施塔特很后悔自己听取了这个建议，因为她现在相信倒错者有受挫的婴儿式需要，是可以被分析的。

一个经常戏弄和对抗伴侣的男同性恋者，对哈尔贝施塔特发展出一种异性恋的移情，他结了婚，选择了一个比继父母为他选择的更喜欢的新事业。

他自己的父母已经去世，他曾经从一个寄养家庭转移到另一个寄养家庭，直到被一个母亲收养，他相信那个母亲从来没有爱他像爱自己女儿那样多。这个分析没有完成，因为他始终无法向他的分析师表达愤怒。

一个已婚妇女享受于她有一个屈从的爱人的幻想，多过享受她与丈夫的性交。一个已婚男人让妻子打他和踩他，但是害怕尝试性交，唯恐自己会阳痿。一个同性恋男人只在被一个匿名伴侣打过以后才可以享受肛交。他将此与自己曾经被母亲以羞辱式地诱惑过的体验相联系。对于所有这些病人，哈尔贝施塔特相信倒错的关键动力在于违抗父母，以便逃离共生的幻想，从而铸造一个独立的身份并保持它。

普鲁斯特的著名场景“晚安之吻”（goodnight kiss）阐明了倒错起源的相似理论。根据哈尔贝施塔特的观点，普鲁斯特将他对于倒错的起源理论封装在晚安之吻的屏幕记忆中。母亲纵容孩子的这种就寝仪式，为了让他跟自己保持亲近。父亲想要他变得更男人，对父亲来说也就意味着更加自力更生。母亲需要孩子作为自己对抗丈夫的同盟，在丈夫离开的时候作为其替代品，以及自己人生角色的确证者。反过来，这个孩子把母亲看成全好的，而那些让他远离母亲的人是全坏的。当某天晚上父亲拒绝进行仪式时，讲述者一直很痛苦，直至父亲意识到他的感觉有多糟糕并命令母亲整晚陪着他。他被允许得到他想要的，只要他生病和无助。他的命运被封印了（sealed）起来。

在普鲁斯特的《追忆逝水年华》中，另外一个具有核心重要性的场景是女同性恋场景。其中，残酷与否定父母的需要关联起来，作为最初的爱之客体。梵提尔小姐（Mlle Vinteuil）由一个过度热心的父亲抚养长大，父亲希望她出落为一个雅致的女性化孩子，而不是她那强壮男子气概的真实样子。她无法像一个女人那样去爱，除非屈从于父亲强加给她的理想化形象。她的爱人帮助她拒绝了父亲的要求，通过朝他的画像上吐唾沫，允许她体验到自己的性快感。普鲁斯特暗示的是，女子气的男孩受到同样的误解，被推向一个对他们来说并不自然的男子气质。

施虐是一种对解放的尝试，但是在弗洛伊德的观点中，内疚感将它转化成受虐。哈尔贝施塔特认为，弗洛伊德曾提及过原初受虐（primary masochism），但是从未完全地理解它。婴儿最初依赖父母的结果是需要去保护父母，即使以自己承受痛苦和磨难为代价，这是哈尔贝施塔特所假定的原初受虐之来源。因此，原初受虐是在童年和青少年期被过度保护的家庭约束所培养出来的。青春期的性幻想受到“爱和快乐是对父母的反抗”这样的想法的渲染。而被分裂出去指向所爱父母的恨，导致了倒错之矛盾的过敏特质（hyperesthetic traits）。普鲁斯特相信，正是这些特质在社会中上演：专横的女人被恐惧的男人所崇拜，贵族雇仆人互相厮打，美学家折磨老鼠取乐。就像倒错和社会生活一样，爱是原初受虐的一个亡魂，萦绕着每一个人。

这一观察使哈尔贝施塔特强调一种临床观察：倒错不仅仅是在上演一出特殊的性场景，在任何有可能发生心理灾难的状况下，倒错者也在防御性地使用倒错情境。这把性欲化瞬间泛化到了性格中。哈尔贝施塔特似乎错过了阿洛的观察和对这一点的详细阐述。

因此，哈尔贝施塔特下结论说，普鲁斯特的故事其魅力在于它唤醒了成长中的孩子的全体抗争，要让自己从婴儿期曾经珍视过的原始纽带中解放出来。弗洛伊德和普鲁斯特都知道，倒错者的痛苦与爱人的痛苦区别并不大，他/她也与艺术家区别不大，都渴望那些不可能获得的东西。

恨和爱、施虐和受虐，在哈尔贝施塔特的概念中息息相关。倒错起因于孩子体验为残酷的童年事件，即使给予痛苦的父母并无意伤害。虽然普鲁斯特在女同性恋爱情的语境中引入倒错，哈尔贝施塔特却告诉我们，她的理论理解并不包含女性倒错，她相信那是一个需要进一步研究的话题。我相信是可以找到一些研究的，并且可以用于充实她的书。但是，当她呈现六个倒错病人的临床片段时，其中四个是男人、两个是女人。她遵从了过去的一般模式，使用女性的临床材料，然后做出以男性为标准的理论性和发展性陈述。然而她击败了两个假设，一个是以男性为标准的，另一个是一度流行的观念，即倒错无法治疗是因为它有太多快感。她的最终观点是，倒错可以治疗恰恰是因为它的极度痛苦，而且倒错的病因学要比过去所想的复杂得多。过去的观点认为，倒错所防御的是男性对“女性阉割”的恐惧。对我来说，这本书很重要，因为它给出了来自实际治疗中的倒错病人的临床材料，并以一种共情的态度呈现他们，足以鼓励其他分析师尝试去做相同的事情。

参考文献

Arlow, J. A. (1971). *Character perversion. In Currents in Psychoanalysis.* I.M. Marcus, ed. New York: International Universities Press, pp. 317-336.

Bak, R. C. (1953). Fetishism. *Journal of the American Psychoanaly*tic, Association 1: 285-298.

Grunberger, B. (1966). Some Reflections on the Rat Man. *International Journal of Psychoanalysis,* 47: 161-168.

Hayman, R. (1990). *Proust.* New York: Harper.

Painter, G. (1959). *Marcel Proust.* New York: Vintage, 1978.

Richards, A. K. (1989). A Romance with Pain: A Telephone Perversion in a Woman? *International Journal of Psychoanalysis*. 153-164.

Socarides, C.W. (1988). *The Preoedipal Origin and Psychoanalytic Therapy of Sexual Perversions.* Madison, CT: International Universities Press.

Stoller, R. (1975). *Perversion. The Erotic Form of Hatred.* New York: Pantheon.

Zavitzianos, G. (1971). Fetishism and Exhibitionism in the Female and Their Relationship to Psychopathy and Kleptomania. *International Journal of Psychoanalysis,* 52: 297-305.

此章节初次发表于：

Richards, A.K. (1994). A Review of *Freud, Proust, Perversion and Love*. By Hendrika C. Halberstadt-Freud. *Psychoanalytic Quarterly*, 63: 804-810.

第十一章

倒错性移情和精神分析技术

——奥拉西奥·埃切瓜扬作品简介

关于精神分析技术的英文书被局限在一种单一观点中。例如，格罗沃（Glover，1955）解释了克莱茵学派的技术，费里奇（Fenichel，1941）是结构化自我心理学派。格林森（Greenson，1967）更偏向于客体关系学派，而伯格曼和哈特曼（1976）虽然囊括了各种派别的分析师的文章，但是将技术史视为某种不断趋近于自体心理学高度的阶梯。埃切瓜扬的《精神分析技术基础》（*Fundamentals of Psychoanalytic Technique*）不仅包含了历史来源，而且还有这些流派，以及拉康派和法国的非拉康派、比昂派和其他流派的现状。他展示了他们的不同观点并对其进行比较。在书的一开始，他陈列出想要处理的问题，这些问题是：

1. 什么时候、与谁，以及如何开始一个分析；
2. 反移情的问题；
3. 诠释和构建；
4. 一次分析的过程；
5. 开始阶段、中间阶段和结束阶段；
6. 分析的僵局、负性治疗反应和付诸行动。

喜欢悖论、思想幽默的埃切瓜扬，就精神分析的治愈力量是诠释还是分析关系的广为争论的议题，提供了一个机智的评论。在描述分析关系中双方的匹配度时，他评论说最好的匹配是与最好的分析师匹配。像布伦纳（1979）、斯坦（Stein，1981）和科提斯（ Curtis，1979）一样，他支持好的诠释优先于好的联盟。他对特殊分析很感兴趣，也尝试让读者对此产生兴趣。

沃勒斯坦（Wallerstein，1991）在埃切瓜扬著作的引言中说：

> 埃切瓜扬反复指出，而这也是一个重要的例子，说明他是一个多么不刻守成见的克莱茵学派：虽然不是所有的东西都是移情，但是移情存在于一切中——他对此的强调并不矛盾。并且，他以许多人包括美国人也不熟悉的方式清楚地解释了移情，比如：移情作为回忆和移情作为欲望之间的区别。关于移情神经症的许多变异，比如对移情性精神病，他遵照了英语中的更笼统的使用方式，而不是在美国更局限的聚焦用法；也就是说，他会在很多地方看见精神病，多于美国人会看见的。关于移情性倒错，埃切瓜扬的独特观点是，在那里，驱力的功能不是作为欲望或愿望，而是作为一种意识形态。还有关于移情性成瘾，在手淫中有其遗传根源，称作原初成瘾，并反映在原初场景中。还有关于移情轨迹的各种排列，包括颠倒的拉康派视角，埃切瓜扬将之描述为：移情出现在仅当分析的辩证性进程由于分析师的阻抗或反移情而失败的时候。[（拉康派术语中称为 ）被诱捕的移情，p. xxxi]

这本书给出的是一幅公路地图。埃切瓜扬在其中引入了一个概念，用于解释大部分分析师不愿去治疗的那类病人的回应技术：有倒错人格障碍的病人。在我看来，他的倒错性移情概念，是书里最有趣、最独创且临床上很有用的一部分。

埃切瓜扬认为洞察导致改变：是洞察而非关系。像斯特雷奇（Strachey）一样，他专注于使用移情性诠释作为洞察的传达媒介。他的移情观点中的独特部分是移情性倒错的观点。这一观点与移情性神经症平行，认为一个稳定模式是在移情中发展起来的，它重复了分析之外的模式，并且至少在一段时间内可能替代原本的症状。不像神经症症状，倒错症状是自我和谐的，通常引起他人的痛苦多于病人的痛苦。同样，倒错症状引起分析师的痛苦多于病人的痛苦。

我对倒错尤其感兴趣，因为我发现要理解一个具体的病人，必须去思考她患倒错问题的可能性。一个十九岁的女性，在潜伏期后期曾经因一个非常受影响的症状接受过治疗：她无法度过一天的时间，除非跟母亲通话几次。母亲待在家里等待她的电话。这曾被视为是一种分离—个体化问题。当她开始跟我一起治疗时，她为自己设定了一个目标：她每周只打一次电话给母亲。接着她开始给我和她的朋友打电话，寻求那种她曾惯于从母亲那里获得的安慰和确认。这让她的母亲可以离开家，找了一份工作，并为治疗付费。分析进行两年后，她报告说，她在午夜打电话到一个在其他城市的朋友的男友家去找这个朋友。朋友说："你为什么半夜打电话给我？我在一个男人的家里，你是什么？变态吗？"然后她就挂断了病人的电话。当病人报告这个的时候，我开始思考关于倒错的问题。

当时的理念（Bak，1953，1968）是，倒错是阉割焦虑的结果，并且只发生在男性中。我搜遍了文献，想要寻找提及女性倒错的地方，找到少量例子，但是理论不可能解释女性倒错。假如当时我了解埃切瓜扬的作品，我可能就会从这个病人的移情特质中理解到她是倒错。我怎么会知道呢？一个线索是，这个病人让先前的治疗师们告诉学校，必须让她从学校打那些电话。另一点是，她让我相信，让她与"参数"——宿舍里的其他女孩进行比较是必要的。这种强迫性力量提示了一种倒错性移情。我在当时没有看出来，但是在读到埃切瓜扬的概念时，我辨认出了这种现象，而且它澄清了我对这个案例的理解，并提示我在诊断中使用"倒错性移情"这个概念。

倒错性移情，是有着令人迷惑的熟悉感的术语之一。倒错通常意味着我们不赞成的某些性行为。倒错性移情听起来像是一种不会被赞成的移情，就像病人的朋友不赞成她的电话一样。但是实施倒错行为的人相信，这一行为比一般的性交更有快感。倒错在日常生活中的另一个意思相当于对抗。当一个人攻击性地反对普通或公认的事物时，我们称之为倒错。在这种意义上，我们把一个人称为倒错者，是因为他经常打破规则，不管那些规则是什么。在精神分析传统中，倒错者通过列举来定义，比如窥阴癖、施受虐狂。弗洛伊德定义倒错为一种固着的偏爱非生殖器的性行为，或者与一个物体而不是另一个成年人的强制性性行为，也就是说，与一个孩子、东西或动物。更近期的对倒错的定义考虑了倒错在日常语言中的其他含义。斯多勒识别出攻击性愿望作为倒错者维持性兴奋感的重要性（1975），而且它在正常的日常性欲中（1985）表现为做爱前的打架。埃切瓜扬认为，倒错性移情与敌意和嫉妒有关；也就是说，性冲动的目标是攻击性的，而不是力比多式的，比如强奸犯、攻击性露阴癖和/或攻击性窥视癖。

倒错性人格（perverse character）曾经被阿洛（1971）定义，拓宽了其包含的范围，增加了如小骗子（the petty liar）、不切实际者和恶作剧者的人格形成。他把倒错性人格定义为，由一个自我和谐的、长期扭曲现实的需要所构成的人格。阿洛勾画了倒错性人格的幻想，其中在性的语境中，攻击性冲动占主导位置。小骗子需要违背别人的信任。恶作剧者需要制造一个错觉，以激发他人的痛苦或焦虑，并且在揭开骗局时见证他们的羞辱感。倒错人格的范围根据他人无法接受的程度从轻微到严重，但他们的倒错性人格是自我和谐的。恶作剧者热爱恶作剧。小骗子热爱蒙骗他人。不切实际者热爱做梦："明天我会变得有钱"或"我的王子会到来"。当倒错行为与个人良心、社会公德产生麻烦的时候，它就成了一个症状。换句话说，如果你因为露体而不得不去坐牢，那么它就成了一个问题。但是，露体可能是非常满足的。在电影《本能》（*Basic Instinct*）中，一个女性谋杀嫌疑犯在一群警察面前暴露了自己。她露阴了，同时她也在抽烟。有人指向一个不准抽烟的指示牌，她说："你能拿我怎么样呢？"没有人想到可以做些什么。她坐在一间满是警察的房间里，通过证明他们是多么无能来羞辱他们。在这一场景中，露阴癖是一种攻击性的性欲化形式。

倒错是正常的婴儿化冲动的延伸。它是逆向的，将局势扭转。孩子认为成年人是强大的，而自己是无能的，因此会想象完全相反的情形。孩子相信一个聪明的三岁孩子对母亲所说的话："你给我等着，等到有一天你小我大。"这是倒错之攻击面的核心。弗洛伊德最早的观点（1905）是，倒错是婴儿性欲的残余，而神经症是倒错的反面。这就意味着，神经症症状是倒错冲动不完全或不充分压抑的不幸产物。但是对于精神病，根据克莱茵（1932）的观点，早期攻击冲动是心理病理学的来源。因此，格罗沃（1933）作为一个克莱茵流派学者，相信倒错症状是那些引发精神病症状的早期攻击冲动的不完全或不充分压抑的结果。从这个观点来看，倒错是精神病的反面。

克莱茵学派观点所认为的倒错是精神病的反面，暗示当精神病性冲动没有被充分内化时，倒错会发生。克莱茵学派将倒错视为一种对精神病的防御，而自我心理学家把它看成严重程度心理疾病的一种。最严重的是精神病，其次是倒错，再其次是神经症。同时，还有这些根据防御的分层：精神病否认现实（有一个自我缺陷），倒错否认社会日常规则（有一个不充分的超我），神经症压抑和隔离（有一个过度严厉的超我）。埃切瓜扬说，倒错可能是精神病的成因之一，同样也是对抗精神病的一种防御。这使临床工作者们能够观察到倒错性移情，并且推断出一种倒错人格特质或一个明显的倒错症状。埃切瓜扬承认，倒错性移情的临床表现会发生在神经症中，并相信这些反映了这个人对精神病性方面的防御。

从科学推理的观点来看，观察到的是倒错性移情，推论出的是倒错性自我。在我的经验里，第一观察的是倒错性移情的反移情。分析师体验到对病人的狂怒。根据这种狂怒，分析师推断病人一方有想要挑衅的意图。假如，分析师通过询问，病人似乎没有觉察到任何挑衅的意图或不觉得挑衅有什么错的话，分析师推断病人有一个倒错性自我。这个倒错性自我与阿洛所称为的人格倒错类似，即它在分析中表现为蔑视分析规则，而在日常生活中蔑视公认的行为规范。

埃切瓜扬讨论了贝蒂·约瑟夫（1971）的作品，后者相信倒错只能通过在移情中体验来解决。移情的性欲化、沉默、说不完的话和被动性，都可能反映出想要攻击分析师的愿望，不仅仅是防御性的，而是为了去毁灭。埃切瓜扬认为，人格的倒错面可能出现在神经症或边缘人格的病人身上。倒错者引诱分析师去窥视，或是颠覆分析，导致诠释都只是表面的“伪诠释”，以此破坏分析工具。埃切瓜扬接受了拉康（1956）的观点，恋物是女性阴茎的化身，同时隐藏了倒错者对女性阴茎的信仰，通过安置其于身体以外的衣服或身体的装饰品上（Rosolato，1966）。

埃切瓜扬讨论了一个案例，以阐述倒错性移情的概念。一个年轻女性来做治疗，想要治愈她的同性恋和她的空虚感。他接受了她。一个模式被建立起来，在其中，她可以更好地行使功能，以及有更多的抱怨。当治疗师第一次度假结束后，她回来抱怨说，分析师不在时她丢失了一个隐形眼镜片。她讲了一个好笑的故事，关于她如何引诱母亲帮她找眼镜片，结果母亲踩在了一个隐形眼镜片上，看起来像个傻瓜一样。在她的分析小节中，她只戴了一个隐形眼镜片，只有一只眼睛可以看得清楚。在这次度假前，她甚至无法告诉分析师她佩戴隐形眼镜的事情，因为她害怕分析师会嫉妒她能够佩戴隐形眼镜。在这里，洛索拉托（Rosolato）关于恋物是女性阴茎的观点，似乎丰富了埃切瓜扬对于隐形眼镜作为一种恋物的重要性的理解。当她跟分析师说这个的时候，她也是在告诉他，她很害怕他不再是一个好的分析师，因为他刚度假回来。

病人说了一个梦，梦里她跟一个男人坐公交车去旅游。她跨坐在他的大腿上，面对着他。她看见他的拉链开着，他的阴茎露在外面。他们继续聊着天，就好像没事发生一样。埃切瓜扬理解，这是她对治疗的看法，他相信他和病人都参与在一个伪对话中，一种倒错的移情。当她在生活中越来越好时，她对治疗的感觉更糟了。她相信治疗师只想羞辱她，让她承认他是对的而她是错的。曾经只跟女人发生过性关系的她，现在也开始发生异性性行为。

接下来的咨询小节，举例说明了她富有挑战性的语气。她考完试过来，觉得自己考得很好。她仍然是困惑的，有意想要变得忙碌起来。她想如果考试延长的话，她就不能来这次咨询了，到周一就会很难再来见咨询师，那么也许她就再也不会来了。换句话说，一次错过的咨询会结束整个治疗。她想起她跟先前的分析师就是那样，作为一次考试的结果，她开始错过咨询，随后也就抛弃了分析。她的全或无的立场与在边缘病人那里观察到的情况很相似。

埃切瓜扬报告了以下交流：

> 病人：你把对我来说完全陌生的想法放进我的脑子里了。我一点儿也不觉得我再也不想来这里了。
>
> 分析师：我们要来看看为什么你觉得这些想法是陌生的，尽管它们就是你自己的，是你说你今天如果没有来的话，周一就更难回来。
>
> 病人：我告诉你这一点，但是我没有感觉到它。我想到，但是没有感觉。
>
> 分析师：但是，这是一个十分可疑的论点：因为你决定说，你感觉不到什么，我再也无法诠释任何东西了。
>
> （正是因为她把自己放在那种态度里，这个诠释是无效的。）（p. 193）

埃切瓜扬把这一交流看成倒错性移情的范例。无论分析师说什么都是错的，因为病人拒绝以表达情感的方式与他交流。她会说话，但是她不会感觉，或者她不会承认她有什么样的感觉。当病人说："你把对我来说完全陌生的想法放进我的脑子里了"，她使用的是克莱茵学派的语言。也许当分析师诠释他所认为的偏执性投射认同时，曾经告诉过她："你把东西放到了我里面。"为了使他的诠释无效，她分析他，说是他在做投射性认同。他说，我们必须来看看为什么你觉得这些想法是陌生的，尽管它们根本就是你自己的。他在把想法交回给她，并且添加了一种好奇感，好奇为何她会有这些想法。他不是在谴责这些想法：他是对它们感到好奇。他说，你说如果你今天没有来的话，周一就更难回来。她断然地说，我告诉你这个，但是我没有感觉到它。我想到，但是没有感觉。她是在否认情感。她在做自我心理学术语所称的“隔离”（isolation）。她把情感从智力性理解中切割掉。“我想到，但是没有感觉。”她说。所以，她不需要拥有它，它只是一个想法，以及“我告诉你这一点，但是我并没有感觉到它。”来抵抗他的诠释。这些只不过是语言，她说。然后，分析师说：“但是，这是一个十分可疑的论点：因为你决定说，你感觉不到什么，我再也无法诠释任何东西了。”他在括号里附带说，正是因为她把自己放在那种态度里，这个诠释是无效的。

假如把他的第一句陈述句彻底变成一个对移情情感的诠释，他或许会说：“你害怕会对我产生跟你对X医生一样的感觉。”从技术上来说，一个完整的诠释必须包括对冲动或愿望的诠释。我想那是有可能的，像布伦纳（1982）会做的那样，当开始诠释一个妥协形成的时候先命名情感。这种与倒错性移情的工作方式有一定的优势，因为它立即把情感放到了前景中，从而允许分析师直接处理攻击性。

不过，在埃切瓜扬的例子中，他描述了是如何实际完成一个类似结果的：

> 几个月后，同样的挑战性态度出现了，与一个梦相关，不过我当时已能更好地理解了。那正是她交替在同性恋和异性恋之间的时段，带着一种对疯狂和生殖器插入的强烈恐惧，这两部分都可以从对话中清晰地看出。梦里，她在一位女性朋友的陪同下准备去参加一次考试，这个朋友在她家过夜。沿途她们遇到了一次大众暴动，感到很害怕，便折返回家。她对于受到惊吓一直觉得不满。我诠释说，这个梦似乎表达了她在同性恋、在她家过夜的女性朋友和异性恋、考试之间的冲突。我说，这个大众暴动一定是（她所惧怕的）阴茎勃起：她无法面对它，于是逃进

了一个安全的地方，家里，母亲那里，女性朋友那里。（pp. 193-194）

对埃切瓜扬来说，考试代表异性恋，因为它是一种父权秩序的表征。这里他使用的冲突概念，跟自我心理学家所理解的非常不同。我们认为冲突是关于拥有一个愿望、一个防御和一个妥协，或一种情感、一个被禁止的愿望和一个禁忌的冲突。当病人抱怨说，她的冲突不仅只是异性恋愿望相对同性恋愿望时，自我心理学家会同意她所说的。埃切瓜扬说："我说她把我的诠释视为一个太小的阴茎，令她不满意；但是，她坚称我总是忽视社会层面的东西。"（p. 194）

在这个埃切瓜扬与倒错性移情的临床工作例子中，他把病人关于考试的故事作为对梦的联想，即使她是在故事之后报告的梦。为什么考试是异性恋的？因为它代表了标准和父权社会（Lacan，1953）。她相信另一个分析师会诠释一些完全不一样的东西，也许她是在乞求一种社会责任。所以，精神分析似乎对她是不足够的。换句话说，她给了他另一个拉康派的诠释。然后，他诠释了她对他的阴茎的失望。他在括号里说，这种扰乱是阴道痉挛的对立面。他引用伽马（Garma）的话，说这在女性中也曾经有过（来自私人交流）。

> 我说她把我的诠释视为一个太小的阴茎，令她不满意；但是，她坚称我总是忽视社会层面的东西。我回答说，正如她批评甚至轻视我的诠释，因为它小而且不足够，她也认为我轻视她的材料，忽视掉了一些东西。（我认为这个诠释是正确的，因为它纠正了她特有的分离投射）。
>
> 她承认，她倾向于觉得我是偏狭且好辩的。她用另一种语调说，她觉得梦里的女孩一定是同性恋，并且添加了一些材料证实她对于勃起阴茎的恐惧。（p. 194）

这次咨询在我看来是非常不克莱茵学派的。没有提到咬、吐出或有毒的奶，没有提到付诸行动，没有提到抑郁位，没有提到分裂或投射性认同。无论对病人还是对读者，都没有明确地提及任何一个经典的克莱茵观点。而对它们的暗示，也是以一种十分隐晦的方式。这是关于此时此刻分析师和病人之间的对话，并且是关于病人的当下生活的。

治疗又进行了几年之后，埃切瓜扬的病人结婚了，开始觉得足够满意可结束治疗了。在总结收获的时候，埃切瓜扬告诉我们："经过九年的分析后，她的症状已经减轻，她的客体关系更成熟，她也不再否认她的抑郁感受了。"（p.195）

因此，察觉到移情中的情感是一个重大成就。但是，生活再次介入：她的丈夫要求分居。其影响是灾难性的：她现在相信分析是一场胡闹，她其实是同性恋，她跟丈夫只是在伪装，为了讨好埃切瓜扬。值得称赞的是，分析师能够接受她的抱怨，说自己不应该同意治疗她的同性恋，因为那不是一种疾病。他对批评的接受，把治疗引入了一个新的阶段。

在一次令她满意的同性恋情之后，她再次设定了一个结束治疗的日期。这一次，她考虑要与埃切瓜扬修通她一开始所设立的、倒错中蕴含的反移情和移情之后，再结束。有一件事情他们从来没有谈论过的，就是她对于自己是同性恋的抱怨。这个抱怨的潜意识表达是：她通过接受自己将同性恋定义为疾病，而像男人一样将拉链敞开露出阴茎地坐着假装接受分析。

她设立了一个不可能的选择。只有当她觉得分析师想要摆脱她的时候，她才相信他会放她走。但是假如他不想让她走，那他就是为了自己的需要抓住她不放。最终，她意识到自己的幻想是分析师永远不会放她走，也意识到关于发疯的幻想，那样他就永远不会停止照顾她。也就是说，她值得被温柔地对待和关心，只要她是堕落的。随着对这一诱惑幻想的表达，分析结束了。通过谈论这个幻想，对她而言，它变得更不和谐，直到她最终能够放开它。临床上来说，应该注意的是埃切瓜扬使用的结束标准包括：改善的客体关系、减少对她抑郁情感的否认，以及她已经找到其性身份的信念。倒错性移情一直持续到结束。因此，关于倒错是精神病之反面的观点的临床相关是，倒错性移情没有转化成一个移情性神经症。

为何要创造一个新的术语“倒错性移情”去描述这一情形呢？因为有助于强调性欲在为攻击性服务，攻击性以相反的形式出现。病人宁愿羞辱分析师也不愿自己好起来。所以，倒错性移情中负性治疗反应的产生动机是羞辱而不是内疚，神经症性移情中才是内疚。病人让埃切瓜扬感觉到愚蠢的问题是同性恋。他同意治疗她，为了一个后来他同意那不是疾病的东西。病人不是因为爱上了一个女人所以跟她做爱，而是为了羞辱男人。倒错性移情与移情外的倒错行为完全类同。

我们可以考虑分析师可能对她的评论给出的其他回答，会导向其他形式的互动。在考试后，她觉得自己做得很好，但是她依然很困惑，她想如果考试延长的话，她就不能开始这次咨询，到了周一就很难再来见咨询师，那么也许她就再也不会来了。她承认她跟先前的分析师X医生，不得不由于考试错过几次咨询，她随后抛弃了分析。

如果这个倒错场景涉及阉割焦虑，互动可能会涉及一个对此动力的诠释。病人可能相信她考试考得很好，因为成功藐视了分析师而感到内疚，于是惩罚自己。

她对自己做得好的惩罚是，她将再也不让自己有分析的体验。与此同时，做得好将她带入了新的危险中：分析师可能是某个想要阉割她的人，她需要做得不好以便安抚他。通过放弃分析，她便惩罚了自己，以避免分析师惩罚她。

一个相信这些假设的分析师可能会将诠释处理成一种步进式的风格。首先，他会假设说，考试考得好是有危险的，这种危险导致她以这种方式反应，也许这对她来说是熟悉的。聚焦在她对自己不得不重复之前行为的恐惧上，就像埃切瓜扬在他的后半部分诠释中所做的那样，他会强调说：“你害怕跟X医生的情形会再次重复。”

一个关注客体关系的分析师可能会聚焦在她想靠近客体和她想把他推开的愿望之间的张力上。对一个自我心理学家来说，那会是一个朝上的诠释，一个支持自我的诠释，理解这个人是在自我保护。探究这个人的行为适应性方面的话，可能会预测出埃切瓜扬在分析结尾的发现：她的变疯幻想的功能是为了维持她与分析师的联系。一个马勒派可能会强调，她是如何被困在想要离开和想要留下的愿望之间，以及这怎样反映了她在18个月到36个月大的时候对分离—个体化进程的体验。

对阿洛来说，这可能是一个可探索的有趣幻想。如果病人再也不回来了，那么她会做些什么？还会发生其他什么？他会让她详细描述和发展这个幻想，理解她在想些什么，为何她会觉得那很可怕、很美妙或是什么吗？她会因此而死吗？她是否快乐，去读他的书，或她是否会去——这一幻想意味的可能性是无穷的。并且分析师去看到她可以详细描述到什么程度，到了某个时刻病人会说，那就像是我以前做过的一个梦，或者说，那就像是跟我兄弟之间所发生的一样，或是，那就像是跟我母亲之间所发生的一样，或是其他的人。但是，他会通过从当下的幻想中编织出尽量多的材料的方式，触及起源性的内容。

布伦纳可能会着眼于情感。由害怕会重复与X医生的情形开始，他可能会说："这是对丧失客体的恐惧吗？是对丧失客体爱的恐惧吗？是阉割恐惧吗？这里最突出的恐惧是什么？是内疚吗？她是否在说，如果她错过了一次咨询，她就是一个坏人，以至于不配拥有余下的分析？这是她的严厉超我吗？它在说如果你犯了一次错，你就完了？然后他会让她去谈论恐惧，并详细阐述其恐惧的部分，问你怕的是什么？"

克莱茵可能会聚焦在攻击性移情上面。她可能会说类似于："你希望我从你的生活中消失吗？"她可能不会承认力比多方面的重要性。一个克莱茵学派的分析师可能会说，如果你照顾了攻击性的部分，性欲会自己照顾好自己的。一个客体关系学派的分析师采取的立场会是，她对分析师的依恋是最需要去诠释的东西。

倒错性移情的概念补充了理解病人诱惑性行为的所有组成部分。不把这种诱惑性理解为性欲望，而是注意到病人将性欲服务于攻击性，让分析出轨，并嘲弄分析师。倒错性移情发生在有倒错态度和倒错人格，或是像埃切瓜扬所说的倒错自我的人身上，意思是说，攻击性在日常生活中也是用这种方式表达的。这个人没有被这种使用攻击性的方式所困扰。对阿洛来说，这是一种化被动为主动的方式。这么做的人在过去的某个时刻曾经体验过它。去羞辱的需要来自被羞辱的感觉，而阿洛说，那是成长过程中不可避免的。当一个小孩说“等我长大了”，意味着化被动为主动。“小心点，妈妈。我会把它还给你的。”阿洛和埃切瓜扬认为，倒错性自我或倒错性人格是一种制度化（institutionalized）的防御，用来防止倒错的发生。也就是说，一个恶作剧者可能以看起来普通的方式性交。那就是埃切瓜扬这个病人的同性恋之意义所在。她没有倒错，从来也没有。她利用这个去反对分析师，说：“我抓到你了。你在把我当作一个倒错者治疗。”而由于他知道她没有倒错，他是做错了。但是，她有倒错性移情。

倒错性移情的意义在于，它让任何及全部的诠释无效。面对这类病人，分析师无论说什么都是错的、无关紧要的，或是跟她的感觉毫无瓜葛。语言只是语言。倒错性移情对抗的是：不得不接受暗淡的日常世界。另一个阿洛和布伦纳及埃切瓜扬之间的差异在于，阿洛和布伦纳的诠释会指向病人身上存在的倒错形成，即它是否被纳入病人想对分析师的所作所为之中——并不是核心的。而是说，问题在病人心里，那么解决方法也必定在心里，将自我观察理解为一种心理内部的冲突。反之，我觉得埃切瓜扬的建议是，通过倒错性移情，倒错的特性在他们两人之间上演，而在移情中的交流就是征兆。

当病人走进来说，我今天不想来，但是我害怕如果我没来，我可能再也不会来了，埃切瓜扬将之理解为负性移情。他建议做他所做的那类反应。但是，这些是他会用来尝试然后设法避免的反应类型的例子。他会谈论在移情中发生了什么。他说，好吧，如果它只是语言，那么我们来谈谈你跟我之间的语言。然后，关系就会生动起来，移情会活起来。我们会一起参与进来，并且随后会拥有一些不仅仅是语言的东西。

他引用了那些作者，他们识别出移情倒错者，并展示了倒错病人是如何让分析师感觉到分析功能本身就是倒错的。比如，一个让分析师感觉自己像一个偷窥者的病人，是把分析师的角色逼迫到了一种夸张的程度，由此表达了病人对分析师及对治疗的攻击性感受。分析师可以被解读为，就像他/她是真的在跟病人交谈那样说话，但其实病人或分析师都没有在谈论任何有意义的东西，甚至当病人正在给出一整套早年儿时记忆的时候。

一个例子是，在《波特诺伊的抱怨》（*Portnoy's Complaint*，Roth，1969）一书的结尾处，分析师说，“现在我们准备好可以开始了。”换句话说，现在我们准备好交谈了。有些病人谈论他们坏的、施虐性的或心不在焉的父母时，是处于这类倒错性移情中。病人和分析师可以同意日复一日地谈论父母的实际缺点，但是症状或治疗双方任何一方的行为都没有任何改变。埃切瓜扬引用了几个法国作家，他们强调倒错是一种断言，认为父亲的规则是没有益处的，现实不是传统、宗教或国家所宣称的那样。换句话说，倒错是一种小规模的社会革命。因此，克莱茵学派和法国派都将倒错视为对权威的挑战，但是双方的方式很不一样。克莱茵学派更关心移情中的倒错，而拉康派更关心移情之外日常生活中的倒错。

移情性倒错与移情性成瘾的相似，使埃切瓜扬去检查两者之间的差异。因为成瘾者在与药物的关系中处于矛盾的位置。当成瘾者开始感到对某人依赖的时候，依赖会触发朝向这个人的毁灭性的恨。这类依赖的结果是，分析师变得对病人的治愈上瘾。这里他同意拉康所说的，有可能会对治愈某人的某个问题变得上瘾，而那个问题也许并不需要治疗。在这个案例中，是同性恋问题。分析师无法放弃治愈这个病人的幻想，他必须检查自己的幻想，以便下决心结束治疗，或允许它继续下去。成瘾性移情和移情性倒错之间的平行之处在于，把移情幻想分裂成理想化的全好分析师和可怕的全坏分析师。

拥有移情性倒错特征的人是否会有明显的倒错？移情倒错者的概念对于我们已知的、有关治疗困难病人这方面添加了什么？在我看来，它警示了分析师，即使没有任何倒错行为被提及的时候，倒错性愿望也是有可能存在的。倒错作为精神病的反面，意味着对世界的分裂。一部分是发光的世界，充满性欲张力、焦虑和魅力，在这个世界里，阉割不存在。那是一个有趣而且令人兴奋的世界，在其中女人拥有阴茎，性别区分是不重要的。还有一个世界，女人不拥有阴茎，但你必须早上小跑着去工作，晚上必须回家烧饭。治疗倒错病人的部分困难在于，要让他们接受平凡和无聊。倒错的人把指向分析师的攻击性愿望付诸行动，通过攻击分析进程、分析师本人或特定诠释的形式。在这类病人中，攻击永远不会由神经症性移情的神经症所代替。无论这个病人的生活变得多么好，移情中的攻击会一直持续。我的其中一个倒错病人，她的倒错性移情甚至在治疗结束之后还在继续。我们终止治疗几年后，她回来寻求支持性心理治疗。她报告说，自己做出了一些非常重要的生活改变，在事业和爱情生活中都有进步。她还报告说，曾经感受到对我的巨大暴怒，因为我终止了跟她的治疗，却已经“忘记”是她坚持要结束，而且她还找了其他几个心理健康专家和一个权威去听她在分析中受到的不公待遇的故事。倒错性移情始终没有被改变。有意思的是，她怨恨一切她从分析中和分析后的收获，认为它们是我操控她的方式，那样我就可以摆脱她。所以，与这类病人的终止标准也许必须与我们对神经症病人设立的标准不同。我甚至怀疑，与这些病人明确地结束治疗是否可能。而且我也怀疑如果不可能结束，那么在分析之后，某些形式的支持性心理治疗也许是合适的。

使用性欲服务于攻击性的观点，我觉得是一个尤其有用的观点，因为它点出了在分析领域中，有许多证据支持却仍被否认掉的东西。比如女性使用性欲去表达攻击，在我们与青少年的工作经验中就很清晰。直至今日仍是如此，青春期男孩通过比如打架或偷车的行为来表达攻击性，而叛逆的女孩变得性主动、滥交和/或怀孕（Armstrong，1977）。在《本能》里的女性暴露狂通过以下方式展示她的力量：一群审问她的强壮警察在看见她的生殖器时，失去了所有的主动性。戈黛娃夫人（Lady Godiva）的传奇和凯尔特（Celtic）女王的传说是，在战役中为了使敌人震惊，她们裸体打仗。还有同样的美杜莎神话，都证明了相同的女性性欲的攻击性力量。埃切瓜扬的贡献包括，指出这种力量如何在女性病人的分析中起作用，以及面质和诠释如何可以改变女性诱惑性在分析情境中的毁灭性冲击力。

参考文献

Arlow, J. (1971). Character Perversion. In: *Currents in Psychoanalysis,* Vol.1, ed. I. Marcus. New York: International Universities Press.

Armstrong, G. (1977). Females under the Law. *Crime & Delinquency,*23: 109-120.

Bak, R. (1953). Fetishism. *Journal of the American Psychoanalytic Association,* 1: 285-298.

—— (1968). The Phallic Woman. *Psychoanalytic Study of the Child,*23: 15-36. New York: International Universities Press.

Bergmann, M., & HARTMAN, F. (1976). *The Evolution of Psychoanalytic Technique.* New York: Basic Books.

Brenner, C. (1979). Working Alliance, Therapeutic Alliance, and Transference. *Journal of the American Psychoanalytic Association,*27(Suppl.): 137-157.

—— (1982). *The Mind in Conflict.* New York: International Universities Press.

Curtis, H. (1979). The concept of the therapeutic alliance. *Journal of the American Psychoanalytic Association,* 27(Suppl.): 159-92.

Etchegoyen, R.H. (1991). *The Fundamentals of Psychoanalytic Technique.* New York & London: Karnac Books.

Fenichel, O. (1941). *Problems of Psychoanalytic Technique.* New York: Psychoanalytic Quarterly.

Freud, S. (1905). Three Essays on the Theory of Sexuality. *Standard Edition*7: 125-243. London: Hogarth Press, 1953.

Glover, E. (1933). The Relation of Perversion Formation to the Development of Reality Sense. *International Journal of Psychoanalysis,*14: 486-503.

—— (1940). *An Investigation of the Technique of Psychoanalysis.*London: Baillière, Tindall & Cox.

—— (1955). *The Technique of Psychoanalysis.* New York: International Psychoanalysis: Listening to Understand Universities Press.

Greenson, R. (1967). The Technique and Practice of Psychoanalysis. New York: International Universities Press.

Joseph, B. (1971). A Clinical Contribution to the Analysis of a Perversion. *International Journal of Psychoanalysis,* 52: 441-449.

Klein, M. (1932). *The Psychoanalysis of Children.* London: Hogarth Press, 1975.

Lacan, J. (1953). Some reflections on the ego. *International Journal of Psychoanalysis,* 34: 11-17.

—— (1956). Object Relation. Unpublished.

Rosolato, G. (1966). Ètude Des Perversions Sexuelles À Partir du Fetichisme. In: *Le Desir et la Perversion,* ed. P. Autagnier-Spairani. Paris: Ed. du Seuil, 1967.

Roth, P. (1969). *Portnoy's Complaint.* New York: Random House.

Stein, M. (1981). The unobjectionable part of the transference. *Journal of the American Psychoanalytic Association,* 29: 869-892.

Stoller, R. (1975). *Perversion.* New York: Pantheon.

—— (1985). *Observing the Erotic Imagination.* New Haven, CT: Yale University Press.

Wallerstein, R. (1991). Foreword. In: *The Fundamentals of Psychoanalytic Technique,* by R.H. Etchegoyen. New York and London: Karnac Books.

此章节初次发表于：

Richards, A.K. (1993). Perverse Transference and Psychoanalytic Technique: An Introduction to the Work of Horacio Etchegoyen. *Journal of Clinical Psychoanalysis,* 2: 463-480.

第十二章
女性恋物癖和女性倒错
——赫尔姆特《一个女性恋足癖或更确切地说是恋靴癖案例》的再思考[①]

在回顾有关倒错的文献，以便理解一个女性病人身上看似可能的倒错案例（Richards，1989）时，我阅读了格林纳丽关于恋物癖的作品。跟她平常一丝不苟的学术作风相反，格林纳丽医生（1955，1960）在文献中两次提到一个案例，却没有给出一个完整的引证。巴克（Bak，1974）在一段反思格林纳丽作品的段落中实际引用了这篇论文，是赫尔姆特用德语写的。我向几位同事询问这篇论文，他们对它很感兴趣，因为格林纳丽和巴克都引用了它，但是他们很遗憾从来没有读过它。这篇论文和它所报告的案例都让不懂德语的人无法阅读。我的翻译如下。

一个女性恋足癖或更确切地说恋靴癖案例

由于大部分关于恋足癖的文献一般只考虑男性，我被诱使着来报告但不是分析一个女性恋足癖的案例。尽管那已经是差不多十二年前了，我还是对它记忆犹新，因为它经常在朋友圈里被提起，我们却并没有意识到这种怪癖的真实本质。它涉及一位当时三十岁的女性，曾经嫁给一个总参谋部的陆军上校。

他在婚后两三年的时候，吞枪自杀了，据说是因为失望和挫败。这位

① 感谢纽约精神分析协会图书馆馆长大卫·罗斯（David Ross）先生，帮助我找到这篇文章，并感谢陶伯（Gisella Tauber）女士帮助我翻译它。

女士来自一个受人尊敬的将军家庭。作为三个女儿中的老幺，她无疑从小就受到父亲最多的宠爱。她热情地紧贴着他，以跟他一起走在有守备部队驻防的城镇大街上为荣。父亲先是陆军上校，后来成为一名将军，是那里最著名的人。在早期，她对父亲所穿的闪亮高筒靴就表现出一种不寻常的热情。她最热切的愿望就是，她至少在冬天能够获许穿上这样的靴子。这个愿望在她十岁生日那天实现了。后来她变得对军事演习很感兴趣，比许多军官更精通军事策略。即使她没有正式官职，她对军事问题的业余热情也引起了大家的关注。作为一个尚未完全发育的女孩，她卖弄风情，同时漠然地接受守备队里军官们的崇拜和献媚。她尤其无法抗拒的是骑马装的吸引力，因为“一个穿着高筒靴骑在马上的男人才是唯一的真正男人”。她拒绝了无数相配的求婚，直到二十岁才跟一个比她年长三十岁的陆军中校订了婚。当她的家人反对，觉得这个男人年纪太大时，她只给出了一个回答：“是的，但是如果他没有那么迷人的脚就好了”（指的是高筒靴）。这个未婚夫后来意识到新娘的热情，在圣诞节送给她一个缟玛瑙做的镇尺，上面有一双微型高筒靴，并且有着强烈施虐本质的他，还摆了一个考究的银制马鞭在镇尺旁边。这个礼物让她疯狂地爱上了这个赠予者。不顾家人的反对，她坚持要按计划举行婚礼。（对家人来说）幸运的是，这个陆军中校在婚礼前去世了。为了回忆他，女孩保留了这个镇尺和一副手套，因为她考虑他的母亲不可能会让她拥有他迷人的靴子。

与其他骑兵军官的几次逢场作戏后，在她快二十七岁时，一个总参谋部的陆军上校来到这个当时已经退休的将军和家人所居住的城镇。她第一眼看到上校的时候，他穿着高筒靴，骑在马上，而这一幕决定了她的命运。尽管他丑得惊人，还有可怕的锯齿状胡子，但他对女孩来说，就是她的理想化身。“我至死不渝地爱上了我所见过的最让人崇拜的高筒靴。”她激动地告诉她的女友。她坦白说，她完全不知道那个男人长什么样，只有他的脚：

“这个男人就是他的脚”[①]。而“一个人可以安全地将自己委托给一个有漂亮的脚的人”是她的爱的座右铭。她经常反复对她的朋友说，“你觉得穿平底鞋的人会是一个男人吗？一双高筒靴可以让人颤抖，以至于真的坠入爱河。”

在初次相遇的三个月后，他们举办了婚礼。婚姻很不幸福。夫妻两人生下了两个儿子是真的，但是妻子很不情愿地做爱，并觉得它是“令人憎恶和可耻的”。只有展示发亮的高筒靴可以带给她性快感。“不要结婚，”她写信给女友说，“因为当男人光着脚的时候，令人厌恶。”甚至当她还是个小女孩，被家人问到她对男人的脚的热情时，她就宣称过相同的厌恶感。“是的，穿着鞋的脚，”她回答，“但是一双无装饰的（裸露的）男人的脚让人恶心。甚至只要想到那只大脚趾，我就吓坏了。指甲总是发育不良，小脚趾永远不会长！那真是可怕的景象！”

在她二十岁的时候，一名借由同样的服装魅力吸引她的年轻军官，突然遭到了她的轻视，因为当他紧挨她坐时，她注意到他在鞋子里扭动脚趾。另一个男人被拒绝，是因为他的脚趾使靴子膨胀。在第三个例子里，她决定是否要与一个年轻军官分手，基于这个年轻军官穿着高筒靴还是平底鞋来约会，虽然她的父亲反对他们交往的理由，是因为他债台高筑。

我还想提到的是，这个年轻女性在十七八岁时出于同样的原因恋爱过，一次是跟父亲的军事男仆，另一次是跟骑乘射箭部队里一个未经任命的军官，虽然完全都是柏拉图式的。当遭到姐妹和女友的责备时，她反驳说，“你们以为呢？所有男人对我来说都是一样的，让我兴奋的是他们的脚。你们为什么不能允许我拥有那个呢？”而当卫兵误解了她的着迷，强迫她的时候，她义愤填膺：“那个笨蛋——他以为我关注的是他，而不是他神圣的脚。这样的自负真是前所未闻。”

靴子必须要像新的一样尽可能闪亮，不许有突出的脚趾形状，并且没有任何脚趾存在的暗示，配件也不能有褶皱。她最爱用俄国皮制绑带的靴子，

① 德语的“脚”正如稍后会显示的，也可以被读作“靴子”。——译者注

是因为它们的味道。

她自己的鞋对她也很重要，但她并没爱上自己好看的脚或鞋子（除了那双在十岁生日时收到的高筒靴）。对她而言，她不喜欢平底鞋，而是会选择尽量高的小靴子，“因为它时髦的样子和被绑带紧束着的愉悦感”。她不用绑腿、打底裤和运动鞋，因为“穿着它们，脚的形状会不体面地显现出来”。她认为高筒靴是“令人着迷的得体”。

这个案例跟一般男性恋足癖的案例非常相似。其形式和本质上的对应非常吸引人去提议女性恋物癖与男性有相同的病因学。这些对应将这个案例与过去曾经出现过的大多数女性案例区分开来，后者对自己脚及其覆盖物的关注源于自恋。将军的女儿十岁时想要一双属于她的高筒靴，欣赏穿上靴子后的自己，可能来自对挚爱父亲的认同和想要成为一个男孩的热情（脚–阴茎的象征本质）多过自恋。这一点更可能是从孩子占有了理想化父亲的高筒靴或靠近了它们之后开始的。对成年人来说，高筒靴并不是可爱的符号也不是一种性欲的象征，比如戈达的脚后跟恐惧症个案中的脚后跟；[①]靴子更多是性欲化驱力的对象。我不能说恋物癖的特征标志，即恋物癖的性欲操纵，在这个独特的案例中是否缺失，或者女性性欲驱力的有力压抑是否导致了这一证据的被压制。无论如何，这个女人外显的性欲化兴奋，在瞥见恋物对象时被唤起的内心的“迷醉”，让我印象深刻。而且，这种情形带有真正恋物癖的特质，是因为她对男人全部和仅有的兴趣是他们的鞋子，你可以说，男人的存在对恋物癖者来说只是一个不可避免的背景，并且这一点在她的言语中也实际地明确表达过。她不仅退出了正常的性欲目标，而且利用恋物使性交可以忍受。

她在婚前和婚后对光脚的态度，似乎都有特殊的重要性。我们考虑恶心往往置换了特殊的力比多，而脚通常作为阴茎的象征和替代，给了我们一个正确的联结。也许这个孩子曾经被引导去注意男性或父亲的生殖器，然后

① L. Binswanger，《对一个歇斯底里恐惧症的分析》。

通过性恐吓，伴随的情感被压抑了，置换到一个不那么令人震惊的身体部位——脚。而作为阴茎替代品的脚，它本身必须被覆盖，覆盖物是为了服务于客体的理想化而出现的（Abraham，1911）。这包括了特殊方面，比如发亮的崭新程度（可能意味着一种未受损的状态）、无污渍等。参照这样的思路，于是我们也可以理解为什么这个年轻女性对高筒靴有如此强烈的着迷。而且只有参照这样的推理线路，我们才能理解为什么这个年轻女性觉得动脚趾是一幕如此令人厌恶的景象。我不能说在何种程度残废的脚趾和脚趾甲对她而言暗指阉割。值得注意的是，在这个个案中，没有特殊地聚焦在脚的特殊气味上，对比在其他个案中最终经常看到的（除了对俄国皮的气味的特殊品味之外）。

另一方面，这个恋靴癖个案的受虐成分也被清晰地表达出来："一个人在高筒靴面前战栗，因此必定会爱上它们。"当女孩如此紧地绑起她的系带靴子，以至于脱鞋后皮肤上留下了隆起的痕迹时，可以证明要能够吸引她，靴子必须用带子束紧，使得它们紧贴男人的小腿穿得严严实实。

作为这个恋物癖个案的多元决定论，我可不敢遗漏关于这位女士的父亲是一个公开的恋手癖者这一信息。她通过一个人的脚来评判对方的性格，无疑雷同于将军把性格与手的样子关联之观念。

作者：赫尔姆特

初次发表于《国际艺术精神分析》杂志（*International Zeitschrfit für Artliche Psychoanalyse*, Vol. 3, 1915）

讨论

赫尔姆特为主人公的倒错暗示了几个可能的病因。首先，这个女人对父亲的热情是被他诱惑性地选择她作为自己的最爱所激起的。第二，当他们走在一起的时候，发亮的高筒靴与父亲关联到了一起。第三，父亲和靴子在他们的城镇受到高度尊敬，以至于她通过与这些靴子发生关联会体验到自尊的提升。赫尔姆特指出，这个女孩对两位较低阶层的穿高筒靴男人的爱，是完全柏拉图式的，也就是说，这是一种自我的兴趣而不是直白的情欲。对崭新的、闪亮的、没有褶皱的、带有强烈俄国皮质气味的靴子的绝对专一的选择，符合对恋物客体作为不可毁灭性的确保物的要求。但是在这个女人身上，赫尔姆特告诉我们，恋物不是源自一个自恋的愿望，想要保存或放大一个人阴茎的重要性，而是出自“对挚爱父亲的认同，以及想要成为一个男孩的热切愿望”。在她的战栗和随之发生的吸引中，在她自己靴子紧捆的绑带中，以及她愿意接受靴子和鞭子作为订婚礼物中，所呈现的受虐性满足，证明了被这种倒错所满足的攻击性愿望。她向父亲认同，相信可以从一个身体部位的物理构造看出一个人的性格，只不过她把手置换成了脚。

格林纳丽（1960）对此个案评论：

> 这种固执地使用恋物客体，可能出现在一个相比赫尔姆特的个案不具有那么越轨的性欲组成的女人身上，以及可能出现在神经症而非倒错结构中。正如弗洛伊德所指出的，病人一般不会主动地抱怨对一个恋物客体的需要，通常都是偶然地在分析中提及。在我观察的女性案例中，这一点尤其明显。然而它表面上的不重要性，可能掩饰了其顽强程度，将它在整个神经症画面中的真正重要性保密。（p. 183）

想要掩盖性功能障碍的愿望，可能可以用来鉴别格林纳丽所称的神经症性恋物与更公然地倒错式恋物。赫尔姆特把这个个案称为倒错，因为恋物替代了性交作为性活动的目标。反之，格林纳丽将恋物作为性交的附属物视为倒错。

弗洛伊德（1905）定义恋物为病理性，仅当它替代了性客体，而不是作为性活动的附属物。类似的是，他定义倒错是病理性，仅当它完全替换了性目标，而且是在任何条件下。在常态领域，他允许目标和客体的多种变量。

但是，当恋物或倒错完全替换了客体或目标时，这个行为就成了一个病理性的症状。

兰科（1923）使用一个女性倒错的个案作为他关于倒错的一篇论文的中心例子。对兰科来说，压抑仅是作为潜在倒错的一个掩护。他如此描述：

> 她主要的梦几乎都是持续反复的，并且多年来都代表这个完全是处女的女孩的唯一性欲满足。在强力阻抗之后，她描述说，在梦里她的身体姿态就好像某种“拱圈”，背部的弓形带有生殖器的突出，伴随着性高潮和性满足。所以，我们在这里可以看到显梦的内容是一个充分呈现的倒错；然而，对于露阴冲动的有意识压抑如此之强大，导致这个病人只能在分析过程中经历了可能想象到的最强有力的阻抗之后，才想起这些变换的梦场景——持续十五分钟的沉默，或把自己藏在无数的大衣和覆盖物之下，像一个倒置的莎乐美，等等。这个真正的露阴梦与正常人典型的裸体梦形成对比，跟那些倒错者一样不含羞耻感，因此表明了她想暴露自己的欲望在梦里得到了充分表达。（pp. 276-277）

在赫尔姆特的描述中，对羞耻感的缺乏，以及对惯于或甚至专门使用恋物作为满足的强调，伴随对倒错的受虐成分的强调。这一强调后来被格林纳丽扩充并发展为，前生殖器的攻击性受到恋物客体的压抑和约束。在注意到病人见过男孩撒尿的记忆对这个病人的重要性，以及病人自己保留尿液作为这个案例的突出特征时，兰科也做过相同的关联。对这三位作者而言，前生殖器的阳具攻击性都是倒错病因学的一个重要因素。

羞耻的问题以两种方式出现在赫尔姆特的报告中：当年轻女性公开谈论她的热情时羞耻感的缺席，以及其恋物的自恋成分中的羞耻问题。这里，赫尔姆特拒绝将自恋作为病因，把它视为一个结果而不是成因。这个女孩对自己的脚或鞋子的兴趣被否认了，而紧紧捆绑住自己的靴子，被视为对绑紧鞋带的男靴的恋物之继发。

因此，考虑过自恋创伤或自恋快感作为倒错原动力的可能性后被拒绝了。

女性倒错似乎被更多地记录而不是分析和写作，而在更近代的文献中，相对缺失对女性倒错的思考也很令人困惑。也许有一些简单的理由可以解释，但假如是这样，以赫尔姆特的说法，那就不是“清晰被表达的”。

一个可能的解释是社会性和历史性的。根据摩根塔勒（Morgenthaler，1988）所说；

> 只有在特定社会条件下，同性恋才会被固定化为一种疾病。至于倒错也是一样的。比如，恋物癖或异装癖本身隶属病态的人类心理生活这个假设，被许多文化习俗和制度所反驳。（p. 73）

在摩根塔勒的观点中，倒错是调节自尊的无害形式。其中，一种包含在自我影像中的特殊敏感性，他将之比作一种天赋或品味，用于确保自尊感。这一观点与巴赫（1985）的观点呼应，后者相信倒错掩盖了自体中感知到的不足。

史学角度的观点支持摩根塔勒的相对主义。在美国（D’ Emilio & Freedman，1988），19世纪80年代被标志为一个决定性的时代，性偏离（sexual deviations）开始被标签化为倒错，性偏离的人被认为心理有病。

> 在不当母亲也可行的生活方式中，[①]女同性恋情侣隐形挑战了中产阶级道德观的柔弱结构。难怪婚姻的辩护者们会开始攻击这些关系，认为它们是病态和非自然的。(p. 201)

① 女同性恋情侣能够有性，无法有孩子，但是她们的生活不会因为没有孩子而不满足。她们可以通过成为老师、护士、医生等对社会做出贡献。所以，这也挑战了女人只有通过生孩子才有完整人生的观点。——译者注

因此，女性倒错者不被公众承认，因为她们比男性倒错者更直接地威胁到了母亲身份和母性纯洁的观念。

福柯（1978）从欧洲人的视角看到了相同的历史进程。他总结说，现代社会不断谈论性，但同时又对待它仿佛仍然是一个秘密。福柯认为对性欲的控制是一个权力问题，他主张，从18世纪开始，社会控制就有了一个渐进的发展，后来结束于

> ……一种倒错享乐的精神病学化（psychiatrization）：性本能被孤立出来，作为一种独立的生理和心理本能；对可能影响性本能的所有形式的异常现象做出临床分析；所有行为被分配给正常化或病理化；最后，寻求一个矫正性的技术来治疗这些异常。（p. 105）

在精神分析史中，理解异常行为的一系列改变已经发生。弗洛伊德在《性学三论》中的早期观点，相比其后八十年间许多其他详尽的观点而言，与现代的观点更为一致。正如康普顿（Compton，1986）所指出的，萨奇（Sach）的早期论文《关于倒错的起源》（*On the Genesis of Perversions*）与现代的精神分析观点在理论层面的区别大于临床描述层面的区别。萨奇描述倒错的起源是一种过强的驱力沉迷于一种持续在意识层面的前俄狄浦斯体验中，因为它允许俄狄浦斯元素保持在意识之外，甚至当它们通过关联有意识地放任前俄狄浦斯元素来得到满足时也一样。

这样一个倒错的定义和心理发生论，与巴克（1953）和其他人所做的假设针锋相对，后者认为女性倒错是不可能的，因为女性无法有阉割焦虑，阉割焦虑才会导致要使用一个恋物客体或类似替代物去替代生殖器刺激。在巴克（1974）和格林纳丽（1953，1955，1960，1969，1970）的观点中，恋物癖要求一个女性阳具的替代物或表征，为了让被吓坏的男性安心，他是不受到阉割威胁的，因为女性也没有被阉割。根据巴克（1953）所说，与女性

的认同更容易发展出恋物癖，因为这种认同携带一个阉割威胁。要相信女性对倒错具有免疫力，其根本观点是倒错永远是小男孩对发现母亲没有阴茎的反应。由于这个定义要求一个小男孩受到发现女性缺少一个男性生殖器的创伤，其结论即倒错是男性的专有现象，看似符合逻辑，其实表达了一种同义反复。如果拥护这个观点，就要求忽视女性性欲的数据，这似乎曾经是一个可接受的选择。也许这起因于各种社会势力，比如福柯、德埃米利奥（D' Emilio）、弗里德曼（Freedman）和摩根塔勒所预示的那样。

比如，格林纳丽（1953）所陈述的，在她的少数恋物癖病人中，有一个是女性。但是在同一篇论文中，她接着去描述一个男性的恋物癖发展，这位男性有着不安全的身体界限和由此产生的对阉割的可能性及不稳固的男性身份认同。她小结说，“从所呈现的材料来看，可能很明显就能看出：为什么恋物一般只在男性身上发展到一个完全的状态。”（p. 28）到1960年，格林纳丽改变了她对此问题的想法：“恋物与性生活的关系在女性身上比在男性身上更不明显，因为女人可以更成功地掩饰性功能失调，而其性冷淡可以被掩盖到的程度，是男性性功能障碍所不可能达到的程度”。（p. 183）从这个观点来看，不是发病率而是恋物癖发生的明显程度在两性之间有所区别。

格林纳丽（1968）后来重新考虑了倒错和恋物。在没有新数据的情况下，她基于理论思考修改了她的观点。现在，她强调人生第一年中创伤的角色，以及同样在第一年的先天攻击性的角色。这里，格林纳丽提供了一个新的定义，关于什么构成了恋物。它不再是防御性的，归因于阉割恐惧的，它的意思甚至不是性欲化的。当这个观点开始被认为与温尼科特的过渡性客体的概念类似时，她（1969）区分了恋物，用于性欲目的和用于安慰的过渡性客体。恋物是坚硬的，过渡性客体是柔软的；恋物开始于青春期，过渡性客体通常在潜伏期之前被放弃。恋物的发生源于对异性生殖器和/或对另一个人或宠物的血腥的创伤性伤害的创伤性暴露，而过渡性客体是被创造出来用于回应正常的分离体验。恋物客体体现的是对阉割恐慌的愤怒，而过渡性客体是具有温柔情感的母体的一部分。所以，过渡性客体是一种正常现象，与不正常的恋物癖相反。最后，她关于出现恋物的陈述是：

> 它（恋物）一般保持为装备的一个不可分割的部分，成年男性合理良好的性表现的必需品，也会在一些成年女性病人身上发现。在后者身上，它表现为较为不明显但非常固执的形式，并表现出一种偏离的、最极端严重的形式。（p. 383）

这种非显而易见的隐蔽性，是女性恋物癖所特有的。[①]阿洛（1971）显示：

> 本质上来说，倒错是幻想的付诸行动。这说明倒错行为是如此频繁地与手淫相关这一事实。为了抵御焦虑、获得安慰，自我所使用的方式是多样且互不排斥的。所以，经常会发现几种不同的倒错在同一个人身上并存。我猜想这是普遍情况，而不是例外。（p. 332）

所以，倒错是幻想的结果，构建来解决一个冲突，并且在原则上与其他可分析的症状一样可以用相同的方式被分析。在阿洛引用的那篇论文的几个个案中，他成功地完成了对倒错的分析。那样的分析有助于理解被分析者，以一种有用甚至必需的方式。

拉夫林（Raphling）有一个未发表的女性恋物癖个案与斯皮格尔（Spiegel，1967）的个案类似，拉夫林相信，恋物癖在女性身上比在男性身上更为复杂，以及“倒错的微妙形式可能不被注意，可能比先前所意识到的要更为普遍”（p. 17）。在他的个案中，这个女人在手淫和异性性交中使用无生命的客体来维持自己拥有一个阳具的幻想。恋物客体被证明有正性和负性的俄狄浦斯意义，它代表了一个俄狄浦斯婴儿。它还代表在性交过程中

① 斯蒂文·里滕伯格（Steven Rittenberg）医生指出了隐蔽性是女性倒错的标志这一关键本质（私人交流）。

毁灭男人阴茎的敌意愿望，同时也是对这个女人所幻想的会因插入或受孕而遭受身体伤害的一种保护。恋物还充当她与男人情感卷入的爱情生活的替代品，以及与分析师情感卷入的替代品。因此，恋物类似于格林纳丽的最终观点：一个附加在相对正常的性交上的必要附属物。由弗洛伊德给出的定义，使用客体作为性交或自慰的附属品而非作为替代品来完全替代生殖器满足，属于性欲客体的一种变形，并非真正的倒错。

我们有可能可以拓宽恋物的概念，去指对任何客体的强烈依附，比如霍普金斯（Hopkins，1984）在她的一个潜伏期年龄的女孩对脚和鞋的恋物报告中所做的那样。但是，这是大众的恋物癖，而不是精神分析意义下的，因为它与性能力或性倒错毫无关联。很有意思的是，去了解霍普金斯的病人最终有没有发展出一个真正的恋物。如果没有，那可能可以声称，早期治疗或许帮助预防了恋物的形成。

去揭示和分析一个倒错症状能够有何作为？除非一个人对倒错症状可能发生在女性身上这个观点保持开放，否则当这些症状实际出现的时候，将注定错过它们。承认倒错症状的可能性所带来的影响是，可以通过分析症状来改善它，而不是将它驱赶到底下以致消除了治疗它的可能性。倒错症状会让人厌恶。厌恶有这样症状的病人实在太容易了。同时，也是这样的病人会对治疗没有反应。也许是出于保护女性利益为了让她们不受社会的谴责，才会认为她们绝对不会有倒错。但是，这种保护如果导致了分析这类症状的失败，那么也就阻碍了她们从治疗中获益。我相信为了我们女性病人的利益，我们需要考虑她们有倒错症状的可能性。而且，假如赫尔姆特的论文帮助我们做到这一点，我很高兴我能让它再一次受到分析的关注。

参考文献

Abraham, K. (1912). Psychoanalysis of a Case of Foot and Corset Fetishism. *Jahrbuch für Psychoanalytische und Psychopathologische Forschungen,* 3: 557-567.

Arlow, J. (1971). Character Perversion. In I. Marcus (Ed.), *Currents in Psychoanalysis.* New

York: International Universities.

Bach, S. (1985) Narcissistic States and the Therapeutic Process. New York: Aronson.

Bak, R. (1953). Aggression and Perversion. In *Perversions: Psychodynamks and Therapy* S. Lorand, ed. New York: Random House.

—— (1974). Distortion of the Concept of Fetishism. *Psychoanalytic Study Child,* 21: 191-214.

Brenner, C. (1982). *The Mind in Conflict.* New York: International Universities Press.

Compton, A. (1986). Neglected Classics: Hans Sachs's "On the Genesis of Perversions." *Psychoanalytic Quarterly,* 55: 474-492.

D'Emilio, J. & FREEDMAN, E. (1988). *Intimate Matters:A history of Sexuality in America.* New York: Harper & Row.

Foucault, M. (1978). *The History of Sexuality.* New York: Random House.

Freud, S. (1905). Three Essays on the Theory of Sexuality. *Standard Edition* 7: 125-221.

Greenacre, P. (1953). Certain Relationships Between Fetishism and the FaultyDevelopment of the Body Image. In *Emotional Growth.* NewYork: International Universities Press, 1971.

—— (1955). Further Considerations Regarding Fetishism. In *Emotional Growth.* New York: International Universities Press, 1971.

—— (1960). Further Notes on Fetishism. In *Emotional Growth.* NewYork: International Universities Press, 1971.

—— (1968). Perversions: General Considerations Regarding Their Genetic and Dynamic Background. In *EmotionalGrowth.*NewYork: InternationalUniversities Press, 1971.

—— (1969). The Fetish and the Transitional Object. In *Emotional Growth.* New York: International Universities Press, 1971.

—— (1970). TheTransitionalObject and the Fetish:With Special Reference to the Role of Illusion. In *Emotional Growth.* New York: International Universities Press, 1971.

Hopkins, J. (1984). The Probable Role of Trauma in the Case of Foot and Shoe Fetishism: Aspects of the Psychotherapy of a Six-Year-Old Girl. *International Review of Psycho-Anaysis,* 11: 79-91.

Hug-Hellmuth, H. (1915). A Case of Female Foot or More Properly Boot Fetishism. In *International Zeitschrfit für Artliche Psychoanalyse,* Vol. 3.

Morgenthaler, F. (1988). *Homosexuality, Heterosexuality, Perversion.* Hillsdale, NJ: Analytic Press.

Rank, O. (1923). Perversion and Neurosis *International Journal of Psycho-Analysis,* 4(3): 270-292.

Richards, A.K. (1989). A Romance with Pain: A Telephone Perversion in a Woman. *International Journal of Psycho-Analysis,* 70:153-164.

Spiegel, N. (1967). An Infantile Fetish and Its Persistence into Young Womanhood. *Psychoanalytic Study Child,* 22: 442-425.

此章节初次发表于：

Richards, A.K. (1990). Female Fetishes and Female Perversions: Hermine Hug-Hellmuth's "A Case of Female Foot or More Properly Boot Fetishism" Reconsidered. *Psychoanalytic Review,* 77: 11-23.

第十三章
痛苦的浪漫：一个女人的电话倒错

在那本书里似乎没有很多女性倒错的案例。或许是因为它年代久远,也或许是因为女性近年来才发展出这些东西，作为女性解放的结果。

——玛格丽特·德拉布尔（Magaret Drabble）

《瀑布》（*The Waterfall*，p.184）

一个穿着黑色皮衣，梳着夸张发型的女人来找我做治疗。她正面临因为她对教职员永不知足的要求和她无法完成论文而被大学除名的风险，同时也面临因为她让人无法接受地过度使用宿舍电话而被逐出宿舍的危险。她从六岁开始就有膀胱和肾部的感染史，医生认为她的感染是她尿滞留的继发症状。她曾接受过多次泌尿生殖部位的手术也无任何助益。她从来没有过稳定的朋友关系。高中时代，她在刚入学时担任新班级的班长，到了毕业却没有一个同学愿意在毕业典礼上陪她一起走仪式。虽然她表示希望自己的四位哥哥能喜欢自己，却常常会在母亲面前抱怨他们。严格说来她还是个处女，虽然她曾与别人进行过没有高潮的口交。她否认会手淫。她最重要的主诉是“里面的痛苦”，而她唯一自我安慰的方法就是给母亲打电话。她八岁时就开始接受心理治疗了。

治疗之初，她通过随时与母亲通话来安慰自己。我非常缓慢地尝试将这一症状拉入移情中来，鼓励她改成给我打电话，而且我会每天至少接她一次电话。六个月后，我们一致同意，她是为了获得控制感才定时打电话给父母，而并不是每次都真的想打。后来，她询问了宿舍的其他同学，发现她们都是每周给家里打一次电话。于是，她决定表现得更像她们一点，不要像以前那么幼稚。

现在，这位病人焦虑不安的时候不再给母亲打电话，而是打电话给她的分析师、朋友和邻居。她经常搬家；她无法与同住的人好好相处；她曾与人打架；她辍学并从事了很多工作。尽管感到混乱，她还是能够忍受。她开始像利用母亲那样利用分析师——要求我宽慰她说，是那些跟她发生冲突的人对不起她。我则告诉她，她是想要别人合理化她的行为。治疗进行了两年，她在学校里的表现开始越来越好。她在一个由公立机构创办的有保障的地方安顿了下来：一个成人宿舍。获得了这么多的自主性之后，她打了一个电话，该行为引发了我对这个案例的一个全新的概念化。

这位病人报告说，她前晚很晚的时候打电话给一位朋友，而这位朋友的室友说她去了男友家。于是，病人要到了他的电话号码，拨通了电话，要求跟朋友通话，并且一如既往开始她的冗长赘述："你都不知道里面有多疼。"她的朋友再也忍不住地怒声道："你是什么?变态吗？你想要跟我们一起上床吗？还是怎样？"她挂断了电话。这个问题开启了一个全新的分析阶段；病人开始详细描述打这类电话时的感觉。她会变得越来越紧张，直到达到放松状态。里面的痛苦，指的是她憋尿直到膀胱胀得难受，然后一阵高潮的战栗结束这种紧张感，而电话的内容是对这些感受形式的反思。如果根据性体验来听的话，其重复性特质、刻板模式及她身体内部感官感觉的持续性，就是一种对她高潮体验的精确描述。在我向她做出诠释之后，她开始可以意识到它。像很多打淫秽电话的男人那样，她将听者卷入她的性体验中，仅仅通过超我主导（superego-dominated）的听觉领域，而不是感官享乐的视觉和触觉领域。没有意识到体验着的快乐是性欲化的，能算是一种真正的倒错障碍吗？或者能否把这种缺乏意识当作女性倒错的独特标志呢？（Freud，1919）为了理解这一案例，我重新阅读了倒错的文献，看看能不能找到一些有关女性倒错的资料。

女性倒错?

倒错最让人伤脑筋的地方是，对倒错的描述和理论理解几乎都一致把它当作一种男性的现象。从弗洛伊德早期在《性学三论》中的陈述到斯米尔格的《创造力和倒错》中最新的关于该主题理论上的丰富思考，大部分精神分析作者都着眼于男性倒错的发展和动力学，很少会发现关于女性倒错的分析报告。甚至麦克道格（1985）描述的女性倒错者的治疗，其倒错也只是同性恋，一种客体而非目的的偏离。关于女性倒错的经典教学案例，是弗洛伊德的《一例女性同性恋案例的心理起源学》（1920）。但是，弗洛伊德自己就在《性学三论》的开篇仔细区分了同性恋和倒错。他把同性恋称为“倒置”（inversion），保留“倒错”一词来定义目的的偏离和那些选择儿童、动物、人类身体的某个部位或无生命物品作为性伙伴的行为。后来的作者（Fenichel，1945；Bieber et al.，1962；Socarides，1968）模糊了这一区别。

在精神分析文献中，只有五例异性恋女性的倒错案例被报告过。其中三例只是简短的趣闻轶事。格兰伯格（Grunberger，1966）曾简短描述过一位女性的倒错案例。

> 在很长一段时间内，她通过想象或在环境允许时观察一个想要尿尿却被阻止的小女孩来获得色情性的快感。这一施受虐幻想是那段时间里她唯一可自由支配的性兴奋形式。这个自体性欲行为曾经由其父高度自恋性地投注过，父亲会每晚叫醒她让她去小便……正是她与父亲早期的这种性欲化亲近导致了她现在的倒错（p. 165）。

卡恩（Khan，1979）描述过一位主诉是广场恐怖的病人。分析性治疗揭露了她的两段倒错行为的经历，其间她会被塞住嘴绑起来强奸。她能够通过这样的方式获得在婚姻生活中无法获得的高潮。这种倒错行为由她的性伙伴发起，随后因为她的生活发生变化要离开他们而结束，很显然是不带任何遗憾的。斯米尔格（1984）报告过一个女性案例，她屈服于爱人变态的施受虐戏码，最终通过放弃他而放弃了这种行为。于是，作者问："这是真正的倒错吗？她说她并没有享受其中。"

还有两个更充分的例子。查维兹诺兹（Zavitzaianos，1971）报告了一位有恋物癖和偷窃癖的女性病人在分析期间发展出了一种暴露癖式的倒错，但是他没有说明这一症状是否最终得到了解决。斯皮尔格（1967）报告了一例年轻女性，她的恋物对象是鞋带，这一恋物与她用手指抚弄乳房或肛门的自慰方式交替使用。经过相当多的工作之后，这位病人将对鞋带（String）的迷恋转移到了一个"被控制住的男人"（man on a string）身上，然后她就终止了治疗。虽然这已经是分析文献中关于女性性欲倒错最完整的案例记录，但是它没有说明这样的分析是否可终止（Freud，1937）。

如此稀少的文献所提出的问题是：

1. 为什么在精神分析文献中女性倒错的报告这么少？
2. 有没有可分析的女性倒错者？
3. 如果有,那么这样的分析是否会丰富我们对倒错障碍的本质理解？

我的假设是，女性病人可能被视为边缘性或精神病性（Fliess，1973）但不是倒错者，因为不管是她们自己还是她们的分析师都没有察觉到她们症状中的性欲化快感，所以会将它们当作非常早期的攻击性冲动的离奇爆发。弗洛伊德（1919）宣称只有他的男性病人可以意识到他们打人幻想的关键性第二阶段，而他的女性病人中没有一个能回想起这些。切拉兹（Chehrazi，1986）总结了女性心理学对分析性理解的变化，越来越趋向于认为女性有独特的性欲发展而非男性发展的变体。正如伯恩斯坦（1986）所展示的那样，女性生殖器的真髓是它的隐藏性、不可及性（inaccessibility）和扩散的感官感觉。费舍[1]报告过一项研究，对性刺激显示出有生理上的阴道唤起的女性，

① 查理·费舍（Charles Fisher），来自私人交流。

却报告说自己没有体验到性的感觉。女性可能将性张力的积累所带来的兴奋感体验为一种焦虑。她们可能会把释放时的战栗理解为是“有人在我头上动土”[①]，就像我的一位病人曾经表达过的那样。随着日渐老练，至少有一些女性会把即使发生在性交以外或没有刻意的自我刺激下的高潮感受体验为性欲性的。基于这个理由，在我看来，现在或许有可能可以获得过去很难找到的关于倒错的报告。

按照格林纳丽（1953，1968）所说，对异性生殖器的频繁观察会增加倒错行为的可能性。倒错行为在斯米尔格（1984）看来是儿童为了反对成人将性欲、生育和情感分门别类，所做出的一种肛欲—施虐的混合类表达。卡恩（1979）认为，倒错行为是关于原始客体不成功关系的早期回忆的戏剧式表现。依照巴赫（1985）的看法，倒错行为意图通过创造出一个理想化肛欲客体来应对自恋性缺点。对这些作者而言，客体关系是倒错病因学的关键因素。

巴克（1968）、费伦齐（1911）和麦克道格（1985）强调了倒错中的本能驱力。对于巴克来说，倒错是一种对女性阳具的认定。埃利斯勒（Elissler，1958）则提示只有引发内疚感的倒错障碍可以通过精神分析来治疗。

电话倒错

有一篇关于淫秽电话这种特殊的倒错行为的分析性文献。电话被理解为一种恋物的对象。阿曼斯（Almansi，1985）指出，电话让倒错及强迫性或攻击性目的有了一个匿名的通道。他描述了一位病人，他的倒错式打电话是由孤独感和被抛弃感所促发。当他还是个孩子的时候，他曾经目睹母亲在窃听一条电话合用线时自慰。斯威尔曼（Sliverman，1982a）把来自不可见源头的声音的重要性归结为良心的声音（Silverman，1982b），以及一个小男孩用

① 人们无故战栗时的迷信说法。——译者注

电话来抵御阉割焦虑的惯例。哈里斯（1957）曾在三个案例中描述过把电话作为阳具式工具。在他的案例中，电话焦虑是一种与俄狄浦斯冲突相关的症状。申戈尔德（Shengold，1982）描述过两个案例，都是打电话导致自慰，而且在这两个案例中，童年的原初场景幻想里都有受到母亲过度刺激的明显迹象。

魏奇（Weich，1982）声称语言作为一种恋物，颠覆了表面上的交流，以至于说了什么不如这样一个事实来得重要，即打电话者是侵入式的，接电话的人被侵入了。最著名的莫过于邦克（Bunker，1934）描述声音可以作为一个幻想的阳具，这一象征是由声音的功能来支持的，因为声音可以表达情绪并允许对说话者的性别歧视。歌剧女主角、德国的罗蕾莱女妖和希腊的塞壬女巫就是这类阳具化声音（phallic-voiced）的女人。

莱温（1933）曾描述了两位女性病人，其中一位病人体验她的身体在一天里逐渐变得僵硬，直到分析中语言的流动让她如释重负，就像一次射精。另一位病人躺在床上时，会有肿胀、发热并想要尖叫的冲动的身体感受；在她还是孩子时曾目睹过成人的性交，然后发展成遗尿，后来是想要尖叫的冲动。电影《歌剧红伶》（*Diva*）中，一个歌手拒绝答应她的声音被录音。把她的声音理解为她的阳具的话，就好像她不允许声音与她本人分离而供人享用。她对粉丝的要求是，她必须要在场，去享用他们对她的享用。我在本文提到，我的病人似乎也会在打电话时把自己的声音体验为阳具。

案例说明

分析的前五年每周进行四次，最后两年每周五次。所有的分析性工作都是在沙发上完成的。一次需要详细讨论的电话，给移情添加了一个行动元素。

病人逐渐能够理解她打电话是性欲性的。她一直都知道它们是她唯一的安慰，但通过分析她开始理解她享受它们的生殖器本质。 对他人财产的嫉妒引发她表达对分析师的嫉妒。当看到我穿了一双新鞋时，她开始了关于费用的狂怒的长篇指责。她为治疗所付的费使我获得了它们，同时也剥夺了她。她被嫉妒和恶意的愿望所折磨。对所涉及的幻想的分析包括去思考她的阴茎嫉妒、否认女性生殖器、拒绝任何对母亲无阴茎状态的察觉，以及通过给予和克制尿流来获得掌控感的幻想。这些理解帮助她放弃了她的行为。

我们能够跟踪一个尤其羞辱性的体验，从她生命的第八年追溯到早年体验中的起源，同样也能向后探寻到某些青春期形式的见诸行动（Arlow，1971）。在学校的厕所里，她反复地向其他女孩展示自己的生殖器。她们告诉父母，父母又向学校领导投诉。她受到处分被开除，被送回家。她讲述了她记得自己反复被暴露于四个哥哥的小便竞赛的场景中，还时常看到家里的所有男性在浴室裸体。作为这个经历的结果之一，尿流可能获得了特殊的重要性（Galenson & Roiphe，1976）。所有这些男性裸体的创伤性影响被母亲从不在她面前脱衣服的情境强化了。小女孩可以选择去相信：要么母亲和男性的构成是一样的，要么她对于自己所拥有的感到羞耻。她选择了后者，向哥哥们和父亲认同，并且对母亲采用了一种男性化的态度。

从她两岁开始，父亲周末总不在家的事实把这一切强化了。由于每当哥哥们被迫照顾她时就会戏弄她，母亲便把小女孩带在身边，让哥哥们留在家里。她成了母亲的护卫者（escort），这增强了她的阴茎幻想的信念。然而，当父亲在家的时候，他就会去陪伴母亲。小女孩会和哥哥们一起被留在家里。他们会为自己在其他时候被留在家里而向她报复，所以每当父母准备一起外出时，她都会大发脾气。母亲就会给她打电话，确保她一切都好。电话会来营救她，给她力量战胜哥哥们，这象征了幻想中的阴茎。

所以，尽管在家里她作为那么多男孩之后来到的女孩受到了极度的重视，她仍然发展出一个冲突的男性化认同和一个幻想的阴茎。这些发展和她对所爱的母亲的认同之间相互作用，产生了一个矛盾且极度成问题的女性化形式。我们可以推测，她通过还原成一个依赖母亲的、分离—个体化阶段的小女孩，来试图解决她冲突的双性问题。通过黏附、打电话回家、交替地发牢骚或威胁地提出要求的方式，她保留了幼童的权力。这是一种妥协，在她女性化、依赖、被动的下面，却是男性化且积极主动的，因为她有力量让母亲待在家里等她的电话。

这类对她青春期困境的理解似乎是有帮助的。它延续了她之前的治疗主题，只不过现在是在本能成分的背景下。她在潜伏期和青春期的其他主要症状是，持续抱怨泌尿生殖部位的疼痛。在机械牵拉尿道却没能给她所要的缓解之后，八岁的她开始接受膀胱、输尿管及尿道的一系列手术。她的腹部有膀胱手术留下的伤疤，背部有肾脏手术留下的伤疤。生殖器区域的疼痛曾是她潜伏期的一个重要主题。随着精神分析的进行，这一点变得清晰起来：这个部位被力比多化，并促成了继发的自恋满足。展示她生殖器的机会是她从一个医生到另一个医生那里寻求治疗接受检查的过程中的一部分。感染持续贯穿了分析的第二年，在此期间，憋尿及其后遗症被发现并分析。分析中跟踪了她的侵入性疼痛体验和后来的敌意攻击性之间的关系。她对医生的恶意也扩展到了那些服务于她其他方面需要的人身上。跟干洗店员、牙科保健员和学校秘书的口角，与她在医院和医生办公室里与医院职工在涉及手术、检查和问诊时所遭受的疼痛、苦恼和羞辱有关。此后，再没有听她说起过泌尿生殖部位的感染了。

感染和手术必须有来自母亲的关注，恢复了某种前俄狄浦斯期的联结方式。母亲再一次被拉进了女儿幻想所要求的养育和保护的前俄狄浦斯模式，在女儿的整个青春期，她实质上成了家里的囚徒。不过，自从电话被限制为每周一次后，母亲也找到了自己的职业。虽然母亲自己没有接受治疗，她也获益于得以摆脱女儿退行性的需求。

正向俄狄浦斯冲突是到了分析的第五年才出现的。她梦见了一匹白马。梦和电话的幻想在联想中是一致的。她记起十岁的某天因为在学校生病了，从护士办公室给家里打电话的事情。她最年长的哥哥放学后来学校接她。护士想要让她振作起来，就说：“你的白马王子来接你了。”这个回忆凝缩了几个想法。她只有在生大病时才有资格获得性欲的满足，这是一个源自早年的想法，那时假如她病了就会被获准跟母亲一起睡。这种傲慢的具象化是她会在一匹“高大的马”[①]上起床。当父亲出乎意料地回家时，她要成为父亲的最爱。这一幻想尤其危险，因为无论是哥哥还是父亲，都不是可靠守法之人，因为他们都曾在她面前暴露过自己的生殖器。为了保护病人不去满足禁忌的愿望，并且为了惩罚母亲把父亲据为己有，母亲需要时刻待在家里等着接她的电话。

当她在父亲只取得有限成就的领域中获得成功时，她变得更能容忍异性恋关系。当她幻想自己主动环绕包裹男性的阴茎而非感受到被它插入时，她能够容忍性交。在分析的最后一年，她找到了一个没有割过包皮的爱人，这种妥协被进一步提升。最终，她可以享受这个“不是裸露的阴茎”的样子。这个适度遮掩的阴茎对她来说不再是羞辱性的，不再是像父亲和哥哥们那样被展示出来的。这个男人变得对她尤其重要。

很多分析工作都是在处理她的自恋需要。例如，当她变得能够容忍自己能力的局限性时，她开始发展出更多的自尊感。依据她的成就来测试和评估自己价值的循环被启动，而不再依据她的力量是否能够胜过那些代表她的爱之客体的人们。伴随着这个过程，她的自尊不再那么容易受到波动，也更少需要别人对自己有价值的确认。这个过程在治疗中反复出现了很多次；逐渐稳定的自尊最早出现在她的工作中，再后来才出现在她的爱情生活中。

随着她的生活变得越来越满意，病人开始感到精神分析的会谈是一种干扰。她变得越来越能够忍受冲动，而不是把它们见诸行动，她也变得能够熟练地诠释自己的梦、症状和玩笑。她好奇我们的工作是否已经完成了。在就这个问题讨论了几周后，我们同意做一个结束。她选在了六个月之后。

目前为止，她比治疗初期有了更多的内聚感。她以“胶水正在黏合”的说法来表达这种有了更强的抗压能力的感觉。潜在的优越感也不再那么明显。其他人可以选择想要给她的东西。她要成为同辈孩子中最受宠的那一个的需要也不再那么突出。她不再需要把焦点放在哥哥们的缺点上，而是区分

① high horse，指代傲慢的态度。——译者注

和欣赏他们个人的独特价值。她对他人成就的嫉妒和怨恨也减轻了。她不再需要与分析师竞争。虽然她仍然困扰于对同事的嫉妒，她已能够控制它的表达了。因为早年的痛苦让她对自己是一个特例的感觉缓和了，她开始能够原谅父母的错误，比如他们的稳重度，对她的分离恐惧的应对方式，以及允许她替代父亲在母亲社会生活中的位置等错误。她的特权感缓和到一种心甘情愿为相信是自己应得的东西而努力的程度。她也能够去表达感激。

在决定要终止治疗之后不久，对限制她给母亲打电话进行了分析，但是在确定日期之前，病人的祖母去世了。在祖母过世后的那周，病人和母亲的每日电话促成了一次危机，这个危机正是那些让她进入治疗的东西的微缩版。她再一次开始哀诉，她的导师也开始抱怨她要求太多时间了，她也开始害怕父母将会因为他们的财政问题而纠缠她。所有这些都与她的内疚感有关，这种内疚来自她想用一种性的方式拥有母亲，以及想要作为一个特殊的孩子拥有母亲的爱的贪婪愿望。内疚感也与这些愿望的挫败和她对挫败了自己愿望的父亲的狂怒有关。她变得能够意识到，她所行使的对母亲能动性的施虐性控制，通过迫使母亲留在家里等她的电话。她也能够看到母亲的过度纵容让她有多么的愤怒。她开始哀悼失去祖母–分析师，一个神圣的人，从不侵入或为自己要求任何东西，只会接受信任并为他人的努力提供支持。

伴随着这种不切实际的阳光状态下的移情，她留下了一条道歉信息。因为便秘，她不来做会谈了。她是真的病了。她竭尽所能，但确实来不了。尽管体温没有升高，但是她感觉像是发烧了。她想要呕吐。医生给她开了每天近2升的输液，并让她锻炼。她很绝望。如果我想的话，可以在原本她的治疗时间里给她回个电话。但是，这条过分详尽的信息让我警觉。如果她仅是因为生病不想来，那便已经足够了。这些抱怨与七年前的抱怨非常像。而且打电话这个行为，已经被限制到只用于交流非常偶尔的日程变动事宜，现在也扩展成会谈的替代品了。

当我向她指出这一点时，她表示怀疑。她完全忘记了。于是，我用完全是她自己的原话帮她回忆，这些话我已经听过很多次，可以毫不费力地记起来。里面疼；有压力；确信只有母亲有可能安抚她；绝望地需要被安抚；保证如果不是已经绝望了她绝不会打这个电话。不管怎样，她可以记起今天一大早她确实有过一模一样的那些想法。她也原本打算稍后给母亲打电话。当我把这些想法和性兴奋联系在一起时，她平静了下来。我说，她的忘记与她使用电话的性欲性方式有关。在那一刻，她请求离开去上厕所。当她回到电话旁时，她已经通过撒尿释放了她的性兴奋，她的描述是，从涨满的膀胱里喷泻而出的、阳具式高潮般的尿流。我诠释她的行为是在诱惑性地向我暴露她自己，正如她曾在学校厕所里暴露自己那样。

那一次在多年规律使用电话的行为已经终止后的电话使用，其意义在接下来的几次会谈中得到了讨论。压倒一切的兴奋、绝望地需要母亲的安抚，以及需要被母亲赦免的这些主题反复出现，被理解为一个精心绘制的幻想的一部分。她明白那次电话是最后一次尝试实际地插入我——让我看到——让我理解——进入我的脑袋。她认为，她不得不使用电话，因为电话是她唯一能够接通我的方式。换句话说，电话是她的幻想阴茎。在沙发上她没有它，所以她只能退而求其次地和我交谈——她确信通过谈话这种方式永远不能接通我。她对于电话和电话的“抵达你”的力量有着魔法般的信仰，正如她所形容的，只能通过实际的尝试来获得检验。这次最后尝试去证明她有阳具、她可以有效地使用它、可以用它插入我并由此获得宽慰，是余下部分分析的焦点。

接下来几周在沙发上对她这一幻想的分析，提供了她把电话当成阳具的证据。在想到电话的时候，她感觉自己是有力量的。具体的对象很重要。她不只是在说话，她还可以“接通你”。虽然当我说这样做平息了她的嫉妒，因为她嫉妒那些像我丈夫一样的人，有一个阴茎，可以跟我一起去度假，可以“接通你”，这个诠释让她震怒。但是，她最终能够在一段回忆中承认这一点。谈论把电话作为阳具使她想起了一个噩梦，这个噩梦从她童年开始每年都会反复出现几次。在噩梦中，她被窒息。她想要反抗，却惊恐无力。她的噩梦是一个阉割—强奸的幻想。强奸犯是一个女巫，受到阉割的处罚。当她明白了自己的恐惧与她强迫性地询问究竟是她还是其他人有错相关时，她如释重负。她将这视为自己与母亲组成配偶的问题。无论谁拥有阴茎，就是无罪的；而那个没有阴茎的人是女巫，是罪犯，是有错的。她吓坏了，因为她是孤单的、无助的、无阴茎的，而且还是个罪犯；她婴儿时期所有的恐惧都合并到这个噩梦之中（Brenner，1982）。在这个梦的分析之后，她表达了感激。她的外貌在这七年的治疗中变得越来越柔和，现在则看起来是满足的。这种满足的表情让她长期以来一直嫉妒分析师，之前她怨恨地称之为分析师的自鸣得意。

讨论

女性倒错为何在文献中鲜有讨论，在我看来似乎能由这个案例阐明解答。女性的倒错系统是隐秘的，正如女性的性欲通常隐秘而不易被发现，与女性生理结构上的隐蔽性一样（Peto，1975）。它是隐秘的，也因为它证明了攻击性的存在，而攻击性是她无法接受的，因为它对她的女性化愿望而言是一种过于男性化的威胁。它的隐秘还因为病人的羞耻和内疚让她害怕——她预料分析师会因为它而产生厌恶和拒绝的反应。她之所以能把这个行为及其相关情感隐藏得这么好，是因为她是一个女人。她这样做的驱力，来自她的女性端庄的社会化驱动，来自她的超我对她自己攻击性的谴责，并且她把这种谴责投射到了分析师的身上。

一名男性病人因为不断向女性下属暴露下体而被炒了鱿鱼，他报告说他往往意识不到自己在做什么，直到那些看到他露体的女性表现出的震惊样子，才会使他有所警觉。他的快感在于目光的接触、女性的愤怒和羞耻，以及我们在他的治疗中所发现的，他先前无意识地认为女性会因为看到阴茎而唤起性欲，因为她们也有一个阴茎，也可以被唤起。这个男人倒错的核心问题不是他能否觉察到自己在做什么，而是他对性别差异的否认。他所认为的女性拥有隐藏的阴茎会因为看见男性的阴茎而被性唤起的想法，是他发生性交的绝对前提。这个男人和我的女性病人之间的心理差别似乎是，对兴奋和满足中特有的性欲本质的觉察程度，我认为这是男性和女性性体验的关键差别。

弗洛伊德（1894）提到过一个女性性欲化小便的早期案例：

> 在做性欲化的白日梦时，她的躯体感觉可以与男性的勃起相比，并且在她那里——我不知道是否总是如此——以一种微弱的想要撒尿的需要作为结束。她对这种性欲感受（她一般来说已经习惯了）开始强烈害怕起来，因为她已经下决心要与这种特殊的癖好及其他任何她可能感受到的东西做斗争，而下一刻，情感又转移到了随之的撒尿需要上，迫使她痛苦挣扎之后不得不离开了音乐厅。在日常生活中，她是一个过分拘谨，以至于对任何与性有关的事情都会产生强烈厌恶感的人，无法忍受自己有一天会结婚的念头。另一方面，她在性欲方面又是如此的高度敏感，在她乐于沉溺的性欲化白日梦里，这种相同的感官享乐就曾出现过。每次勃起都会伴随撒尿的需要，尽管她对此不会留下任何印象，直到在音乐厅里发生的这一幕。治疗让她几乎可以完全控制住自己的恐惧症。（p.56）

这里，弗洛伊德呈现了一个他称之为恐怖（phobia）的症状，但是假如这个症状出现在男性身上的话，他很可能会称之为倒错。这种用撒尿的需要替代与一个合适和感兴趣的异性进行性接触，没有觉察到其性意味的张力和享乐，以及对行为的否认态度，都可以在我的病人身上发现平行的部分。假如一个男人体验到勃起伴随着撒尿的需要，并接受这种感觉将之用来替代与女性的性接触，那么他将会毫无疑问被认为是一个倒错者。

弗洛伊德的这种对倒错和神经症症状诊断的区别对待，在我看来，是他一贯倾向于对女性比对男性更仁慈、更宽容和更具保护性的结果。后来的文献也在这方面追随了他的引导。克莱默（Kramer）[①]是这样形容的：

> 就女性性倒错的稀少而言，多年来我一直感觉所有的女性性欲都被虚报了，而我的女性分析师同行们也同意我的这一观点。我们饶有兴趣地注意到，我们辨认出女性自慰的概率要远远大于我们的男性同行们。弗吉尼亚·克劳尔（Virginia Clower）和我讨论过这一点，并且觉得许多男性分析师对他们的女性病人都有着我们所说的"糖和香料"[②]的态度。漂亮的女孩当然不会！

斯多勒（1987）做了一个更近期的建构，聚焦于倒错中占主导地位的敌意攻击，这个观点复苏了对于被标注为倒错的妥协形成的反对和拒弃。

对于我的病人来说，尿流是被理想化的，正如肛门的产物被萨德侯爵理想化一样（Bach，1985）。她的电话将她幻想父亲的阳具侵入母亲与她的声音侵入母亲两者凝缩在了一起（Chasseguet-Smirgel，1984）。她的移情行为的施虐性本质是清晰的。通过这种移情，她时常混淆情感，施予痛苦来取乐。她不承认两性差异、代际差异，以及快乐和不快乐之间的区别（Greenacre，1968）。同时，她将性快感依赖于对电话的使用、尿流的力量，以及尿流带来的自恋增强。生殖器感官感受的获得，只能通过这种异常的场景在现实中强迫性地、频繁地付诸行动，并伴随着一种被驱使的感觉，以避免她将行为体验为她自己的。这是一种倒错吗?

弗洛伊德一开始定义倒错为执着地偏爱一种惩罚和保证被原谅的幻想。后来的一些作者聚焦于恋物，另外一些聚焦于施受虐，还有一些聚焦于自恋的修复。本文中的案例显示了上述所有特点。那些在男性身上会被称为倒错的东西，在女性身上也是类似的。斯多勒（1979）把倒错定义为一种即使觉

① 莎尔玛·克莱默（Selma Kramer），来自私人交流。

② "糖和香料"：美国的通俗说法，男孩是由爱捣乱的两栖动物、懒惰的软体动物和活泼的小狗组成的，而女孩是由糖、香料和其他一切美好事物所组成的。——译者注

察到自己的性活动也可以保持兴奋的能力。正如米歇尔斯（Michels，1980）指出的那样，这个定义会把正常性行为也归入到倒错中。因此觉察力也许是性行为被称为倒错的一个必要方面，但它不是充分的。觉察力可能甚至不是可以二分的。

萨克斯（Sachs，1986）处理了倒错的意识化问题。他的临床数据所显示的混合性与本文案例类似。他是这样描述的：

> 在直到青春期后才开始的漫长又旷日持久的压抑过程中，以及在分析中压抑被解除的那部分工作中，都存在中间状态，我们无法确定自己处理的究竟是一个神经症症状，还是一种倒错满足的形式。（p. 480）

从这一观察中，他总结道："因此，将成瘾插入其中作为链接环节的话，我们有可能建构起一个连续谱，一端是倒错的满足，另一端是神经症症状。"（p. 482）

意识和无意识幻想之间的关系很复杂。阿洛（1969）的立场是，无意识幻想时刻都在发生。"无意识的白日梦正是心理生活中恒定的特色。它是一种始终伴随意识体验的存在。在意识层面感知和体验到的，是经验资料和无意识幻想之间互动的结果，它们由各种各样的自我功能所调停。"（p. 23）因此在意识层面的剧本之下，也许还存在一个潜意识的剧本。倒错行为将一个场景付诸行动，实现的是无意识幻想的变体或衍生。在这个意义上，倒错与其他任何症状都类似。在我看来，所有能够把倒错与其他症状区分开的是社会对倒错的谴责，而与其对立的是社会把症状理解为非自主的，因此也是道德上中立的。（Lydston，1889）

如果希望维持倒错和神经症症状的区别，则需要通过精神分析的过程获得对症状在享乐方面的觉察，这种享乐构成了将那个症状到倒错的转化，只有对附着在那个症状上面的力比多攻击性愿望、防御策略和内部禁令进行分析，加上重建或者回忆起症状背后的原始幻想，才能够消除倒错的症状。

另一方面，似乎把症状和倒错均视为妥协形成会更富有成效，并使用布伦纳（1982）的标准：妥协形成的成功多少作为分析适应性的指标，以及分析性预后的衡量标准，而不是继续在倒错和普通症状之间进行区分。

这个案例分析的结果不仅解决了症状，而且分析师和病人都确信她现在可以自由地继续她的分析工作，她也很满意获得了足够多的东西。她那个天真又开放的朋友提供了一条线索——把她的症状称为倒错。虽然她的朋友不是想要表达这个词在精神分析文献中的精确含义，但她的确提出了一个我认为很有用的分析性问题。

在已经回答了为什么女性倒错在精神分析文献中鲜有报告的问题，以及与之相关的精神分析对这样的病人是否有效的问题之后，我现在将会转向第三个问题：这样的分析会充实我们对于那些已经称为倒错的妥协形成的动力和起源的理解吗?

传统上都是从男性心理学中推断出女性心理，但只有在倒错领域，过去曾经建议可以从女性推断到男性。当谈论到女性的极端服从性时，安妮莱西（Annie Reich，1940）陈述道：

> 我认为女性中如此极端的服从性是一副轮廓鲜明的临床图示，最好视其为倒错。它同样可以在男人身上观察到，但是由于我的临床材料碰巧只包含女性个案，我将会把我对所运作的机制的讨论只限定在女性身上。这些机制在男性身上有可能是相似的。（p. 86）

在这个案例的分析基础上，我相信由格林纳丽（1968）的构想所提出的问题可以被处理了。格林纳丽认为，与母亲最早的前生殖器认同，造成了男性倒错者在面对可怕的女性生殖器时会感到难以确定自己是否还保留着阴茎。女性也处于这种与男性类似的混淆状态，相信自己的生殖器与男性是完全相同的。这个信念的结果，导致她对母亲的认同很冲突。但是，这个病人在她能够达到对俄狄浦斯母亲的认同，并由此获得异性恋和生殖器式爱情生活之前，需要在工作中先加强她对父亲的认同。这样看来，对女性而言，不但对母亲的原始认同能够引发混淆并导致可能被标签化为倒错的妥协形成，而且对父亲后来的认同失败也会如此。

由于许多持续地、黏附地、反复地打电话给治疗师的都是女性来访者，去探索电话被作为恋物使用的可能性或许会增进我们对这类病人的理解。反过来，这样的探索也可以增进我们对倒错的理解。

总结

这名病人反复地、强迫性地给母亲和其他女性保护人打固定模式的电话。由于尿滞留，她有泌尿生殖部位的感染和手术史。这些症状在精神分析的过程中逐渐缓解，打电话被诠释为一个在对母亲的阳具式插入的核心幻想基础上的施受虐性倒错。与这个幻想相关的是，把被动地看转变为主动的暴露癖，主动寻求把痛苦施加在自己和他人身上，以试图克服早期痛苦的医疗性侵入、对父亲的错位认同、与被动顺从的母亲的互补关系，以及随之发生的与俄狄浦斯母亲的认同失败。在分析中，她获得了一个对适应性功能的逐渐重组，允许她通过工作向父亲认同，与竞争的哥哥们和解，并且可以在异性性交中享受女性的性快乐。这些都是通过使用一个恋物癖式的必需品，即那个没有割包皮的男人。

本文形成的假设是，无论是称其为症状还是倒错，两者的治疗都是一样的，所以最实用的方式是把它当作一种妥协形成，而不是主要基于道德的考虑，试图将倒错区别对待。

参考文献

Almanst, R.J. (1985). On Telephoning, Compulsive Telephoning, and Perverse telephoning. *Psychoanalytic Study of Society,* 11: 217-235.

Arlow, J. (1969). Unconscious Fantasy and Disturbances of Conscious Experience. *Psychoanalytic Quarterly,* 38: 1-27.

—— (1971).Atype of Play Observed in Boys During the Latency Period. In *Separation-Individuation: Essays in Honor of Margaret Mahler.* J. McDevitt & C. Settlage, eds. New York: International Universities Press.

Bach, S. (1985). *Narcissistic States and the Therapeutic Process.* New York: Jason Aronson.

Bak, R. 1968 The Phallic Woman: The Ubiquitous Fantasy in Perversions. *Psychoanalytic Study of the Child,* 23: 15-36.

Bernstein, D. (1986). Female Genital Anxieties: Conflict and Mastery. Paper read at the American Psychological Association, Division 39, February 1986.

Bieber, I. et al. (1962). *Homosexuality.* New York: Basic Books.

Brenner, C. (1982). *The Mind in Conflict.* New York: International Universities Press.

Bunker, H.A. (1934). The Voice as (Female) Phallus. *Psychoanalytic Quarterly,* 3: 391-429.

Chasseguet-Smirgel, J. (1984). *Creativity and Perversion.* New York: W.W. Norton.

Chehrazi, S. (1986). Female Psychology: A Review. *Journal of the American Psychoanalytic Association,* 34: 141-162.

Eissler, K. (1958). Notes on Problems of Technique in the Psychoanalytic Treatment of Adolescents with Some Remarks on Perversion. *Psychoanalytic Study of the Child,* 13: 223-225.

Fenichel, O. (1945). *The Psychoanalytical Theory of Neurosis.*NewYork: W. W. Norton.

Ferenczi, S. (1911). *On Obscene Words in Sex in Psychoanalysis*. New York: Basic Books, 1950.

Fliess, R. (1973). *Symbol, Dream, and Psychosis.* New York: International Universities Press.

Freud, S. (1894). The Neuro-psychoses of Defence. *Standard Edition* 3.

—— (1905). Three Essays on Sexuality. *Standard Edition* 7.

—— (1919). A Child Is Being Beaten *Standard Edition* 17.

—— (1920). The Psychogenesis of a Case of Homosexuality in a Woman *Standard Edition* 18.

—— (1937). Analysis Terminable and Interminable. *Standard Edition* 23.

Galenson, E. & Roiphe, H. (1976).Some Suggested Revisions Concerning Early Female Development. *Journal of the American Psychoanalytic Association,* 24: 29-58.

Greenacre, P. (1953). Certain Relationships Between Fetishism and the Faulty Development of the Body Image. *Psychoanalytic Study of the Child,* 8: 79-98.

—— (1968). Perversions: General Considerations Regarding Their Genetic and Dynamic

Background. *Psychoanalytic Study of the Child,* 23: 47-62.

Grunberger, B. (1966). Some Reflections on the RatMan. *International Journal of Psychoanalysis,* 47: 160-168

Harris, H.I. (1957). Telephone Anxiety. *Journal of the American Psychoanalytic Association,* 5: 342-347.

Khan, M. (1979). Alienation in Perversions. New York: International Universities Press.

Lewin, B.D. (1933). The Body as Phallus. *Psychoanalytic Quarterly,* 2: 24-47.

Lydston, G.F. (1889). Sexual Perversion, Satyriasis and Nymphomania. *Medical and Surgical Reporter,* 61: 253-258.

Mcdougall, J. (1985). *Theaters of the Mind.* New York: Basic Books.

Michels, R. (1980). Sexual Excitement by Robert J. Stoller, M.D. In *Women, Sex, and Sexuality,* G. Stimpson&E.S. Person, eds. Chicago: University of Chicago Press.

Peto, A. (1975). The Primal Scene in Perversions. *Psychoanalytic Quarterly,* 44: 176-190.

Reich, A. (1940). A Contribution to the Analysis of Extreme Submissiveness in Women. In *Annie Reich: Psychoanalytic Contributions.* New York: International Universities Press, 1973.

Sachs, H. (1986). On the Genesis of Perversions. *Psychoanalytic Quarterly,* 55: 477-492.

Shengold, L. (1982). The Symbol ofTelephoning *Journal of theAmerican Psychoanalytic Association,* 30: 461-470.

Silverman, M. (1982a). The Voice of Conscience and the Sounds of the Analytic Hour. *Psychoanalytic Quarterly,* 51: 196-217.

—— (1982b). A Nine-Year-Old's Use of the Telephone: Symbolism in Statu Nascendi. *Psychoanalytic Quarterly,* 51: 598-611.

Socarides, C.W. (1968). *The Overt Homosexual.* New York: Grune & Stratton.

Spiegel, N.T. (1967). An Infantile Fetish and Its Persistence into Young Womanhood. *Psychoanalytic Study of the Child,* 22: 402-425.

Stoller, R. (1979). *Sexual Excitement.* New York: Pantheon Books.

—— (1987). Perversion and the Desire to Harm In *Theories of the Unconscious and Theories of the Self.* R. Stern, ed. Hillsdale, NJ: Analytic Press.

Weich, M. (1982). Language Fetish. Paper read at American Psychoanalytic Association meeting, December 1982.

Zavitzianos, G. (1971) Fetishism and Exhibitionism in the Female and Their Relationship to Psychotherapy and Kleptomania. *International Journal of Psychoanalysis,* 52: 297-305.

本章节初次发表于：

Richards, A.K. (1989). A Romance with Pain: ATelephone Perversion in a Woman? *International Journal of Psychoanalysis,* 70: 153-164.

Section III: Loneliness

第三部分 孤独[1]

① 该部分的文章由阿琳·克莱默·理查兹和露西尔·斯派拉共同创作。

引言

孤独在我看来通常包含以下想法：渴望特定的某人；渴望亲属团体；渴望已经丧失的婴儿期与母亲的孪生关系；渴望他人的承认和欣赏。现在我还认为，孤独意味着渴望现在的自己仍然跟曾经的自己一样，渴望现在的身体仍然跟曾经的身体一样，渴望未来具有的可能性如自己想象的一样展开。

对于渴望特定的某人（Brenner，1974），渴望一个共情的客体（Kohut，1959），渴望被一个精英群体接纳（Proust，2003）以及渴望被一个国家或种族群体接纳的观点，阿尔莫多瓦（Almodovar）在他的电影《吾栖之肤》（*The Skin I Live In*，2011）中，又增加了一层含义，即渴望自己。弗洛伊德对自恋之爱的断言中也暗含了这一观点，即自恋之爱是对从前的自体的渴望，渴望理想的自体或渴望自己的镜像。不过阿尔莫多瓦为我们呈现了一幅一个人渴望他从前的性欲和性别身份的图画，而这在弗洛伊德所处的还没有外科手术的年代是难以想象的。与此最为接近的是选择与现实生活中自己相反的性别角色，以及在性活动中扮演与生理性别相反的性别角色。这在心理上是有可能改变的。可以阉割掉男性生殖器，但是像提瑞西阿斯神一样易性，还只是现代外科手术存在的一种可能性。

那么在临床上应该如何处理呢？一个病人对自己现在的生活非常失望，又害怕尝试去逃脱让自己孤独的梦境，然后做着白日梦，梦想自己能去一个很远的地方，做出勇敢的行为。她渴望另一个自体：有可能这是她早年蹒跚学步时的自体，那时她可以幸福地自由奔跑；也可能是她渴望创造一个自体，但又由于自己的虚弱和缺陷无法完成当前适当的目标而无法创造出一个自体。即使有家人和朋友的陪伴她仍感到孤独，如果他们有其他事情无法陪伴她时，她更为孤独。她感到自己太渺小太不完美，无法和年长的兄弟姐妹竞争，这让她感到没有能力在更大的领域竞争。我认为，她渴望去一个很远的地方，以及想要一个能超越她所有兄弟姐妹的同行人，这令她设想了一个远离兄弟姐妹和父母管辖范围的世界。她将这个世界看成自己所有其他人的对决，她是孤独的。当我向她表达了我对于她让自己一直孤独的想法时，她变得非常愤慨。她说如果我这么聪明，为什么不帮她实现她真正想实现的梦想呢？

我提醒她，她的母亲就总是告诉她，她可以去做任何她想做的事。我告诉她，我想成为一名歌剧明星，但我甚至连一个音调都唱不准。所以我有多么想成为歌剧明星已经不重要，重要的是这不可能发生在我身上。如果我只拼命去够那些我无论如何也够不到的东西，那我就可能忽视能带给我满足感的职业。通过将她的挫折感正常化，以及构造能带给她满足感的现实目标，我希望她能意识到发展自身具备的天赋所能带给她的满足感和自尊。当我在帮助她时，她就不再是孤独的一个人，我和她在一起。

这个时候，我发现治疗师只是作为一个对病人做出回应的他人，病人的孤独感就能在治疗中得到改善。通过真实的倾听病人并做出自己真实的回应，我将病人带入了两人合作的世界。在她否定我的观点时，我也跟她一起反对我的解释。我会欢呼一声，哇，又错了。又错了！我敲自己脑门的动作让这样的互动变得有趣又好玩。

参考文献

Almodóvar, P. (2011). *The Skin I Live In.* (Spanish film: *La piel que habito*) New York: Sony Pictures Classics.

Brenner, C. (1974). On the Nature and Development of Affects: A Unified Theory. *Psychoanalytic Quarterly,* 43: 532-556.

Kohut, H. (1959). Introspection, Empathy, and Psychoanalysis—An Examination of the Relationship Between Mode of Observation and Theory. *Journal of the American Psychoanalytic Association,* 7: 459-483.

Proust, M. (2003). *In Search of Lost Time.* (6 volumes; Transl. C.K.Scott-Moncrieff & T. Kilmartin; revised by D. J. Enright). New York: Modern Library.

第十四章
普鲁斯特的小说、一个临床案例，以及势利眼、偏见和爱的心理学与社会学因素

本文关注的焦点是，普鲁斯特关于理解社会排斥现象的独创性贡献。普鲁斯特的心理学小说《追忆似水年华》说明了，社会排斥现象是如何与早年被父母的夫妻关系所排斥的感觉相关的。普鲁斯特还向我们展示了，一个孩子是如何通过表现得像一个被内疚感和耻辱所折磨的受害人那样来赢得母亲关注的，他可能会通过防御另一个受害者或认同攻击者而排斥他人来缓解这种内疚感和耻辱。本文论述了为什么个体在法律允许的范围内排斥他人参与事件、获得机会和平等的行为，可以成为修复耻辱、削弱被排斥的愤怒的尝试。我们通过一个案例片段来说明，普鲁斯特的著作对安娜·弗洛伊德关于与攻击者认同的观点的补充和扩展。

一个案例片段

一个治疗师变得很焦虑。她的病人乔尼告诉她，说他很焦虑是因为他的女朋友对他很愤怒。他们在高中就认识了，从大学开始正式约会。他说自己很无助，因为他无法说服父母同意邀请女朋友来参加他们的假日聚会。他解释说，父母不想邀请她是因为她是个外人，她的出现可能会让某些客人不高兴。他知道父亲不太喜欢这段恋爱关系，所以忽视她。母亲只认为她是他的一个普通朋友，因此对她还算热情。但是，当她是他的女朋友这一事实越来越明朗的时候，母亲对她的态度变冷了。

为什么治疗师会焦虑呢？当病人将自己描述成拥有强大父母的一个孩子，而不是在现实生活中已经有所成就的一位年轻男人时，她觉得她应该将他看成这个事件的受害者，被迫去同情他的无能。他作为家庭一员的自体意象和他在现实世界中的表现之间是否有矛盾之处？他是否想和治疗师建立起一个对抗母亲或父亲的三角关系？或者对抗他的种族？他知道，治疗师不是他所在群体的一员。治疗师也知道在他们的家乡，在乔尼出生前，他的家族就因为少数民族身份而遭受了很多苦难。治疗师怀疑乔尼潜意识排斥女朋友跟他们的不同，因为他的家族曾遭受压迫和苦难。他认为自己才是受害者，而不是他的女朋友。

如上述案例中某人被排斥这一主题，在乔尼身上以各种方式多次呈现。就在他开始治疗之后不久的一次治疗中，他微笑着说，他想告诉治疗师一些他从未跟前治疗师分享过的秘密，即使他在前治疗师那里治疗了好几年。那个治疗师由于工作变动将乔尼转介了。他讲述自己故事的方式，他的笑容和他跟现治疗师说将要告诉她一个特别的秘密，所有这些看起来都很具诱惑性。当他们探索了这些行为的含义之后，他们发现乔尼的生活主题就是被排斥。他有很多招女人喜欢的地方：老师，排斥所有的学生；女上司，排斥所有同事；以及母亲，排斥他的父亲。乔尼得到关注和奖赏而别人被忽视。他的男性朋友都很嫉妒他有很多美女——性感精致的年轻女性“追求”。

他认为从他十二岁开始，母亲对他的关注就比父亲多。他记得私立学校的老师跟母亲说他非常聪明、很有天赋，从那时开始，母亲就特别关注他。他很享受被她关注，而且为了能让她继续关注而格外地讨好她。

从那时起他就经常陪母亲出席一些文化活动、拜访亲友，而父亲留在家里。这种父亲被排斥的模式，或者说父亲自己排斥自己的模式，非常具有戏剧性：当乔尼十五岁左右的那个夏天，乔尼和母亲睡在一张床上，父亲却睡到了乔尼的房间。根据乔尼的描述，那张床很大，所以即使他跟母亲睡在一起也完全不会碰到彼此的身体，所以只是在一张床上睡觉而已。乔尼认为，他去父母房间睡是因为他的房间的空调制冷效果差，他难以忍受那种闷热的感觉，其实他当时本来是打算睡在父母房间的地板上的。据说，他睡在地板上的想法让父亲非常心疼，所以把床让给了乔尼而自己去睡乔尼那个不舒服的房间。一直到某天空调修好后，他们才各自回到自己的房间睡觉。

乔尼并不觉得父亲会因此而不舒服，他也并不感到内疚，但他主动说他觉得在那个年纪还和母亲睡在一起很不好意思：因为别人会觉得他太孩子气。乔尼长期的焦虑和自己是个骗子的感觉就是从那个时期开始的，尽管他并没有将这些症状和这段卧室插曲联系到一起。他的自尊非常脆弱，而且高度取决于赢得他人的爱。在他赢得他人的爱之后，很快他又会醒悟过来并感到被禁锢。

治疗师如何理解排斥这个主题，要么排斥别人要么被别人排斥？治疗师可以运用很多理论来理解这些材料：俄狄浦斯冲突、分离—个体化冲突、恐惧被投射到别人身上的自己的攻击性，或者这些动力的组合。所以，有时候一些伟大的艺术家会对心理学的领会锦上添花。

普鲁斯特的《追忆似水年华》在描述心理学性格时，聚焦在社会性排斥的主题上。他非常生动地描述了童年的痛苦经历是如何激发成人的社会行为的。乔尼的治疗师觉得，在读了普鲁斯特小说中的男主人公和其他人物角色是如何将各种早年的痛苦情境见诸行动之后，能更好地理解乔尼。

社会性势利眼有其心理学根源——成人清楚地知道与其让别人排斥自己不如自己排斥别人。这种现象是如何发生的呢？让我们再来看看普鲁斯特和他的小说。

芭芭拉·普洛夫斯特·所罗门（Barbara Probst Solomon，2001）指出，普鲁斯特是20世纪将偏见作为核心主题写进著作的第一大作家。他那回忆录式的小说，就像讲述者本人亲身经历一样娓娓道来，激发我们去思考社会和心理是如何交互作用的。

他对各行各业、各个不同发展阶段的人物角色及社会风俗的描述，说明了个人通过排斥他人或将自己塑造成危险的外来者获得快感的根源。精神分析师从普鲁斯特那里学到很多对心理学理论的详细诠释和扩展。波兰德

（Poland，2003）专注于普鲁斯特提出的阅读和写作是一种升华，可以重塑一个人的世界观和论证。米勒（Miller，1956）和哈尔贝施塔特-弗洛伊德（1991）喜欢通过作家富有想象力的作品来分析研究作家本身。哈尔贝施塔特通过分析普鲁斯特的著作发展了自己的倒错理论。科胡特（1977）认为，《追忆似水年华》的男主人公遭受了破碎自体的折磨：不幸的男人，在寻找自体。科胡特将不幸的男人与遭受残余俄狄浦斯情节折磨的典型的内疚男人区分开来。弗里德（Fried，2008）创造性地运用普鲁斯特关于阿尔贝蒂娜（Albertine）[①]对男主人公的治疗的描写，阐明了治疗师有计划地缺席对病人和治疗师本人的影响。

普鲁斯特的小说向我们展示了持续地渴望爱尽管痛苦，也比回报爱更令人满足（Richards & Spira，2012）。在孩子渴望父母中的一方对自己独一无二的爱，同时对父母的另一方还有痛苦的矛盾情感时，孩子和父母如何协调来面对这样的挑战会决定所造成的心理上的影响和更广阔的社会影响。这也同样适用于我们和我们所爱的人。

排斥他人是一个社会现象还是一个心理现象呢？这取决于你如何看待这个问题。被排斥显然是痛苦的事，排斥者的痛苦或许不是那么明显。排斥带来的快感是权力，但权力的自由行使也将导致责任及副作用：内疚感。社会规范的作用就在于它界定了什么是羞耻的、什么是值得骄傲的。排斥他人也起到了防御的作用。通常排斥的冲动源于羞耻感和被排斥的经历所导致的被贬低感。坎贝尔（Campbell，2011）详细阐述了这一观点，认为差异是被排斥的，要从属于已有的权力结构。他指出，这种被迫服从会带来心理创伤的风险。我们发现那些服从者同样也有风险，因为他们产生了被迫害的感觉。

普鲁斯特的回忆录式小说《追忆似水年华》促进了从社会学和心理学视角对社会排斥这一现象的理解。他丰富的人物刻画从整个社会领域描绘了男主人公、女主人公和其他平凡的角色。他生动细致地描述了童年痛苦的经历

① 小说中，男主人公的女朋友。——译者注

是如何激发成年人的社会行为的。他的著作说明，社会势利眼现象的根源是心理。成年人确信与其像他是孩子时那样被排斥，不如趁现在自己有权力去排斥他人。势利眼就是排斥他人。为了合理化这种排斥行为，势利眼们不合理地将之归诸以社会阶层、种族、信仰、性别和/或性取向为基础的不良性格。乔尼在那种情境下和女朋友在一起，在那个假日聚会上，他只认为父母是排斥者。他没有意识到自己在排斥女朋友的事件中他的矛盾情感所充当的角色。

普鲁斯特及其小说

普鲁斯特小说里的主人公，有时被称为M或马塞尔（Marcel），以看上去很成功的方式来渴望获得母亲的爱。尽管跟史料记载的普鲁斯特有很多重大的不同，小说中的讲述者与作者普鲁斯特在性格上还是有很多相似点。普鲁斯特是异性恋，是家中独子。普鲁斯特笔下的主人公不明确地属于某个被排斥的群体。

当我们读到小说中描述一个小男孩因为父母不让他和他们一起吃晚饭而痛苦地待在自己卧室时，小说就引入了排斥这一主题。父母正在款待他们的有钱邻居斯万，而斯万的妻子奥黛特，因为有关她过去性史的八卦不在受邀之列。她总是和有钱的情人有染而被排除在他们的社交圈之外。她的性选择给了这个中产阶级家庭排斥她的权力。但是，这个小男孩做了什么也要被排斥？这个晚上男孩没有得到他的晚安之吻，他的性欲望给他带来了麻烦，正如奥黛特的性行为招致了社会性的斥责一样。

因为没有得到他想要的晚安之吻，男孩非常不高兴，他发动了一场“战争”去获得它。他恳求女仆捎便条给母亲让她来他的房间。在把便条交给女仆之前，他意识到女仆几乎不会随意去打扰他的父母。为了让女仆克服这种奴性，他告诉她说，母亲希望听到他的消息。他希望以此让女仆觉得，她是在执行女主人的命令而不是他的。按照他的计划，母亲收到了他的便条。因为坚信母亲看到便条一定会到他的房间里，于是他逐渐平静下来。可是当女仆告诉他，母亲并没有任何回应时，他感到希望落空了，又再次感觉到痛苦的渴望。他太想要被母亲关注反而导致了被排斥的结果。

普鲁斯特笔下的男孩渴望母亲的吻。他认为他可以通过纠缠母亲直到她让步来回避被排斥的痛苦感受。他知道，晚餐结束后母亲会上楼回卧房。他准备在楼梯旁等候她。当母亲看到他时，她试图鼓励他回到自己的房间。他却觉得母亲生他的气了。这时父亲出现了，当父亲看到男孩的痛苦时警惕地感觉到如果他得不到母亲的关注就会生病。他要求妻子跟儿子待一会儿。她非常不情愿地答应了，然后只是躺在儿子身边给他读故事。

她读到的故事是关于一个孤儿被一个像代理母亲的名叫玛德琳的女人帮助的故事。当故事中的小男孩长大后，他爱上了玛德琳，并且最终说服她嫁给了自己。这个小男孩赢得了他的“妈妈”，从此过上了幸福的生活。普鲁斯特是否在暗示我们，听了这个故事的孩子，并且让母亲睡在旁边，会认为他长大后也能和母亲结婚？普鲁斯特故事中的男孩是否感到满意或有力量？他在小说里没有交代。

那夜的余波

普鲁斯特笔下的主人公在自己的愿望得以满足时，还有了其他感受。小马塞尔的坚持给他带来的是羞辱。他意识到母亲并不想跟他待在一起，她仅仅是因为父亲的要求才留下来的。父亲害怕儿子会生病。读者认为他是可怜马塞尔。马塞尔感到是他造成了母亲的痛苦，他看到她很难过，推测是因为她觉得他不够强大、没有长大。他为自己给母亲造成的痛苦而感到内疚，为父亲对他的怜悯而感到羞耻。第二天早上，他开始后悔了。讲述者是这样描写马塞尔的后悔的：“如果我现在敢，我会对妈妈说：‘不，我不想要你睡在这儿，你一定不能睡在这儿。’”（普鲁斯特，1913/2003，vol.1，p.51）也是从这个时候开始，男孩认为自己有病。

马塞尔长大后，一次偶然机会看到了一本弗朗索瓦·勒尚皮（Francoois le Champi）的书，回忆起他童年时那个重要的夜晚。他是这样说的：

……在那个我生命中最甜蜜也最悲伤的夜晚，当我终于让父母为我放下了他们的权威，我的健康和意志也随之逐日衰退，也由于我的放弃，每日悲惨地感到日常生活都变得越来越艰难。（普鲁斯特，1927/2003，vol.6，p. 287）

这一回忆时刻出现在读者已经见证了男孩长大成青少年、成人，为了获得快感而付出了沉痛的代价之后。他的俄狄浦斯胜利让他在余生都备感内疚和羞耻。

普鲁斯特笔下的女同性恋情人

普鲁斯特同样也描绘了一个女性俄狄浦斯胜利者的痛苦。梵提尔小姐（Vinteuil）在很小的时候母亲就去世了，之后由她所崇拜的父亲抚养长大。很显然，这样一个俄狄浦斯的胜利者，成年后爱的是女人，在与同性情人的见诸行动中深切地感受到对父亲的痛恨。年轻的讲述者透过一扇窗看到，梵提尔小姐竟然敢让情人威胁说要朝她父亲的照片吐口水，呈现了一种施受虐的情人之间的仪式。爱和攻击总是这么典型地紧紧连在一起。攻击性是否有可能让梵提尔小姐能够忍受自己因为女同性恋的身份而遭到家乡排斥的痛苦？或者，如哈尔贝施塔特（1991）所认为的，这里包含的施受虐之爱的仪式可能是普鲁斯特让梵提尔小姐不认同她那受虐的父亲的一种方式。她与同性情人之间公开的性游戏让她们成了八卦的主题，社区的人都对她的父亲表示同情。讲述者写到在自己还是个孩子时，有一次跟父母散步，路过梵提尔先生的家。当时他知道：

人们说："可怜的梵提尔先生，一定是因为对女儿的父爱而无视大家都在谈论的，他口风太松，致使女儿带回一个那样的女人，让他无比震惊，而且就跟他住在一个屋檐下！……他肯定知道这个女人绝不是在教他女儿学音乐。"（普鲁斯特，1913/2003，vol.1，p. 207）

梵提尔小姐和情人被讲述者当时所处的社会、他的家庭和他的朋友们所排斥。她们也不被允许参加小镇上的社交活动。对女同性恋的偏见迫使她们寻找能继续生活的新环境。梵提尔小姐和情人成了一个由女同性恋构成的女艺术家团体的一员，分享同性之爱、创造力，跟普鲁斯特所处时代的女同性恋之间的爱没什么不同（Souhami，2005）。她们排斥异性恋的世界就像异性恋排斥她们一样。这是一个如何通过排斥别人来获得力量的好例子。我们通过梵提尔小姐的处境，看到普鲁斯特对理解社会排斥现象所做的贡献之一：心理因素和社会因素是如何交互作用的。

普鲁斯特和爱的社会性决定因素

社会对一个人物重要身份地位的界定，决定了其个人选择。普鲁斯特笔下聪明又傲慢的夏吕斯男爵（Baron Charlus）是一个同性恋。他的情人同时也是他最亲近的伴侣，是一个无知又肆无忌惮的裁缝。我们不禁要问，是因为他知道他的同性恋身份会被社会排斥，所以才选择了这样一个不入流的情人吗？虽然斯万的母亲是犹太人，但他最终还是混进了贵族圈并成功取得了贵妇们的青睐。这些贵妇们他一个也看不上，却爱上了一个底层的奥黛特，经历了一段相当混乱的求爱过程。是否他选择了一个跟他的母亲一样被社会所排斥的爱人，就像小说里已经有很多描述的情形一样。

社会势利眼和阶层

普鲁斯特非常精确地描绘了基于阶层和性取向的社会势利眼现象。他笔下的势利眼存在于社会各个阶层。普鲁斯特笔下的盖尔芒特公爵夫人，对那些她觉得不如她精致、不如她聪明、不如她有地位或有教养的人一律施以轻蔑的态度和行为。一个公共厕所的主妇，为了向中产阶级客户谄媚而排斥一个贫穷的女人。讲述者将这个主妇居高临下的行为比作公爵夫人：社交晚宴是公爵夫人的社交范畴，主妇的公厕是她的地盘。管家一样也有势利眼：他们会欺负一个没有经验的厨房新手。

不过，社会势利眼并不是简单地蔑视处于社会底层的人。资产阶级也排斥贵族：主人公的祖母一开始也不接受一个从小熟识的贵族熟人向她示好。

祖母认为好人存在于自己所在的阶层。她的孙子马塞尔，决定要打破这个壁垒。他跟那个晚上要母亲到自己房间来睡的男孩是一样的角色。作为一个年轻人，他同样坚持让自己去迎合盖尔芒特贵族的喜好。普鲁斯特本人年轻的时候就跨越了这一壁垒，从一个资产阶级家庭到贵族社会再到伟大的艺术家。他的智慧、敏锐的观察力和有趣的技能，使自己成为有着更高成就和社会地位的人的令人尊敬的伙伴。克里斯蒂娃（Kristeva，1993）在普鲁斯特的著作中看到了现实和虚构的混合，这是典型的壁垒的流动性。在某些特定的情况下，社会壁垒会随时间而膨胀和收缩。

社会势利眼和偏见

普鲁斯特对现实和虚构的混合，让我们得以窥见偏见之本质。他的叙述中涉及了德雷福斯（Dreyfus）案件。德雷福斯是一位犯有叛国罪的法国军官。这在法国是轰动一时的大案。一方宣称他是被陷害的，因为他是犹太人，另一方坚信他有罪，认为他是为德国效力的反法间谍。普鲁斯特笔下的角色冲突了：德雷福斯的支持者和反对者们。拥护德雷福斯的有马塞尔、斯万和年轻的贵族圣徒卢普。真实的情况是，德雷福斯事件将犹太“民族”从军官旧有的贵族体系中分离了出来。即使如普鲁斯特之类已受洗礼并转变为基督徒的人，也仍然被当作犹太“民族”。法国艺术家如左拉（Zola）和其他相信勤奋工作、学习、自由和平等的人生观的人，都站在德雷福斯的拥护者一边。法国保守派、许多贵族和农民，以及还被居于统治地位的宗教机构奴役的一些人，希望这项罪名成立，因为他们认为如果撤销指控会颠覆社会秩序。普鲁斯特笔下的一个德雷福斯反对派角色坚称，不能同时既是犹太人又是法国人。普鲁斯特将德雷福斯事件写进小说，是一个隐喻。罗斯（Rose，2012）高度评价了普鲁斯特所强调的，应该超越种族主义的壁垒还德雷福斯一个公道。她从他的著作中看到一些以色列人的错误记忆，以及同情是如何影响当前以色列–阿拉伯外交关系的。对她来说，当一个群体只看到自己的牺牲而忘了自己是如何侵犯他人的，后果会相当严重。在普鲁斯特的小说中，这一代表是马塞尔与阿尔贝蒂娜的关系，以及那些拒绝给德雷福斯一个公平审判的人。现实生活中，我们也看到了这一模式，乔尼合理化地认为是别人而不是自己以有人被排斥为乐。

最有意思的是，普鲁斯特提醒我们要警惕偏见的变化无常。奥黛特即使是在与有钱人斯万结婚后，仍然不被贵族或资产阶级任何一方欢迎。在她与反德雷福斯者为伍之后，她却猛然发现贵族圈向她伸出了橄榄枝。而正在奥黛特被贵族圈所接纳时，卢普、斯万和马塞尔却被一直欢迎他们的贵族圈抛弃了。相似的偏见让毫不相干的人也能凑到一起。普鲁斯特完美地展示了社会壁垒是如何在种族偏见面前分崩离析的。种族优越感的邪恶和宗教的偏执与小镇对女同性恋的攻击都处于一个连续体中。

讨论

如果弗洛伊德教导我们说，俄狄浦斯神话是有关情侣排他的故事，那么普鲁斯特向我们展示的就是，被社会团体所排斥是在社会范畴内上演的俄狄浦斯冲突。社会排斥会被当作缓解俄狄浦斯耻辱导致的痛苦感受的一个途径。将被动的排斥转为主动的排他性，社会的势利小人将自己感受到的所受施与他人。

普鲁斯特笔下的小马塞尔在渴望母亲的陪伴时，母亲正在和别人吃饭。这顿饭的客人斯万就成了小马塞尔和母亲之间的壁垒，俄狄浦斯的竞争就从父亲移植到了斯万这个造访者身上，而斯万在此时代表着社会对这个家庭的侵入。以这种方式，普鲁斯特在俄狄浦斯排斥和社会排斥之前建立起了关联，在成年的马塞尔想得到自己的情人并让情人远离她的社会圈子时，这一问题才得以终结。

弗洛伊德向我们展示了当孩子没有成为俄狄浦斯胜利者时，是怎样遭受复仇幻想的折磨的。而普鲁斯特向我们展示的是，赢得了俄狄浦斯胜利的孩子终其一生都在幻想通过丧失获得胜利。马塞尔获得父亲的许可让母亲留下来陪自己的副作用就是，他接受了自己是疾病受害者的身份，也是对父亲或任何其他男人都没有威胁的孩子，“妈妈的男孩”只能遭受他所爱的女人带来的痛苦。成年后，他折磨他所爱的人——阿尔贝蒂娜——因为他不能忍受她的出现令自己遭到排斥。他将她囚禁，这样她就不得不欺骗他以获得自己的生活。他重复了他与父母之间的三角关系，但将这种三角关系转换到了他的情人、他自己和其他女人的关系中。在此，当普鲁斯特描述马塞尔嫉妒地幻想他的情人不是与某一个人有性关系而是与一群女同性恋有性关系时，他再次将个人问题放置到了社会情境中。他嫉妒一群女人而不是某个特定的女人。那么，他的折磨行为就可以顺理成章地被忽略掉。

普鲁斯特发展弗洛伊德理论的另一个表现就是，在社会领域内扩展了与攻击者认同的观点。普鲁斯特描述了被排斥的梵提尔小姐及其情人是如何创造了一个女同性恋的社交圈，以排斥那些曾经排斥她们的村民。性和社会在心理学领域再次相关，并且都使用了同样的适应策略。对马塞尔来说，与攻击者认同不是适应的表现。他试图成为排斥他的情人的人，但这只会给他带来痛苦。只有在他找到方法进入盖尔芒特那个排斥他人的体系中时，这个方法才对他有用。同样对于奥黛特，当她加入到反德雷福斯的队伍中时，那些曾经排斥她的人就跟她一起把矛头指向了德雷福斯。

另外一个普鲁斯特原创的观点是，与受害者认同的力量。在安娜·弗洛伊德（1936）描述与攻击者认同这一防御机制时，普鲁斯特运用自己对人性的理解向我们展示了与受害者认同这一防御机制。马塞尔通过与德雷福斯的认同划定了自己在社会中的位置。由于德雷福斯所遭受的权力被剥夺、被羞辱，马塞尔会将他看成跟自己一样虚弱、易碎和不能应对的难友。为了支持德雷福斯，马塞尔不再是一个受害者，而是成了与受害者认同的团体的一员。成为团体一员赋予了他权力，让他能够将自己的虚弱转换成力量。在小说里，这样的团体是由同性恋、女同性恋、犹太人和知识分子构成的。

当代生活中的社会势利眼和偏见

是否正式认可的羞辱和排斥仍然在我们的制度体系中普遍存在？科比特（Corbett，2009）报告了一所学校为毕业班学生举办了一场非裔美籍学生毕业舞会和一场白人学生毕业舞会。学生们却说，他们希望举办一场所有学生都参加的舞会。一部分学生又说，举办两场舞会本是一个无恶意的传统。

白人父母动用了主流文化的权力，将学生按种族分类。他们声称被分成两组的学生都是自愿分开，其实是忽视了学生们的感受。被排斥的感觉不被理解是很痛苦的，渴望被接纳的感觉不被理解也是很痛苦的。无论我们如何对这种排他行为进行分类，早年经历和心理与社会的交互作用显然是很关键的因素。排他者认同的是将他们排除在成人娱乐之外的父母。排斥他人的冲动源于对自己被排斥的感受的理解，普鲁斯特给出了完美的例证，其笔下成年人的娱乐让孩子感受到被排斥的羞辱，却置换成了父母一方让孩子成了俄狄浦斯胜利者这一结果。成为俄狄浦斯“胜利者”会给成年发展带来巨大的影响（Lasky，1984；H.Gill，1987；Halberstadt-Freud，1991）。被激起的内疚感抑制了成长。当这样的胜利通过扮演受害者而获得时，就会导致羞耻感。

羞辱要么会让一个人通过排斥别人来羞辱他人，要么会让一个人去反对别人的羞辱。普鲁斯特本人通过为德雷福斯辩护，就如小说主人公马塞尔所做的一样，来抗议对德雷福斯的羞辱。作为一个成年人，需要接纳自己在社会中应该承担的责任。同时每个人都需要找到自己的方式，在不伤害别人的情况下满足自己爱和攻击性的冲动。那些不愿为此而努力的人，是不幸的。

看起来，似乎普鲁斯特消除自己羞耻感的方式就是很好地运用自己的创造性，通过在德雷福斯事件中为正义而战，从而对社会做出了贡献。波兰德（2003）总结说，普鲁斯特最终通过完成一部伟大的小说成功地消除了自己的羞耻感。

乔尼，在经过多年的精神分析治疗之后，终于和一个年轻女性结婚了，这个女人在风格和人格上都和他的母亲非常不一样。当他看到妻子一点儿也不像他的母亲时，并且她也得到了他父亲的支持，他的焦虑和内疚感就减轻了。她没有将他看成受害者，而是希望他成为一个真正的成年男性该有的样子。他需要接纳自己的攻击性和性欲，再也不能将其隐藏在虚弱和无助的保护伞下。

本文的要点是，将心理放在社会的背景下来理解（Hamer，2002；Campbell，2011），让我们更好地理解了我们想要排斥他人的倾向和我们对被排斥的反应。将心理放在社会的背景下来理解，也让我们对病人所做的解释更易让病人运用到日常生活中。

参考文献

Aciman, A., ed. (2004) *The Proust Project.* NewYork: Farrar, Straus & Giroux.

Begley, L. (2009). *Why the Dreyfus Affair Matters.* New Haven: Yale University Press.

Bloch-Dano E. (2007). *Madame Proust: A Biography.* Transl. A. Kaplan. Chicago: The University of Chicago Press.

Campbell, D. B. (2011). Oppression of the different. *International Journal of Applied Psychoanalytic Studies,* 8: 28-47.

Corbett, S. (2009). A Prom Divided. *The New York Times,* March 24.

Fried, W. (2008). The Sweet Cheat Gone: Here and There—Elation,Absence, and Reparation. *Canadian Journal of Psychoanalysis,* 16: 3-22.

Freud, A. (1936). *The Ego and the Mechanisms of Defense.* New York: International Universities Press Inc., 1966.

Freud, S. (1921). Group Psychology and the Analysis of the Ego. *Standard Edition 18*: 65-144.

Garelick, R. (2011). High Fascism. *New York Times,* March 7.

Gil, H. (1987). Effects of Oedipal Triumph Caused by Collapse or Death of the Parent. *International Journal of Psychoanalysis,* 68: 251-260.

Green, A. & KOHON, K.(2005). *Love and its Vicissitudes.* London & New York: Routledge.

Halberstadt-Freud, H. C. (1991). *Freud, Proust, Perversion and Love.* Berwyn, Pa.: Swets and Zeitlinger.

Hamer, F. M. (2002). Guards at the Gate: Race, Resistance, and Psychic Reality. *Journal of the American Psychoanalytic Association.* 50: 1219-1237.

Kohut, H. (1977). *The Restoration of the Self.* New York Int. Univ. Press Kristeva,

Kristeva, J. (1993). *Proust and the Sense of Time.* New York: Columbia University Press.

Lasky, R. (1984). Dynamics and Problems in the Treatment of the "Oedipal Winner." *Psychoanalytic Review,* 71: 351-374.

Lehrer, J. (2008). *Proust was a Neuroscientist.* New York: First Mariner Books.

Poland, W. S. (2003). Reading Fiction and the Psychoanalytic Experience: Proust on Reading and on Reading Proust. *Journal of the American Psychoanalytic Association,* 51: 1262-1282.

Solomon, B. P. (2001). Citizen Proust: on Politics and Race. *The Reading Room,* 1: 97-111.

Proust, M. (1913–1927). *In Search of Lost Time.* (6 volumes, Transl. C.K. Scott-Moncrieff & T. Kilmartin), New York: Modern Library Edition, 2003.

—— (1956). *Marcel Proust; Letters to His Mother.* (Transl. and ed., G.D. Painter) NewYork: Citadel Press; Westport, CT: Greenwood Press, 1973.

—— (1997). A Race Accursed. In *On Art and Literature 1896–1919.* S.T. Warner, Transl.; Introduction by T. Kilmartin. New York: Carroll & Graf Publishers, Inc. pp. 210-229.

Richards, A. K. & Spira, L. (2012). Proust and the Lonely Pleasure of Longing. In *Loneliness and Longing: Psychoanalytic Reflections on a Crucial Aspect of the Human Condition.* (Brent Willock et al., eds.), London: Routledge.

Rose, J. (2012). *Proust among the Nations.* Chicago: University of Chicago Press.

Sand, G. (1850/1977). *The Country Waif. (Francois le Champi).* E. Collis, Transl.; Introduction by D.W. Zimmerman. Lincoln: University of Nebraska Press.

Souhami, D. (2005). *Wild Girls: Paris, Sappho, and Art: The Lives and Loves of Natalie Barney and Romaine Brooks.* New York: St. Martin's Press.

Tadie, J. Y. (2000). *Marcel Proust: A Life.* Transl. E. Cameron, New York: Penguin Books.

Weinstein, A. (2004). *A Scream Goes Through the House: What Literature Teaches us about Life.* New York: Random House, Inc.

White, E. (2009) *Proust.* New York: Penguin WILSON, E. (2004). Marcel Proust. In *Axel's Castle A Study of the Imaginative Literature of 1870–1930.* Introduction: M. Gordon. New York: Farrar Straus & Giroux. pp. 107-151.

本章节初次发表于：

Richards, A. K. & Spira, L. (2012). What We Learned from Proust: Psychological and Social Determinants of Snobbery and Prejudice. *International Journal of Applied Psychoanalytic Studies,* 24: Wiley Online Library: http://dx.doi.org/10.1002/aps.1307

第十五章
普鲁斯特与爱的渴望

弗洛伊德运用俄狄浦斯、纳西斯及其他一些角色，从视觉和语言艺术的角度阐述了动机、性格和人格等心理学概念。我们期待普鲁斯特的小说《追忆似水流年》能让我们从弗洛伊德学说出发，来理解爱和渴望。

19世纪最伟大的理想——浪漫的爱——却被普鲁斯特剥下了它令人产生无限幻想的外衣：占有客体之爱的重要性。在这一点上，普鲁斯特与弗洛伊德的观点非常相近，认为客体是欲望中最不固定的部分。弗洛伊德（1905）认为，欲望的来源比客体的选择更为固定和稳定。然而，爱与性变态或单纯的淫欲之间的区别就在于，对客体的渴望和这种渴望的不变性。正如普鲁斯特所描述的，现实世界中的某个人变成了理想化的个体，是因为这个人我们永远得不到。因此，珍贵的是渴望本身，而不是渴望得到满足。

在她的全盛期，她甚至认为，她可以得到爱神艾洛斯的眷顾。不是因为她有多漂亮，而是因为她渴望上帝的触摸，渴望到痛不欲生，因为她那渴望的行为本身是如此的不对等和可笑，她甚至可能许愿当有一天回到天国的怀抱，她会真实地去感受她所丧失的一切。

《伊丽莎白·科斯特洛》（*Elizabeth Costello*）

——库切（J. M. Coetzee，2003）

什么是爱？什么是渴望？二者一样吗，不一样吗，抑或是重叠的？在本文中，我们会尝试去检验普鲁斯特笔下的性爱是否是生活的核心问题和最强大的动机。性爱不仅仅是一种温柔的情感，更是一种兴奋的状态和一种信念，坚信所爱的人是唯一能让自己感到满意的人。这种爱包括了理想化的部分，也导致了与爱人的认同。这种情感非常强烈，包括神魂颠倒、兴高采烈和欣快感，以及偶尔的痛苦。渴望是一种想要却又得不到遥远的或不可企及的爱人的状态。普鲁斯特、库切怎么会认为渴望是如此的珍贵？一种可能性就是，渴望让一个人能够在幻想中得到客体，并且不会破坏现实中对所爱客体的拥有，不会让所爱客体暴露于嫉妒、对丧失的恐惧面前，而且同时还能意识到他人的需求。

弗洛伊德选择了俄狄浦斯、纳西斯及一些其他角色，从视觉和语言艺术的角度诠释了动机、性格和人格等心理学概念。我们希望能通过普鲁斯特的小说《追忆似水流年》，将他对爱和渴望的观点与弗洛伊德学说进行对比。我们会借鉴一些文学评论家的观点，他们深入研究了普鲁斯特小说中的多个主题（White，1931；Wilson，2004；Aciman，2004）。罗斯（1997）从历史的角度出发，对照研究了她自己所处社会团体的风俗和普鲁斯特时代的风俗。普鲁斯特成功地吸引了精神分析学家和文学评论家。波兰德（2003）关注普鲁斯特关于阅读的观点，普鲁斯特认为阅读是一种升华，有助于重建一个人的内心世界。米勒（1956）和哈尔贝施塔特（1991）对分析作者深感兴趣，希望从作者富有想象力的作品中找到蛛丝马迹。我们感兴趣的是，从作者的著作中学习并运用他对笔下人物和动机的观察，来阐释我们所看到的病人的挣扎。

在《追忆似水年华》里，普鲁斯特细致地刻画了笔下讲述者的内心活动，还有不同角色所呈现的热情、恐惧和极大的痛苦。这个故事是从普鲁斯特笔下讲述者的视角展开的。一开始，讲述者讲了一个年轻男孩的故事：马塞尔。这个讲述者的名字也叫马塞尔，也在爱里痛苦挣扎，充满热情却又有着易碎的自尊，同时还希望自己的性需要能得到满足。讲述者马塞尔描述了这个年轻男孩的爱之旅程。根据讲述者的描述，年轻的马塞尔对母亲的热情无处不在。有一个很心酸的场景是，他渴望母亲来到自己床边跟自己说晚安。但当他得到了母亲的晚安之吻，并且得到父亲的许可让母亲陪伴自己时，他又感到厌恶。当父亲看到儿子如此渴望母亲时，于是力劝妻子留下来陪儿子。在这个场景中，讲述者暗示读者，父亲被儿子的痛苦所迷惑了。这个年轻男孩所幻想的美妙时刻却从此变成了一种苦涩的耻辱，成了他及《追忆似水年华》里其他角色的生活模式，即占有所爱之人这一欲望的满足会让人后悔。

作为孩子的马塞尔已经深刻认识到，父亲对自己的纵容会最终让自己付出沉重的代价。马塞尔认为父亲之所以把母亲让给自己，完全是出于对自己的同情，从而剥夺了他与父亲作为竞争对手所应有的尊重和平等。父亲对儿子的退让就像一个记忆的屏幕，反射出的是马塞尔对自己的虚弱感、被动感，以及与女性关系的不确定感。欲望的直接满足导致他丧失了机会，通过寻找自己的方法缓和挫败感，从而处理自己的内心冲突。母亲尝试通过给他讲故事来安抚他。她读的是乔治·桑的小说《弃儿弗朗索瓦》（*Francois le Champi*，1850）。这本小说的女主角名叫玛德琳，情节是关于她抚养一个六岁小男孩的故事——和马塞尔年纪相仿——并且在这个小男孩长大后，她最终嫁给了他。这样的故事无疑会加剧渴望。后来我们发现，玛德琳也是一款甜点的名字，这部小说却让记忆的列车发动。名字的巧合强调了爱之核心，而这一著作也阐明了渴望的含义。

什么能匹配他作为一个男孩对母亲的吻的期待？他会进而认为他有权力得到属于其他男人的女人吗？赢得爱是否等同于脆弱？或者温柔的爱是否等同于施受虐的痛苦原型（哈尔贝施塔特，1991）。马塞尔可能是一个俄狄浦斯的胜利者，但也注定了要遭受爱的折磨。

在普鲁斯特描绘的世界里，爱就是渴望，未满足的爱才会持续存在，你只有学会了品尝痛苦才能感受到爱的快乐。在这个世界里，满足只会带来迟钝和厌倦。羡慕和嫉妒能有效防止满足带来的迟钝和厌倦。所以，制造和遭受痛苦所产生的快感就成了人类存在不可避免的动力。施受虐揭示了一种社会状态，即对普鲁斯特而言，耻辱并伴随躯体疼痛是性爱兴奋的原型。

综上所述，普鲁斯特看到并精致地描绘了心理层面和社会层面的平行状态，以小说形式将二者结合到一起，在小说中也同样展现了心理科学和社会科学所损失的部分。他理解的社会，是通过制造痛苦来建构快乐的。他认为，就像爱一样，一个政党之所以能让其追随者感到快乐是因为，追随者认为他们有可能被排除在外，所以被邀请加入是他们权力的体现。爱之核心原则，就是排他性。爱人必须是忠诚的，被爱的人也要相信自己是唯一能满足爱人渴望的那个人。因此，从属于某个社会圈子的快乐，部分就是排斥他人所带来的快乐。然而很讽刺的是，像普鲁斯特一样有价值的人，也是直到现在，直到在他完成了那伟大的心理学小说半个世纪之后，精神分析家们才得出了跟他有交集的关于倒错的观点。

弗洛伊德和普鲁斯特都描绘了“倒错”这一现象，正是斯多勒（1975）之后所谓的性欲的憎恨形式。普鲁斯特的“非自主记忆”和弗洛伊德的“原始过程”其实是相同的。两者都是永恒存在的，两者都运用了凝缩、置换和意象的心理机制。同样，普鲁斯特的“自主记忆”就像弗洛伊德的“次级过程”。二者都遵循时间的法则，有逻辑，并且跟现实相关。和弗洛伊德的观点一样，普鲁斯特发现爱是一种移情。普鲁斯特也认为，清醒和睡眠之间的状态就像做梦状态一样，是通往潜意识及童年记忆和感觉的途径。弗洛伊德和普鲁斯特都认为，嫉妒是爱的必要条件。

《追忆似水年华》中刻画的角色，对爱的渴望都得到了回应。普鲁斯特在刻画男女主角的爱情生活时，让我们看到了客体选择的复杂性。我们震惊于他笔下的角色跟我们所治疗的病人一样都被同样的热情所驱动。普鲁斯特将现实中的德雷福斯事件和小说中的人物与场景成功地糅合到了一起，使他的角色更接近现实、更吸引读者。

普鲁斯特不仅擅长对社会的理解，也洞悉了弗洛伊德所看到的心理层面。就像病人回忆他们的经历一样，普鲁斯特通过自己的经历创造出了笔下的讲述者这一角色向我们阐释爱。他将我们带到了19世纪晚期法国贵族的会客厅，北大西洋的海滨度假区，带到了一个施受虐的男妓家中。除了这些情欲场景外，他笔下的角色还重现了那个时代的情感、欲望、恐惧和社会风俗。他的妙笔生花让我们能更加敏锐地捕捉到旧有事物和新生事物之间的联系。他夸张地运用自由联想，也让我们第一次看到了感激所带来的苦乐参半的体验，当这一切发生时，一开始虽然痛苦，但之后会意识到它的珍贵和难再拥有。他运用时间概念阐明了人类关系的短暂性。普鲁斯特展示了感官经验的力量足以唤醒压抑的情感和被这些情感所唤醒的相关记忆。他的观点成功地蛊惑了我们，他认为早期经历可以重新获得，生活因此得以延续。他让我们相信，记忆使我们有可能获得一些对生命无常的控制感。当回忆让时间停留在那一刻，同时也让我们意识到光阴已流逝，生命的悲剧性质和不可避免的丧失在回忆的重建中得以平衡。爱和恨，以及爱恨之间的各种情感基调，都是我们被压抑的记忆中不同主题的黏合剂。如果这听起来让你觉得很精神分析范儿的话，我们跟你的观点差不多。

爱和嫉妒

普鲁斯特笔下，多维度的角色提供了多种爱的变迁情况，扩展了弗洛伊德的观点。弗洛伊德认为，两人相爱是受到早年所爱的父母和照顾者之记忆的影响，或是希望被个体早年的自体意象或个体早年渴望成为的某人或其当下的自体意象所爱的欲望。普鲁斯特演示了这些所爱之人的意象是如何随着之后经历的形成和扭曲而发生改变的。孩子爱母亲，但又因为她属于父亲而嫉妒。孩子也爱父亲，也因为他属于母亲而嫉妒。爱是嫉妒的原因，后来嫉妒又激起了爱。是嫉妒让爱令人兴奋，让爱人始终保持一种焦虑状态。然而，嫉妒的痛苦也刺穿了遭受嫉妒折磨的受害者。在普鲁斯特看来，这种痛苦是一种坠入爱河的体验。当爱神之箭射中我们，很痛却很珍贵，因为它重新唤起了婴儿期的爱里令人痛苦的嫉妒体验。对普鲁斯特来说，性爱是自恋的，是施受虐的。他笔下的角色也都超出了社会的边界，但那些看似不可逾越的社会障碍比情绪障碍更容易让步。在此，我们将会用普鲁斯特对人物的塑造，来充实我们关于驱力的观点，这些驱力不仅仅驱使了他笔下那些兴奋的爱人做出选择。

追忆似水流年

一个富裕的美学家，一个想要成为著名作家的年轻男人，一个交际花，一个行为卑鄙的贵族男人，一个勇士，溺爱的父母和一对中产阶级夫妻，当普鲁斯特设定的讲述者马塞尔（1992）呈现他们各自的生活时，这些角色触动了我们的心。他设定的角色通常要么渴望着爱之回报，要么挣扎于爱之悲欢离合中。普鲁斯特著作的一个重要主题就是存在于渴望之中，同时也是许多孤独之人的生活主题。这些人与布伦纳（1974）的观点相呼应，孤独感是渴望特定客体回归的状态。我们认为，这一心理上的客体可能是早年照顾者的意象和自体意象混合所产生的。

理想的爱

讲述者最初所观察到的成人之爱是马塞尔的父母。如他所述，他们的婚姻舒适、实用，从没有激烈的愤怒，也没有激烈的爱，甚至二人之间从不调情，从没看见他们穿着睡衣的样子，甚至连他们的卧室都没有被提到过。他们的生活就像是永远都有其他家庭成员和朋友的陪伴。他们吃饭，散步，交谈。所有这些都缓慢、温柔地进行，但从来没有浪漫或性。

斯万和奥黛特：渴望的爱人

斯万是书中刻画的第一位热烈的成年情人。他对奥黛特的吸引，他对她日益着迷，都重复着小马塞尔对母亲的沉迷。斯万因为与威尔士亲王一起进餐而出名，上流社会也迷恋他的魅力、智慧，以及对艺术的敏感和对其机智过人的理解力。他也因富裕和在钱方面慷慨大方而受到当时社会的尊敬。

奥黛特的生活，就靠那些慷慨的男人、有时是女人给她礼物和钱作为性的交换。她生活在社会的边缘，介于交际花和妓女之间。她曾经与一个偏远地方的贵族有过一段婚姻，她尽情挥霍他的钱。她离开之后，这个贵族在乡下靠朋友资助度日。斯万发现这件事之后的反应是，给了他一些钱方面的补偿。虽然奥黛特是那么渴望被接纳，但是她从来没有被社会真正接纳过。斯万吸引她的地方，正是因为他是进入那个世界的许可。最终，斯万还是让她失望了。尽管斯万已经拥有了很多，但以他在社会中的地位还不足以让奥黛特也被接纳。社会永远不会接纳她。斯万和奥黛特对彼此的感受，他们如何解决他们关系的问题，以及驱使他们建立关系的是什么，都激起了读者无穷的兴趣。

交际花的责任是让顾客高兴，但是在他们的关系中奥黛特对斯万非常糟糕。奥黛特似乎知道，得到他的唯一办法就是让他嫉妒。她行踪诡秘，公开勾引其他男人，并且经常让斯万难以靠近。他甚至知道她用他的钱去取悦他的情敌。她甚至不让斯万参加他付钱的郊游和派对。后来我们发现，奥黛特让斯万由衷地着迷，她运用这些计谋成功地让他对自己热情不减。

找到和失去爱

在《追忆似水年华》中，爱在衰退或消失。斯万对奥黛特明显的贬低和怀疑态度是否是让她对抗他的原因？还是因为他没能把她带入他的交际圈？还是他的嫉妒？他会质问她那些假装的风流韵事，也偶尔跟踪她。她在虐待他的时候也知道这一点，她成功地捕获了他。他变得不再兴奋。她是他的爱之客体，但他无法成为她的爱之客体。这一主题已经确定。热烈的爱就是渴望。爱的回报就是对爱的毁灭。

普鲁斯特认为，嫉妒供养了热情。斯万对奥黛特的热情在他想象她与其他男人的鱼水之欢时达到顶峰。当他认为他无法控制她时，她才令他兴奋。吸引人的，正是这种不可企及的状态。非自主记忆就跟爱一样，它的力量源于控制的不可能性。当无法施加控制时，就获得了快感。这是一个意外的发现。只有非自主记忆和体验才会有如此强大的力量。爱神之箭会在中箭的人身上留下痕迹。波兰德（2003）指出，个体如何运用复原的记忆是很重要的。个体变被动为主动的行为会为自己创造出一个新世界。

尽管斯万坚持认为奥黛特既不漂亮又不有趣，根本不是他的菜，但她还是成功地迷惑了他。最终，在他的回忆里她就像一件艺术品一样。当他看到一幅波提切利的油画时联想到了她，于是他们的爱情被激发出来了。当他由这幅杰作联想到奥黛特时，她在他心里就变得高贵了，因为他觉得别人也会像渴望这幅油画一样渴望她。斯万当然知道跟奥黛特结婚是要付出些代价的，即他的社会地位会下降。不过，这个选择很符合他的性格：他就是愿意忍受那些在社会上丧失尊严但在某些人那里有尊严的女士。斯万的独立性还进一步表现在他后来开展的一项事业上，而他的许多上层社会的朋友都不太支持这项事业。他支持德雷福斯是因为他坚信德雷福斯受到的审判是不公平的。所以，他想得到的是他无法得到的：奥黛特。他已有的他并不稀罕：上流社会的尊严。社会和浪漫一样，渴望比满足更诱人。这个主题，从马塞尔渴望母亲开始到小说中其他的爱与被爱，如一条主线贯穿整部小说。

难以捉摸的爱

在他们混乱的风流韵事之后，斯万和奥黛特终于步入了令人失望的中产阶级的婚姻生活。贯穿他们风流情史的施受虐消失了，夫妻二人都没那么焦虑了。奥黛特放弃了她的那些情人，安心享受斯万给她的安全又奢侈的生活模式。她甚至放弃了与富有又追求社会地位的维都洪区人之间的友谊。他们鼓励奥黛特与其他男人交往。他们并不认为斯万很受最上层社会人士的欢迎和接受。出于对丈夫的忠诚，奥黛特放弃了朋友。

嫉妒是斯万和奥黛特风流情事的推动力，不过他们是在女儿吉尔贝特出生后才结婚的。有谣传称奥黛特利用女儿来操控斯万，以限制斯万看望女儿的方式逼迫斯万与之结婚。一旦缔结婚姻，双方都会渴望得到一些对方本无法给予的东西：奥黛特和吉尔贝特的社会地位。奥黛特希望上层社会能接纳自己；斯万希望女儿被上层社会的最高层欢迎：盖尔芒特公爵和夫人。斯万目睹奥黛特在他的帮助下举办了自己的沙龙，感到非常高兴，也极大地满足了他的自恋。然而，对于女儿将来某一天能进入最上层社会的期望，是在斯万去世后才实现的。尽管盖尔芒特并不接受奥黛特，但是斯万与他们的关系一直维持着。他也许认为如果他们能接受他，那么他们就更可能最终会接受他的女儿。就是因为这些限制，才显得被上层社会接纳是如此珍贵。

斯万是爱和社会生活之间的基本桥梁。他对自己拥有的感到满意，因为这些都是他独有的。他也同样希望奥黛特只属于他。他也想要和盖尔芒特家的关系，因为他们也是独特的。他们被认为是挑剔的，因为并不是谁都能与他们为伍才显得他们特别高贵。正如所爱之人难以得到才点燃了爱火，所以某些社交圈的成员只有当他们一直担心自己会被该圈子排斥时，成为该圈子的成员才能从中获得愉快感。对他人的排斥而使圈子成员拥有了一种特权。排斥他人会令人高兴，而那些渴望被邀请的人把鼻子贴在窗户上拼命往里张望，就像观察原初场景的孩子感到被忽略了一样。

排他者之间的爱

斯万和奥黛特像两个局外人一样紧紧绑在一起，彼此都觉得对方是渴望被接纳的局外人。而盖尔芒特公爵和夫人是圈内人。他们是表兄妹的关系，所以没有要孩子。他从婚外情获得性满足，她有教养并且禁欲。他们就像一个人一样，相互弥补对方缺失的部分。他们之间完全没有情欲的痕迹。公爵婚外情的作用就是保护他的男子气概。他为妻子的智慧和独特品位感到无比自豪。他利用自己做错事来烘托她的成功者形象，为她营造了一种讲故事或者说趣话的氛围。在小马塞尔理想化的眼里看来，他们是精致的一对、令人羡慕的一对，是模范夫妻。讲述者马塞尔注意到，公爵是一个墨守成规的人，丝毫不能容忍不同意见。和斯万对德雷福斯的支持形成鲜明对比的是，公爵公开承认他无法理解为什么德雷福斯事件需要重新审理。与其阶级的大多数人一样，他认为首先要裁决的是公平问题。他既肤浅，又喜欢道听途说。

公爵受人尊敬的社会地位，让公爵夫人能够在重要场所展出她的作品。她的自恋与她高贵的美貌是绝配。她就像剧中女主角一样开始表演。她似乎很乐意也很享受其中。因此，对于公爵夫人来说，普鲁斯特将她塑造成了这样一个角色：认为自己是最好的，自己现在拥有或曾经拥有的都是最好的。她在艺术方面的品位，她对油画、音乐和生活的见解都受到斯万的影响。自体的爱获胜了，她别无所求。

爱之阻碍：自恋、羡慕和嫉妒

如果公爵夫人什么都不缺，那么她怎么可能羡慕或嫉妒别人？她太自以为是了。她那夸大的自体和自尊心让她可以凌驾一切。她损人的幽默感很好地掩盖了她对丈夫的服从。每次公爵结束一段婚外情时，他都会要求她邀请被他抛弃的女人参加她的沙龙，而她都会默认。她会服从他，尽管她的一贯原则是只款待亲戚：那些她不能排斥的女人。读者肯定会疑惑，她是否不喜欢和这些女人在一起，因为她们不会像男人一样拜倒在她的石榴裙下，或者她们是她潜在的竞争男人注意力的对手，或者为了逃避不知情地成为丈夫的皮条客。她造成了他人的渴望：她甚至拒绝了斯万恳求她邀请他的女儿去她家做客的临终遗愿。她自己没有女儿，所以她可能会嫉妒斯万。她也不是斯万最爱的人，因此她可能会嫉妒吉尔贝特。（很讽刺的是，斯万去世之后，形势变化，让奥黛特和吉尔贝特有了与公爵夫人更平等的地位）

通过刻画公爵夫人和维都洪区富裕的中产阶级，普鲁斯特说明了爱可以战胜不利的环境。公爵夫人不支持斯万和奥黛特交往，也不支持外甥与一个女演员交往。公爵和夫人的外甥罗伯特·德·圣卢普（Robert de Saint-Loup），被通知将从巴黎附近的军事据点调动到非常远的地方，那将使他无法和情人蕾切尔（Rachel）继续见面。公爵夫人拒绝帮助外甥。她将自己的自私合理化地解释为，她在保护外甥与一个她认为可笑的女人交往。

后来，圣卢普与另一个女人结婚了。婚后，他同时和女人、男妓有染。最终，他爱上了一个男人。他对男人的性趣一开始表现在他指责蕾切尔与他们认识的大多数男人调情并想得到他们，结果却是他比蕾切尔更想得到这些男人。与蕾切尔有关她与其他男人调情的争吵让他体验到了渴望的感觉，渴望得到她的爱而不是得到那些男人。渴望既痛苦又快乐，让他不会对任何男人或女人做出承诺。

同性之间的爱

普鲁斯特对爱神之箭会射往何处的探究，包括了他笔下的几对同性之间的爱。埃德蒙·怀特（Edmund White，2004）认为，普鲁斯特以倒置的方式看待那些爱男人的男人：他们的灵魂是女人。怀特认为，普鲁斯特在某些问题上持有自己的观点，但他也允许其他可能性的存在。爱男人的男人一样可以很有男子气概。圣卢普这个角色就是很好的例子：他爱的是男人，他本身也很男人。普鲁斯特对他的描写：投身军旅生涯；在战争中骁勇善战；是同僚的同性爱人；在部队上受人尊敬。他还很浪漫，他写诗。尽管他吸引的是男人，但很多女人同样认为他风度翩翩。

普鲁斯特通过他后来理解的两个女人之间施虐的爱，向我们介绍了同性之爱。梵提尔小姐和一个女同性恋做爱，在做爱的时候，她怂恿情人说自己会朝梵提尔小姐父亲的照片吐口水。这一幕被马塞尔看到了，他觉得这是对她已故父亲的亵渎。讲述者认为，这个粗鲁的行为对于过度谨慎的梵提尔小姐来说，是她能获得性快感的必要条件。

如果梵提尔小姐性格中施受虐的部分是为了分离的话（哈尔贝施塔特，1991），那么梵提尔小姐需要情人的施虐来让自己不认同受虐的父亲。支持这一观点的证据在于，梵提尔小姐和情人终其一生都在为复活和宣传他的音乐奔忙。她们觉得对他身后之名负有不可推卸的责任。因此，对他的贬低是让梵提尔小姐从与父亲过于认同的关系中解脱出来的一种办法。这个施虐场景是她渴望父亲的反向形成。

施受虐和性爱

普鲁斯特作品中另一个展现爱之多维度的角色是富有的夏吕斯男爵，盖尔芒特公爵的弟弟。他是个鳏夫。讲述者认为他很女人气，其行为举止完全像个女人。夏吕斯觊觎莫雷尔（Morel），他是一个天使般的、多才多艺的音乐家。夏吕斯很看重莫雷尔的年轻俊美，也渴望其他男人认为自己很迷人。他在莫雷尔身上看到了自己的影子，如果不是因为社会地位而不得不放弃自己的事业，那么他现在也会跟莫雷尔一样是一个天才音乐家。他难以抑制对有才能之人的欣赏。男爵渴望有一个能够代表他也愿意代表他的人来爱自己。让自己变得很女人气，是一种自恋的客体选择，这是弗洛伊德（1914）通过一个同性恋男人的案例曾阐述过的观点。尽管他并没有将其限定为某种特定的爱，普鲁斯特却让我们知道，对男性和女性都一样，对同性恋和异性恋都一样。

莫雷尔选择夏吕斯男爵是由多重因素决定的：自从莫雷尔狂热地渴望贵族阶级能接受自己，就像他已经是其中一员似的，自恋和野心勃勃的投机主义一拍即合。当我们思考是什么促成了这段关系时，我们会发现客体选择对情侣相处之基调的影响。夏吕斯男爵欣赏莫雷尔，即使莫雷尔并不爱他。莫雷尔羡慕夏吕斯的社会地位，夏吕斯则羡慕莫雷尔年轻的容貌和潜力。对彼此的羡慕，再加上理想化的催化作用，便为施受虐埋下了伏笔。尽管男爵爱莫雷尔，但他仍然会像虐待其他人一样虐待莫雷尔。当他担心莫雷尔有越轨行为时，他强迫莫雷尔多跟自己待在一起，告诉莫雷尔他安排了一场自己的决斗。夏吕斯知道决斗会让莫雷尔关注到他们关系中的性本质，从而羞辱到他。他也成功地让莫雷尔注意到了这一点。但强迫并不是爱，恐惧也不是爱。强迫也许能让对方按照自己的意愿行动，但强迫只会带来仇恨。

这些角色的自恋在于他们都只考虑自己的目的，完全无视别人的感受，甚至他们所爱之人的感受。这种只关心自己的状态不是源于对自体的爱，而是源于对自体的恨。对他人之爱的需要是最主要的动机。他们需要被爱，因为他们无法爱自己。夏吕斯和莫雷尔都厌恶自己的某个方面，并拼命想在某些人面前隐藏这些部分。夏吕斯厌恶自己的同性恋取向，拼命想隐藏这一点；莫雷尔厌恶自己低贱的出身，也拼命想掩饰。如果别人知道了自己拼命想隐藏的秘密之后会怎么看待自己？这一恐惧使他们需要一再让自己放心，即科胡特（1977）称之为自体客体功能的部分。莫雷尔幻想让一个下层社会的年轻女性为自己痛苦，并在这一幻想付诸行动的场景中，将对自己的厌恶置换到了这一鲜活的客体身上。男爵难以忍受莫雷尔对自己的漠不关心，这驱使自己被下层社会的男人鞭打。那么，他为什么要寻求痛苦呢？是否被鞭打是一种惩罚？是否他所寻求的痛苦可以对抗他的丧失所带来的痛苦？他是否对自己爱男人的欲望感到无比愤怒？选择下层社会的男人既保留了他喜欢莫雷尔的部分又保留了莫雷尔厌恶的部分。极具讽刺意味的是，正是夏吕斯的社会地位让他失去了他的音乐，所以成为下层社会的人对他来说非常珍贵，因为这正是他无法得到的。又或者是否可以将他让自己被鞭打理解为让自己感觉不那么强大的一种方式，这样会更像无权的莫雷尔？如果是这样的话，那么被鞭打可以让自己变成自己爱的那个人，从而不会丧失所爱。在此，难以承受的渴望被封闭在躯体疼痛中，已经转换成了快乐。痛苦变成了快乐，通过让自己变成所爱的人，于是渴望变成了拥有，鞭打（弗洛伊德，1919）是一种性快感。

夏吕斯被绑起来鞭打时，他自己是发号施令的一方。真正掌控局面的是夏吕斯，但是，让另一方成为表面上的施虐者可以缓解他意识到的内疚感。不那么内疚同时又能忍受躯体上的虐待，让夏吕斯可以维持一种强大和男子气的错觉。在这一情节中，我们看到的是弗洛伊德（1919）有关鞭打幻想的变异。对男孩来说，父亲是鞭打幻想中的积极角色；他是执行鞭打的人，这本身就是性快感的来源之一。男爵是一个施虐地扮演自己所幻想的受虐者的例子。如果鞭打者代表的是父亲，那么这个父亲就是被贬低的客体，是可以被控制的。

渴望：快乐、痛苦和决心

读者们一路追随着马塞尔的生活轨迹，从幼年到中年，普鲁斯特带领我们穿越了无数个场景，有贵族的画室、富裕资产阶级的家，还有妓院。虽然讲述者既不是贵族也不是有钱人，但是他因为家庭的缘故得以进入社会精英们的世界。爱他的祖母将他介绍给她的那些贵族朋友，从而给他搭建了一座通向上流社会的阶梯。他的聪明才智、对生活的好奇和在艺术方面的修为，也成功地让祖母的贵族朋友们留下了深刻的印象。祖母邀请他参加她举办的沙龙，他在那儿结识了盖尔芒特公爵夫人，她也邀请他去参加她举办的沙龙。终于，很多排他的社交聚会都欢迎他去参加。他表现得非常乐意融入这种高雅的环境中，与这些杰出的男女主人为伍。观察他人是如何生活的并与之和睦相处，令马塞尔逐渐有了自己的处世之道。

从整部作品来看，马塞尔似乎总是处于渴望爱、崇拜或者性兴奋的状态之中。他那些转瞬即逝的浪漫兴趣，他的嫉妒或觉得无法得到欲望客体的想法，以及他需要满足的性冲动，都导致他对许多不同的女人感兴趣。我们看到，他想象如果这些女人中的任何一个能崇拜他，那该是多么好的感觉。马塞尔关于被吉尔贝特、盖尔芒特公爵夫人、斯万夫人、一个挤奶女工、一个打鱼女和他在海边遇见的一群女孩轮流爱上的幻想让其兴奋不已。他的情人主要存在于他的幻想中，只有阿尔贝蒂娜例外，尽管作品中暗示了他与妓女的性关系。

他爱上了阿尔贝蒂娜，一个年轻的女自行车手，健壮、坚强、活跃。他想象她会是一个男自行车手的女朋友。他感觉自己是有病的、虚弱的，所以她强健的体魄和坚强的意志非常吸引他。她就是他梦想中的自己。他开始对她着迷。但是他在欣赏她的时候，又很矛盾，因为她没什么文化，而且不像他那样精致。除了对阿尔贝蒂娜的矛盾心理之外，他劝她以情人的身份搬过来跟他同住。一旦阿尔贝蒂娜表现出对他的爱时，他就会反复纠结于她是否跟一些女人发生了性关系却背叛了他，从而破坏掉他们刚刚好转的关系。他对阿尔贝蒂娜有非常强的占有欲，又嫉妒又时刻监视她。她就像他的俘虏一样。

阿尔贝蒂娜行为神秘，并且故意让马塞尔识破她的谎言，这些都进一步加重了马塞尔的疑心。她也有一些迹象表明她以前对女人有性趣，不过马塞尔相信他的礼物攻势和警惕能赢得她的芳心。终于，阿尔贝蒂娜受不了他的控制行为了。她憎恨他总是质疑她的忠诚，并且她因为怀疑他是否会与自己结婚，她最终离开了马塞尔。她用这种方式与他争夺控制权，并且重新激起了他对她的兴趣；他又再一次沦为渴望的奴隶。意识到自己的矛盾心理后，他试图通过与自己的一个朋友传出绯闻并让阿尔贝蒂娜知道，来安慰自己并重新取得控制权。他希望她能对此嫉妒，使她渴望得到他。他在与母亲的一次旅行和与一个妓女发生性关系中，找到了安慰。

在《追忆似水年华》的结尾，马塞尔终于开始意识到他对自己及他人的理解应该以小说的形式记录保存下来。他觉得最开心的事情莫过于对渴望的期待。不求回报的爱所带来的兴奋感，是他成功地成为一名作家的动力。这一刻，作品主人公马塞尔就变身成了故事中的讲述者角色，开始从头讲述马塞尔的故事。比起拥有一个爱人或家庭而言，马塞尔更想创造自己的小说。这时，他就是小说家普鲁斯特了。主人公、讲述者和作者本人就变成三位一体了。

讨论

为什么渴望这么重要？渴望使人幻想愿望在未来终将得到完美的满足，因此产生了强烈的兴奋感。利维（Leavy，1990）还研究了普鲁斯特同一时期的另一位小说家阿兰·傅尼埃（Alain Fournier）。他声称，渴望是对一个理想的去性化客体的欲望。在利维看来，客体不一定是去性化的，但一定是理想化的。菲利普（Phillips，2001）发展了利维的观点，认为渴望是对无法满足之欲望的否认。“不”即使在乏味的现实中已经被接受，渴望也能让“不”在幻想中被神奇地撤销。菲利普认为，渴望不能哀悼没能实现的愿望。对于还是孩子的马塞尔来说，准予了他的愿望就剥夺了他对丧失的哀悼机会。结果正如菲利普所料的，在这个反馈回路里，撤销和否认的防御机制不利于整合丧失的痛苦。

我们认为正是渴望让普鲁斯特觉得客体是理想的，杜布罗夫斯基（Doubrovsky，1986）证实了这一观点，他将玛德琳蛋糕事件视为该小说的主线。对玛德琳蛋糕的渴望，让马塞尔对第一次品尝到这个点心的地方的全部感觉都有了鲜活的生命力。玛德琳蛋糕唤起了有关渴望的幻想，一个小男孩感受到的对母亲之吻的渴望。我们也注意到了，那晚普鲁斯特的母亲没有让他想办法自我安慰，而是在他的房间陪伴他并给他读故事，而“玛德琳”也正好是普鲁斯特的母亲给他读的故事中那个母亲般的情人的名字。

渴望是一种没有结束的状态，因此处在渴望中的人有一种一直在运转的体验，朝着梦想的客体前进。马塞尔对母亲之吻的渴望远比得到那个吻让人感觉好得多，因为在渴望中他并不会感到自己愿望的满足会以内疚为代价，代价就是丧失了自尊感。他丧失了父亲将他当成强大对手的幻想。渴望总是与天真无邪有关，渴望是愿望得到满足之前的那一刻。在超我和禁忌完全形成之前，那一刻充满了各种可能性：像天堂一样。之后，渴望就标志着回归天堂或回归无所不能的状态的幻想。用弗洛伊德学派的术语来说，就是在俄狄浦斯冲突得以解决之前，个体会被爱束缚，并允许任何客体包括自体成为其爱的目标。渴望让个人有了控制的幻想。如果你不与他人接触，那么你永远也不会体验到朝向客体或来自客体的攻击性（Richards & Spira，2003）。普鲁斯特的作品详细阐述了受虐和无所不能之间的联系，这在不少分析师对受虐的研究中也已经描述过（Novicks，1996；Bond，1981；Bach，1991）。他们指出受虐狂的完美结局是如何导致孤独和脆弱感的，以及建立在他人基础上的快感会威胁到受虐狂对控制的需要。不过，就像所有的妥协一样，渴望会导致痛苦，也会带来满足。渴望所带来的痛苦恰恰是自讨苦吃，因为痛苦比满足更重要。

普鲁斯特所理解的人与人之间的关系是，对爱的渴望即对满足和幸福的渴望。但是由于渴望来自个体自身并受其经历的影响，因此也只有个体自己才知道应该如何满足自己的欲望。其他人和自己是完全不同的，不相容的，被不同的欲望和需求驱动着的。这一观点最极端的体现是，夏吕斯付钱给下层社会的男人，让他们鞭打自己（Wilson，1931）。他知道他们只是为了钱。就算邪恶可以唤起他人同样的感受，但他人做同一件事情总是有自己的原因。即使在某个时刻我们得到了爱，但这份爱也会因为我们改变所爱之人而变化，所爱之人的需求和欲望也会变化（Beckett，1931，1999）。阿西曼（Aciman，2004）在编辑二十八位文学评论家对“你最喜欢《追忆似水年华》的哪一段？”这一问题的回答时，突出了这一观点的变化和特殊性。

沙特克（Shattuck，2000）猜测，普鲁斯特之所以强调没有得到的才最珍贵，是来自蒙田（Montaigne）[①]的观点：“我太不珍惜自己所拥有的，仅仅是因为我已经拥有它们，并高估了那些陌生的、我所缺乏的和不属于我的东西……”（pp. 83-86）

根据沙特克的观点，普鲁斯特认同蒙田的观点是因为他觉得自己并不重要，因此任何与自己密切相关的人和物也都变得没有价值。但是我们发现马塞尔这一角色珍惜他的祖母，珍惜沿途的美景，珍惜社会生活，也珍惜许多人和事。只有在浪漫的爱情领域，得到了就贬值了。

浪漫的爱情，19世纪最伟大的理想，被剥去了它最重要的幻觉外衣：最关键的是拥有爱之客体。在这一点上普鲁斯特的观点与弗洛伊德非常接近，他们均认为客体是欲望最不固定的组成部分。对弗洛伊德（1905）而言，欲望比选择客体更为固定和稳定。但是，爱有别于性变态或单纯的情欲在于对客体的渴望及渴望的不变性。正如普鲁斯特向我们展示的，现实世界中某个

① 法国作家。——译者注

人被理想化是因为这个人我们得不到。因此重要的是渴望，而不是渴望的满足。

不同派别的精神分析师们都评论过普鲁斯特在《追忆似水年华》中关于爱之构成的观点。托宾（Tobin，2006）认为小马塞尔痛苦的渴望所带来的张力，他可以通过在独处时自慰来缓解。如果是躺椅上的病人，这一经典的对驱力的理解也是一种读《追忆似水年华》的方式。另一种对渴望的痛苦的理解来自科胡特（1977）的观点。他认为小马塞尔是缺乏共情能力的父母的牺牲品，因为父母不能理解他要的不是母亲陪伴在身边，而是母亲能理解他只是想看到她并得到她的肯定，母亲相信他有能力克服痛苦，却因为父母共情能力的缺乏让他有了一个缺陷，即普鲁斯特所说的对爱的渴望。还有一种对渴望的启动的理解（Kerzner，2006）来自温尼科特的观点。温尼科特认为小马塞尔缺乏早年与母亲的一体性，导致他在与别人建立关系方面有缺陷，妨碍了他成熟性欲的发展。哈尔贝施塔特（1991）认为，普鲁斯特在小马塞尔身上看到了自己的影子，普鲁斯特也是分离—个体化过程失败的牺牲品，因为母亲非常具有侵入性，不允许他成为独立的个体。

我们的观点和以上提及的均有所不同，因为我们认为普鲁斯特笔下的许多角色有不同的童年经历、不同的母亲和不同的生活故事，却都遭受着同样的渴望的折磨并得不到满足。在此，我们支持弗洛伊德的断言，他走在了艺术家们的前面。而普鲁斯特在这些精神分析观点的基础上的锦上添花之处在于，他认为渴望本身就是有价值的，不应削弱其重要性来得到满足，不会导致对所爱之人的去理想化，也不会导致厌倦或沉闷。渴望的状态不会与爱混淆，它远比爱本身更重要。

参考文献

Aciman, A. (2004). Preface. In: The Proust Project, A. Aciman, ed., New York: Farrar, Straus and Giroux.

Bach, S. (1991). On Sadomasochistic Object Relations. In: Perversions & Near; Perversions in ClinicalPractice. G. Fogel and W. Meyers, eds., New Haven: Yale. pp.75-92.

Becktt, S. (1931/1999). Proust and Three Dialogues with Georges Duthuit. London: John Calder.

Bond, A. H. (1981). The Masochist is the Leader. *Journal of American Academy of Psychoanalysis*, 9: 375-389.

Brenner, C. (1974). On the Nature and Development of Affects: A Unified Theory. Psychoanalytic Quarterly, 635-654.

Coetzee, J. M. (2003). Elizabeth Costello. New York: Penguin, p. 191.

Doubrovsky, S. (1986). Writing and Fantasy. In Proust la Place de la Madeline. (C. M. Bove with P. A. Bove, Transl.) Lincoln, NE: University of Nebraska Press.

Freud, S. (1905). Three essays on sexuality. *Standard Edition 7*: 125-245.

—— (1914). On narcissism. *Standard Edition 14*: 73-102

—— (1919). A child is being beaten. *Standard Edition 17*: 175-204.

Halberstad-Freud, H. C. (1991). *Freud, Proust, Perversion and Love.* Berwyn, PA: Swets and Zeitlinger.

Kohut, H. (1977). *The Restoration of the Self.* New York: International Universities Press.

Leavy, S. A. (1990). Alain Fournier: Memory, Youth and Longing. *Psychoanalytic Study of the Child*, 45: 495-532.

Miller, M. (1956). Nostalgia. New York: Houghton Mifflin.

Novick, J. & Novick, K. K. (1996). Fearful Symmetry: The Development and Treatment of Sadomashochism. New Jersey: Jason Aronson Inc.

Phillips, S. (2001). The Overstimulation of Everyday Life: New Aspects of Male Homosexuality. *Journal of the American Psychoanalytic Association*, 49: 1235-1267.

Poland, W.S. (2003). Reading Fiction and the Psychoanalytic Experience: Proust On Reading And On Reading Proust. *Journal of the American Psychoanalytic Association*, 51: 1262-1282.

Proust, M. (1913–1927). In Search of Lost Time. (6 volumes, Transl. C.K. Scott-Moncrieff & T. Kilmartin), New York: Modern Library Edition, 2003.

Richards, A. K. & Spira, L. (2003). On Being Lonely: Fear of One's Own Aggression as an Impediment to Intimacy. *Psychoanalytic Quarterly*, 72: 357-375.

Rose, P. (2000). *The Year of Reading Proust: A Memoir in Real Time*. Washington, DC: Counterpoint.

Sand, G. (1977/1850). *The Country Waif (Francois le Champi)*. E.Collis, Transl., Lincoln

NE: University of Nebraska Press.

Shattuck, R. (2000). *Proust's Way: A Field Guide to In Search of Lost Time.* New York: W.W. Norton & Company, Inc.

Stoller, R. (1975). *Perversion: The Erotic Form of Hatred.* London: Maresfield Library

White, E. (2004). *A Race upon Which a Curse Is Laid.* In: The Proust Project. A. Aciman, ed., New York: Farrar Straus and Giroux.

Wilson, E. (1931). *Axel's Castle*. NewYork: Farrar Straus and Giroux, 2004.

该章节初次发表于：

Richards, A. K. & Spira L. (2006). At the Meeting of the American Psychoanalytic Association, New York, January 21.

第十六章
孤独与独处的“酸甜苦辣”

该论文探索的主题是，为什么有些孤独的人在离开治疗室之后，似乎就忘了治疗中发生的一切？作者从一位女性病人试图通过移情消除早年被抛弃和忽略的创伤这一视角，来研究孤独感。这位女性在反对内省时表现得像个孩子、非常无助。她报告的一个梦突出了她潜意识的愿望和幻想，强化了她在治疗中的立场。治疗师不在场的情况下，她不允许自己思考，她让自己继续保持被抛弃的、孤独的孩子的状态。在她等待幻想中的父亲出现的过程中，这种方式的治疗似乎缓解了她的痛苦。她为等待付出了代价，孤独、没有自尊，生活中几乎没有成年人的快乐。她对痊愈的幻想经历了从缺陷模式到内化坏客体的模式再到冲突模式的过程。作者认为这种对她的问题排序的方式有治疗作用。[①]

究竟是什么导致一些孤独的病人在离开治疗室之后就表现得好像忘记了治疗中发生的事情？有这样一个病人，A女士，每次治疗都坚持得很好，却声称只是很模糊地记得自己的思考，而且这样模糊的记忆还只是在她和治疗师在一起时才记得。一年前，A女士从南方来到纽约开始治疗时刚好差不多快三十岁了。她对自己在办公室的临时工作不满意，看不到能让自己满意的职业前途。同时她又忽视自己的外表，她看起来就像大个子的肥胖青少年，充满了恐惧和脆弱。为了安慰自己，她会暴饮暴食或吸烟。她

① 这个病人在卢希尔斯派拉医生那里治疗。本文所进行的讨论是不同作者之间观点的结合。我们要感谢马丁维泽尔医生和简酷帕斯密特医生，以及来自美国精神分析协会的参与小组讨论的成员，他们就“如何理解女性的孤独感和独处”这一问题慷慨的和大家分享了他们的想法和一些宝贵的临床资料，极大地丰富和促进了我们对此问题的理解。

很孤独，也没有朋友，她将这归咎于她庞大的身形、缺乏修养，以及慢性风湿。当她诉说自己总是一个人并为此非常不开心时，她也在回避可能的朋友关系，因为她坚信凡是她重视的人都不会对她感兴趣。

几乎任何让她担忧或支持自己的事情都会引起她强烈的焦虑。开始治疗时，她说想要通过治疗减少焦虑，并能更好地控制暴饮暴食的行为。她还希望读大学，能有一份自己的事业。后来，我们还逐渐了解到她还想得到其他更多东西。她希望成为父亲最宠爱的女儿。经过多年的治疗后，我们认为她的孤独使她保留了成为父亲最宠爱的女儿的幻想，她一直想象自己是一个小女孩。

接下来的一个小插曲典型地刻画了她的行为。由于一直负责支付她薪水的女士有事不在，她因此没有拿到近期的薪水支票。尽管她需要这笔钱，但是她不敢去找她所在部门的男经理要支票，因为她害怕他会因此烦她或觉得她很无礼。她说如果这个经理的反应真如她想象的那样，她会吓死的。我问她，是不是因为经理是男性所以她才不敢去问薪水。她说是因为他的年龄和职位吓到她了。我说她的恐惧有可能跟其他经历有关，比如她也许曾经向某位年长有权势的男性提出某些要求。我们当时还不能理解她的恐惧为何如此强烈。因为我觉得她告诉我这些，是希望我帮她肯定或否定她关于经理会如何反应的想法，所以我告诉她虽然我不能保证如果她问支票的事他到底会是什么反应，但是不管发生了什么，我都可以帮助她处理她的感觉。她最后决定等待，而不是去冒险。她等了几天才拿到支票。这么多年，她一直都在无益地渴望她想得到的东西。

A女士表现得就好像这个世界上她最不缺的是时间。关于时间的问题，直到我们试图去理解她的一个自虐行为时才浮出水面。她完全不考虑时间的问题，因为她不知道治疗到底应该持续多长时间，所以当我告诉她我觉得已经过了很长一段时间时，她显得非常吃惊。而那时她的治疗已经进行了九年了。

A女士的个人史

A女士是家里的第二个孩子，有一个大她两岁的姐姐和一个小她两岁的妹妹。她遭受了非常多的创伤和不幸，包括在她三岁时母亲离家一年。A女士完全不记得那段时间她是否想念母亲。她没有将她的问题归咎于母亲的离开。母亲不在的那段时间，保姆负责照顾孩子们，当时的A女士因为排便习惯的问题和保姆之间有一些冲突。保姆觉得A女士不能规律排便是因为她故意憋着，而A女士觉得保姆因为排便问题而故意孤立她来惩罚她。

A女士从四岁开始就被批评太胖，并被诱导减肥。她的外表总是乱七八糟的，而且总是随身带着自己的一些物品。母亲的任务就是关注她，以使她符合父亲的整洁、有魅力的标准。但是由于A女士总是不能很好地遵照这些标准，父亲总是指责母亲没有把孩子教育好。后来，A女士明确表示因为自己在青春期时破坏了父母的婚姻而感到内疚。

A女士还为母亲酗酒感到痛苦。她说母亲经常不公平地指责她，不爱她，在喝醉的时候更是对她非常刻薄。事业有成的父亲每天工作很长时间。因此，家里的孩子都是由一系列保姆和女佣来照顾，这些保姆和女佣说她的母亲跟她们说她不喜欢A女士，因为她又吵人又不修边幅。不过，大多数时候她和姐妹们都被留在家。A女士理想化自己的父亲，并认为她是他最宠爱的孩子，因为他总是许诺给她买玩具和其他一些东西。她的姐妹也认为她是最受宠的一个，因为她们觉得她们获得的关注没有她那么多。她的要求似乎比她们的更少。她没有提到过她照顾母亲或姐妹方面的事，也没有将自己描述成父亲的假性伴侣。她是那个映射了父亲对特定食物和音乐的品位和喜好的孩子。她努力想要达到他的要求，即成为一名歌手，尽管她没有这个天赋。

尽管她记忆中的童年充满孤独和恐惧，但是没有妨碍她在学校积极地交朋友。到了青春期，她开始有点不太合群了，因为她不想约会，害怕约会所伴随的那种压力。她把自己搞得很胖，这样就不会有男孩喜欢她。

在她大概十四岁时，父母离婚了。据说父亲和他的情人同居了，后来他们结婚了，就搬到了另一个州居住。但是，当时家里没有一个人提到父亲离开的事情，她记得那个时候父亲整整一周都没有回家，她害怕极了。在大三时，她转学到了父亲所在的新社区，却让她丢了学分。当她发现父亲对她不冷不热的时候，她有被羞辱的感觉。由于她的姐妹们都没有得到这样的“机会”能够生活在父亲身边，所以她觉得自己还是最受宠的那个。这个观念诱发了她童年期的内疚感。

A女士在二十岁出头时有了第一次性经历。她默许了一个勤杂工的引诱，后来他的前女友回来找他，她放手让他离开了。就在这件事情之后不久，她就患上了风湿，她知道很可能是慢性的。多年来，她都觉得她的病跟这个男人有关。她同时还认为她的遭遇是对自己的惩罚，因为她竟然看上了一个社会地位比父亲低那么多的男人。这个病也让她坚信自己永远也不可能从事演艺事业了。然而，她又觉得，如果她不能成为歌手，她如何才能够重新获得父亲甚至不冷不热的对待。

治疗

她的症状非常顽固，而且目睹她受症状的折磨对分析师来说是件痛苦的事情。每一个她遭受创伤的经历都促进了她对失败的恐惧，以及促使她不断抱怨自己是别人粗鲁或易变的受害者。分析师告诉她，她对自己的忽视不仅仅是因为像她所说的她太单纯，还因为她对待自己的方式正是她曾经被父母对待的方式，她将被动的忍受转为了主动的行为。她关心的是如何获得父亲的爱而不是抱怨母亲的丧失。

在多年的治疗过程中，A女士逃避了很多可以带给她安慰或快乐的机会，尽管她一直希望得到这些。多年来，她一直想买一张舒适的床。她没有向家庭医生抱怨太多的痛苦，以至于她没有得到医疗上足够的疼痛管理。除了她遭受的折磨，她很少在谈及自己过去或当下的情况时落泪。她对别人很共情，对自己却很苛刻。

在工作中，她并不疏远同龄人，也从没说过不喜欢他们，甚至有一次她还非常慷慨地送了同事的孩子一台电脑，她还会在单位聚会上分享自己的收藏。她也说过，她会等着同事叫她一起吃午饭，但是她通常不会主动参加工作场合的社交团体。因此，她的孤独更多是由于她的被动性，而非被排斥。

她认为自己是贪婪和邋遢的，因为她不能与众不同。她朝着事业目标迈出的小步子令她有了适度的成功，虽然她没有感觉到权力，并且她自己也不是建立在这些成功之上。例如，她会把头发剪短，显得非常整洁，然后一整年都不剪头发，这样她的头发看上去就越来越乱。上司批评她办公桌太乱，她会很快整理干净，但是保持不久。在治疗中，她尽力表现得就像她自己想成为的好病人那样：从不错过治疗，按时付治疗费，很有礼貌。她提到的在她成长过程中及现在生活中存在的贪欲，没有在治疗中出现过。她也从不指责治疗师。她表述自己的特点是“坏”，但在治疗中她的表现是“好”。在工作中，她扮演的是母亲眼中的她，所以上司才会感受到她对抗的性格特点。

她一开始坚信她的问题是因为个人缺陷导致的，然后逐渐接受自己受到的忽视也有重大的影响，在长达十年的治疗过程中，我们清楚地发现她对现实的妥协是如何被冲突所影响的。她评价自己唯一适合的工作是街道清洁工，她说这个工作以前是给“有前科”的人做的。这一自我认知导致了她有缓慢的进步。尽管她痛斥自己过去犯下了贪吃的“罪行”，即她所谓的贪欲，然而我们最终还是发现她的内疚另有原因。以前，她认为自己应该为自己所有做得不好的地方负责，后来我们理解了这是她通过保护性的无所不能来防御无助感的一种方式。复仇的幻想一直以恐惧她认识的人会死于车祸的形式存在。而这个会因车祸死掉的人通常都是让她感到愤怒的人。后来，她终于将这种恐惧与她在童年时想象母亲会死于车祸的幻想联系在了一起。然后，她开始能讨论她对我乘飞机度假而飞机会坠毁的恐惧。这样，我们开始讨论当下可能导致她内疚的感觉和幻想，而不仅仅是讨论过去。

治疗中，我对俄狄浦斯冲突的解释得到了A女士很好的共鸣，因为她开始能将她感受到的嫉妒、对嫉妒的恐惧、愤怒与她被排斥的感觉联系起来。她对小时候偷走糖果不让母亲和姐妹们吃而长期感到内疚，我将这种内疚最终解释为这是她对从母亲和姐妹身边偷走父亲的恐惧的置换。她表达了对于母亲会嫉妒她的生活太富裕的恐惧。

她对被嫉妒的恐惧在对我的移情中也表现得很明显。有一次她在治疗中一直没有脱掉雨衣，治疗完之后她打算去见父亲，而她的继母不会来。在那件雨衣下，她穿了一件非常漂亮的裙子。分析师诠释，她害怕分析师会嫉妒她。她通常保持的混乱邋遢的青少年造型，其作用就是让她在不激起其他女人嫉妒的情况下可以留在父亲身边。这个解释之后，她的打扮就没那么邋遢，相对正常一些了。

最后，我们终于能够理解为什么她和父亲不在一起时就没有任何联结。她联想到了一个非常戏剧性的幻想，说明了她与父亲的关系是如何影响她思考的。她提到无数个周末独自一人在家度过的挫败感。她还说到天气暖和的时候不能开窗有多难受，因为她害怕有鸽子会飞进来伤到她。九岁时，她把厨房门开着，一只鸟儿飞进了烤箱。她只好打电话叫父亲回来处理这个“危机事件”。她记得父亲当时告诉她以后要把门关着，以免鸟儿飞进来伤到她。这一记忆似乎不仅仅是屏幕记忆，它还成了引导A女士生活的核心原则，是一个保证安全的神奇办法。保持开放的态度，接收任何东西都是危险的。她的这一幻想有可能解释她没法接受治疗中她和治疗师得出的解释。尽管这一观点并没有起到立竿见影的效果，但至少开辟了一个通道，让我们可以讨论她是如何允许父亲影响自己的生活的。

A女士在不断地失望中保持对父亲的理想化。后来发生了一些事情导致了她对父亲理想化的减弱。然后，她开始信任分析师。每次父亲为她安排相亲，把那些从纽约来他的乡村俱乐部玩的男人的电话号码给她时，A女士都会幻想这个男人就是她的“真命天子”。有一次她去相亲，对方感到很震惊，因为发现她竟然比他大十岁，这让A女士相当难堪。她感到非常伤心，因为父亲总给她安排这样让她遭到拒绝的相亲。在这次相亲前，分析师提出可能这个男人不是她想象的那样。后来，她告诉我，我们的讨论一定程度上缓解了她的痛苦。她开始思考父亲对她的施虐和拒绝。

了解到父亲的一些消极特点，似乎增加了她对自己的关注。她开始发现，分析师跟她和她的现实生活的联结比父亲跟她的更多。尽管她仍然渴望父亲能将她看成他的镜像，但她已经开始认识到自己的想法也很有用，她也同样高估了分析师。

大概两年前，那已经是在多年治疗之后了，有那么一个非常沉痛的时刻，她意识到她可能高估了我们的治疗关系，为此她付出了代价。一次度假回来，分析师注意到她患上了喉炎，问她是否不太注意自己的健康。当问及她患上支气管炎和喉炎多久了的时候，她眼泪汪汪地说，分析师不在身边的话她也不需要听到自己的声音了，不需要谈论自己的感受了。听起来就像她没有充分的理由要好好照顾自己一样。这是第一次她为自己和治疗师之间发生的事情哭泣。当她认为自己被排斥时，“他人否定自己的感觉”这样的念头就会出现。当她想象别人都比自己强大时，她排斥内心要照顾好自己的声音。

现在，我们再回到这个问题：为什么有些孤独的病人表现得，就好像治疗中发生的一切在除了治疗关系以外的生活中都不存在呢？迄今为止，我们已经涉及了很多因素让我们能理解她使用治疗的方式：那些可能造成她信任困难的早年经历，她性格中的肛欲期问题，她对欲望的内疚感，她与父亲的关系——包括现实的和幻想层面的。这些因素将她孤独地困在她的过去。在十三年的治疗之后她的一个梦，让我们更加理解为什么当她独处时，似乎就忘记了治疗中的协调合作。这个梦暗示，A女士意识层面希望成为父亲的小宝贝，就像她潜意识里希望成为我最宠爱的小宝贝一样。

A女士的梦

病人：我做了一个梦，梦里有你。我们一起去旅行——不过是跟我的家人一起，有我的父亲和玛丽（继母）。父亲在逗一个婴儿玩（他和玛丽没有孩子）。我对自己说：我很嫉妒。然后，我们就要将这些呈现出来。你画得非常好，没费什么力气就把颜色和人物搭配得很好。真的非常棒。之后我们准备离开，你继续你自己的旅行。你带走了你的作品。这个梦就是这样的。

分析师：在梦里，你做了些什么？

病人：一开始我们碰面时，你以一种比较中立的方式劝说我离开。在梦里，似乎你在帮助我去到另一个地方。但是，我做得并不好，我只是个旁观者——全程观察着——没有参与。我带你去见我的父亲，是想让你看到我之所以有这么多问题都是因为我的家庭。

父亲在逗那个婴儿玩。我告诉自己我希望自己是那个婴儿，所以我才会感到嫉妒，我想成为那个婴儿。我让你看到了我问题的根源。我一直担心自己找不到工作。你也许会觉得我什么事都做不好。

分析师：是我做了什么让你有这种感觉吗?

病人：不是，我觉得是我想多报告一些我的进步。我希望自己能做很多事情，我希望能处理好事情，我也希望你能认为我是最好的病人。但是，我也会想：这些年来，我也丢掉了很多包袱。我会快速回避我做不到的事情。我从这里出发，但我通常会绕很大个弯才能到达目的地，感觉就像走在一片很大的森林里，偶尔我会迷路，会忘记现实，会间隔地否定自己和惩罚自己。有时候我会想，可能我自己都忘记了，当我放任自己时我其实是在否认自己的某些东西。当我们在这里讨论的时候，我好像明白了一点，但是当我独自一人时，要想明白这些似乎比较难。我得自己做决定。在梦里是因为我们一起去旅行，我才能做决定，这对我来说很难。梦里呈现的东西非常奇怪。在梦里我感到非常惊讶，变戏法似的拖出一只兔子的感觉很好。那就像是你在表演魔术，但我又知道那不是魔术。我被深深打动又感到困惑不解。那里有一个倾斜的板子，你可以在上面放映图像，就像全景图像一样。你也在图像里面，然后图像缩小，你从里面走出来。我惊叫道：天哪！你还运用了灯光效果，哇，当时太帅了。

分析师：对于我的工作，你有什么想象吗？

病人：我觉得你的工作堪称完美，但也不容易。完美是因为你没有老板要伺候，你就是自己的老板，这样的工作环境不错，困难在于你得处理跟人有关的问题，不像我的都是文字工作。跟人打交道，你永远不知道他们会抛给你什么难题。在梦里你见到了我的父亲，感觉怪怪的又好像你并没有真正见到他，因为你们完全没有交流。旁边还有玛丽和其他一些人，但都不太分辨得出来到底是谁。我希望我是父亲逗弄的那个婴儿，但这是个五味杂陈的愿望。即使我是婴儿，我的父亲能成为更好的父亲吗？可能性非常小，而且我还要再次经历长大的过程，这样看来也不好。根本没有从头再来这回事。

这个梦跟我的其他梦有所不同，但也有相同的地方，比如有超自然的部分，那些梦里像有什么邪恶的东西想要抓住我。这个梦还好，但我隐约觉得有什么东西潜伏在四周，不是绝对的安全。我打算继续找工作。我不想花时间参加珍妮特的聚会，我不出席也不会有什么不同。我会把聚会当作不理会自己的问题的借口。

分析师：你的梦有任何这方面的启示吗？

病人：我的梦告诉我，我在逃避，希望有人能帮我解决问题。在梦里，我希望有人能带着我，我不用自己考虑问题，就像婴儿那样。我想我是希望能重建我的过去，能让自己感觉好一点儿。当我停止努力时，我就落后了。我一直处于被动，采取主动会让我远离幻想。我需要一个魔术师，能变出个工作给我。

分析师：也许你想让我理解的不仅仅是在妹妹出生时你有多痛苦，那让你感觉像失去了父亲，你还希望我能明白，你对我的敬畏并不能挽回父亲令你多么想逃避现实的痛苦。也许我已经开始理解你了，但这并不能给你信心。

这个梦讲述了她在治疗中的故事。在梦中，我变成了她敬畏的人——她报告的梦不多，也并不是很积极主动地分析她的梦。她最近才愿意看到她在治疗中的进步。除了她的两个学位和六位数的薪水之外，她还学会了一些方法触碰自己的内心世界，而不仅仅只看到自己的丧失。现在她明白了她所用的防御，明白了她为什么总是要选择更“绕”的路。她在证明自己可以控制住内心复杂的感受。

在她告诉了我这个梦之后，我开始让她掌握主动权，而不再重新聚焦于她的梦。于是治疗取得了一些新的进展，她开始准备去哀悼“你再也不能回家了”这个事实。她用了“酸甜苦辣”这个比喻，正好说明她开始意识到在她的愿望中一直存在的冲突。换句话说，如果你想表现得就像你知道如何适应这个世界，你就得放弃还能得到你童年时没有得到的家的想法。从A女士身上我们能看到，当你终于一点点意识到你所持有的幻想让你付出了自尊和成年人的快乐的代价时，对有些儿时的愿望就该放手了。有趣的是，“酸甜苦辣”同时也是她和父亲都非常喜欢的一道菜的名字。

由于A女士的父母从来都不承认她有问题，因此我告诉她，我已经做得够多了。我能看到，我让她有些受不了，误解了一些她的感受，也有一些感受没有得到处理。在梦中，她站在我的影子里，代表了她的痛苦感受。那些潜伏的危险也代表着这些痛苦的情感。这个危险是超我的焦虑：对婴儿、对玛丽（可能代表她的母亲）、更多在潜意识层面对我的竞争性感受的惩罚。

一年之后，A女士告诉我当她偏离自己的轨道时，她选择将我们治疗中的收获置之脑后。她知道，只要她愿意她就能调动她内心的资源。十五年后，A女士已经年过四十，已经能够找到对自己更有利的妥协办法，保持自己的友谊和快乐。她有了自己的事业，也取得了更高的学位，四处游历，戒烟，控制饮食。她还养了宠物，带给她不少快乐。最重要的是，她发展出了自己的能力，并且能够接受冲突是她生活中的一部分。那么，我们不在一起时她是如何运用我们之间的协作的呢？最近，她在办公室挂了一张世界地图，象征着她不再感觉到迷失。在一次办公室事件的处理上，她想起了我曾说过，当她对自己感到愤怒时她就会暴饮暴食。尽管她并不确定自己是否真的愤怒，她决定不再像过去那样大吃大喝。后来，我们知道了她当时的感觉是什么。她关于治疗的想法是什么呢？她曾经跟我说过，说我最少在五年内不能退休。关于这一点，我们还没弄明白她是如何得出这个时间范围的。

讨论

接下来的陈述来自各位作者之间的讨论。这些观点形成于我们对临床资料的分析，以及对其他孤独的病人的解读和体会。回到我们最初的问题：为什么病人在治疗关系以外会表现得像是治疗中发生过的事情完全不存在一样？

阿本德（Abend，1979）展示了当一个病人的潜意识幻想与其自身的治愈理论混杂在一起时，会变成治疗的阻抗。他认为，尽早分析病人对治愈的幻想是非常重要的。在这个案例中，治疗师和病人花了多年时间来理解不同层面的幻想，而且这一努力还在继续。

A女士最初的目标是：控制过度饮食（体重），找到自己事业的定位，缓解焦虑以便有可能实现以上目标。这些愿望都跟她获得父亲的爱相关。她一方面告诉分析师她想得到什么，另一方面她的行为完全是另一回事。她关于治愈的理论是：分析师重新养育她一遍。我们认为，她希望分析师眼中的她是好的这一愿望妨碍了她在治疗以外使用治疗所起的效果。她更想成为那个顺从的小女孩以得到褒奖，成年人的成功对她来说是其次的。在治疗以外依靠她自己的内省，即使这些内省的成果来自治疗，也与她想成为一个好女孩的愿望冲突。采用自己的想法意味着坚定和自信。她将坚定自信等同于贪欲、攻击性和坏人。依靠自己的内心资源表现得更像成年人，意味着她要放弃重新获得父亲的爱这一希望——她幻想中的父亲，在这个幻想中没有其他人跟她竞争父亲的爱。她被爱的愿望必须得用变成婴儿这一愿望来掩盖，因为变成父亲的孩子比变成父亲的爱人激起的内心焦虑显然要少得多。

通过试图获得童年没有得到的东西，A女士回避哀悼的过程。她不愿意使用自己的内省，从而强化了她的无助感，决定了她对分析师的需要。这是父母移情：过去她将父亲看得太重要，现在她对分析师有同样的期待。她的自尊因她坚持保留孩子气的部分而受损这一事实，对她来说远没有她回到过去改写过去的幻想来得重要。

自相矛盾的是，A女士持续地依赖分析师的在场，同时又制造了自己孤独的场景。我们对此的动力学理解与其他学者有所不同，希尔弗曼（Silverman，1998）认为病人紧紧抓住他的拒绝性客体不放来避免孤独，伯格曼（M. V. Bergmann，1985）认为病人回避婚姻和养育小孩是为了不重复童年时期与枯竭无助的母亲的关系。她的自我忽视和冲动进食是对那个被她忽视的、酗酒的母亲的认同（Anna Freud，1946）。她通过冲动进食来麻木自己的焦虑，就像母亲通过酒精来麻痹自己的感觉一样，就像许多被忽视的孩子一样（Jarvis，1965），她运用冲动行为来缓解孤独感。我们的假设是她对亲密和被爱的渴望，当这些愿望导致失去了母亲的爱时，这些愿望被禁止了，她转向父亲寻求这种爱，防御性转换为冲动进食来缓解她的焦虑和抑郁。在她的成年生活中，这一模式导致了肥胖和缺乏魅力，同时也耗费了她大量的精力使她无法参与社交活动，从而把她与他人分隔开来。

A女士用于处理母亲的丧失和母亲之爱的丧失的一个主要方式就是，尝试通过转向父亲寻求母性的养育。直到后来她接受分析，她体验到分析师是一种可靠的养育方式，让她能够理解自己儿时的孤独感，同时看到自己现在的孤独是以狂热的过度乐观为特点的幻想重现（Klein，1963），幻想父亲会来拯救她、养育她、欣赏她。当理解了这些，她开始能尝试从当下的环境中寻求她需要的东西，以让自己感受到被爱的感觉。

通过理解她的孤独感是对特定丧失客体的渴望（Brenner，1974），她开始能够通过与当下生活中的人建立关系来缓解这种孤独感。这与弗洛姆-莱奇曼（Fromm-Reichmann，1959）的观点有所不同，他认为那些有着“真正”孤独感的人遗忘了过去的客体，也不相信将来还会出现新的客体。对治疗关系的遗忘，让A女士创造了一个幻想，即母亲是缺席的，父亲会来救她。这让她因为分析师不可能无所不在而让分析师沉默或抛弃分析师，就像她自己曾经被抛弃一样。只有分析师不在场的情况下，她才会将分析师暂停，而当分析师在场时，她会积极参与到与分析师的互动中的。这就能解释为什么分析师跟她一起时感觉不到这种孤独感，一些其他分析师与孤独的病人工作也有类似的感觉（Greene & Kaplan，1978；Cohen，1982；Schafer，1995）。通过忘记分析师，她会想象分析师离开了病人也很孤独吗（Anna Freud，1967）？

她目前不愿意寻找伴侣，似乎是希望避免受到过去那样受到伤害（Kohut & Wolf，1986）。她恐惧男人会带给她被羞辱的感觉，就像她曾经在父亲那里感受到的一样。在她追求男性这个问题上，她对体重超重的标准是什么、在文化中人们有多重视苗条（Hirschmann & Munter，1988）这些社会因素的了解并不十分清楚，并且感到合适的男性非常稀缺（Lieberman，1991；Rucker，1993），从而妨碍了她寻找伴侣。

除了有关推动其生活的冲突以外，还有分析师也无法完全理解治疗中上演的故事的深刻含义这一事实，让A女士能够形成与她的成年理想更相符的妥协机制，从而减轻了她的痛苦。是什么起了作用呢？我们认为是分析师的一系列希望，她一开始对A女士觉得自己是个受害者的观点的接纳，她愿意倾听A女士的感受，她理解A女士关于对立消除治疗性诠释的防御价值。她需要慢慢强大起来，不那么内疚，增加对分析师的确定感，这样她才能哀悼她的幻想的丧失。分析师对A女士的耐心等待，最终使她可以运用分析师的阐述改变自己的世界观，然后她可以在分析关系之外练习凭借自己的力量发展出新的关系。

我们也借鉴了很多心理分析文献来理解这个病人：有关幻想的形成（Freud，1907）；潜意识的幻想（Arlow，1991）使人不用受到不满意的妥协机制的折磨（Brenner，1983）；一个发展性的观点包括一个症状可以同时反映多个性心理阶段的冲突（A. Freud，1965）；通过心理发展追踪受虐心理的各种途径（Novicks，1996）。伯格曼（1996）认为梦是一种交流的途径，引导分析师关注病人梦中和联想中可能出现的新东西。这和科恩（D. J. Cohen，1990）的观点一样，我们发现遭受过早年丧失的病人无法维持个人价值感。我们的案例证明了这一点，对这样的病人来说，与分析师的关系中尽管有阻抗，但是这段关系对于获得这种个人价值感是非常必要的。

参考文献

Abend, S. (1979). Unconscious Fantasy and Theories of Cure. *Journal of the American Psychoanalytic Association*, 27: 579-596.

Arlow, J., with Beres, D. Fantasy and identification in empathy, 217–234. In *Psychoanalysis*. Madison, CT: International Universities Press.

Bergmann, M. S. (1966). Intrapsychic and Communicative Aspects of the Dream. International Journal of Psycho-Analysis, 47: 356-363.

Bergmann, M. V. (1985). Effect of Role Reversal on Delayed Marriage and Maternity. *Psychoanalytic Study of the Child*, 40: 197-219.

Brenner, C. (1974). On The Nature and Development of Affects: a Unified Theory. *Psychoanal Q*. 43: 532-556.

—— (1983). The Mind in Conflict. New York. IUP.

Cohen, D. J. (1990). Enduring Sadness: Early Loss, Vulnerability and the Shaping of Character. *Psychoanalytic Study of the Child*, 45: 357-375. New Haven: Yale Universities Press.

—— (1982). On Loneliness and the Ageing Process. *International Journal of Psycho-Analysis,* 63: 149-155.

Freud, A. (1946). *The Ego and the Mechanisms of Defense*. New York: International Universities Press.

—— (1965). Normality and Pathology in Childhood: Assessments of Development. New York: International Universities Press.

—— (1967). About Losing and Being Lost. *Psychoanalytic Study of the Child*, 22: 9-19.

Freud, S.(1907[1906]).Delusions and dreams in Jensen's Gradiva. *Standard Edition 9*: 3-95.

Fromm-Reichmann, F. (1959). Loneliness. *Psychiatry*, 22: 1-15.

Greene, M. & Kaplan, B. L. (1978).Aspect of Loneliness in the Therapeutic Situation. *International Review of Psycho-Analysis*, 5: 321-330.

Hirschmann, J. R. & Munter, C. H. (1988). *Overcoming Overeating*. New York: Addison Wesley.

Jarvis, V. (1965). Loneliness and Compulsion. *Journal of the American Psychoanalytic*

Association, 13: 122-158.

Klein, M. (1963). On the Sense of Loneliness. In *Writings of Melanie Klein 1946–1963*. New York: The New Library of Psycho-analysis, 1984.

Kohut, H. & Wolf, E. S. (1986). The Disorders of the Self and Their Treatment: an Outline. In *Essential Papers on Narcissism*. A.P. Morrison, ed. New York: International Universities Press.175-196.

Lieberman, J. S. (1991). Issues in the Psychoanalytic Treatment of Single Females over Thirty. *Psychoanalytic Review,* 78(2): 176-198.

Novick, J. & Novick, K. K. (1996). Fearful Symmetry: The Development and Treatment of Sadomasochism. Northvale, NJ: Jason Aronson Inc.

Rucker, N. (1993). Cupid's Misses: Relational Vicissitudes in the Analyses of Single Women. *Psychoanalytic Psychology*, 10(3): 377-391.

Schafer, R. (1995). Aloneness in the Countertransference. Psychoanalytic Quarterly, 64: 496-516.

Silverman, D. K. (1998). The Tie that Binds: Affect Regulation, Attachment, and Psychoanalysis. *Psychoanalytic Psychology*, 15(2): 187-212.

该章节初次发表于：

Richards, A. K. & Spira, L. (2003).The "SweetandSour" of Being Lonely and Alone. *Psychoanalytic Study of the Child*, 58: 214-227.

第十七章
关于孤独：对自身攻击性的恐惧阻碍了亲密

本文分别从妥协形成的角度及幻想的形成是防御痛苦情感的方式的角度来思考孤独。我们认为，孤独至少有一部分来自对理想化客体的渴望，个体绝不会对该理想化客体产生攻击性，该理想化客体也绝不会有需要个体忍受的攻击性行为。一个中年男性的这一幻想的形成可以追溯到早年父母一方的丧失，并且这一丧失没有得到哀悼，研究结果发现经过精神分析治疗，完成了这一哀悼过程，该男性的痛苦得以缓解。

每个日出和日落，孤独就像一柄寒光闪闪的剑，割开我的心。

——戈登·帕克斯（Gordon Parks，2000，p. iii）

孤独既非仅限于那些在精神分析或心理治疗中抱怨的人，也非仅限于那些独处的人。尽管很多抱怨孤独的病人是女性（Lieberman，1991），我们还是想说，孤独击中每个人的机会相当，不管男人女人都一样。

一些人抱怨找不到对的人共度余生；一些人不愿与人共处；一些人认为没人能忍受整天和他们在一起——但是没有人陪伴，他们又会感到孤独和/或羞愧（Gillman，1990）。我们认为，孤独让个体避免了指向象征着理想化客体的他人的攻击性冲动失控的危险，对指向所爱之人的攻击性的恐惧进行解释有可能减弱对这一恐惧的防御。

临床案例

虽然社会学研究（Weiss，1973）和精神分析研究（Lieberman，1991；Rucker，1993）的一些文献都证明，在统计学概率上，独身的女性比男性多，但是对寂寞的体验绝不仅限于女性，如前所述。许多单身和已婚的男性，都为孤独感到痛苦，同时恐惧亲密。

从一个我治疗了多年的男性身上可以了解到许多有关孤独感和寂寞的看法。[①]A先生是一位政治学者，同时也是代表着被压迫的穷苦人民利益的积极分子。他的生活充斥着各种会议，以及与他的选民和同事之间富有成效的互动。他有一个忠诚的、长期效力于他的员工。他在来寻求分析时四十岁，未婚。

之前，他在一位男性治疗师那里成功地进行了二十年的心理治疗，该治疗师退休后建议A先生继续更高强度的治疗，认为那样会获益。A先生渴望组建一个家庭，除了他事业上的成功之外，他将这归诸他的勤奋工作和他的长程心理治疗，他觉得自己在私人生活方面是个失败者。他开始了每周四次躺椅上的分析，持续了五年，目标是“拥有私人生活”。

在他第二年的分析治疗中，A先生说从他十几岁起，他就会花很多空闲时间自己跟自己玩虚构的棒球游戏。这个游戏包含了孤独，以及在他脑海中想象出来的棒球社里的棒球队和队员。这些队员都有一定的进球率，棒球队也有一定的赛程，他非常享受在想象中观看他们的赛季。这一活动陪伴他度过了很多个漫长孤单的周末和夜晚。我们经常谈到他的棒球社。最开始，似乎是因为他没有朋友才这样想象，但随着时间的推移，他发现比起接近他人他更喜欢独自幻想。他很善于与他人亲密合作，但仅限于在一个团队里并且大家有一个共同目标要去完成时。

在一次特殊的治疗开始之前，A先生一直认为棒球队之所以让他感觉很

① 这个病人在我们中的某位治疗师手上接受治疗（A. K. R.），但是关于该病人的讨论反映了两位作者的观点。

好是因为一切尽在他的掌控之中。父亲在他三岁时就过世了。他和弟弟跟着丧偶的母亲生活，母亲的原生家庭会给他们一些生活上的补助，这样母亲得以在家照顾他们。他的回忆中总是感到缺少父爱。他一直觉得他们家比邻居家过得更惨，因为他们家没有父亲。因此他来接受分析时，把自己看成了社会制度的受害者，抱怨在这样的社会体制中女人不工作因此比男人的钱少，也使单亲母亲养育的孩子比双亲家庭的孩子更穷。在开始阶段，分析师比较节制，没有去挑战他的这些观念。他们只是讨论了他现实中的经历。让他看到他的孤立有着更多的个人因素，或者说甚至这种孤立强烈打击了他的自尊心，而这一自尊心建立在他坚信自己的丧失是社会问题造成的基础上，从而达到一种掌控感。这一妥协吸引他的地方在于，他认为自己可以成为救世主，去拯救那些年轻的弱势群体，这些人因为社会不公输在了起跑线上。

在治疗的过程中，A先生开始抱怨治疗很无聊。分析师和他的意见太过一致，治疗中没有一点质疑；他没有获得任何新的东西；他只是听到了自己的回音。他回忆了他的前治疗师，对他有更多的面质，也更多地挑战他的合理化防御。在这一点上，我感谢A先生对治疗的反馈，并开始询问他，社会孤立在他的成长过程中对他个人来说还意味着什么。我告诉他，更多地探索个人意义可以补充和加深他的理解，而不必置换或否认他已经看得太清楚的社会问题对那些成长过程中缺失父亲的年轻人的重大影响。

这个病人的故事说明了他是如何逃避家庭的：待在朋友家里，夏天到外面去露营，最后独自离家，以充满冒险色彩的方式推进了他成为社会活动家的目标。我问他是否用了更中立、更积极的方式与社会团体接触，来替代他充斥着强烈情绪的家庭氛围。在这样的对话背景下，他开始谈论在他还很小的时候母亲是怎么打他的。他着重描述了导致他第一次寻求治疗的事件：那一天，他快十八岁的时候，他第一次还手了。在被母亲虐打的最后，他终于还手了，但是这吓坏了母亲。她开始给他找治疗师。

和病人讨论他如何利用中立的社会团体设置和社会理论促进他的成长这一方式相似，我告诉他，我认为他利用他的第一个治疗师作为自己对母亲愤怒和母亲对自己愤怒的一种保护。他开始利用治疗来探索他自己的选择——当然，大多数时候，他希望治疗师能像父亲那样保护他不被母亲打。

A先生开始看到，他需要一个父亲保护他不受母亲诱惑性的入侵和躯体的虐待。我们发现了，他在六岁时对于母亲坚持要检查他的大便所产生的憎恨。我们开始能理解，他对控制的需要其实是对母亲对他控制太多的反应。我们在移情中也能看到了这一现象，比如他拒绝早上做治疗，也经常要求更改治疗时间。后来，他向我描述哥哥令人费解地喜欢母亲的回忆，他相信哥哥从来没有挨过打。为什么母亲会如此不同的对待他们？他意识到，这可能和他也有些关系。

当A先生早年的生活与当前的防御模式连续得以重构时，他逐渐发生了本质上的变化。不管是较早以前的治疗还是现在正在进行的分析，他都不断地试图去理解自己是如何忍受那个他心中所认为的坏妈妈的。他对母亲的看法是变化不定的：有时他把她看成全坏的，有时又会把她看成试图做一个好父母却弄巧成拙的母亲。

关键的一次治疗

有一次，当这个病人又把母亲看成虐待他的人，并且她的虐待是他与别人保持距离的重要原因时，就发生了下面的对话：

病人：嗯，我给过你支票了吗？

分析师：给过了。周二给的。或者是周三？不对，是周二。而且我是从那天起给你保险的。（我当时想，我要想起准确的日期，如果我记错了A先生可能会挺受伤。但困惑的是，我觉得他想让我聚焦在这一点上。这一周他总提到保险的事情，好像他要通过考验我的记忆力来再次确保分析的安全性。当我准确想起那个日期时我松了一口气，我也想让他放心。）

病人：我还在继续感觉放松的感觉，但这让我感觉奇怪，因为我没什么需要放松的。我把我的汽车拿去修理了。自从那次事故之后就没有管过它。其实不需要多大的修理，但是汽车修理店的时间一直跟我的时间对不上。所以我也还没有去牙医那里。这也是另一件我今天早上计划做的事情。我不知道需要多久，其实只需要简单地把牙包一下。我不知道这到底是牙医的问题，还是他的实验室里制造牙冠的人的问题。如果我不能确切知道我要在牙医那里待多久……我有什么权利可以少工作几小时？我会给自己施压。这些都是从那次车祸开始的。从那时候开始，我就会做一些对自己不利的事。

分析师：嗯。（我在想A先生还不习惯不发脾气的生气，就像他对汽车修理和牙医生气这样。）

病人：我到了办公室，发现办公室装扮成了圣诞节的样子，我知道这是员工们想让我高兴一下。我也真的很喜欢。有一棵新的、很大的圣诞树，所有办公室的门都用礼品包装缎带装饰起来了，还有很多圣诞花环。我每年做的圣诞花环都很棒。这次是他们帮我做的。这些人都希望得到我的称赞。我哪里没有满足他们的需要吗？

分析师：我是不是没有满足你的需要呢？

病人：什么？和这有什么关系？

分析师：我是否也没有满足你对我的称赞的需要呢？（我试图了解，在我面前他是否能在不发脾气的情况下体验到对我的愤怒。）

病人：好吧，跟我需要的或期望的还差一些，也许你满足得还不够。巴里想要我见一个从波士顿来的人，这人是搞视频通话的。我身边的所有事情都以我做对了什么而不是我做错了什么为中心。

当我还在培训时，有一个城市人类学的教授总是盯着我哪里又做错了，却看不到我做对的地方。我是一个好研究员——我和青少年一起工作。在当时的组里，有一个叫弗兰基的孩子。每个人都对他做鬼脸。他们讨厌他是因为他们都很野，就他一本正经。

他长得很高大，比其他孩子都高大，他后来上了教区学校，成绩很好。甚至我都讨厌他，因为他总是对我很友善——马屁精。我当时去了这个组，我让组员告诉弗兰基他们为什么讨厌他。我觉得他们能说出来是好事。然后，这个教授给我打电话说弗兰基的母亲打电话问她，我对弗兰基做了什么让他这么伤心欲绝。

所以他们就把我踢出了小组，于是我只好去别的地方做实地研究。在那儿，我给教授交了我的第一份报告，她说："你自己怎么想？"她希望我找出报告中我做得有用的地方。这深深地吸引了我。然后在做了两三句评论之后，我问她，我的研究有哪里做得不对，她让我自己评价，问我自己觉得不喜欢什么地方。这非常吸引我，让我完全放下了防备。我知道这种方式对我有用，所以我跟这群孩子一起工作时我也用这种方式。在我授课时，我也用这种方式。

我的第一次工作安排就这样被替换掉了。我只好去找院长，我的导师把我叫进去，然后说都是我的错，叫我以后不许再犯。我说我应该继续待在那儿，把专业改成社会辩护或政治政策来符合组织的安排。我的老板当时也在那儿，她说她第二天就雇用我。

院长当时说的话改变了我的人生："A先生，你什么时候能为你自己的行为负责任？

是否要继续去照顾那些你关心的孩子这完全取决于你。"后来，我教了一些没什么技能的少数族群学生，我也是按照导师教给我的方式去做的。我的研究助理跟团队一起工作时，我会帮助她，教她怎么做。我根本不需要那个什么狗屎视频。我知道我对我的员工称赞得不够。

我讨厌学校里精神分析鬼扯的那一套。当我在教养院里工作时，这一套根本不管用。

教养院里的所有生活每天都被分析一遍。我参考了雷德尔的模型，没有规则可循，不同的情况我们需要做出不同的对策。这个员工是多元文化、混血的，想要把什么事都做好，而且对我非常崇拜。我最后对自己说："看吧，他们就是那种会在凌晨三点还不回家的人。"这个员工很害怕，因为孩子们很难控制。这个善良的员工一只眼睛被打青了。我叫员工在两个孩子快打起来之前要站到他们中间。她这样做了，但是她站在中间的时间太长，结果被打到了。我知道做儿童保育工作有很多困难。心理学家和社会工作者甚至人类学家都看不起他们。

从那以后，我改变了很多。我让工作人员制定一套他们自己的规则，我唯一坚持的就是要求他们把规则告诉孩子们。我还是会支持孩子们，但是我发现我也得理解我的员工们。

分析师：就像我犯的错误一样，我站在你这边跟你一起反对你的母亲，即使是她一周七天，每天二十四小时带孩子，而且完全是她一个人。（这里我再次试图让A先生能够安全地去体验对我的愤怒。这样的对抗性是不是太强烈了？我认为他对照顾家庭的父母已经有了结论。）

病人：不。员工不像我的母亲！！！

分析师：你的母亲也不是你的员工。（对了，他在直接向我表达愤怒了，而不是置换回母亲身上。我将他往前推动了一点，他开始愤怒了，但没有爆发。）

病人：是啊？就像塔米（他的办公室主任）。我当时在刺激她，现在我明白了。虽然很微妙，但是她有反应。我本应该道歉，但是我又一次刺激了她。我会忘记给她交代的人打电话，或者她期望我去做的时候我不去做。她不善于会谈，因此她需要我在旁边协助。

过去的两周里，我都很努力，她的反应也更热情。以前我那里有一个教授是个绅士。

他会问候我，然后告诉我他的生活。我知道他对我感兴趣。

当塔米开始谈正事时，我非常沮丧。她说的话让我沮丧，“这个你做了没？”“那个你做了没？”然后她就会发现一些我还没完成的事情。这当然不可避免——总有些事情没完成。她就会让我失望。

我的员工会录像，查看他们自己的录像之后问：“我哪里做错了？”我知道杰森需要更多赞赏。他会给我看一些他自己制作的运动类互动小游戏。他知道教授阅读和学习的技能是非常好的事情。

当我长大之后，我记得一些跟哥哥有关的事情——如果我再年轻一点，我绝不会这样做——母亲想带我去一个山上的希腊酒店庆祝我的生日。我不想去。她喜欢带我们去那里吃饭。她会叫我们点最贵的菜，虽然我们并不喜欢。当我拒绝时，我发现她很受伤的样子。我当时感觉很糟糕，我知道她真的关心我，想对我好。我对你说的话感到生气。（他哭了）

我没法忘记她对我做的那些可怕的事情。她扬言要把我扔出去，不要我了。

分析师：所以你在学校和在工作中，你会激怒别人。你把你自己扔出去了。

病人：（啜泣）什么？什么？

分析师：当你只看到她全部都是坏时，你不让自己感觉到对她的渴望。（这里，我想我是否搞混淆了，是愤怒防御掉了渴望，还是正好相反？我暂时认为两者之间是相互防御对方的。）

病人：（啜泣）什么时候？

分析师：此时，此地。对我。

病人：（啜泣）我十九岁时——那时我意识到我要离开她了。她死了我觉得更舒服些。在L医生那里，他帮助了我，他没有对我说“你是个坏人”。我在他那里治疗期间，有一天，我对母亲非常生气，我把软糖豆撒得满屋子都是。我知道这算是好的了。其他时候我还打她或伤害自己呢。但是她给L医生打电话说了这件事，要求见他，他拒绝了。真是好手法！他知道不应该把家庭治疗和个体治疗混在一起。她当时太偏执了。

她会说：“你和L医生之间怎么回事？”后来在治疗中，他问我发生了什么。当我告诉他时，他很吃惊。他说：“就这样？”我现在对你非常愤怒——我那么小怎么可能承受母亲对我所做的一切。我不想放弃，你却告诉我要放弃。

另外一天晚上，我跟茉莉走在铁轨上，看到一个小女孩在哭，她找不到妈妈了。后来我们看到她妈妈了。她妈妈喝得烂醉，妆化得很浓，看起来有点儿像妓女。她完全不在乎女儿的哭——她不在乎，一点儿都不。我说："她烂醉如泥。"茉莉就像我的兄弟："你怎么知道？"我说："我就是知道！她就是他妈的一坨狗屎！她烂醉如泥。"我当时对那个依恋母亲的孩子感到愤怒。但是她怎么会知道？她寻找的是没有喝醉的那个妈妈——那个好的、照顾她、关心她的妈妈。

分析师：很好。周末愉快。周一见。

关于A先生对其员工的感觉中是否还包括了对我的感觉，我所做的干预一开始确实令他吃惊，但从他的反应来看，他还是能够意识到他其实也在谈论他和我之间的关系。病人于是能够注意到他对员工的表扬不够源于他感觉到我对他的表扬不够。在那次干预中，我明白他把我当成了母亲-老板。这一解释给治疗带来了一种新的动力，最终引出的新材料拓展了视野，即他的母亲并不是全坏的。随之产生了一种情感联结：治疗室中的两个人，在合作。

对于像A先生这样隔离的病人，达到这样的亲密关系是首要目标。尽管重读这次治疗记录会让我思考我是否太过主动，或者我在治疗中卷入过多，结果是在多年的准备之后带来了富有成效的交流。

关于这一点，我记得最重要的是A先生对坏妈妈表达的愤怒。当时这一点成了下一个治疗阶段的主题。我们详尽地阐述和指明了他异常的咒骂语中所表达的愤怒，"她就是他妈的一坨屎"。他确信那个陌生女人吸毒上瘾，将这比作他印象中抑郁的母亲，因为他发现他的母亲吸烟并且热衷于玩牌。他评价那个陌生女人的妆容"像个妓女"表达了他对母亲性欲的愤怒。铁路是一个肮脏的、嘈杂的、危险的地方。这整个场景的作用就像梦一样，是关联整体的一个环节。

随后的治疗

这次治疗的主题包括了在其他治疗中重复过的主题，虽然在这一次治疗中展现得不多，但在整个分析过程中是非常重要的。解释是为了将这次治疗与之前的治疗联系起来，以加深已经有所理解的病人需要远离任何亲密关系的含义——无论是和男人还是女人。主要是对“甚至你的母亲都不是你的母亲”的解释，指的是他认为母亲是全坏的幻想。

在这次治疗中，A先生描述他的母亲是个坏妈妈，用铁路上遇到的那个陌生女人比作他的母亲（也比作分析师），尽管他知道她带他出去吃晚饭是对他的爱的一种表现。在之前和之后的治疗中，都聚焦于想给他一些不好的东西的坏分析师。对坏分析师的意象是，A先生脑海中保存的最初的那个母亲的一种体现，尽管在现实中她已经不在了，也是理解他小时候内心世界的一条途径。为什么他会将母亲看成坏人？解释是，现实中的母亲并不像他幻想中的母亲那样坏。当他听到这样的解释时，他哭了。在她变得抑郁离开他时，A先生心里的她就变坏了，再一次变坏是在她去世、永远离开他时。失去一个坏的人似乎比失去一个你爱的并且也爱你、珍惜你的人来说不那么痛苦。当分析师理解了A先生案例中这样的幻想时，一个克莱茵学派的分析师也许会认为，这是好客体和坏客体的整合，分裂得以恢复，并且已经成功到达了抑郁位态（克莱茵，1963）。①

前面提到的小插曲还隐含了一个假设，在后续的治疗中应予以详细阐述：病人心中的母亲还受到对父亲更深愤怒的渲染，病人的父亲在A先生还是个学步孩子时就抛弃了这个家庭。因此，对父爱的渴望也是一个复合因素，导致了他对母亲的爱永不满足的渴望。与此同时，他对父亲的怒火使他对母亲控制他的自主权、没能给他一个父亲，以及母亲并不那么在意地哀悼对丈夫的丧失这一系列事情的愤怒，愈演愈烈。

---

① 阿洛和伯瑞斯（Arlow and Beres，1991）曾讨论过，坏妈妈是个体创造出来防御丧失的幻想。

当A先生开始理解他对母亲的愤怒在一定程度上也是他对父亲的怒火的置换时，他开始用一种不同的方式看待身边的女性。他吃惊地发现他的助手，多年来在政治斗争中和他并肩作战，并不是他所想的那样虚弱。他注意到在一些会议和协商完成之后，她很受欢迎，她的沉默及她不愿和他人直接对抗都被看成机智老练和善解人意。他看到在过去的很多年里，其实他一直都依靠她在处理一些因为他的粗鲁和对抗风格所造成的裂痕。他后来在治疗中说到，他的员工都谈到了他的变化。慢慢地，他也越来越多地提到他和朋友之间的联系，以及他是多么享受和他们相处的时光。

为病人客体关系的变化所做的准备工作是，他对之前长程治疗的治疗师的认同，以及他对现在的分析师的感受，还有最重要的是，治疗中所做的一系列重要解释。这些解释分别是：（1）他童年时的一些违规行为其实是由于母亲因失去丈夫而变得沮丧，他在试图让母亲重新参与到自己生活中来而做的努力；（2）他对母亲的意象被他的幻想扭曲了，已经不仅仅是对一个家长的真实写照；（3）母亲陷入抑郁，病人从母亲那里得不到想要的回应所带来的愤怒渲染了这些幻想；（4）他对父亲的怒火置换到母亲身上，强化了他心中坏妈妈的形象；（5）母亲对他的反应被认为是不合理和令人生气的。

A先生对母亲的幻想被分析性解释纠正了。我认为，我对他的客体关系的情感或驱力方面的解释比他的第一个治疗师给出的理解更有意义——因为这些情感或驱力的发展是对幼年时期那个真实坏妈妈的反应。这个观点也比我对A先生坏妈妈的幻想的第一种理解更为准确，即这种幻想是防御失去母亲的悲伤。通过他对抛弃他的父亲的怒火理解了他的幻想，这一理解为A先生当前的客体关系提供了改变的动力。

在这次治疗之后的治疗过程中，还有一个很重要的方面就是对分析师持久的一系列攻击。病人会迟到，忘记约好的治疗，声称他的工作效率因为分析要求情感的投入而大受影响，并且通常会诱发相关的有时非常强烈的焦虑。当分析师意识到她的拯救幻想被病人显而易见的退行所调动起来时，治疗中就出现了全能母亲的幻想。A先生把母亲理解为全能的以便保护他，就像其他孩子有父亲保护那样。他一直都努力让自己和分析师看到，分析师是不能强迫他来参加治疗的，特别突出了一点，即她的拯救幻想和他的被拯救幻想综合到一起给了治疗以动力，但是现在需要明确放手，然后哀悼。他能够放手和哀悼，只是很缓慢——也许最后哀悼的是早年丧失父亲，以及丧失他关于拯救幻想的信念。

他对愤怒的表达和对愤怒的阐释与描述病人如何变得更为现实地处理生活中各种人际关系交替出现。例如，他现在可以解雇那些无法胜任的职员而不必羞辱他们，他也可以支持某些选举人而同时不必与其他选举人为敌。他开始可以做到一些他之前在别人身上看到的令他吃惊的事情：在争执之后做些弥补而非永远断绝关系。

像A先生的那种愤怒，是一种早年丧失父母的孩子所具有的一种特点（Cohen, 1990；Wolfenstein, 1969）。不能哀悼失去的父母时，就可能出现这种愤怒。以缺乏哀悼为基础的理论认为，孩子通常到了青春期才能开始哀悼。不过，似乎治疗中还是会出现迟来的哀悼。儿童分析师认为，即使很小的孩子也能哀悼父母的丧失，只要在治疗中允许并鼓励他们这样做。科恩（1990）这样描述到，有一些成年人在还是孩子时就丧失了父母，但没有哀悼，随后发展出了毁灭性的愤怒，但这些人后来在治疗中能够完成其在孩童时期没有完成的哀悼。

A先生的治疗聚焦于改变他的愤怒，当哀悼开始逐渐替代愤怒时，愤怒得到了改变。我相信，是这一过程让他能够以新的方式看待自己和他人。他再也不用害怕他的愤怒会毁灭别人，再也不会把他们看成潜在的、危险的破坏分子，他变得能够更舒服和更有建设性地与他人相处。

这个病人的治疗方式是间接的，有时候还有些曲折迂回。在一段时间里，分析师都需要接受病人的观点，即他认为他对事业的投入妨碍了他找到伴侣。他利用了这一事实，就像有些女病人利用她们少数族群的地位、体重、年龄、不孕不育或投入工作这些事实，来合理化持续的单身状态。病人在这样的过渡阶段中开始理解自己不愿意为了一个不够理想的客体安定下来，当病人对自己能有这样的理解时，就能够达到前文案例中所证实的位置，病人开始意识到梦寐以求的伴侣是那个永远不会激起病人攻击性的完美客体。

A先生认为只有在游戏规则的约束下他才能和人建立关系，他那持续的、执着的、想象的棒球运动证实了这一点。围绕这一核心主题，他认为他可以安排教练员到他的办公室来教授给员工们相关的规则，他和员工之间可以互动。据他观察，他可以和同事很好地互动，但在私人生活中无法做到人际关系的良好互动。分析师把这个问题与病人被抛弃的恐惧联系起来，认为病人恐惧被分析师抛弃，恐惧被母亲、被他生活中的其他女人，还有被他的父亲抛弃。他通过隔离自己来对抗被抛弃的恐惧，这样他就相当于在积极应对他害怕会发生在自己身上的事情，他将被动变为主动了。他对棒球运动的幻想很好地诠释了他对亲密的渴望，这一幻想使他不再孤独，因为这个幻想世界里充满了竞技的人和一个令人羡慕的观众。

布伦纳（1974）认为孤独是对某一特定客体回归的渴望。按照这一观点，那么A先生拒绝婚姻就可以被看成对母亲的忠诚，仿佛他只要一直忠心地等候她，她就会回到他身边一样。这一观点同样也能解释他在母亲死后还住在原来的房子里，一住就是几十年。当分析中涉及终止治疗这一话题时，关于复活的幻想浮出了水面。如果母亲会回来，那么父亲也会回来。他的幻想是回到父亲去世和弟弟出生之前那段极美好的时光——那时家里只有他一个孩子，父母健在，只宠爱他一个。

对母亲的愤怒，将母亲看成全坏的，其实不难找到根源，根源就是早年丧父。随着A先生在分析中的进步，有关他失去第一个男性分析师，以及丧父的主题就日益显著。此时，对A先生最恰当的理解似乎可以用沃夫斯坦（Wolfenstein，1969）的观察来解释，他发现，早年丧失父母任意一方的孩子，狂怒主宰了孩子的情感世界，并且他们无法成功完成对丧失的哀悼。对A先生在地铁看到的女人所做的解释，甚至对母亲的陈述都不错，这些解释和陈述都很详尽细致，能帮助他理解他是如何将对父亲的愤怒置换到母亲身上的。他明白了他需要将愤怒置换到母亲身上，以避免因父亲去世感到被抛弃，从而再丧失掉对父亲仅存的一点点好感。

A先生对丧失的父母坚持不懈的追寻，首先通过将第一任分析师看成父母般的角色来表达，其次通过在工作中不断参加竞选活动来表达，他赢得了选民的投票，因此他得到了一份工作，并且他将这份工作视为他的养料。然而，第一次不够坚定的长程心理治疗证明没人能帮得了他——这是在那些无法哀悼早年丧失的人身上存在的典型幻想（Cohen，1990）。

病人的愤怒是对丧失父亲的极度绝望的防御，然而理解这一点花了相当长的时间，在这之前首先理解了母亲的坏脾气是对丧夫的抑郁情感的防御。当A先生能够理解母亲是多么努力地应对丧失所带来的难以承受的感觉时，他发现自己对母亲没有那么愤怒了。因此，我觉得如果他知道我能理解他的愤怒是对悲伤的防御，他就不会那么担心我能否接纳他的愤怒了。最终，他能接纳自己的愤怒是对悲伤的防御，并且能够意识到他已经控制住悲伤很多年，不用再担心不能面对了。这让病人逐渐能够与同事、与生活中的人建立亲密关系。最后，他终于能够让真正关心自己并且自己也真心在乎的人进入他的生活了。

总结和结论

这个案例很好地说明了如何与孤独为症状且有时伴随内在孤独感的病人进行精神分析工作。诊断分类中并没有孤独这一诊断，但是当病人感受到内在的孤独时，痛彻心扉。那些独自生活的人，还有那些感觉内心空虚的人都可能是孤独的，不管他们的社交活动多么精彩。对完美客体的渴望，因为完美客体永不会激起我们的攻击性，这种渴望会让人孤独。这跟早年丧失双亲某一方却无法哀悼，愤怒成了主要的情感有关。对病人害怕感觉到对所爱之人的攻击性的解释，能够解放病人，让他们能尝试着与他人建立亲密关系；当病人感受到攻击性被分析性的关系所容纳，他就逐渐有能力去发现、去接受甚至运用这样的解释。在我们列举的临床案例中，通过回忆、遗忘、再发现、在新的情境中发现，逐渐修通了以上提到的内省，这是一个漫长而又痛苦的过程，但对病人来说，这个过程最终是值得的。

【致谢：作者要感谢美国精神分析协会“对女性孤独感和寂寞的理解”讨论组的成员。】

参考文献

Arlow, J. & BERES, D. (1991). Fantasy and identification in empathy. In Psychoanalysis, ed. J. Arlow. Madison, CT: International Universities Press.

Brenner, C. (1974). On the Nature and Development of Affects: a Unified Theory. Psychoanalytic Quarterly, 43: 532-556.

Cohen, D. (1990). Enduring sadness. *Psychoanalytic Study of the Child,* 45: 157-178.

Gillman, R. (1990). The Oedipal Organization of Shame. *Psychoanalytic Study of the Child*, 45: 35-375.

Klein, M. (1963). On the Sense of Loneliness. In *The Writings of Melanie Klein, 1946–1963.* New York: New Library of Psychoanalysis, 1984, pp. 300-313.

Lieberman, J. S. (1991). Issues in the Psychoanalytic Treatment of Single Females over Thirty. Psychoanalytic Review, 78: 176-198.

Parks, G. (2000). AStar for Noon:An Homage toWomen. In Images, Poetry and Music. London: Bulfinch.

Rucker, N. (1993). Cupid's Misses: Relational Vicissitudes in the Analyses of Single Women. *Psychoanalytic Psychology*, 10: 377-391.

Weiss, R.S. (1973). *Loneliness: The Experience of Social and Emotional Isolation*. Cambridge, MA: MIT Press.

Wolfenstein, M. (1969). Loss, Rage and Repetition. *Psychoanalytic Study of the Child,* 24: 432-460.

该章节初次发表于：

Richards, A. K. & Spira, L. (2003). On Being Lonely: Fear of One's Own Aggression as an Impediment to Intimacy. *Psychoanalytic Quarterly*, 72:357-374.

Section IV:
Technique

第四部分
精神分析技术

引言

也许我多年来在美国精神分析学会会议上带领小组研究孤独的工作经验影响了我，导致我过于关注个体独处时对他人的渴望。在我看来，正是精神分析的规则性，让分析师能够聆听病人的感受，从而使病人能够信任分析师，这是精神分析中信任感建立的条件。当我第一次读到沃伦·波兰德（Warren Poland）的著作《融入黑暗》（*Melting the Darkness*，1996）时，我感到脑海里灵光一现。就好像说："哦，现在我终于知道我呼吸的是什么了，是空气。"和他人在一起——比如母亲和孩子在一起，比如老师和学生在一起，但是因为我聚焦于病人此时此刻的感受，因此治疗关系甚至比以上任何一种都更亲密——这也正是治疗的精髓所在。

我总是在思考，婴儿是如何不断了解到自己是孤独的，其所拥有的局限在其皮肤之内。婴儿的入睡体验、拒绝服从母亲的指令、要脾气、冲过去拿玩具或者跑向某个人跌倒时的疼痛，所有这一切，都让蹒跚学步的婴儿震惊地意识到自己的边界：就是自己的皮肤。婴儿渴望被搂住、被拥抱，渴望和人保持亲近以安抚分离的痛苦。不过，能够将这种渴望转换成语言是最能够让成年人在分离时感受到安慰的途径。精神分析治疗的工作就是，将这种渴望翻译成语言。当人太忙、太累、太专注于自己的需求，或者太专注于别人的需求，以至于没有注意到自己拒绝了那个需要被支持的婴儿或学步儿童，这就形成了孤独的原型。由此导致的狂怒，引起孩子发脾气，进一步疏远了学步儿童与其照顾者之间的亲密关系。

从这个角度可以很清楚地看到，精神分析可以被用来治疗不同种类的病人。有一类病人我们称其为自恋狂，因为他们似乎脆弱到很容易丧失自尊甚至自体的内聚力。还有一类我们称其为神经症病人，因为他们似乎总在内疚，尽管他们没有什么罪过。那些感到内疚、羞耻和/或厌恶他们自己身体功能的人，我们称之为抑郁病人。不过如果她能谈论什么在困扰她，并且相信她的倾听者能理解她，不会谴责她或因为她所倾诉的而厌恶她，那么她的痛苦就能得到缓解。正是这种被聆听和被听见所带来的亲密感，能够治愈心灵的疾病。被听见可以意味着倾听者理解了病人所倾诉的故事的意义，可以意味着被回应，可以意味着当谈话双方都感受到某些重要的信息出现时彼此的沉默。

参考文献

Poland, W. S. (1996). *Melting the Darkness: The Dyad and Principles of Clinical Practice*. New York： Jason Aronson.

第十八章
如何设定治疗频率以产生分析性体验

阿诺德·罗斯坦（Arnold Rothstein）领导的专家组，[①]讨论了有关如何设定治疗频率以产生分析性体验这个主题。罗斯坦把提出这一话题的功劳归于阿诺德·格登伯格（Arnold Goldberg），并在此基础上给专家团队提出了一系列问题。主要的问题有：（1）分析的频率可以是一周三次吗？（2）在什么样的条件下这样的治疗频率能导致分析性的治疗？此外，还有大量附加问题随之而来：治疗性的体验需要具备怎样的性质才能被称之为分析？治疗频率与产生那样的体验之间是怎样的关系？如何区分精神分析与精神分析取向的心理治疗？同时还要考虑到的是，病人和分析师的人格与频率设定之间的关系。

早上和下午分别各呈报了两个案例。每个案例在呈报之后都直接进行讨论。因为保密的缘故，在此无法呈现案例的任何细节。为了在不暴露案例细节的前提下能够给出连贯一致的解释，案例讨论部分由呈报者进行整理，而非根据案例整理。

威德曼（Milton Viederman）提供了一个可作为样本来学习的案例。这个案例一开始的频率是一周两次，现在以一周三次的频率继续。另一个案例是斯科尼夫（Alan Z.Skolnikoff）呈报的。这个案例也是一开始一周两次，后来增加到了一周三次甚至四次。莱温纳（Howard Levine）的案例从一开

① 专家组的会议在1996年5月4日的洛杉矶由美国精神分析协会召开的春季会议。专家组成员有：Arnold Rotstein (主席)，Lewis A. Kirshner，Howard B. Levine，Alan Z. Skolnikoff，Milton Viedermann。讨论组成员有：Philip Bromberg，Charles M. T. Hanly，Milton H. Horowitz，Estelle Shane。

始的一周一次到一周两次，再到一周三次。他甚至还专门从治疗频率是一周三次的那个阶段中，呈报了两个小时的逐字稿。克什纳（Lewis Kirshner）呈报的案例是一周三次的频率。有意思的是，所有这些呈报案例的分析师们都认为，更高频率的治疗强度更大，从而会有更好的进展。当治疗中出现危机时，分析师的典型做法就是建议增加治疗频率，而病人通常也会接受这样的建议。

斯科尼夫在旧金山精神分析协会提出了对培训分析师参加会议的频率的要求，这个考虑使得他放弃了在更少的时间内收取更高费用从而增加的收入。

参与讨论的成员还有尚恩（Estelle Shane），她称自己是关系学家/自体心理学家分析师；霍洛维茨（Milton Horowitz）是经典的弗洛伊德分析师；布罗姆格（Philip Bromberg）是人际关系/关系分析师；汉利（Charles Hanly）是哲学家和经典分析师。每个讨论组的成员都会在案例呈报完后做出反馈。他们一致认为从呈报的案例来看，当治疗频率是每周两次或三次时，就产生了分析性的过程，不过他们也认为，所呈报的这些案例如果能够有更高的治疗频率，相信治疗效果也会更好。不过因为这些并非培训案例，所以我们就暂且不论其教学价值：临床实用性才是王道。

霍洛维茨把讨论过程分成了三个阶段："精神分析氛围""精神分析体验"和"精神分析过程"。他理解的氛围是指，分析师表现出的尊重的语气和接纳的态度。他相信这种尊重的语气会传达给病人一些信息，让病人能够以自己的节奏畅所欲言。而这与DSM-IV的初始访谈是矛盾的（威德曼也同意，这和DSM-IV是矛盾的）。"精神分析体验"指的是病人尝试自由联想，当分析师努力不带任何评判和干涉去倾听病人的体验时，病人尝试去检验阻碍自由联想的屏障。分析性的体验可能在治疗的任一阶段出现。相反，"精神分析过程"却只能随着时间慢慢评估。这一过程包含了观点的改变、症状的改变伴及伴随的移情和阻抗/防御的改变。霍洛维茨回顾了他自己的临床实践，比较了每周三次治疗和每周六次治疗的不同，总结出更高的治疗频率带来更大的治疗强度、更多的过程变化，特别是施虐和攻击性方面的问题。尽管所有呈报的案例都列举了治疗频率会受到病人经济承受能力和时间的限制，但是霍洛维茨坚持认为每个案例里，对亲密关系和客体丧失的恐惧才是局限性最为重要的潜意识决定因素。

霍洛维茨评论说，斯科尼夫的案例里阐述到，随着治疗频率的增加，治疗过程中病人的再体验也有增加的趋势，而非仅仅是谈论过去。当这一趋势出现时，又会要求甚至更高的治疗频率，以便病人和分析师通过语言表达情感中断的创伤再现过程，从而达到内省阶段。分析师对亲密关系的恐惧可能源于早年的丧失，以及分析师目前生活中出现的破坏性事件对分析师造成的威胁，从而直接影响了分析师坚守治疗边界的能力。

霍洛维茨指出，在莱温纳呈报的案例中，就呈现了对亲密关系的恐惧和丧失客体的威胁。在这个案例中，阉割焦虑与丧失客体的恐惧相关，病人确信母亲只爱妹妹一人。病人回忆到对惩罚的恐惧，他认为自己会被阉割，最具威胁性的是，病人的移情包括他认为一开始是父母导致了他的疾病，现在是分析师导致了他的疾病，分析师应该为此承担责任。特别有意思的是，我们观察到，跟三天连续的治疗相比，跨一周的治疗强度明显更弱。霍洛维茨提到，总的来说他更建议他督导的分析师采取三天连续的治疗安排，比周一、周三、周五各一次这样的治疗安排更为有效。时间可以代表与母亲在一起的时间，在这个案例中，客体关系直接与分析日程安排相关就是很好的例子。在克什纳呈报的案例中，也有相似的情况。

克什纳的案例中主要是对父亲而非母亲的客体关系的恐惧。病人感觉分析威胁到了他对与丧失的父亲团聚的渴望，以及伴随的对阉割焦虑的防御。他的恐惧如此之强，以至于一旦他的症状有稍许缓解，他就停止了治疗，并没有完全理解他的渴望的含义。霍洛维茨总结说，对有限接触的渴望反映了客体关系中复杂的问题，这些问题通过与分析师所处的时间象征性地得以表达。

汉利提出的问题是关于分析性过程的衡量标准。他认为这些标准是以前潜意识记忆和幻想的意识化，以及被分析者心理功能的提升。不同的分析流派都可以使用这些衡量标准，即使每个不同的记忆和幻想都有优先权。汉利认为，仅根据听闻的一些趣闻逸事就认为每周更多的治疗会有更好的疗效，这样的结论为时过早，因为我们还不知道如果没有尝试增加治疗频率会有什么后果。但是，他认为分析师可以收集他们临床判断的结果，然后给出问题的大概答案。汉利并不认为精神分析与精神分析取向的心理治疗有什么原则上的不同，不过他建议："如果是因为沙发、躺椅和治疗频率这些标准所导致的某些特定因素真实且持续存在差异的话，我们其实是可以加以区分的。"在讨论威德曼的案例时，汉利坚持认为治疗频率可能限制了治疗双方情感的卷入程度，因为案例中的对话过于理性，剥离了原本未加工过的感觉。治疗中所呈现的对分析师的理想化及自由联想都说明了对阉割恐惧的防御，这二者已经足以阐明分析过程了。汉利提出的问题实际上是，在那样的频率下进行的分析是否能有一个令人满意的结局。他相信，将治疗频率提高到每周三次或四次将更有可能得到更为满意的治疗效果。

在讨论斯科尼夫的案例时，汉利认为我们有点儿理想化一周四次的分析了，因为这样的频率实际上是IPA对培训分析和控制案例的频率标准。不过，因为一周四次的治疗并非分析过程的必要条件，因此也不足以成为一个硬性标准。

莱温纳的案例似乎证明了病人与分析师一同经历了当他失去父母一方时所遭受的创伤性贫穷状态。虽然移情关系明显已经建立起来，但是汉利还是质疑病人的丧失是否被记起并得到修通。汉利觉得，分析师对病人的动机、恐惧和道德禁忌的不确定，就提示了需要更进一步的治疗。那么现在的问题就是，病人所接受的一周三次的治疗最终能否通过移情关系的重现，从而获得足够的治疗效果，从而使其成为一个成功的分析。

关于克什纳的案例，治疗所激起的强烈焦虑可能是有用的：对焦虑的理解能够缓解病人不愉快的情感。虽然通过一周两次的治疗对所唤起的焦虑进行讨论，我们还是不清楚这种不够频繁的治疗是不是足以使病人不再受恐惧的困扰。特别是我们不确定他是否终于选择了一个性客体，并且开始了那种能让他体验到各种日常焦虑的生活，而非在治疗一开始的时候所感觉到一些恐怖事件。总的来说，汉利从这四个案例中的每个案例得出结论，虽然治疗的结果存在疑问，但即使每周的治疗频率少于四次，治疗过程仍然是可能存在的。

尚恩阐述了她的二人及对话理论。这一理论承认了分析师对病人的联想先入为主的偏见对治疗造成的影响。尚恩断言，要在分析过程这一点上达成共识基本上是不可能的。她陈述了关于分析师影响治疗进程的具理论性和独特性的观点。对她而言，自体心理学和依附理论提供了一个解释框架，而俄狄浦斯期的问题没有依附困难重要。并且，“分析性的关系为病人提供了一个不断改善的新经验，这一新经验不仅以有关过去的潜意识模型为基础，还包括了一种认为分析师是全新他人的观点。”尚恩认为，这样的关系为进一步的发展提供了一种新的相互关联的模式。她提出，建立持续的生活叙事是精神分析修复性疗效的一部分。任何能建立起叙事过程和能产生改善效果的新客体的治疗频率，都足以产生分析性过程。虽然尚恩也能接受一周一次的治疗，但是她认为更高频率的治疗还是更好。如果分析师和病人都能接受最高的治疗频率，这样的频率就是最佳频率。

在讨论威德曼的案例时，尚恩指出叙事的部分似乎是俄狄浦斯的问题，却缺少了弗洛伊德对俄狄浦斯戏剧固有的雌雄同体的观点。她认为，过程分析是因为过程反映了情感的碰撞，分析师感受到病人的所感，并且她期待病人在这种饱含情感的方式中感觉到被理解，从这样的体验中获益。

尚恩认为斯科尼夫的案例比其他案例的呈报更加现代，因为它直接详细呈现了反移情。特别是，她引用了斯科尼夫的两难困境，关于是否应该为了达到培训分析师的状态，而接受一周见病人四次所带来的低收入。虽然斯科尼夫知道病人只能承受每周一定量的治疗，但为了达到培训机构的要求，他只得一周见病人四次，却只收取三次的费用。至于这样安排的原因究竟应该对病人说多少对她来说又是个问题，有关病人的依附和一般的自我暴露也是个问题。尚恩指出，对一周四次的治疗频率的理想化可能带来的风险是，病人可能会认为自己想要继续分析，但更多是出于对分析师利益的考虑，而更少出于对病人自身利益的考虑。

尚恩对该案例的讨论焦点是，在一周三次的治疗中使用躺椅。她认为这是一种利用最早期婴儿经验中的程序性和非言语性记忆的方式，从而提供了一种安全感、舒适感和被照顾的感受，就促进了好奇、自我反省和相互关系的发展。

尚恩认为，在莱温纳的案例中占主导的是不安全的依附关系。她认为病人童年和成年期生活中的重要他人的丧失是构成要素。她相信在治疗增加到每周三次之前，在长达四年的每周一次的治疗中，分析工作都主要在解决依附问题。当浮现的主题被解释为与治疗频率和病人能够忍受的亲密度相关时，他才能够进入更高频率的治疗。但是，莱温纳将更高频率的治疗阶段视为“分析”，尚恩相信在频率为每周一次的分析性工作中解决依附问题非常重要，后续的分析工作才能充分解决其他问题。莱温纳相信，更高频率的真正分析让尚恩觉得自己的信念也传递给了病人，这样才使他们能够进入更深的层面工作。在每周三次的治疗中，除了俄狄浦斯问题，尚恩确信，依附问题仍占主导位置，需要处理。

克什纳的案例报告了其他方面的问题。对于尚恩来说，在这个案例中，特别重要的问题是，更高频率的治疗带给分析师的压力可能给分析工作带来更坏的影响。她注意到克什纳并没有给病人施加压力，也表现得似乎很乐于一周三次的治疗频率。如果分析师认为他做的并不是真正的精神分析，他就很可能会不经意地将这个信念传递给病人。对尚恩来说，事实上，病人感觉到分析师接受了病人对治疗频率的看法，可能正好提供了一种修正性的情绪体验。她的论点是，因为病人极少体验过自己的观点是有价值的和被尊重的，因此分析中这样的体验可能对病人来说是不寻常的，会对他产生一定的影响。于是病人就开始了一种重复的移情关系，病人将分析师看成了强迫他变得男子气的父亲。尚恩注意到，虽然病人并没有感觉在移情关系中重复了和母亲的关系，但分析师和病人其实是能够对这一关系进行建构叙述的。尚恩认为这证明了“一个充分的、丰富的分析过程”，处理了二元及三元关系的发展问题。

从陈述治疗频率相关问题完全与分析师个人对分析性关系的效力的看法有关，布罗姆格开始了他的辩论。在一段人际互动关系模型中，移情强度所带来的真正的分析体验是通过真实而非“暗含”的治疗双方的互动共同创造出来的，并且，分析师观察病人对治疗中重现情境所起的作用的能力，是促使病人能够通过分析师的眼看到他们自己并能够利用解释的关键因素。布罗姆格认为，虽然更高的频率相比更低的频率来讲是首选，但是分析过程的创造并不取决于治疗的次数。他用日本电影《砂之女》（*The Woman in the Dunes*）来比喻相关的过程所带来的分析中的成长变化。电影的主人公卷入了一段一开始就意味着结束的关系，慢慢地变成体验着结束的此时此刻的关系。已经无关乎线性时间，他的灵魂可以通过在任何时刻结束的关系中得到解放。一切的可能性并非取决于治疗频率，而是取决于逐步形成的关系，以及对此时此刻关系的新意义的认知构建的潜在可能性。

布罗姆格在讨论威德曼的案例时，就阐述了这样的观点。威德曼对病人说的关于病人和女性朋友之间的互动，最好放在对病人和分析师的互动的解释背景下来理解。威德曼只提到了病人将他“设定”为权威的这一移情反应，却没有充分利用他对病人的被动所产生的恼怒感。布罗姆格相信，这种恼怒感，使威德曼不自觉地扮演了一个权威的角色，在某种程度上以家长职责的方式解释着移情。

斯科尼夫每周两次的心理治疗后来变成每周三次的分析，得到了布罗姆格的称赞，因为它是一个真正的分析过程。他认为是病人和分析师在每周两次治疗的阶段中高度的情感卷入，以及他们此时此刻的处理，创造了真正的结构性的成长。布罗姆格特地评论了在分析师变得更加沉默时，病人觉得分析师“神秘化”的感受未被分析。并且，布罗姆格认为，当病人躺在躺椅上开始一周三次的治疗时，会有更多的情感卷入。布罗姆格赞同斯科尼夫关于避开色情性移情的解释，但他认为分析师在处理病人的体验上存在失败，也就是分析师没有解释这种突然的“神秘化”对病人感受的影响。布罗姆格认为，是传统意义上的“恐惧亲密”导致了从分析中逃跑或拒绝接受增加治疗的频率，这更有效地被理解为当病人感觉陷入一段关系无法自拔，无法从打着为他们好的名义单方面强加给他们的情境中避免心理创伤时，分析师害怕无法控制病人创伤性的情感洪流（自主性的高唤起）。

布罗姆格对莱温纳的案例感兴趣在于，它很好地说明了病人愿意增加治疗频率不是因为“成功”的解释，而是因为让他感觉更糟糕的解释。布罗姆格认，为当病人发现分析师对他更糟糕的感觉所采取的回应是与他更频繁的接触，这让病人感到更加安全了。因此，病人从更高频率的治疗中所获得的“对不安全依附的掌控程度”，使他能够在感觉到安全的同时接受更亲密的关系。在这里，治疗频率作为治疗内容比作为结构有更强的影响力。从布罗姆格的观点来看，更高的频率才更有可能在最接近重现的时刻进行分析。总的来说，他评论到，对于那些以创伤和解离为核心症状的病人，以及那些获得真实的内心冲突就是发展性成就的病人来说，更高的治疗频率是最重要的。在分析的过程中，这样的病人会对情感性的高唤起表现出越来越好的忍耐力，直到他们的内心冲突变得可以忍受，治疗频率对于保持分析性体验也变得不那么重要了。

对克什纳的呈报，布罗姆格坚称病人对于主动攻击的恐惧瘫痪了他的发展，他害怕“自体变化”就等同于精神死亡。特别重要的是，布罗姆格认为，在此时此刻的治疗中，移情在不断地起着作用，病人必须能够面对一个现实，那就是每个变化过程中，治疗师的全情投入才是病人潜意识中最恐惧的事。

总的来说，讨论非常热烈。威德曼评论，他与病人的工作并非像他所呈报的那几个治疗那样理智。有一些治疗充满了情感。他问布罗姆格，他要如何向病人解释他希望治疗师成为权威的欲望而又不会显得做出这样的解释很权威。布罗姆格回应说，问题不在于要回避权威角色，而是要认识到，这样的时刻不仅无法避免，而且事实上如果能够在当时明确地加以处理和解释，还能为结构化的发展提供巨大的机会。关于斯科尼夫的案例，讨论围绕着他对于和病人讨论增加治疗频率的个人动机进行。罗斯坦的关注点是，四个讨论者中有三个都一致认为一开始每周两次的治疗似乎已经包含了一个真正的分析性过程。他同时还注意到，布罗姆格和尚恩这两个关系论者，都会对治疗频率的增加进行分析，然而更经典的分析师会把治疗频率的增加视为治疗过程有效的证据。斯科尼夫说，他告诉病人他想增加治疗频率是因为他想做精神分析，而不是因为他需要每周四次的治疗经验来成为一名培训分析师。他相信即使一直保持每周两次的治疗频率，他们的治疗也很可能会成功。他认为，每一个增加治疗频率的决定，都是在一定背景下认真考虑后做出的决定。他补充到，这个病人后来答应了每周四次的治疗，几年后又逃离了分析。再几年后她又回来继续治疗，完成了她在之前的治疗中没有能完成的迟来的哀悼。他说对这样的结果很满意，因为她不像恐惧可能到来的丧失那样恐惧丧失或恐惧亲密关系了。

克什纳表示他相信在常识的基础上，我们可能会假设每周四次的治疗频率会导致更大的治疗强度，但其实对很多病人来讲并非如此。他同意尚恩的观点，即每周四次治疗甚至更多可能会适得其反。这并不罕见，这样的要求会使肛欲期的挣扎和对斗争的控制及对侵入的恐惧更加难以分析。

比较威德曼和斯科尼夫的案例，阿琳·理查兹问到，一个自信的、经验丰富的年长分析师更低频率的治疗效果是否会和一个充满激情的、需要更高频率治疗来拿证书的分析师的治疗效果有所不同。阿琳想知道，是否更高频率的治疗效果对于分析师来说非常重要。特别是她问到，精神分析培训的含义是什么？罗斯坦认为，专家组应该专注于科研问题而非政策问题。阿琳澄清了她的评论，她认为专家组就是研究科学的一种途径，因为它呈现了多组不同的分析师–病人的组合。通过收集例子，我们能够发现每个组合中哪些因素看似平常、哪些特殊。威德曼将治疗频率看成一个教育问题。他报告说，他在职业生涯的开始阶段并不灵活，但由于他对临床判断更为自信，因此现在的他更愿意尝试。

霍夫曼提出了一个有关负面结果的问题，这一问题在文献中鲜有提及。我们从更低频率的分析治疗的负面结果中能得出什么结论？我们是否会确定在某些特定情形下，更低频率的治疗没有作用？

莱温纳对布罗姆格的评论反馈是，病人似乎因为让他感到痛苦的解释而接受了增加治疗的频率。莱温纳说，他并不认为能安慰病人的解释是成功的解释。相反，如果这些解释能够打破一些东西，那么它们就是成功的解释，“像一颗台球”。他说到，当解释给病人带来痛苦就可能是成功的解释，是因为这些解释让病人听来觉得是真实的，或者对病人产生了其他影响，意外地打断了现有的动力，或者是分析师话语中饱含的力量给病人留下了深刻印象。

福格尔（Gerald Fogel）问布罗姆格和尚恩，关于他们建议一周四次频率的分析的标准是什么。布罗姆格回复说，当病人屈服于分裂的心理结构却又无法体验到内在心理冲突时，当病人觉得难以忍受在两次治疗间隔的孤独时，或者当病人对治疗不满意时，就可能提示需要更高频率的治疗。尚恩说，当病人不能自由谈论时，增加治疗频率就非常重要。当病人在应对创伤或丧失时，他们自己都会提出要增加治疗次数。有时在这种情况下，她可能会一周见这个病人五六次。她会连续安排治疗，而不是把治疗分摊到一周，即使这个病人一周只来两次。福格尔说，对于创伤不太严重的病人，增加治疗次数可能会有用，因为这能够避免治疗回避掉病人“隐蔽的疯狂”。

威德曼的案例提出了一个疑问，即病人与爱人建立起亲密关系是否能成为治疗成功的评判标准。频繁的治疗孕育出的亲密感，应该被视为与爱人建立亲密关系的先决条件吗？霍洛维茨警告说，病人也可能会选择不卷入任何亲密关系的生活，这可能是令人满意的治疗结果。

本章节初次发表于：

Richards, A. K. (1997). The Relevance of Frequency of Sessions to the Creation of an Analytic Experience. *Journal of the American Psychoanalytic Association*, 45：1241-1251.

第十九章
二十一世纪的谈话治疗：电话精神分析

通过电话进行的精神分析治疗，是否是心理学家的标准训练？如果它是有价值的，那么在什么情形下它是有效的？调查了美国心理协会39分会的120名成员，调查结果显示83%的成员在过去两年里做过电话分析；84%的人说他们觉得这样的治疗是有效的，98%的人说至少在某些时候这个方法是有效的。其中，地理因素是最常见的原因，治疗师或病人搬到了一个新的地方，病人通常要到很远的地方去工作。案例研究显示，电话治疗对于那些隐秘的、需要在情绪上保持距离的以及对躯体特征感到羞耻的病人特别有用。

这一专题的文集提出了一些有关通过电话进行治疗的问题。其中一个问题就是，这种方式是否是心理学家的标配？另一个问题是，电话治疗在整个治疗体系中是否占有一席之地？最后，第三个问题就是关于通过电话进行治疗的价值是否能有所体现？对回答这些问题所做的尝试包括：关于电话进行精神分析治疗的一篇研究报告和三篇临床论文。富兰克林·格登伯格（Franklin Goldberg）报告的调查是与格登伯格（主导第五部分）和我（主导第一部分）构思的。在120位问卷调查者中，74%的人报告称最近做过电话治疗，83%的人在本次调查前的两年里做过电话治疗。但是，那些进行电话治疗的人报告称，他们只对一部分病人使用这种方法：58%的治疗师经常把电话治疗穿插在面对面的治疗中，35%的治疗师偶尔进行电话治疗，只有3%的治疗师说他们从不在治疗中穿插电话治疗。超过84%的被试说他们觉得电话治疗通常很有用，98%的治疗师认为电话治疗至少在某些时刻是有用的。在那些从未进行过电话治疗的人中，有50%的人说如果因为地理问题或者偶然事件还是有可能会用电话进行治疗，有86%的人在电话是唯一选择的情况下愿意进行电话治疗。这些调查清楚地发现，当出现某些特定状况时，使用电话进行治疗就是当下最标准的做法。这对治疗有什么影响吗？临床论文尝试回答这一问题。

马丁·莫诺斯维茨（Martin Manosevitz），专家组的组织者，报告了一个电话治疗案例，因为分析师搬走了，所以采用电话的方式继续治疗。病人是一个酗酒康复者，在童年感到无数次的被抛弃。他是由酗酒的母亲抚养长大的，父亲经常因为出差离家。在分析师搬走前，他经常用手势来暗示他的身体状态。分析工作包括将他用语言描述出来的身体状态与他无法用语言表达的情绪状态联系起来。病人谈论自己的身体是为了得到滋养，特别是当他害怕分析师会抛弃他或者他认为分析师已经抛弃了他的时候。最令分析师惊讶的是，在分析师搬走前，病人因为出差，只好进行电话治疗，而病人对此相当满意。之后，分析师休了两周的假，病人所表现出来的强烈移情让分析师看到，对病人来说，电话治疗让病人有更多的情感卷入，分析师早就应该想到电话治疗这一可能性。

琳达·拉科因（ Linda Larkin）报告的案例讲述了一个正在接受精神分析的病人搬到了离分析师很远的城市。病人对于不能继续治疗的矛盾心理完全体现在她拒绝去见即将搬去的城市里的新治疗师。相反，她坚持要求和原治疗师进行电话治疗。她觉得在电话里她会更自在，因为她不会被监视和被批评。就在她生病前不久，她的父母均突然因病去世，因此她极其渴望掌控当下的生活。她认为她对治疗有了控制感，因为她选择了电话治疗这种方式。在电话治疗前，她有一系列渴望被解救的故事，对于解救她的人，她感到强烈的感激和喜欢。她在婚前跟丈夫的一次约会中，她感到不舒服，虽然她否认自己有任何严重的问题，但丈夫还是把她送去了医院，在这之后，她和丈夫结婚了。她需要紧急手术来救命。她对心理治疗反应良好，在她的抑郁缓解之后，她决定离开。三年后，她因抑郁复发再次寻求治疗，她也因此知道了自己不能要小孩。分析师认为，她第一次离开治疗的经验，既没有摧毁治疗师也没有破坏他们的治疗关系，这些本身就具有治疗性质。她在一个新地方失业后，就开始病得很重。她在好几次的电话治疗中都反复抱怨一些说话不靠谱的权威、很难对付的老板，以及推荐毫无益处的治疗的医生。她变得可以探索她对那些毫无益处的治疗的疑惑，表达对父母的愤怒和失望，以及重新评估她渴望被照顾的欲望。在电话里，她能够接受治疗但仍然拒绝面对面的治疗。这种治疗方式对这个病人有用，因为这让她能够表达被压抑的情感，并保持治疗关系而又不至于让她感觉自己过于依赖治疗师。

莎拉·扎勒姆（Sara Zarem）的论文是临床上对电话治疗作为面对面治疗的辅助方式的探索。她选择将电话治疗作为面对面治疗的备选，仅仅是出于治疗考虑而非逻辑推理。在她的案例里，没有人搬走，治疗双方也不是远到不能面谈。她的病人是一个大块头的非裔美国女人，正在处理对丈夫酗酒的强烈哀伤。肥胖的、黑皮肤的病人和苗条的、白皮肤的治疗师之间强烈的外形对比本身就值得讨论，但要提及这一点会让治疗师为难。分析师对坐在椅子里的躯体视而不见似乎显得特别重要。扎勒姆博士意识到了这一反移情问题。她倾向于不去看她已经看到的。病人谈到的幻想是成为“金发蓝眼的大波妹”。她开玩笑说，她至少占其一。一开始，分析师对病人担心丈夫失控的身体的支持性工作，引出了对病人自己身体失控的讨论。丈夫停止了酗酒，但由于丈夫的癌症危机，她开始暴饮暴食，体重大增。当丈夫的疾病让她每次来治疗都显得相当沮丧时，这时候电话治疗就非常有必要了。其实，电话治疗还有更重要的作用。在电话里，她是脱离肉体的。病人只要治疗师识别她的声音，而非她的身体。她的声音代表了她的幻想自体，代表的是那个苗条的白皮肤的她。扎勒姆博士意识到，她和病人通电话时她对病人的态度和心理意象与病人在治疗室里时是不一样的，这是她理解病人的困境的关键。此时，电话显然促进了对病人的理解。

总的来说，在这些案例里使用电话治疗都是为了病人的利益。这些论文是报告和评估使用相对较新的治疗方式的突破。研究调查显示，这种治疗方式可以推广且在分析性工作里有历史性意义；案例报告也显示，因距离限制和在处理病人的外表问题太过羞耻的情况下，电话治疗就提供了一个特别的环境。

此章节初次发表于：

Richards, A. K., (2001). Talking Cure in the 21st Century Telephone Psychoanalysis. *Psychoanalytic Psychology,* 18：388-391.

第二十章
培训式分析与培训分析师现状：我们身处何方？

对处理培训式分析问题的尝试

在成为精神分析师所需教育的过程中，培训式分析（training analysis）是争议最大也最核心的部分。它是最昂贵、最耗时、最艰难，也最痛苦的部分。因为对分析中的坦诚开放有必要保密，因此也是整个培训过程中最难评估的部分。沙克特（Schachter，2011）通过询问分析师对培训式分析有多满意，以及他们是否会在后面的分析中处理在培训式分析时没有充分解决的问题来研究这一命题。他的研究一直是他所在领域的里程碑。为了修改纽约弗洛伊德协会的培训式分析的筛选程序，我阅读了培训式分析的历史，发现了一些令人吃惊的讨论，讨论如何及为什么培训机构要发明和采用培训式分析这个玩意儿。

巴林特（1954）总结第一代培训式分析的历史如下：

> 一个人对弗洛伊德的思想感兴趣，阅读他的著作，运用他的观点理解自己和他人的潜意识。
>
> 这就导致了为了获得经验上对压抑和精神分析技术的理解，除了通过阅读在理智上理解这些概念以外，经过短暂的精神分析就感觉自己学贯弗洛伊德了。迫于费伦齐的压力，培训式分析的过程得到了延长，至少和其他治疗性分析过程一样长，这让被分析者也能够了解并能够控制

自身的性格弱点。（p. 158）

费伦齐在1928年写道："……分析师自己……必须了解且能够控制，甚至他自身性格中最晦涩难懂的弱点。而要做到这一点，没有经过充分彻底的分析是不可能达到的。"

弗洛伊德（1937）回复：

> 对病人的影响太过深刻以至于如果他继续分析的话，也不会再有进一步的变化。意思是，通过分析有可能达到绝对的心理正常，并且保证能够维持这种状态。

但是，弗洛伊德认为这种超级正常的状态是不存在的。他知道许多分析师都在从机构毕业之后还会寻求进一步的分析，不管是否在同一位分析师那里。

巴林特将后续的培训分析视为培训式分析的继续，或者是之前的分析或筛选过程不够充分的证据。不管怎样，绝对的心理正常是不存在的。

不过，巴林特坚称："所有当代的'先进'机构都深受'超级治疗'观念的影响……然后，我认识一些培训分析师，至少在伦敦认识一些，在交谈时提倡过'研究'是他们培训式分析的真正目的，但我至今没看到这一点白纸黑字地出版出来。"（p. 158）在当前也没有要出版的迹象。根据巴林特的说法，超级治疗的观点起因于当资深分析师在对自身心理健康不满时，由于在他们所在机构中无法找到比他们更资深的分析师，于是他们到其他国家寻求进一步的分析。他相信，这一现象在1920年至1935年间非常流行。为了防止由于移民所导致的损失和中断，培训式分析被延长后就变成了"超级治疗"。这些新的超级治疗的核心就是，前语言期的体验。移情和反移情被非常严密地检视，攻击性欲望得到具体表达，负性移情被当作人格的分析性转变。

这被曝是费伦齐抱怨的直接后果，即弗洛伊德没有分析费伦齐的负性移情。

在《有期限和无期限的分析》（1937）一文中，弗洛伊德坚称，引出对分析师的攻击性欲望的尝试是没有用的，或者当谈话中负性移情并不明显时却要激发出负性移情是无用的，因为这样做只会让分析师看起来像个刁钻古怪的批评者，或是扼杀病人发展出对分析师的愤怒。如果分析过程中，对任何一个可能是攻击性的事物没有一致的解释，那么过早把怒火或恼怒解释为移情攻击会让病人确信分析师想要防止分析过程中产生的强烈愤怒和攻击性，这一立场导致了客体关系学家们——以巴林特为首，从喜欢过早且经常解释攻击性的克莱茵学派中剥离出来。巴林特相信，对攻击性欲望的一致解释会引导病人将分析师理想化为勇于面对并且能够接受攻击性无所不在这一事实的人。分析师会被投射为一个整体，而不是经过筛选挑出的值得称颂的特点，而拒绝掉了不适合候选人的特征。

巴林特认为，对于完成分析且跟分析师没有进一步联系的病人来说，伤害相对更小，但是一旦被卷入派系斗争，对于分析候选人来说就是场灾难。

英国的派系斗争是由安娜·弗洛伊德和梅兰妮·克莱茵引起的。总的来说，安娜继承了父亲的观点，认为负性移情不应该是分析工作的焦点，应该与正性移情得到同样的关注，爱和恨都应尽可能平等地被检视。克莱茵及其学派却发现这一态度并不好用，然后采纳了费伦齐的建议，即对负性移情的解释正是改变人格甚至性格的关键所在。分析师们一般都倾向于接受自己的分析师的立场。因此英国协会分裂成了不同的派系，因为他们都完全不认可彼此。通过组成第三方阵营，并且尽可能严密地检视是什么影响了他们解释两种移情对病人的影响，中间派认为他们和其他两派不同，因为其他两派不做“研究”，轻信教义。

费伦齐期待持久地以聚焦负性移情的超级治疗技术的引入，以结束精神分析界的派系之争。在自我理解的武装下，所有研究分析师们对于分析中什么有用、什么没用都会得出相同的结论。英国派的经验却恰好相反。

巴林特总结道：

> 众所周知，处理攻击性冲动、憎恨，一直都是一项未解决也很可能无法解决的人类难题，所造成的困扰早已超越了精神分析培训领域力所能及的范畴。说我们培训分析师都还没有找到解决办法都已经是老生常谈了。危险的是，我们中的一些人，对我们的新技术备感自豪，可能会觉得我们离解决问题仅一步之遥了。在此，作为警告，我想引用匈牙利统一教会的办法，也可以成为我们培训制度的规则——必须进行改革——或者用我的一位朋友的话说，就是“改革历久弥新”（p. 162）。

国际精神分析协会（IPA）在1954年召开的会议上，就这一问题继续了改革的议题。拜布林（Bibring）以下面这段简短的陈述作为开始：

> 据说安娜·弗洛伊德确切表达了以下问题：“培训式分析的特点是分析师与病人有社会交往，并且为病人做重大的决定。”分析师不仅干涉了被分析者自己的决定……而且还变成了可怕的裁判，这些都使得做出的重大决定进一步恶化。他所预期的批评被候选人焦虑地避开了，而且他一直被怀疑做出了有敌意的反应，这可能会破坏候选人的培训机会。库比（Kubie）感觉在分析的二元关系中很难解决这一问题，但可能需要等待一段时间，在从这一阶段的培训中毕业并已获得会员资格之后的二次分析中解决。这无疑是正确的，因为二次分析更容易接近一次分析时被压抑或被隐藏的重要材料，但是，只要我们无法企及开始二次分析的悖论，这个问题就无法解决。

这个问题在那个年代似乎无法解决。但是，实际上沙克特（2011）发现在候选人毕业之后的二次分析评价都是满意，但并没有在统计学意义上比培训式分析更满意。在毕业之前，等待的候选人会带着第一次的缺陷期待二次分析。这些因素都可能同时存在：分析时限更长，候选人毕业生还在分析中，新分析师可以自由揭露不那么有吸引力的特点、欲望、恐惧及道德问题。这些问题不会那么明显，而在判断被分析者是否能成为好的分析师时，分析师明显像一个裁判。

在1954年的会议上，海曼（Heiman）尝试重新定义培训式分析，以最小化将分析作为培训及治疗目的而存在的潜在困难。不同分析学派间的冲突所导致的问题侵入了候选人的分析。她提议利用这些问题，并且通过“持续分析来自培训课程的外在干扰，将困难转化为办法……”来加深候选人对她的思想和感受的理解。她还提醒培训分析师“坚持纯粹的分析程序”，“识别和掌握自己的问题，这样他们才不会模糊他们的反移情”。

尼尔森（Nils Nielsen，1954）致力于解决候选人到底对培训分析师说了多少自己所知道的培训分析师想听的东西。他认为分析师应该利用从关系、朋友、同事及他人那里获得的信息。他主张，信息“的引出不应过多受微妙的分析机制的干扰”。实际上，他的想法正如他希望的那样经受住了考验。有关候选人的非正式网络信息过去和现在都是有用的。一个委员会召开会议讨论一位候选人的进展，候选人自己心不在焉，其他成员看到这一现象于是判断候选人：如果他们尊重分析师的话，他们就可能得到很好的分析，否则就不会得到很好的分析。督导师和课程指导也存在同样不正式也不可避免的情况，就算知道是候选人的配偶或朋友在影响分析师看待候选人的方式。但是，大多数分析师将这种信息视为导致偏见而非良好判断的原因。

作为一种替代，尼尔森建议挑选出“神经过敏”的候选人，回归弗洛伊德最初倡导的短程教导式分析。尼尔森以费伦齐为例，但是，费伦齐抱怨他在弗洛伊德那里的分析太短以至于都没有教他认识自己的性格缺陷，其他候选人对这样短暂且表浅的分析也会有同样的感受。

尼尔森总结说：

我的观点主要是理论上的，但我的目的很实际。如果指的不是体验的话，那么定义或批评精神分析培训的标准都是没有意义的。没有任何理论结构能够完美到我们一定不会问自己："它如何起作用？"

塔尔和卡勒夫（Tower & Calef，1954）报告了与此同时在美国精神分析协会中正在进行的激烈讨论。所有讨论的参加者都同意，培训式分析应该是治疗性的，妨碍这一目标实现的所有障碍物都应被清除。但是，参加者们对于培训式分析的日程是否应该灵活，以及培训分析师应该在多大程度上评判被分析者的职业进展时意见不一致。温都霍茨（Windholz，1955）感到矛盾的是，培训式分析应当是治疗性的，而又应当创造一种对分析功能的认同，从而使被分析者通过移情可以获得分析师的技能。认为自我分析功能是培训式分析必要的结果，治疗性分析却未必。

斯扎茨（Szasz，1958）把精神分析教育看成一个逐渐的、系统化的过程。评判的力量逐渐从候选人转移到委员会、机构和机构协会。培训时间更长、更统一。但是，精神分析作为一门自然科学学科的未来发展可能会以案例教授为方向，给学生提供他们真正想学东西的机会。斯扎茨总结道：

培训式分析一开始会有一段短暂的学徒期，然后很快就演变成一个复杂的社会结构，现代培训体系。这一体系及其代表在选择候选人和决定他们的命运方面有极大的权力。值得注意的是，在分析的培训系统中，这一社会学改变的心理学含义和影响还没有得到应有的关注。

实际上，关注精神分析培训（例如，培训式分析、研讨会、督导分析等）的内容而不考虑教育体系的整体结构，是严重的误导。这让人联想到传统的父母养育孩子的态度，父母"告诉"孩子所有"对的事情"，然后又对所带来的人为制造的后果充满义愤填膺的"吃惊"。

"如果你想从理论物理学家那里发现他们使用的方法，"爱因斯坦说，"我建议你严格遵守一条原则：别听他们说什么，关注他们需要什么。"

> 我们有什么理由认为这条原则不能帮助我们理解教育的方法呢？（p. 609）

波恩菲德（Bernfeld，1962）想排除：（1）关于之前的培训的必要条件；（2）准入、培养和学生委员会；（3）“培训分析师”的分类。相反，分析师会将一些看起来很聪明且对行业会议有兴趣的人带来，见见其他分析师，可能读一篇论文，然后接受心理治疗的督导。在课程和督导之后，小组会决定是否接纳这个人为成员。波恩菲德建议，这一非正式程序会消除“分析的多余考虑”。从这一争议产生的观点与斯扎茨和波恩菲德的观点相似，却被保守的凯勒斯（Kairys，1964）和纳赫特（Nacht，1954，1961）及范德斯伦和赛登伯格（van der Sterren & Seidenberg，1974）等人清楚地表达出来。解决办法是，将培训式分析和教育过程彻底区分开来。TA不再向机构报告任何有关分析的事务，不教授或督导任何被分析者，也不端坐于任何委员会中决定任何有关候选人挑选、发展或毕业的事宜。不过，这样的解决办法又带来了另一个问题：成为培训分析师会理想化自己的分析师身份及分析方式。IPA有关培训式分析的作用的会前会议上提出，处理这个难题的唯一办法就是，与不对理想化进行分享的同事保持联系（Pffeffer，1974）。

培训式分析的另一个问题就是，治疗的终止。培训式分析何时才算完成？我们已经看到，弗洛伊德“最初的治疗应当简短”的观点已经被“坚持越来越多的完整性”的观点所取代。但是，一个有关成年人（Firestein，1969）的分析终止的专家组报告称，几乎所有的分析都是没有完成的，被分析者在对移情的处理上还没有比向分析师表达感激之情获得更多的进步时，就结束了分析。因此，培训式分析可以在移情尚未冷却的时候戛然而止，而培训分析师与新的分析师之间不可避免的接触注定了会染上遗留的移情色彩。

第三代人

美国精神分析学（简称ApsaA）最近的一个争斗就是，考虑谁适合成为培训分析师的问题。一开始是对认证系统的评论，该认证系统是审查当地想成为培训分析师的人的核心组织，这一问题已经逐步变成了一场争论，因为在APsaA机构中对培训的申请已经减少。当地分析协会不是APsaA的成员，吸引着那些已经在非APsaA认证的分析师那里开始了分析且不会被当地机构任命的人。

准候选人发现他们的分析师可以被非APsaA机构所接受，因此他们可以选择去任何能继续令他们满意的分析机构。有一些APsaA机构已经允许接纳在非APsaA认证的分析师那里接受分析的人，并且鼓励这些候选人在当前的分析终止之后，在培训分析师那里做进一步的分析。这一安排遭到了APsaA专业标准董事会的反对。他们认为，认证程序是“标准”的必要保障。

克什纳（2000）调研了四个美国精神分析协会的组成机构：纽约、洛杉矶、波士顿和芝加哥。他总结说，精神分析宣称是一门实证主义者的学科，却以专制的方式运作。分析师系统将知识和标准当作真理从一代传到下一代，却没有拿出支持性的实证证据。他主张，为了防止这一候选过程变成一个强大的特权，应当取消培训分析师的头衔。

APsaA最近的一位主席在选举前运行了一个平台除掉TA系统，选举后就再未提及，足见这一裂缝有多严重。现在看来，这个问题太容易制造分裂了。APsaA的一些成员认为，如果当地机构没有提交笔录给APsaA，那么它就很可能被赶出这个全国性组织。另外，专业标准董事会的一些成员警告这样的机构，它们也不能加入国际精神分析协会，因为它们达不到IPA培训分析师的标准。

另一方面，《美国精神分析师》（*The American Psychoanalyst*，*TAP*），即APsaA的简报，刊登了以下文字：

乌拉圭模式

这种模式，一定程度上是对之前存在的权力高度集中在一小部分培训分析师手中这一现象的反应。它代表了一种保证培训会变得更民主、自由和公正的努力尝试。它将培训功能分配给四组不同的分析师，每一组都承担培训某一特定方面的组织和执行功能：准入、督导、个人分析和教学。一个分析师候选人可以选择自己想去哪一组。在准入之前，准候选人需要接受数量可观的个人分析（通常是三年或更久），然后在培训期间还要继续分析，通常又会再继续五年左右。个人分析的频率至少每周三次，在严重退行阶段还要增加频率。分析师必须是IPA成员。

在受训期间，也强调大量的书写工作和大量的案例呈报（Jacobs，2007；附加重点）。

雅各布斯（Dan Jacobs，2007）继续写道：

法国模式

候选人的个人分析在培训范畴之外进行，但是相当严格。法国模式不承认所谓的“培训”分析，也没有设培训分析师这一职位。任何分析师只要是IPA成员，都可以给候选人做分析。个人分析的一大主要目标就是，澄清和解决个人成为分析师的愿望背后的潜意识动机。这样的分析工作大多在候选人申请受训之前就开始了。培训对个人分析的频率不作要求。病人和分析师，基于临床迹象再决定每周见面的次数。（Jacobs，2007，附加重点）

争议仍在继续，正如当前一位APsaA办公室候选人所写的那样：

我们的一些机构要求能够有机会任命没有国家认证的培训分析师……让我们尊重一下IPA经过谨慎考虑的程序，在尽可能短的时间内以最适合的方式给我们的机构地方选择权。虽然无法解决所有的问题和差异，甚至一些人还是会不高兴，但我相信最后这个方式会推动我们前进。（Jaffee，2011）

杰菲（Jaffee）博士的陈述是回应APsaA前任主席、现任财务主管沙克特（Judith Schachter）的陈述，她这样写道：

自从APsaA机构中培训分析师存在的必要性被当作我们标准的一部分之后，有两个特别工作小组正在讨论这一议题，我认为，我们应该承认另外两种IPA接受的模式并不会对我们候选人的分析师有要求，并不会对APsaA的运作事务妄加评论。（Schachter，2011a）

与此同时，首先是纽约的弗洛伊德社团，其次是精神分析研究和培训学院，都对成为培训分析师的流程做出了重大修改。三十年来，这两个机构的成员都需要满五年的会员资格才能成为培训分析师。而要加入国际精神分析协会就要求进入正规的流程。更为正式的是，严格又强硬的准则取代了最初简单的面试。尽管有一小部分人对这一过程感到满意，然而成员们开始感觉磨炼是痛苦甚至是有害的：对TA位置的申请逐渐减少。由哈尔（Jane Hall）提议、阿琳·理查兹执行的长达一年的会员会议，允许成员们为TA位置联合写出一套新的标准。学会的所有成员通过公开讨论，联合写出了获得培训分析师职位的一系列客观标准：

1. 会员资格满五年。
2. 四个每周见四次的分析性案例。
3. 参加学习小组及/或研讨会。
4. 出席分析会议、写作及/或呈报论文及/或教学。
5. 就职于弗洛伊德社团的委员会或董事会。

6. 心理治疗案例的督导经验。

7. 在研讨会中有一年的精神分析督导经验。

8. 没有任何伦理问题审查的声明。

9. 满足以上标准之后，被任命为培训分析师，新的培训分析师可以自行选择两个培训分析师同事，以口头或书面的形式呈报一个案例。

现有的培训分析师与准培训分析师一起参加研讨会，向他们提出有关培训式分析的特殊问题，并且督导分析过程。这种方式取代了对准培训分析师的考核。每一个新的培训分析师都有督导、伦理和终止研讨会。因此，新的培训分析师受到的是培训和督导分析师在工作的某些特殊领域的培养。这种新的面试方式为参与者提供了一种学院式的讨论机会。每个人都喜欢这种受欢迎的会议。它强调候选人对组员的选择，对呈报什么和什么时候呈报的选择，它更尊重个人作为精神分析师的选择，而不那么依赖于他人来证实什么不确定、什么令人担忧。为了确定新流程的效果（Hall et al.，2008），委员会编订了一份研究问卷，纽约弗洛伊德社团82%的成员完成了这份问卷。2/3的培训分析师对新修改的流程相当满意。由新修改的方法任命的培训分析师中，83%的人对标准和流程都感到满意。不过，还是有少数几个培训分析师希望恢复不那么严格的五年制标准。

在IPTAR（精神分析培训和研究协会），正如APsaA的很多社团一样，自我提名为培训分析师这一方法已经取代了过去的邀请模式，不过考核模式还是照旧。不同的理论取向已经成为官方认可的分析治疗逻辑。因此，这些社团参与了向更多人开放分析师类别的整个过程，而这在21世纪之前只向培训分析师开放。

据我观察，一个精神分析团体的测验越多、组织层级越多，那么它对其潜在的候选人、成员和毕业生的准入、培训和毕业限制就越多，它就会变得越没有创造性、适应性，越难以存活。不仅是作为培训独立部分的培训式分析，还包括整体的要求、“标准”和规定违背了分析培训的初衷。这个初衷在我看来是发展一个人的开放式倾听，并了解被分析者需要什么，以及他/她又是如何在发现自己最可怕的噩梦的过程中努力保护自己不受伤害的。不是因为要达到考核的标准才催生了这种倾听和了解病人的方式，而是因为我们感受到过被倾听和被认真对待。这就是爱因斯坦所说的，把我们所做的事记录下来，而不是记录那些我们说打算要做的事，分析式培训与培训式分析是一样的道理。

培训式分析的另一个问题在于，它要求所有的培训式分析都必须由同一机构中的培训分析师来做，这个机构同时也是候选人完成课程和接受督导的地方。这样的安排很容易导致"光环"效应，比如一个候选人很受欢迎，很可能是因为她的分析师是这个机构中特别受尊敬的教师或督导师。相反，一个候选人可能会因为自己的分析师不太受人尊敬而被认为有瑕疵。毕业也可能会受到类似因素的影响而加快或受阻。沙克特（Schachter，2011）的研究发现，大多数分析师都认为，他们的分析师可以在他们的培训过程中及以后的职业生涯中为他们"保驾护航"。候选人就可能会因为分析师是否能促进其职业生涯而选择是否在该分析师那里接受分析。如果抱着这样的动机选择分析师，那么一定会影响候选人在分析中选择性地说。这只会混淆分析过程。此外，这种隐秘甚至潜意识层面地与分析师的理论地位共谋必然会带来一种误解，即认为分析师只会给候选人带来好处。如果分析师来自一个不同的机构，候选人也许就不必那么讨好分析师，而更多靠自己的努力毕业。这就意味着要采用一些新要求，这些新要求所带来的结果更接近波恩菲德的观点，而不是费伦齐的观点。

然而，另一个目前存在的问题就是，培训式分析是否只应该存在这么短的一段时间。其实，提出这个观点是为了解决有缺陷的分析师的问题。在做了几年甚至几十年的培训分析师之后，很可能会感到力不从心，遭遇身体或心理状况的下降或仅仅是思想跟不上时代的步伐。所以，把培训式分析的时间限定在一段时间内会不会是件好事，至少防止了这些问题的出现？还是说至少会有一些分析师经验越来越丰富，技能越来越高超，对某些特殊病人的想法和需求能保持开放的心态，而不只是抱着自己的理论地位墨守成规？这样又到底是好呢还是不好呢？

分析期限的限制在一些机构中是培训要求部分认可的，候选人会选择某一特定年龄段以下的分析师。但在美国这一限制是违法的，因为这是年龄歧视。没有证据证明培训分析师的年龄与其分析效果有关。机构如果敢这样任性地限制年龄恐怕会吃官司。但是，制定其他形式的规定也可能会有问题。是否应该有一个咨询过程可以让同事之间相互评估？到了一定的年龄之后，这种评估是否应该变成强制性的？或者是在做了一定时间的培训分析师之后？

我们这是在学习波恩菲德的开放模式吗？还是仅仅比费伦齐所宣扬的前所未有的严格模式稍微宽松了一点儿？是否对谁是培训分析师没有任何要求的新机构就能因为招募到大多数有潜力的候选人而成为赢家？培训分析师的问题跟20世纪的精神分析训练一样让今天的我们很是上火。

参考文献

Balint, M. (1954). Analytic Training and Training Analysis *International Journal of Psychooanalysis,* 35: 157-162.

Bernfeld, S. (1962). On Psychoanalytic Training. *Psychoanalytic Quarterly,* 31: 453-482.

Bibring, G.L. (1954). The Training Analysis and Its Place in Psycho-Analytic Training. *International Journal of Psychooanalysis,* 35: 169-173.

Firestein, S. K. (1969). Problems of Termination in the Analysis of Adults. *Journal of the American Psychoanalytic Association,* 17: 222-237.

Freud, S. (1937). Analysis Terminable and Interminable. *Standard Edition.* HALL, J., RICHARDS, A.K., SLOATE, P., & TURO, J. (2008). On Becoming A Training Analyst: Working Through. In *Group Examination to Self- Evaluation at the New York Freudian Society* (unpublished).

Heimann, P. (1954). Problems of the Training Analysis. *International Journal of Psychooanalysis,* 35: 163-168.

Jacobs, D. (2007). Three Models of Training. *The American Psychoanalyst*, 41(2): 11, 19.

Jaffee (2011). Personal communication.

Kairys, D. (1964). The Training Analysis—A Critical Review of the Literature and a Controversial Proposal. *Psychoanalytic Quarterly,* 33: 485-512.

Kirsner, D. (2000). *Unfree Associations: Inside Psychoanalytic Institutes.* London: Process Press.

Nielsen, N. (1954). The Dynamics of Training Analysis *International Journal of Psychooanalysis* 35:247–249.

Nacht, S. (1954). The Difficulties of Didactic Psycho-Analysis in Relation to Therapeutic Psycho-Analysis. *International Journal of Psychoanalysis,* 35: 250-253.

—— LEBOVICI, S. & DIATKINE, R. (1961). Training for Psycho-Analysis. *International Journal of Psychooanalysis,* 42: 110-115.

Pfeffer, A. (1974). The Difficulties of the Training Analyst in the Training Analysis. *International Journal of Psychooanalysis,* 55: 79-83.

Reeder, J. (2004). *Hate and Love in Psychoanalytic Institutions.* New York: Other Press.

Schachter, J. (2011). Comparson of Satisfaction with Training Analysis with Satisfaction with Second Analysis. Presented at a meeting of the American Psychoanalytic Association, New York, January 2.

—— (2011a). Personal communication.

Szasz, T. (1954). Three Problems in Contemporary Psychoanalytic Training and Therapeutic Analysis. Panel Report *Journal of the American Psychoanalytic Association,* 2: 175-178.

Tower, L.E. & CALEF, H. (1954). III. Training and Thereapeutic Analysis. *Journal of the American Psychoanalytic Association,* 2: 175-178.

Van Der Sterren, H.A. & Seidenberg, H. (1975). The Problem of the Training Analysis. *Annual of Psychooanalysis,* 3: 259-267.

Windholz, E. (1955). Problems of Termination of the Training Analysis. *Journal of the American Psychoanalytic Association,* 3: 641-646.

此章节初次发表于：

Richards, A. K. (2010). Training Analysis and Training Analyst Status: Where are We Now? *Psychoanalytic Review,* 97: 955-969.

Section V:

Fims

第五部分

电　影

引言

阿琳·克莱默·理查兹和我[①]，在我们刚成为好朋友不久，就发现我们共同爱好电影、写作、谈论和思考电影中传递的精神分析含义。我从她身上学到很多关于电影的写作。这些写作加深和拓展了我们对人类处境的理解——涵盖了人类意识和潜意识两个层面。她的影评（还有其他作品）加深了我们对女孩心理发展阶段的理解，以及跟男性和女性都有关系的性别问题。另外，她还阐述了我们所处的环境。这种环境包括：子宫、家庭、宗教和政治的影响，我们的文化和国家的风俗习惯，我们从生到死生活的当前和过去世界的历史及世代交替的因素，以及我们对自己生命的有限认知与我们如何面对、忽视及应对这样的认知。

所有这些电影都是丰富的、复杂的、多维度的艺术作品。值得注意的是，这些电影是阿琳想要研究的，她以刺激又实用的形式对这些电影进行了探索。我们多看几遍电影自然会发现其丰富深刻的内涵，因此读者如果能多读几遍她的影评，自会获益。这就是说，她的影评本身就是艺术作品，就像原创的精神分析文章开辟了新的重要领域一样。

阿琳写过影评的电影包括：《潘神的迷宫》（*Pan's Labyrinth*）、《本能》（*Basic Instincts*）、《朦胧的欲望》（*That Obscure Object of Desire*）和《慕尼黑》（*Munich*）。此外，她与丈夫阿诺德·理查兹合作撰写了拉斯维加斯电影三部曲：《巴格西》（*Bugsy*）、《赌场》（*Casino*）和《远离赌城》（*Leaving Las Vegas*）。

阿琳的影评之所以是具有开创性和极其出色的，就在于她不仅将现有

① 阿尼·塔卡茨（Anita Weinreb Katz），本文作者。

的精神分析理论运用以理解这些电影，她还通过对女性心理发展及男人和女人性别问题的讨论来促进精神分析理论的进步。因此，这三部电影中（《本能》《朦胧的欲望》《潘神的迷宫》）她聚焦于性别问题，以一种独创性的方式研究性的发展问题——身体、社会文化环境和神话故事在塑造和反映恐惧、信念和行为上均相互作用。

阿琳研究过的电影涵盖了丰富多样的人类社会百态。它们触及以下一些领域：我们对死亡的理解，以及我们（或者说我们中的一些人）如何面对、忽视和应对这样的理解（拉斯维加斯系列电影和《潘神的迷宫》）；种族和信仰问题——自豪或羞耻问题（拉斯维加斯系列电影）；性别问题，例如男人和女人之间是如何感受和处理性及权力问题的（拉斯维加斯系列电影，《本能》《朦胧的欲望》和《潘神的迷宫》）；心理发展问题——特别是女孩的心理发展（《潘神的迷宫》）；私人和政治方面的暴怒和复仇，以及信仰、民族和家庭对个人的慰藉与幸福的相对重要性和作用，包括生死两种极端情况（《慕尼黑》和拉斯维加斯系列电影）。

性别问题

在《本能》和《朦胧的欲望》两部电影里，阿琳聚焦于男人的欲望、恐惧、渴望、痴迷，以及对所渴望的女人的恐惧。在这两部电影中，在与男人的关系中，女人都占主导，也都很危险：她是男性杀手。在《本能》里，她很强大，双性，男人都被她兴奋却充满危险的外阴意象所捕获。阿琳非常聪明地聚焦于有关强大的、性感狂热的、无所顾忌的女人那吞噬男人的恐惧和致命的吸引。这个女人被刻画成要么是性感激情的，谋杀她生命中出现的男人（力量）；要么是充满诱惑力的，挑逗对方再突然剥夺和挫败渴望得到她的男人。

在《朦胧的欲望》中，女主角的力量来自她那纯洁无瑕的形象，而她完整无缺的处女膜正是她纯洁的象征。她的迷人之处就在于她难以得到，她挑逗暗示男人与之性交，但这些追求她、渴望得到她的男人最终无一不被挫败和拒绝。这个女人的欲擒故纵和致命诱惑让男人抓狂：他痴迷于她，同时又厌恶她、羞辱她。就像男主角的朋友“非常喜欢女人，同时又认为她们是一袋袋粪便”，这些男人都试图重获尊严和重视，但都未成功。在我看来，他们把对“朦胧的欲望客体”的渴望所引起的自我厌恶投射给女人。在阿琳看来，这些女人只有保持处女之身和生育能力（母亲）的时候才是有价值的，而那些有性行为的女人被刻画成无法生育和绝后的形象。

阿琳渊博的精神分析和文学知识为读者开启了一幅精彩的画面，让读者仔细寻味对男人和女人一样复杂的问题，即如何理解我们与性及权力的追求之间的关系。阿琳对这两部电影的讨论运用了很多象征的解读、文学引用、希腊神话，以及一些男人和女人或者两性之间都会涉及的性别问题方面的精神分析理论文献。所有这些因素综合造就了引人入胜、发人深省的影评。阿琳对电影的研究让我更坚定地相信，电影作为一种媒介，有着毋庸置疑的力量，帮助我们加深和拓展对人性在理智、情感和艺术层面的理解。我深信阿琳的影评对每个人都有潜在的影响——当然也提高了我们对人类境况的精神分析理解——以前面讨论到的影片为例，也加深了我们对男人、女人和男女之间存在的性别问题的理解。

在这些电影里，有吸引力的、受过良好教育的强大女人同时也是被恐惧和被贬低的对象。她们玩弄男人对她们投过来的情感和欲望，奚落、承诺、挑逗他们。阿琳认为，这些电影用艺术的方式传递着仇恨的信息。在对《本能》的分析中她写道：“受过教育的女人是危险的，是嗜血的女同性恋。即使那些看起来对男人有爱的女人，其中最好的是没有道德的，而最坏的是想蓄意谋杀的。那个最诱人的、开放的、性感的女人，比如凯瑟琳娜，恰好是最致命的。能做到诸如写书或者获得心理学学位的女强人则最可怕。漂亮女人是敌人，对他们着迷的男人是自取灭亡。”电影是一种媒介，观众遍布全球，影片里对女人的刻画在给观众灌输了意识和潜意识对女人的感知和恐惧的同时，也从观众那里吸收了这些因素。

阿琳评论说，《朦胧的欲望》强调一个观点，即男人只能信任男人。一个男管家是比任何女人都可靠的朋友。这也暗示了一点，即只要不碰年轻的处女，男人就可以阻止死亡。这部电影让女人再次确信她们的力量源于她们对处女情结的反抗，而且只要她们能让男人们一直抱有他们所认为的无比渴望的东西的幻觉，她们就能逃脱惩罚。《朦胧的欲望》展示了节制性欲的、有繁殖能力的女人的强大，而《本能》展示了无子女的、性感女人的强大。

阿琳重视的是男人的恐惧和憎恨，还有对性感的、受过教育的、强大女人的渴望，以及他们对纯洁的、被他们奉若神明的处女的恐惧、憎恨和渴望。不管是哪一种情形，女人不可能在情感和身体上都同时被尊重、宠爱和理解。在这两篇影评中，她强有力地阐明了对女人的这些复杂评价，因为它们在男人和女人的观念中是如此的根深蒂固。我发现她对这两部电影的深刻见解，用动人的、博学多才的方式进行比较和对比，启发了我们诸多的思考。

女性的心理发展

阿琳在《潘神的迷宫》中继续致力于理解女性性欲。她同时对该影片中的其他主题，诸如西班牙内战、对自由的追求、自主权，以及那个青春期女孩必须要完成任务方能与失去的父亲重聚（在西班牙内战中被害），都非常敏感。这同时还是一个有关本质的故事——既是自然的又是超自然的，既充满考验又满是奖赏，既美好又丑恶。

不过，阿琳主要关注的还是那个年轻女性奥菲莉亚的未来。阿琳评论了奥菲莉亚在成长为一个女人的过程中所面临的困难和考验。由于阿琳对女性性别问题的兴趣，丰富了她对这部电影的讨论。奥菲莉亚会变得强大吗？会富有冒险精神吗？会有教养吗？她各个层面的欲望会变得更热烈吗？要完成这些目标，她必须通过哪些考验？阻碍是什么？一边是潘神，代表着享乐和幸福，但潘神同时也给出了奥菲莉亚必须要经历的对内在克制力和意志力的考验。因为他们是童话里的人物，因此那些需要经历的困难和考验都被描绘成各种奇形怪状的怪物及令人恐怖的地方和任务。这些意象都是成为一个成熟丰富的女人的象征。

阿琳强调这部电影里的母亲是很现实的，她相信要生存下来就必须屈服于男人的欲望和权力。另一方面，她的女儿奥菲莉亚热衷于童话故事，并展开了生动的想象，亲自进入了这些童话故事的场景，然后她必须要顺利通过考验才能成为一个女人。阿琳强调说，这部电影中呈现的客体、时间和旅程都充满矛盾和对立——既丑恶又美好，既熟悉又陌生，所渴望的和向往的却是最令人心生恐惧的。“性是可怕的……对女孩来说，月经是一件很自然的事情，但又是缺乏经验的事情……第一次来月经是非常重要的时刻。”（第22章，p. 386）

这个母亲一方面屈从于那个残暴强大的法西斯男人，他给了她一个儿子作为礼物，然后在她生孩子失血的时候抛弃了她，不顾她的安危。另一方面，那个叛逆的强壮女人，女仆默西迪丝，她以一个单身女人的身份出现在电影中——爱护着、照顾着奥菲莉亚和刚出生的弟弟，她是反抗法西斯势力的英勇自由的战士。在成长为一个强大的成熟女人的过程中，充满了可怕的考验和惩罚——这是《潘神的迷宫》中与冒着危险英勇地追求独立和政治上的自由平行的一条主线。

阿琳对这部电影的阐述其精彩之处在于，她对一位女性从童年期过渡到成人期的意识和潜意识冲突、欲望和恐惧的细腻理解。在这部电影里，正如前文讨论的两部电影一样，政治、文化、家庭影响并伴随个体的整个人生旅程。

暴力和死亡意象

在阿琳分析的其余四部电影中，包括了政治、历史、民族、家庭和宗教认同，以及对另一个人的性渴望——还有繁殖渴望等多维度的视角。

先说《慕尼黑》这部电影，阿琳帮助我理解这部电影的同时，还帮助我明白了当我看这部电影时我为什么不喜欢它。她对比了慕尼黑和罗夏墨迹——一种模糊的刻画，依赖于观察者的心理、伦理、信仰、政治和审美倾向，以及敏感度，从而唤起强烈的爱/恨反应。有时候，我脑海中充斥着对于这部电影究竟在讲什么的困惑。这部电影非常复杂、令人困惑，以至于观影者容易将自己的意识和潜意识感觉，以及欲望、恐惧和冲突投射到影片上。虽然很多电影也都不可避免在一定程度上会产生这样的情形，但是《慕尼黑》中大量的复杂向量让这部电影尤为突出。

在此，我要向阿琳致敬的是，她能够分析自己的主观反应或者偏见来理解这部相当复杂的影片。这部电影绝不只是简单地讲述了以色列人对慕尼黑大屠杀的复仇。阿琳着力于这部影片所呈现的多种向量和拉扯力：家庭关系、民族忠诚，以及通过残忍的杀戮进行复仇来表达个体和国家的力量。在阿琳对《慕尼黑》这部电影的分析中，异常清晰和透彻地展现了这些向量是如何相互冲突的——政治、大男子主义是如何毁掉了与家庭（妻子和孩子）之间的温情关系，以及对家庭的忠诚。我想她的工作的开创性意义就在于，她如何将社会—政治、家庭和精神分析视角糅合在对这部影片的复杂理解中。（在她评论过的其他影片中，她也做到了这一点，但《慕尼黑》这部影片，对我而言，在读了她的文章之后，显然更容易理解了。）

在拉斯维加斯三部曲中，对于大多数人都要面对的三条主线，阿琳的影评中有意义深远的理解：有关家庭关系（与妻子和孩子）的问题和冲突，个人的文化和宗教身份（尤其是犹太人），同时追求无所不能和自我毁灭的问题，以及应对自己死亡的恐惧和反恐惧（counter-phobic）方式。

《巴格西》《赌场》《远离赌城》这三部电影，成功地演绎了拉斯维加斯三代人的命运。尽管拉斯维加斯的这三代人和犯罪团伙显著不同，但是这三部电影中主人公的心态惊人相似。拉斯维加斯系列电影和《慕尼黑》在阿琳和阿诺德的分析中有平行的地方。在这些影片中，犹太人主人公都被相互冲突的力量拉扯着。为了追求权力和复仇，牺牲了家庭的价值和联结。

虽然观看这些电影会很难受，特别是《慕尼黑》，我一开始对这部电影非常困惑，直到我读了阿琳的影评，以及阿琳和阿诺德关于拉斯维加斯三部曲的影评之后，我才对这四部影片有了更深刻的理解，尤其是我理解了我为什么不喜欢《慕尼黑》。阿琳帮助我理解了这些电影所刻画的多个层面及它们所表达的复杂问题。在《慕尼黑》中，阿琳讨论了家庭关系和忠诚，更早期迫害犹太人的历史参照事件——德雷福斯案件及认定他没有叛国罪这件事上家庭的重要性（他的哥哥），慕尼黑政变，在张伯伦将捷克斯洛伐克交给希特勒作为保证英国和平的交换条件时遭出卖，在慕尼黑奥林匹克运动会期间运动员遭到大屠杀的事件之后，戈达梅尔（Golda Meier）承担着复仇的重任。在拉斯维加斯系列电影中，阿琳和阿诺德讨论了拉斯维加斯发展过程中的三代人，以及在拉斯维加斯发展过程中起重要作用的人们。拉斯维加斯是沙漠中的赌博麦加。阿琳和阿诺德帮助我理解了拉斯维加斯特别是赌博的魅力。在赌博时，人们都沉浸在能战胜命运的神话中，这跟赢钱没多大关系，而是他们以为能战胜死亡："不夜城似乎暗示着永生的希望，正如赌徒们永远想要战胜命运"（第20章，p. 367）。

拜读了阿琳对这些复杂影片的解读，丰富了我们对混杂着爱、性、追求权力、贪婪、自主、残忍的暴力和复仇及永生等因素的多元决定论的理解。在这四部电影中，她都指出了一点——并非毫不留情的——犹太男性更黑暗的一面，他们在强壮、奋斗和强大的同时又是虚弱的、忌妒的和自我憎恨的。

阿琳最了不起的地方在于，她深刻探究人类社会更黑暗面的勇气和独到见解——而且还帮助我们加深了对男人和女人的理解。

我感到非常开心和荣幸，能够在这里学习、讨论并向大家介绍阿琳·理查兹，以及她在运用精神分析理解电影和通过电影理解精神分析方面做出的卓越贡献。

参考文献

Richards, A.K. (1999). The Terrifying Woman: Latin and Anglo View of Female Sexuality in *Basic Instinct* and *That Obscure Object of Desire. Projections*, 12(2): 35-52.

第二十一章
赌博、死亡和暴力：好莱坞看拉斯维加斯

美国梦

在过去的几十年里，拉斯维加斯一直都是焦点，也是几大好莱坞电影的取景地。我们从中选择了三部电影来代表好莱坞眼中的拉斯维加斯。这些电影看似在讲有关拉斯维加斯这个地方的故事，人们在那里修房子，创造了这个地方，然后人们蜂拥而来聚在这里赌博。这三部电影都很暴力，其中两部都以男主人公的死为结局，另外一部则从一个死亡的场景开始，以一个时代的终结为结束。这里最关键的是暴力和暴力死亡。电影中的暴力下场是被逮捕，底线就是，暴力的结局就是死亡。电影告诉我们，死亡是暂时的。电影里的演员并没有真的死。所有这些有关拉斯维加斯的电影中的主人公都跟传统的西方人很相似，就像拉斯维加斯跟一些西方城镇相似一样。这些电影里主人公都是因为被要求或偶然来到拉斯维加斯，以解决他命运的难题，然后面对结果。从这个角度来说，他们与那些来拉斯维加斯赌博的游客有极相似的经历。拉斯维加斯的游客把自己看成来到蛮荒之地寻宝的牛仔。

根据拉斯维加斯商会的统计，来赌城的人的平均年龄在五十五岁到六十五岁之间。他们都是正面临性欲衰退和即将死亡的人。对这些人来说，拉斯维加斯是美国梦的最后希望。因为它宣称，在这里你可以战胜命运。在这里，你不需要屈服于统计数字，你能赢。即使从长远来看，毫无疑问谁都

会死——没有人赢得了死神。毫无疑问从长远来看，在赌城的赌局你肯定是输——没有人在赢了之后活着离开，除了赌城——还是赌城给予你希望。这种相似性很奇妙，电影制片人在拉斯维加斯建成之后的短短几十年间就了解了这一点。

我们要思考的第一部电影是《巴格西》，它讲述了20世纪40年代拉斯维加斯被建成巨型赌城的故事。其次是《赌场》，它讲的是20世纪60年代拉斯维加斯工业化的故事。第三部《远离赌城》描绘了20世纪90年代这个城市既是沙漠里的生存之地又是死亡之地的故事。把这几部电影放在一起来看，通过影片的方式展现了这个城市从一开始至今都是赌博大本营的历史。这些电影都描述了主人公到拉斯维加斯为了追寻和发现他们生存的意义。我们可以把这些电影看成是一部时代传奇：他们之间隔着一代人。《巴格西》中的主人公可能是《赌场》中主人公的父亲，也可能是《远离赌城》中主人公的父亲。我们也可以把这些电影看成描述了美国人在种族、民族和社会阶层方面变化的态度，以及对性别问题始终不变的态度。对这些电影进行精神分析思考时，都涉及上述问题。不过，我们的讨论主要跟电影中的暴力有关，以及暴力与死亡的恐惧和永生的幻想之间的关系有关。

这三部电影一开始都暗示着暴力的存在。《巴格西》中，一个很早就出现的场景是，主人公本有谋杀罪。他杀死的那个男人罪有应得。本告诉他，他在付给黑帮的钱上做了手脚，坏了黑帮的规矩。而在《赌场》的开场戏中，一个男人在车里被炸死了，也是同样的含义。结束时一个声音告诉我们，这一切都事出有因：一些人毁了他们的“人间天堂”。天堂，应该是一个没有腐烂、没有衰老、没有死亡的地方。死亡是一件令人害怕的事情，你可以靠赌博来逃避死亡。同样在《远离赌城》中，开场戏就是腐坏的一幕。高兴的主人公在超市走廊收集酒瓶装到他的推车上，他滑到了，仿佛他是在下一个斜坡。这三场戏中都弥漫着欢快甚至躁狂的情感，就像在说死亡并不是什么坏事，只不过是一个玩笑、一个愚蠢的错误。这三部电影都设置了这样的一场戏，死亡并不可怕，只是个玩笑，甚至在《赌场》里，死亡是可逆的。

拉斯维加斯系列电影在讲一个故事。第一部电影讲的是拉斯维加斯的建立：《巴格西》。在这个有关创建的神话中，创建者神话般的名望突显了电影神话色彩的开始。他是思想之父。影片简略介绍了这个英雄创建者。在比较早的一场戏中，他一边背诵演讲技巧，一边极有品位地挑选衣服。这个自恋狂也是一个完美主义者。他努力让自己的言行举止都像个完美的绅士。他的演讲练习令人啼笑皆非，为这部电影营造了一个基调。“二十个矮人在地毯上轮流双手倒立。”付出了很多努力，但结果很荒诞。这个男人非常努力地背诵。电影却暗示这样的练习究竟结果会如何，不清楚。电影中的焦虑就是最终的结局。

他去见一个商人，他的搭档则等候在街上的豪华轿车里。本对那个商人说，他知道他在一次生意中欺骗了自己，然后给了这个人一些衬衫，他称之为“我的所有”，然后枪杀了这个人。这一幕戏让死亡变得很荒诞。在杀死这个人之前，本给了他一些新的漂亮衣服作为礼物，本嘲弄了他杀死的这个人，减弱了死亡本身的庄严肃穆感。在电影里，他让我们对死亡的感觉变得分裂。死亡是严肃的，但同时又是不严肃的；死亡是不可逆转的，但又如玩笑般是可逆转的。这个男人可以系着领带、穿着衬衫走进坟墓。

本的搭档说，他其实完全可以雇职业杀手去杀人。另一个搭档则回答说，本从来就不在乎钱，意思是他亲自动手纯粹是为了找乐子。主人公很暴力，但他还是被一整套有关荣誉的规则所左右。这是谋杀，但也是受某种规则支配的公平行为。这个规则就是，如果你欺骗了你的商业伙伴，这个罪行的代价就是死。这个场景让我们看到了主人公和我们的相似性——观众相信杀人是不对的——通过暗示主人公的规则不同，尽管充满了冲动性，但是不像他的搭档那么无情，也没有他的搭档那么微不足道。

如果本不是被金钱驱使，那他在乎的是什么？我们所知道的是他在乎家庭，而且当他温和地问孩子们想要他出差回来给他们带什么礼物时，他很看重自己养家者的角色。在火车上，他同意朋友贿赂调查员。本把钱给朋友并且建议他：“跳火车的时候弯曲你的膝盖。”金钱再一次和生命等价。如果一个人行骗，或者失败，或者偿还不起债务，那么荣誉准则就是以命抵债。在这部电影里，死亡不是一个自然生命过程的最终结局，不是狂怒或攻击性所导致的，而是一场廉价的命运游戏，是抵债的筹码。

本遇到了他的朋友，一个好莱坞明星。他看到了一个硬汉拍戏的过程。他想给一位不知名的女演员点一支烟，朋友告诉他说："那是弗吉尼亚·希尔。"他告诉本，这个女演员有一个非常容易吃醋的黑帮男友。希尔也再次警告了本，他挑逗她根本就是在玩火。他主动接触她，她问他会否离婚；他说他对妻子绝对忠诚，于是她甩了他。他也是出于性欲才找她。这跟他之前在电梯里遇到的一个女人形成对比，他引诱那个女人然后又抛弃她。她对他来说只是一个逝去的瞬间，微不足道的小事。女人可能会让他有性趣，但对他来说，家庭永远是最重要的。他仍然很在乎当一个丈夫和父亲，即使他离家庭已经越来越远了。但是，弗吉尼亚是个难搞的女人，独立火辣而且精明。她要安全感。我们不难发现，他要想得到她就必须放弃很多。

另一个平行的场景是，他的朋友乔治指给他看名人住的房子。本要求进一栋他喜欢的房子去看看。乔治告诉他那栋房子是劳伦斯·提贝特，一个好莱坞出道较早的歌剧明星的房子。当提贝特称呼他为巴格西的时候，本很绅士但同时也很严肃地责备他像在称呼一只虫子，本买了他的房子，然后给了他一串酒店附近平房的钥匙。本坚持保留自己的名字，本杰明，一个《旧约》里的名字。整部电影里一直在强烈提示他的犹太人身份。他和米奇科恩及老朋友们一起的时候，都说意第绪语。[①]他保留着他的意第绪文化的根。这一幕让本在和高雅文化之间建立关系的同时，也为自己有着犹太人的血统感到自豪。他的欲望在不断膨胀，但他对自己非宗教性的种族身份的忠诚对他来说非常重要。在整部影片中，犹太人帮派成员彼此都有着特别的忠诚，都相互保护不受意大利搭档的伤害。本生活在有组织犯罪、犹太人、艺术和名人交织的世界的边缘。而这一幕进一步证实了他的冲动和暴力倾向。

① 属于日耳曼语族。全球大约有三百万人在使用，大部分使用者是犹太人。——译者注

接下来，本涉足生意。他去见杰克，L.A.的现任老板，说要跟他做笔交易。杰克将要为本、梅尔兰斯基和露西阿诺做事。当杰克反对时，本说他只有一个选择：他可以杀了本。杰克投降了，然后同意了这笔交易，但同时安慰自己的弟兄说总有一天他们会杀了本。这一幕证实了在那个烟雾缭绕的房间里那些男人的身份和权力，即使是最难对付的敌人他们也敢挑衅，同时也再次强调了生意的一部分就是死亡。钱就是命，没钱就是死。对生意的这一夸张的观点在后面一幕戏中凸现出来。

有了家、有了工作，本开始出没于夜总会。直到有一天他遇见了一个意大利伯爵，是墨索里尼的朋友，他开始膨胀。电影的另一个主题是，本的自大及对疯狂的热情不减。他肆无忌惮地认为他能消灭世界上所有的独裁者。创建者把他的自大也注入了拉斯维加斯的建造中。本的一生都被他的自大支配着，让他感觉他有权利做任何他想做的事。

本去夜总会是为了寻欢。他看弗吉尼亚和另一个男人跳舞，送了她一串珠宝，要她陪他过夜。弗吉尼亚来他的家里找他时，他正在跟妻子通电话。他想吻她，她说乔伊会杀了他们俩，但要发愁先杀谁。金钱不仅可以暂缓死亡，还可以买到爱情。于是，那个挥之不去的主题又回来了："二十个矮人轮流在地毯上双手倒立。"金钱缓和了爱和死亡之间的张力。这个主题在三部影片中重复出现。男主人公爱上的女人都是妓女。她们出卖爱情。在《赌场》中，主题有了一些变化。被爱的人不仅兜售爱情还出卖孩子，孩子代表影片中主人公的永生幻想。

在这三部影片中，冲突的价值观是冲突的忠诚的根源。在《巴格西》中，表现在本与米奇·科恩的关系中。科恩是洛杉矶的流氓，偷了本的搭档的钱。本并没有因为偷钱的事杀他，但是在一次蒸气浴时本质问了他这件事。本想让科恩帮他做一件事将功赎罪作为补偿。因此这个时候本破坏了游戏规则：偷窃黑帮的代价是死。就像在电影中另一场剑拔弩张的戏里他反复念"二十个矮人在地毯上轮流双手倒立"。

和弗吉尼亚一起回家后，本奚落她的前男友，她用烟灰缸砸向他，划破了他的前额。脸上的血迹还未干，本又跑去质问杰克，对杰克说从他这里偷东西简直就跟强奸他一样。和科恩形成鲜明对比的是，本羞辱杰克，逼他在地上爬、吠，像猪一样哼哼。同时，本被弗吉尼亚打伤的地方还在流血。本对杰克的施虐性羞辱让他们兴奋不已，他们激动地做爱。

下一场戏在机场。本想带弗吉尼亚去沙漠看一个地方。她很害怕坐飞机。飞行员说："启程了，时间就是金钱。"影片又再次强调了时间和金钱的对等关系。本、弗吉尼亚和科恩在开车。他们穿越沙漠的主旋律就是"乳白色的天空"。他们拜访了本在内华达州的一个赌博据点。因为她觉得这个据点太丑，于是他把它关闭了。本跟弗吉尼亚因为他要忠于在斯卡斯代尔的家而有了争吵。他下了车，弗吉尼亚开走了车，把本和米奇扔在去沙漠的路上。本有了一个想法。他通过想象一片沙漠打开了自己的世界。对观众来说，沙漠意味着脱水和死亡。而对本来说，沙漠是一个有着无限可能的地方，是自由的国度。这个双重比喻将这个满是骷髅和白骨的死亡之地与可以产生各种幻觉的海市蜃楼的奇幻之地交织在一起，甚至会让人产生可以赢得一大笔财富的妄想。

在下一场戏中，拉斯维加斯的海市蜃楼变成了好莱坞。在另一个夜总会里，当本和介绍他认识墨索里尼的伯爵夫人谈话时，看到弗吉尼亚和其他人在一起，他走到弗吉尼亚身边，当时她正和一个吉他手在一起。她说他还没跟妻子离婚，之后很快就离开了。他答应她，他会离婚。米奇和本在吃早餐，米奇看到了那个卧底的故事，就是在去洛杉矶的火车上本给他钱的那个男人。本说他将去纽约离婚，米奇说抱歉。

我们在影片中看到，本在装饰女儿的生日蛋糕。他的搭档进来找他的时候，他还在厨房里穿着围裙做蛋糕。因为拉斯维加斯的赌场关闭了，他的搭档们对本充满愤怒，因为这个赌场每个月都盈利，本却对赌场的伙计们说他计划关闭赌场，改成像弗拉明戈一样的地方：性交易、风花雪月、金钱和冒险，所谓的美国梦。那里将会变成一个什么都可以发生的地方，不仅仅是赌博。他的搭档梅尔·兰斯基说，"是个骗钱的好地方。"本说赌城会变得非常漂亮，因为胡佛大坝可以为照明和空调提供充足的电源。本疯狂的天才设想正好契合了沙漠中这个巨大新能源的完美用法。他想法里的疯狂性经由一系列快速行动表达出来：本通过电话追踪弗吉尼亚；本赶回去开会；本追赶生气的孩子。本的疯狂将会在拉斯维加斯实现。他的真知灼见和异想天开都可以在这座城市付诸实践。

本因为带走了弗吉尼亚向乔伊道歉。“我知道你和她在恋爱。”乔伊说：“我绝不会允许自己爱上她这样的贱人。”本的妻子要求离婚，他拒绝了。我们看到他被三股忠诚的力量拉扯着：他的家庭、他的事业和他的真爱。妓女和母亲形成鲜明的对比。电影中的所有主题，都体现得恰到好处。

有一出戏里，本的愤怒吓到了弗吉尼亚，成了她后来背叛他的导火索。当他回到洛杉矶时，他发现弗吉尼亚身着睡衣和一个男人在一起。本把这个男人扔出了窗外，这一扔是一种微妙的阉割。弗吉尼亚解释说这个男人是她的哥哥，本根本不相信。后来证实，这个男人确实是她的哥哥。本给了他一辆两用的凯迪拉克。他用钱弥补他的愤怒所造成的伤害。

本的老朋友哈里·格林伯格来了。哈利就是那个向警察告发本和他的朋友们的人。本给了他一间卧室供他休息。哈利说：“如果我在别的任何地方，我估计早死了。”

> 本：“你说过了。”
>
> 哈利：“我说过了。所以，我该怎么办？”
>
> 本：“和我出去兜兜风吧。”

弗吉尼亚坚持随行。哈利向本问起弗吉尼亚的男朋友。他还问起了艾斯塔。艾斯塔是本最亲近的朋友，是他的至交。本和哈利走进森林。然后，本回到车上。弗吉尼亚问他发生了什么。观众们都知道本杀了哈利。本自己念叨着：“二十个矮人在地毯上轮流双手倒立。”本的咒语掩盖了他内心的冲突。他为了维护道德准则，牺牲了他最好的朋友。

乔伊因为叫弗吉尼亚妓女，被本踢成了一摊烂泥。这边在打架，那边露西阿诺和其他人却在跳舞。荣誉才重要，暴力不重要。本从酒店窗户看到妻子和孩子离开了他，此时暴雨倾盆。在这里，家庭关系和杀死他的老朋友相互呼应。当他的家庭变得没有弗吉尼亚重要时，当他的朋友变得没有事业重要时，暴力成了他生活的秩序。电影刻画了他慢慢切断和所有爱之客体的联系。每一次丧失都离他内心的死亡更进一步，让他更加依赖他的无所不能以替代那些丧失的客体。

荣誉延伸到金钱和沉默。在金钱方面如果不守信用就会遭到惩罚，但是，本的英雄主义就表现在他对钱没兴趣。当面临超支时，本卖掉了他在弗拉明戈的股份。梅尔警告他最后会一无所有，本说："弗拉明戈永远都在那，那不是一无所有。"眼看本和弗吉尼亚都变得越来越不理智，爱耍脾气，不信任对方。米奇跟本说弗吉尼亚在瑞士多个银行都有账户，存款累计达二百万美金。乔伊坚持认为本知道弗吉尼亚偷钱，梅尔说本对偷钱一无所知。他把所有与会的人都召集到起来等待圣诞开业。如果赌场成功了，本就能还清债务，否则"就只能靠自己了"。

酒店的开业之夜失败后，在他接到让他回洛杉矶的召唤电话时，本知道他会被杀。本走回家，他说一个女人只有遇到对的人才会真正成为一个妻子。本被枪杀。兰斯基的人接管了弗拉明戈。弗吉尼亚迎风站着，风吹起她的雪纺裙和围巾。屏幕上一张黑白分明的纸告诉我们，她在一周之内归还了兰斯基的钱；另一幕告诉我们，她在澳大利亚自杀了；最后一幕显示的是，最初投资的六百万美金在1991年带来了超过十亿美金的利润收入。爱输了，死亡赢了，钱赢得更多。这个充满讽刺的结局正是美国梦的破灭。没人能逃脱死亡，概率都是一样的。没人能赢。但是，拉斯维加斯的生活让人错以为可以打破概率。唯一的赢家是那些像兰斯基的人，他们接受现实，拿命来赌，还有那些像本一样接受死亡的人。

《赌场》的故事呼应了《巴格西》。《赌场》讲述的是拉斯维加斯建成之后几十年的历史。在《赌场》的开场戏中，主人公一边说着爱等于信任一边上了车。然后，车爆炸了，闪光灯变成了一片火海，一座雕像跌落火海。这是一个大的背景，字幕巧妙地表达了这暴力的一幕，字幕顺序预示着叠加在暴力之上的合理性。在赌场还没被搞砸之前，主人公的助手把它比作沙漠里的天堂。妻子只出现了几次。他们分别代表亚当、夏娃和伊甸园的巨蛇。电影将给我们讲述一个有关衰败的故事，最终以影片一开始的熊熊烈火作为结局。

《赌场》的主人公是埃斯。就像《巴格西》里的本一样，他是一个看起来像黑帮的聪明的犹太人。但是，他是另外一种类型：阴沉、冷酷、冷静、会算计。他到拉斯维加斯寻找工作机会。他没有《巴格西》的主人公那么自恋，当然也没有那么有创意。他是梅尔·兰斯基态度的延续：玩家是没有机会的。一切都计划好了，就等着人们把钱送来赌场。浪漫只是促进这个目标实现的一个梦。现在的拉斯维加斯浑身散发着信仰的光芒，这里的信仰就是金钱至上：典型的场景就是在一个房间里点钞。这个房间，是点钞室，一个声音告诉我们，是“最神圣的地方”。这里引用的是古希伯来圣殿中的约柜（Ark of the Covenan）。虽然引入了宗教主题，却亵渎了信仰。

“埃斯”这个名字是专为电影版设计的，剧本里原来为这个人物取的名字叫作左撇子。“左撇子”指的应该是他的身体、他的人性。“埃斯”是一张扑克牌的名字，是其作为一个系统的一部分的身份标识，是非人的一个工具。同时，埃斯也是赢家，是最大的牌。在赌博界，埃斯被称为“黄金犹太人”。在美国东部，埃斯指的是跟黑帮合作的、又暴力又不理性的聪明窃贼。似乎巴格西的角色被分裂成了两个部分：一部分是冷静理智的埃斯，另一部分是他那暴力的、难以捉摸的朋友尼基。

埃斯是那个一直引诱鲸鱼上钩的垂钓者。他对它们欲擒故纵，它们离开了也会再回来。他假装成一个因为天气原因不能回家的大赢家。这个男人在赌场度过了另一个夜晚，他输掉了他之前赢的所有。赌场里的一个声音告诉我们：“最后我们赢了。”这个声音告诉我们，拉斯维加斯的问题就是每个人都知道有很多钱在流动，每个人都想得到一点儿。在拉斯维加斯，每个人都得盯紧别人以防自己被骗或被抢。埃斯就总是提防着被骗。很显然，他对老板非常诚实，尽管他玩着赌场的把戏。在工作之余，这个男人完全没有自己的生活。他是彻头彻脑的书呆子。在这一点上，他和巴格西完全相反。他非常职业，缺乏想象力，具有强迫性，并且冷漠。

自从埃斯到拉斯维加斯站稳了脚跟，成了赌场最厉害的经理之后，他的胃口越来越大。有一幕是他在选择爱人的时候，是要完全符合他的要求的。一个迷人的金发女郎为一个老赌棍赢了一大笔钱，但是瞒着他。然而，那个利用她赢钱的人拒绝分钱给她，指出她在赌桌上就偷拿了一部分。她把赢的所有钱扔给人群来报复他。埃斯看到了这一切，被她迷住了。她是个骗子，但她也有她的规矩。对她来说，爱情就是一笔交易。她给泊车的伙计小费。她懂得如何控制别人。她非常精明圆滑，但她严格遵循着她的原则，理解别人的权利和需要。她是公平的。虽然她也有着可悲的缺陷。她跟一个帮他赚钱的男人有关系：皮条客。对所有人，她都可以很强硬。但唯独对他，她没办法。她和埃斯有共同的、可悲的弱点，就是要为爱付钱。

有一幕非常滑稽，与埃斯和吉尔之间的爱情极为相似的是，埃斯在美国东部的老朋友尼基，按照习俗带着他的夫人一起过海关。尼基的行李被搜查，之后的一幕是他们在家里，坐在餐桌旁。尼基的夫人甩着头发上造型的钻石，这些钻石骗过了海关。她和尼基明显就是犯罪搭档。确立了他的家庭价值之后，尼基接下来出现在拉斯维加斯全副武装的赌注登记处，然后他出现在观看儿子少年棒球联合会比赛的现场。对比是很清楚的：他是一个居家男人，但他可以对家庭以外的任何人做任何事。

接下来我们就看到，埃斯在他的赌场监督把一个老千的手砸烂的过程。他非常温柔地对吉尔建议，就是那个迷人的金发美女，跟她说他知道她并不爱他，他想要的是一个家。埃斯很像他的朋友尼基，因为他们都把家庭伦理当作最终极的价值追求。婚礼那一幕让我们震惊了两次。首先是我们看到新娘头戴一顶像修女一样的面纱，然后我们看到她把这个面纱披在迷你裙外面。在这一场戏中，呈现了极具讽刺意味的宗教价值观。新娘有点儿像交易的货物，并且她已经有一个孩子了。埃斯保持着这种交易。她回到家中，看到为她准备的结婚礼物，一栋雅致的房屋和一个奢华的衣柜，她惊呆了。他甚至能接受在婚礼上她给情人打电话。他还可以忽略她酗酒。他原谅她的一切，给她所有他能给的来换取一个家。就像《巴格西》里的本一样，埃斯也选择了一个妓女。同时跟本一样的是，他也信任妻子，告诉她藏钱的地方，伴着“一天改变一切”音乐的响起，给了她进入的特权。

我们看到尼基被禁止进入赌场，因为他有犯罪前科。20世纪60年代，拉斯维加斯的赌博是政府管辖下的产业。赌场不再由黑帮控制，变成了至少在名义上合法的买卖。令人心烦的是，尼基打了个电话之后，就开始了一系列的抢劫。作为掩护同时也为了好玩，他在赌场外投资了一个酒店，像他这种有犯罪前科不被允许进入赌场的人就可以到这个酒店来玩。尽管他对家庭忠诚，但是他也开始和舞女约会。我们看到，有一个舞女在停车场给尼基口交。他狠狠训斥了一个把给房屋装供暖设施的钱拿去赌博的员工。有一幕跟戴着厨师帽的本很像，尼基给儿子做薄煎饼。紧接着的一场戏就是他把一个男人折磨致死，这个男人杀了他们黑帮里一个不守规矩的家伙。他有他的规矩，并且以此谋生。虽然他在某些方面比埃斯强势，没有埃斯那么有同情心，但是他有他的某种热情和活力，能吸引吉尔这样的女人。

然后我们看到，吉尔向埃斯要2.5万美金。她不告诉他，她要这笔钱做什么。他拒绝了，但还是让她去拉斯维加斯的保险库拿钱。他让尼基跟着她。她把钱给了情人。尼基在她面前打了她的情人。她尖叫起来。她显然因为尼基疯狂的惩罚而变得兴奋。尼基问她想要什么，并叫她照顾好自己，他们拥抱在一起。尼基身上有一种浪漫的暴力，这是吉尔在她的前任情人身上看到过的。尽管她之前很暴力，现在的她却像个受虐狂。

相比之下，下一幕戏剧化的场景是埃斯在他的办公室，像往常一样衣冠楚楚。这一次，他穿着粉蓝色的衣服配淡蓝色的鞋子，但是他没穿裤子。他的全套服装看起来非常滑稽，因为有点儿用力过猛。这是一个缺乏幽默感或者不会搭配的男人。他打了一个电话，叫接待员让拜访者稍等，然后穿了一条完美搭配的完美紧身裤。他把最好的衣服穿在身上，就像随时准备冲出栅栏的赛马一样，自我感觉良好。拜访者是县治安官，是想让埃斯重新雇用他的朋友。埃斯拒绝再次雇佣不能胜任工作的人。县治安官则威胁他说这是他的地盘，随时可以让埃斯滚蛋。现在的埃斯有点儿过于自信和过度膨胀，就像本一样完全被自己的自大控制了。

埃斯的自大导致了诸多问题。他的妻子嗑药，酗酒，痛哭。他朝她咆哮。她承诺改过自新。老板们抱怨他们从赌场盗取的钱又被别人盗取了。埃斯接受了一次访谈，说他才是赌场真正的老板。县治安官控制了赌博管理委员会，将埃斯赶出了县城——因为解雇他的姐夫而报复埃斯。埃斯的生活陷入了失控的状态。

其他老板都认为他应该滚蛋。为了打个翻身仗，埃斯去见尼基，尼基告诉埃斯他才是这里的暴徒，而埃斯不过是他的一个幌子。尼基把埃斯扔在沙漠的漫天尘埃中。这出戏重复了《巴格西》里的一幕，本的女朋友弗吉尼亚把他扔在沙漠里。在那一出戏里和故事的最后，她对本的生死袖手旁观。这一切在这部电影里会平行上演吗？尼基会不管埃斯的死活吗？

尼基采取了行动。他进了赌场，尽管他知道他的出现很可能会让埃斯和赌场被吊销营业执照。他要反抗，就像那个县治安官一样。他发表了反犹太人的言论。他破坏埃斯的事业，攻击他的身份。埃斯的婚姻也破裂了。吉尔起诉离婚，回到了情人身边，带走了孩子。她给尼基打电话求助。尼基去找埃斯，埃斯坐在车里，听着车里的广播放着“你走你的路”的音乐。这一幕说明埃斯失去了和身边人最微弱的联系，就像本失去的那样。

埃斯接到吉尔的电话，说她想回来。她告诉他，她花掉了一些他的钱。他问道：“花了多少？”她说二万五千美金。他说：“我还能承受。”他强迫性地对钱的数目感兴趣才是最关键的。他们谁都不谈失望或背叛。也许和情人私奔还不如在商城疯狂血拼。他们在一个迷人的酒店商量对策。埃斯怀疑，她描述的她愿意为衣服或她的情人买多少单。埃斯意识到她和自己的关系就像他们初遇时，和为她的陪伴付钱的男人一样，但是，他否认他意识的一切。他说自己不是另一个约翰，他表达了因斥责她花钱而感到的痛苦。通过否认他自己是约翰，他否认了他的自我谴责。他是一个希望能用钱换爱的人，而最终他知道他输了。

不过，他不像本，他始终和孩子保持联系，所以他还不至于完全被他的自大所摆布。当吉尔离开的时候，埃斯把钱扔到她脸上，把车钥匙也给了她，但是坚决拒绝她带走孩子。他可以给她钱，给她钱能买到的一切东西，但是他要留下家。她坐上车，绝尘而去，留下了孩子。她又回来了，睡在他的床上。他送孩子去上学，然后给了妻子一个传呼机，告诉她说他需要和她时刻保持联系。他加强了控制。

吉尔去找尼基，要他找一个人帮她把银行保险库里的珠宝弄出来。尼基答应了。她说，她会带孩子去欧洲。尼基说：“这是你唯一不能做的事情，你不能带走他的孩子。”吉尔不明白埃斯和尼基的生存原则。她不明白对他们来说，家庭意味着一切。吉尔啜泣着。“他把我吓得半死。我不知道他会怎么对付我。”然后，是吉尔和尼基做爱的场景，电影原声里唱出的歌词是：“我所有的罪过就是太爱你太爱你。”

老板家里的这出戏之后，紧接着就是旅馆里做爱的戏。谣言四散。那个把盗用的钱带到堪萨斯城去的快递员撒谎了，他对老板说的是，尼基没有睡埃斯的妻子。鼻吸可卡因及随意的谋杀营造着恐怖的气氛。快递员跟尼基回话说：“他又问了我有关你和那个犹太人的老婆之间的事。”他们站在门外说话，用手帕捂住脸，商量着杀了那个“犹太人”。现在，埃斯的种族成了一个问题。意大利人对彼此的忠诚远远胜过埃斯和尼基之间的友谊。这一幕呼应了电影《巴格西》中，当意大利搭档拒绝给本贷款时，梅尔·兰斯基为本做担保的情景。这两部电影都强调了在更大的组织范围内，种族间彼此的忠诚。在总体的忠诚范围内对自己的种族保持忠诚，是美国人的道德准则，这是由德托奎维勒（De Toqueville）首次提出的观点。

和《巴格西》一样，在电影结尾几乎所有重要角色都死光了。埃斯的声音响起：“吉尔死在了洛杉矶摩托车党手里。他们给了她大剂量的毒品。

最后她留下了三万六千美元崭新的硬币。”死亡和金钱之间的关系再没有比这更清楚的了。尼基几乎被打死，在一息尚存的时候就被埋了。埃斯在爆炸中幸存下来。但是，赌场和旅馆都被炸毁了，之后，电影旁白告诉我们，来到了迪士尼乐园。在卡车司机被撞出车后，企业被接管了。二十五岁的年轻人会问社保号码。最后一刻，埃斯残废了，为别人赚钱。他所有的是一副眼镜、一支笔和一张桌子，还有知识。他还是那个书呆子，还是没感觉，还是幸存下来了，但是没有活力。埃斯依然有强迫症。他是中间的一代，也许他自己已经死了，但他给了孩子生命。所以，他以这种方式实现了美国梦。

《远离赌城》的故事大概发生在比《赌场》主人公晚一辈的人身上。这部电影的主人公名叫本，跟《巴格西》的主人公同名。他的第一出戏是在一个超市里，他正推着一辆钢丝购物车，一边在过道上走着，一边把购物车里的酒瓶卸下来，背景音乐播放着“洛杉矶情歌”。一开始他看起来无忧无虑，但是当他摔破一个瓶子时，他看起来很粗心，甚至可能有点狂乱。当我们看着他时，我们发现这不是一个为聚会做准备的人，而是一个准备狂欢的酒鬼。

然后，我们看到本在酒店碰见一个人，这个人正和另外两对夫妇一起吃饭。他走过去和那个人打招呼，但是那个人显得并不愿意把他介绍给其他人。这些人的名字都是犹太人名。金发夫人们的名字都不是犹太人名。他们正在讨论电影。其中一个金发夫人说电影很酷，因为电影里用的是真枪实弹。她讲述着暴力死亡的主题。在他们谈话的时候，我们看到本想去搭讪的那个人想甩掉他。这个男人把他所有的现金都掏出来给本，承诺说他再也不会麻烦本，于是本同意离开。本是人类世界的一部分，却和魔鬼做交易。就像浮士德，他现在很开心，但是很快就会死。在接下来的一场戏里，这样的交易更加明显，当老板给了他一张支票让他永远不要再回来时，本辞了工作。

第三次同样的交易是本在酒吧搭讪一个女人，因为他当时喝醉了并且心情不好，所以他表现得很无礼。酒保请他喝了一杯，然后叫他走别再回来。

被酒吧驱逐是压垮骆驼的最后一根稻草。我们接下来就看到，本在超市里买塑料口袋。然后，他在家烧纸。有一幕是一个女人和一个小男孩蜷缩着，被烧死了。这是他的妻子和孩子吗？还是童年的他和母亲？不管怎样，这是他的家庭。这一幕呼应了《巴格西》里本失去妻子和孩子的那一幕，以及《赌场》里埃斯失去妻子留下孩子的那一幕。因为这一幕在电影里出现得太早，我们明白这个故事没有中间情节，却有一个很长的结尾。紧接着就是本上车的一幕，他在去拉斯维加斯的路上。

对拉斯维加斯的第一印象就是，赌场前的街道上黑压压的全是车。一位美丽的、有着天使面孔的金发女郎，穿金戴银走在街上。她的衬衫在胸前低低地开了一小块，她的迷你裙让她看起来像是一个提切利天使或天堂侍者。本接走了她，买了她一个小时的服务，把她带回了他那个可怜的汽车旅馆，在那里，他们沉沉睡去。就像本的弗吉尼亚和埃斯的吉尔一样，塞拉也是一个妓女。她把自己的名字拼给他听：S—E—R—A。她的名字是“seraph”（六翼天使）或这个词的前面四个字母。然后，塞拉出现在皮条客尤里的房间。尤里斥责了她，因为那天晚上她没有为他赚够钱。他把她暴打了一顿。她趴在桌上让他割她臀部的肉惩罚她来消气。她表现得很体贴，也很悲伤和小心翼翼。她会像吉尔一样爱上要她给钱的男人吗？她是受虐狂吗？还是说她是天使？不能永生的女人没有这么无私。

尤里和本出现在同一个当铺。尤里绝望地要卖掉他的珠宝，正和当铺老板讨价还价。本很开心地把一个1993年版的劳力士船员手表换了五百美金。这正是一个完美的拉斯维加斯象征，时间可以换成金钱。那么值钱的东西就换了一点点钱，但是本似乎并不在乎。他任凭自己被虐待，就像前面一幕中塞拉也任凭自己被虐待一样。尤里因为当铺老板给他的珠宝开价太低气愤不已，尤里的反应和你我的感觉更接近。当铺老板拿时间换钱，拼命砍价。本毫不在意地把钱都扔了，这一点非常像塞拉，显得很无私。他的态度呼应了《巴格西》里本的态度，本完全不像拉斯维加斯赌城里的其他人那么狂热地在乎：金钱。

塞拉找到本，他邀请她一起去吃晚饭。她非常惋惜她不能去。她得工作，给尤里赚钱。在尤里的房间，他们发生了冲突，尤里告诉塞拉她永远别再回来。在她离开的时候，她看到一些持枪歹徒要杀他。可能因为他没有交保护费，或者因为他没有完成其他交易。他的手表没有价值了。他的时间到了。塞拉回到本那个破败的汽车旅馆的房间，叫他一起去吃晚饭。那天晚上，她不用再工作了。他们第一次约会。他吃不下，他告诉她，他喝酒很厉害，警告她别指望他很容易相处。塞拉听到了他的警告，还是请求他无论如何跟她一同进退。我们觉得她非常孤独、非常恐惧，所以决定要和本在一起。他打包好他的酒，把衣服丢在身后。他来到她的身边准备赴死，而不是向生。

塞拉来到花园公寓的大门前。这里的园林绿化提示我们，她的生活环境至少是个中产阶级水平。我们看到房东夫妇都在等她。摄像机的镜头对准本，他昏倒在院子前的人行道上，头对着他的行李箱。塞拉无惧恶狠狠的女房东，直接把本带进了家。她给他礼物：新衣服和一个银色的扁平小酒瓶。他把所有的钱都给了她。在他们的模拟婚礼上，只有情感是真的。他们给了彼此所有。新郎被抱过门槛，他们结婚了，不是为了继续生活，那个银色的扁平小酒瓶预示着，是为了赴死。

他们去了赌场，去赌博。他喝得酩酊大醉，太吵，太邋遢。他们被赶出来了。这里是他在洛杉矶的遭遇的重演。他又再一次被赶出来了。塞拉不会放弃。她把他带到了她最心爱的沙漠中的一间小旅店。他们在游泳池喝酒，他在水下喝酒，她把酒倒在自己的乳头上，然后他喝下去。在这一幕中，她变成了酒，喝下乳房所代表的和平与安慰的这一狂热时刻，使得即使不饮酒的人也能明白这种致命的欢乐。但是，在这一幕中塞拉看起来是无辜的。她变成了那个给予的母亲，然而给予的是“死亡”这一有毒的乳汁。生命不会以其他方式结束。在电影中，本在游泳池边撞碎了玻璃桌，留下一地碎玻璃，很可能划伤其他客人的光脚。女店主清理了现场，并拒绝了赔偿，只是叫他们离开再也别回来。这是本在拉斯维加斯第二次被赶出去。

本和塞拉一路喝回了拉斯维加斯。塞拉去工作了，本则去赌博，喝得大醉，还带了个妓女回塞拉的住所。塞拉回来了。这时候，妓女正在告诉本，他让她生气，然后给他定规矩，而这正是塞拉给她的客人定的规矩。塞拉哭了，把本赶了出去。他在拉斯维加斯第三次被赶了出去。塞拉认识了一帮酗酒滋事的年轻人，令她身处危险之中。她被轮奸，被殴打，被抢劫。本独自一人，塞拉到处找他。当她在浅绿色的无菌室中等待时，他给她打来了电话。她找到了他，本答应跟她走。在死亡的那一幕里，他们在一起，直到他醉得快死了，在他生命的最后时刻，她陪在他的身边。

讨论

《巴格西》《赌场》和《远离赌城》这三部电影都和暴力死亡有关。通过这几部电影中人物的暴力死亡，观众会理解人们的恶意和/或自我毁灭会导致死亡。像所有刻画暴力死亡的电影一样，这些电影有一种奇怪的安慰。这些电影告诉我们一件事，并不是每个人最终都是自然死亡的。死亡可能是突然发生的，意料之外的，发生在那些注定要死的人身上。这给了我们一些希望，觉得至少那些被幸运选中的人还是有可能永生的。那些被幸运选中的人表现得很乖，因为他们被选中了。但是，这种新教伦理在赌桌上比在教堂里更受推崇。

这些电影中的拉斯维加斯、死亡和永生一直都是舞台的焦点。永不熄灭的灯光传达着生命永恒的含义，就像赌徒侥幸获胜一样。死亡代表“最后赢的一定是赌场”这个观点。赌场的规矩就是，出老千是罪大恶极的。死就是代价。这是《巴格西》开场戏中就提到的黑帮规矩，《赌场》中比较早的戏份里通过埃斯砸烂老千的手和《远离赌城》中尤里因为食言被杀掉都充分刻画了这一规矩。

三部电影里的主人公都接受了死亡。他们没有被死亡吓到，因为他们早就准备好了随时迎接死亡。《巴格西》的主人公本，在电影的结尾，自愿赴死。他不害怕，也不痛苦。他不期待任何生机，也没有尝试还清弗吉尼亚偷的钱来保住自己的命。《赌场》中的主人公埃斯，他的汽车被炸了，他也没有因此不安。他没有采取任何报复行动，只是接受发生的一切。甚至在汽车爆炸之前，他还在跟妻子吉尔说，如果他一旦被绑架了，她应该如何付赎金救他。他安排这一切的时候，显得似乎很简单。生活很危险，所以你要竭尽所能做好准备。对死亡的最极端接受形式是《远离赌城》中所呈现的那样，本计划好了自己的死亡，实施了很长时间，慢慢自杀，没有任何办法挽救。也正是他们对死亡的接纳，使得他们成了英雄。就像之前的西部牛仔一样，这些男人自愿去死。他们不是拉斯维加斯那些企图在死亡面前作弊的赌徒，他们承受生活直到死亡来临，决不允许恐惧打倒他们。

拉斯维加斯的现状就是金钱和性。女人的工作都是从性工作开始的。将这三部电影依次看下来，主人公的女人都越来越像妓女，而且都是造成主人公死亡的罪魁祸首。三个女主人公都是妓女。男人选择妓女，于是将金钱和性联系到了一起。在母亲之后，死亡天使之前，这些主人公都选择了拿性和金钱做交易的女人作为他们的爱人。在拉斯维加斯的背景下，出卖色相的女人的诱惑在于你觉得能买到命。这一点在埃斯身上看得最清楚，他和爱人结婚的条件是延续他的生命：孩子。付钱买性就是在获得力量。如果你买了它，你就是有力量的，你就可以主宰你的命运。如果你买下了一个女人，你就不会依赖于她对你的渴望。只有在妓女面前，一个男人才是有力量的、不依赖的。被动就是死亡。收买的另一种替代方式就是拿走它，通过暴力来达到目的。在第四部有关拉斯维加斯的电影《艳舞女郎》里，突出了这一点。在这部电影里，所有的性都是金钱交易，只有一种情况例外，就是这个女人渴望得到这个男人，然后这个男人强奸了她。重点是这个男人并不是被动的，也不是受害者，也没有死。

弗洛伊德（1912）提示说，关于女人在一个男人生命中的神话和故事可以让我们了解这个男人对死亡的态度。他讨论着一些有关在三个盒子之间做选择的故事。在这些故事中，男人必须在三个盒子中间做选择：一个盒子是黄金，一个盒子是银子，一个盒子是铅。正确的选择能让选择者获得和公主成婚的机会，就是选择那个铅盒子。为什么是铅盒子呢？弗洛伊德问了。因为黄金盒子代表婴儿的母亲，是男人生命中最重要的女人。弗洛伊德告诉我们，银盒子代表爱人，是神之爱。但是第三个盒子，就是那个铅盒子，代表着死神。她和东方的伟大母神有关。她既是毁灭者，也是创造者。在西方神话里，神就是简单代表着母亲。只不过神话将神的三个不同面向都展现出来了，只有在男人接受了死亡是诞生和爱的不可避免的结局时，她才赢了。拉斯维加斯的神话就是，人定胜天。这三部电影都以主人公没有战胜命运作为结局，最终主人公都接受了死亡。对于巴格西来说，因为他欺骗了他的搭档，因此他接受了回到洛杉矶就将被杀死的命运。对于埃斯来说，他接受的是汽车爆炸带给他的生命威胁。对于本来说，他的结局是失去了对家庭的想象。所有的主人公都接受了他们的死亡，甚至明知会死的情况下还义无反顾地走向死亡。这使死亡有了英雄主义的性质，以至于拉斯维加斯的赌徒们觉得他们如果接受了可能性的存在，他们就会知道他们肯定会输，他们就会选择玩玩儿而已的态度。

这三部电影里对于性别和种族问题只是做了非常潦草的处理：都是男主人公，不是女主人公；都没有非白人的角色，都期待观众们将白人男性主人公当作所有人。孩子则被刻画成父母喜欢的样子，而不是有自己的需求或者愿望的人。这几部电影都把“死亡”这个问题看成优先于一切，以至于它掩盖了人和人之间的差异。因为我们都会死，所以我们都对死亡的过程感兴趣。

在《远离赌城》中，唯一的一幕对犹太人的种族特点有所提示的戏还是在影片比较早期出现的旅馆戏。《巴格西》中，本·西格尔用意第绪语和朋友开玩笑，以及他和犹太搭档对彼此的忠诚度高于并超越了他从意大利搭档那里得到和给予的一切。《赌场》中，埃斯似乎对犹太人没有特别的种族上的忠诚，但是在出事时搭档称呼他为“犹太人”。《远离赌城》中的本，我们不知道他的姓和犹太人没有特殊的关系或忠诚。他不过是来自一个犹太人的世界。本·西格尔为了一个非犹太女人抛弃了他的犹太家庭。埃斯和一个非犹太女人结婚了。本·西格尔和埃斯的妻子都不理解他们骑士精神的相关准则，她们都违背了这些准则而背叛了丈夫。《远离赌城》中，本的家庭只出现在他离开住所时烧毁的那张照片上。他不会娶他的爱人，但是她脖子上戴着一条黑绳绑住的十字架。不只是她的金发，还因为她戴的十字架标志着她希望别人把她视为基督教徒。如果她是基督教徒，那么她就是仁慈的天使，将生转化为死，不过这里的死象征着永生的承诺。

这三部电影都分别是独立拍摄的。只是在本文的分析中，我们将它们看成相关联的三部电影，因为它们涵盖了拉斯维加斯的工业化从诞生到成长至今的历史。它们一起呈现了好莱坞和拉斯维加斯在时间先后顺序上的关系，以及美国梦和西方的发展演变历程。最重要的是，它们呈现了赌博和死亡之间的特殊关系需要一个像拉斯维加斯这样的地方，它的扩张，它从一个生的希望之地演变成一个接纳死亡之地。拉斯维加斯系列电影告诉我们，唯一的胜利者是那些接受了死亡是必须的人，是那些放弃了侥幸梦想的人，是那些选择设定赔率让人输掉的人。通过这种方式，它们阐述了弗洛伊德关于盒子的传说，并将它提升到了终极寓言的高度。

参考文献

Freud, S. (1912). The Theme of the Three Caskets. Standard Edition 12： 289-301.

该章节初次发表于：

Richards, A. K. & Richards, A. D. (1997). Gambling, Death, And Violence：Hollywood Looks At Las Vegas. *Psychoanalytic Review,* 84： 769-788.

第二十二章　电影《慕尼黑》

《慕尼黑》上映的时候一度引起轰动。它招到来自以色列方面和“黑色九月”（Black September）[1]拥护者的批评。一些犹太人尤其愤怒，因为他们认为这部电影企图让犹太人重返大屠杀之前为了圣洁而不自我保护的模式。它同时也激怒了阿拉伯人，因为他们认为这部电影里犹太人为正义而杀人，但阿拉伯人杀害的是无辜平民。电影爱好者认为这部电影的暴力非常不必要，太啰唆。没有哪部电影像它一样激怒这么多一边倒的观众。这样激烈的争议可能意味着电影被当作了一幅空白屏幕，观众们将自己的偏见投射到上面，或者意味着电影呈现的正反两面太过势均力敌，以至于观众将电影里的观点对应上自己的先入之见，又或者，可能电影表达了妥协形成的矛盾和缺陷，以便暴露任何妥协都要付出的代价。

这部电影的宣传清晰地表达了大男子主义的主张，关于枪火和绝望。但是，电影标题并没有像暴力所展示的那样表现出清楚的大男子主义画面。慕尼黑对不同时代的人有不同的意义。历史学家眼中的慕尼黑更像是一个符号，代表希特勒掌权的时代。当时，第一次世界大战的战胜国纷纷要求德国给予赔偿作为对德国的报复，导致德国陷入经济低迷的泥潭。他们认为，苛刻的、惩罚性的和平条约令德国20世纪20年代的贫穷和30年代的绝望，并且对当时导致这一切的欧洲政权充满了报复性的憎恨。对于还记得第二次世界大战的一代人来说，慕尼黑会令人想起放弃捷克斯洛伐克作为筹码和纳粹交换“我们这个时代的和平”。众所周知，这个交易糟糕透顶。和纳粹妥协的结果是毁灭性的，只会带来伤害，根本不可能带来和平。不但没有买到和

---

① 巴勒斯坦一恐怖组织。

平，投降还导致了战争。当德国在制造飞机、坦克、炸弹和枪支用以摧毁欧洲政权时，欧洲变得越发虚弱。它让整个世界陷入了毁灭的边缘，数百万人丧生，欧洲的犹太文化被破坏殆尽，整整一代的年轻士兵遭受虐待。复仇显然是没有用的，向攻击性势力投降也是没有用的。对于更年轻的一代人来说，慕尼黑让人想起电视上骇人听闻的以色列运动员被一帮巴勒斯坦杀手谋杀的事件。这部电影就是通过讲述以色列方面是如何回应运动员被谋杀的故事，将这些故事展现给年轻的一代人。在精神分析师眼中，这部电影又是怎样的呢？这在很大程度上受到对法国德雷福斯案引发的犹太人复国运动的记忆的影响。在这个案子中，一个非常爱国的法国犹太人被指控，被冤枉与当时法国的敌人德国串通叛国，赫茨尔（Theodore Herzl）从这个案子得出的结论就是，犹太人要活下去的唯一办法就是建立自己的国家。巴伦·罗斯柴尔德（Baron Rothschild），一个法国犹太人，开始给钱支持19世纪末在巴勒斯坦开始农业生产的犹太先驱者。其他法国犹太人和非犹太人团结起来帮助德雷福斯，不过，最后还是他的哥哥让他获得原谅，并救了他。犹太人非常清楚家庭的至关重要性和民族关系的次等重要性。

同时，德雷福斯案暴露了当一个人是这片土地的外来者、移民和“别人”时，他与爱国主义精神之间无比脆弱的关系。随着家庭忠诚和政治进程持续并列共存，所有这些背景都成了影片的一部分而逐渐展开。影片一开始，用蒙太奇的手法列出深受二战影响的欧洲和中东城市的名字之后，电影的名字《慕尼黑》出现在屏幕上，揭开了历史的帷幕。镜头转向朦胧的黑暗处的金银丝铁门，扛着健身包的运动员遇到了宵禁令后出现在啤酒屋的一队美国运动员。美国人帮助他们翻过栅栏进入了院子。这些“运动员”进入宿舍后，脱下健身衣，从“健身包”里掏出了机枪，他们相互拥抱，然后推门进入了一个宿舍房间，一个年长的男人正在切面包做吐司。恐怖分子已经准备好了屠杀；运动员都住在宿舍里像一家人一样生活，他们也会想做些平常的事情，比如吃吐司。这样的对比恰好说明了电影的重要主题，就是对比家庭的关爱和谋杀恐怖活动。讽刺的是，一个受害者在防卫的时候用手里的面包刀杀死了一个恐怖分子。

在绑架的这一幕插入了一段电视节目，告诉观众，我们现在正在1972年慕尼黑的奥林匹克村进行着“和平的奥林匹克”运动会。我们看到，以色列人坐在咖啡馆里，非常自豪地观看着电视，然后画面又切到另一个奥林匹克村的广场上，阿拉伯人在电视前欢呼。我们看到全世界都在自豪地观看电视节目，德国军队和警察则在姑息“黑色九月”，阿拉伯人团伙宣称对这起绑架和屠杀负责。姑息的结果和张伯伦时差不多，姑息刺激了死亡的欲望。我们看到绑匪杀死了被绑起来的、手无寸铁的受害者。他们用的是机枪和手榴弹来实施破坏。大屠杀的画面和遍及整部电影的复仇交替出现。电影剩下的内容都在处理这种恐怖经历，以及以色列人对此的反应。

一对年轻夫妇在看电视新闻报道时还错误地以为运动员获救了，结果就在他们准备去奥林匹克村的前几天，他们看到了这些人死亡的照片。运动员的照片和“黑色九月”领袖的照片交替出现。年轻夫妇哭了。怀孕的妻子的哭声里透出对丈夫的担心：他是摩萨德成员。[①]以色列当时的首相果尔达·梅厄，出席了一个会议，在会议上拿出了恐怖分子领袖的照片。她把这次死亡事件比作三十年前在德国犹太人的死亡。残忍的是，她说奥林匹克运动会正在进行——全世界都在比赛，没人关心谁死了。这一次，她不管世界的意见如何，她要对恐怖分子实施报复。会上一个男人表示反对：他们已经炸毁了恐怖分子在巴勒斯坦难民营的一个基地，六十人丧生。梅厄声称，自己为新的目标复仇计划负责。她是军队领袖，她要复仇。我们发现了阿夫纳，这个准父亲被选中执行这项任务，他坐着小车被护送去和首相、军队司令会面，首相亲自为他端上了由精致镶金的瓷杯子盛的一杯咖啡。她拥抱了他，回忆起他那英雄的父亲，请求他参与这个计划，但恐怕多年都不能和他的家人见面，他甚至无法见到他未出生的孩子。同时，她也提醒他家庭的重要性。她说，她选择参加自己妹妹的葬礼而不是参加被杀害的运动员的葬礼。当阿夫

① 摩萨德：以色列情报局。

纳在做选择时，他表达了对妻子的爱，说妻子因为他不能见证孩子的出生而感到痛苦，说她会一直忍受直到“不能忍”的一天。很讽刺的一点是，家庭的重要性让首相不去参加一个国家的葬礼，却要求一个年轻的父亲放弃看到孩子的出生，这一幕让人无比愤怒和厌恶。阿夫纳漫步在特拉维夫海岸美丽的木制人行道上，孩子们在玩耍，大人们在阳光下散步。他在秘密机构的上司给了他一些蜜糖果仁千层酥（一种阿拉伯甜品），并且告诉他，他会有后援，但是他必须亲自杀掉启动“黑色九月”并策划慕尼黑大屠杀的那11个人。他同意。讽刺的是，这个美丽的国度和和平的风景，要由离开它并杀死那些试图毁灭它的人这样的行为来保护。在去恐怖分子所在地及被杀地点欧洲的飞机上，阿夫纳脑海中浮现出恐怖分子和他们杀死第一个试图阻止袭击或试图逃离的人质的画面。他取下了他的婚戒。这一刻，他选择了国家而不是家庭。

虽然国家现在成了他的家庭，国家给他和复仇小组的经费放在一个保险箱里，他可以随时取用，也有人给他们做饭——他们就像家人一样一起吃饭。但是，他们在介绍彼此时不是用的自己的名字，而是用的自己在这个小组里扮演的角色。一个受人尊敬的长者是个古董商，会伪造他们需要的文件；一个表情严肃的中年男人，负责善后，保证他们的行动不留任何痕迹；一个满头卷发的年轻男孩，专门制作炸弹；一个魁梧的金发男人，是司机和保镖。阿夫纳解释说，他是在合作农场里学会做饭的。这里又再次呈现了极具讽刺意味的一幕：一个家庭的和平场景和他们聚集在一起的原因形成了鲜明的对比。他们组成了一个新家庭：杀手家庭。杀手们获知了巴勒斯坦“黑色九月”计划者之一的下落。他是一个诗人，是他把《一千零一夜》翻译成了意大利语。他有了一份阅读书目，说他为那种叙事和存在主义之间的联系深深着迷。这与巴勒斯坦对以色列惨剧的叙述和辩护产生了共鸣。以色列人的对立表述更像一位漂亮的主妇通过讲故事来防止自己被毁灭。复仇小组跟着他，在他买牛奶和其他杂货的地方等着他。当他站在大厅等电梯时，阿夫纳和最年轻的那个组员拿着枪走向了他。他们问了他的名字，以确保找对了人。但是，即使在他承认了自己的身份后，他们在枪杀他之前也有些犹豫。他们的勉强是很明显的，因为他们发现杀人不是一件容易的事情。他们极不情愿地杀了人，没有流露出那些绑匪绑架和杀害运动员时的狂怒情绪。他们杀他时，他的鲜血和他刚买的牛奶混合在一起。犹太人对杀人的禁忌被打破，犹太人对混合牛奶及肉的禁忌被打破。复仇小组意识到他们刚做的事犯了禁忌。之后，他们之间有一次对话，讨论他们要不要庆祝他们的成功，然后这里运用了逾越节的故事来讲述埃及人的死亡是可悲的，但同时也是对那些想要毁灭犹太人的人的警告。

之后在巴黎，复仇小组看起来成熟些了，行动也没有那么犹豫不决了。阿夫纳步伐坚定，头戴尖顶帽，向别人介绍自己时用的是一个德国名字。他在法国的线人是路易斯，一个矮个子男人，没什么信誉，话也很少。他认出阿夫纳是犹太人，于是开玩笑说，如果他们开始谈费用的话，一个法国人和一个犹太人将会无休止地讨价还价。他说他干间谍这行纯粹是为了钱，他不和政府打交道，他也不是空想主义者。他们在一家户外超市一起买东西的时候，阿夫纳表现出了对食物的了解；路易斯说他的父亲很懂美食，但他不行。他们谈妥了。当阿夫纳回到复仇小组所在的公寓时，电视正用刺耳的声音播放着新闻，说德国释放了3个慕尼黑绑匪以交换被“黑色九月”劫持的飞机。电视播着新闻，一个组员大声说，要阿拉伯人开心太容易了，杀害运动员一点儿也不影响他们的良心。我们看到，电影里的阿拉伯人也从来没有表示过悔意。

在下一场戏里，那个年轻的文具制造者假装成一个记者。他问巴勒斯坦领导人对慕尼黑惨案可有感到任何不安。这位领导人端坐在他位于巴黎的高雅寓所，从一只镶着金边的瓷杯子里小口喝着咖啡，跟果尔达·梅厄为阿夫纳准备的那只很像，衣着优雅的妻子在一旁服侍，他声称，他的人民被犹太人剥削得一无所有。他的妻子更是口无遮拦。她佩戴着和服装设计完美搭配的珠宝首饰，说她认为杀戮是正当的，因为二十五年来犹太人一直在杀害她的人民。贫穷？从他们的生活方式可一点儿都没看出来。杀害并压迫她的人民？她的人民在受罪，可她活得好好的。真是讽刺，她和女儿的座驾是配有专车司机的奔驰，就停在高档寓所的车库里。玩具制造商假装给“他的编辑”打了个电话，同时复制了电话的轮廓和型号。之后，他跟复仇小组详细解释了他会把安放在高档寓所电话替代品里的塑胶炸弹引爆。这位领导人的妻子和女儿钻进了豪华轿车，去参加她们一天的活动。现在，是时候给巴勒斯坦的代言人打电话了。但是，这个女儿回了公寓，恰好接了电话。复仇小组非常震惊，停止了引爆，等待另一个机会。她们不想杀害无辜的旁观者。不过，他们杀了“黑色九月”的密谋者：这个孩子的父亲。

另一个很讽刺的转机出现了：阿夫纳去以色列看望妻子和女儿。他的母亲等候在产房外。她提醒他，说他出生时他的父亲也不在场。“不，”阿夫纳痛苦地说，“因为他在监狱。”母亲说为他现在所做的事感到骄傲，紧接着却说她再也没有去看望过他的父亲。这个行为是为了国家和荣誉，但这个男人因为所做的一切不再被爱。看到了女儿的阿夫纳开玩笑说女儿好丑。妻子反驳说：“她像你。”这段有爱的对话却包含一个残酷的事实：他变丑了。他告诉妻子，她需要住到纽约去，这样他可以时不时地去看看她。她并不愿意，她说她想要和家人在一起，她需要他在身边帮她。他说他的家庭让他混乱。在去塞浦路斯消灭下一个目标的路上，那个年长的组员恭喜他当了父亲，同时也恭喜他们在巴黎炸死了那个男人：另一个小女孩的父亲。他们计划在塞浦路斯的目标的床下安放一个炸弹，完全不管这个人的房间紧邻着一对以色列新婚夫妻的房间。这对夫妻从以色列来塞浦路斯结婚，因为在以色列是不允许犹太人和非犹太人结婚的。阿夫纳订下了他们要暗杀的人旁边的房间，以便在那个人睡觉后他可以通知其他组员。这到底是他对这次任务非常谨慎的表现，还是对自己的生命非常忽视的表现？他的目标出现在阳台上和阿夫纳闲谈，调侃那对新婚夫妻晚上发出的动静太大，然后给他一片助眠的药。阿夫纳拒绝了他的药，但是他很犹豫要不要放出杀他的信号。在他发出信号之后，爆炸的危险比他们预期的大很多。阿夫纳帮助那对新婚夫妇逃出了旅馆。负责善后的组员必须引导他逃出旅馆。他是否在拿自己的生命冒不必要的险？这个问题就成了下一场戏的关键。制作炸弹的组员坚称，路易斯给的炸药比他们预想的更危险，他们被误导了。

回到巴黎，阿夫纳无比渴望地看着一家商店橱窗里展出的奢华的现代厨房。路易斯从后面跟了上来。路易斯到底是友是敌？路易斯不允许自己的情报被任何政府机构获悉。但是，他提供了阿布·尤瑟夫和另外两名重要巴勒斯坦恐怖分子的位置信息。阿布·尤瑟夫是西部银行恐怖活动的策划者，他和另外这两名恐怖分子在黎巴嫩。阿夫纳的上司来了巴黎。他不希望复仇小组在欧洲范围之外活动。复仇小组则坚持："让我们完成我们的任务。"他们不会透露路易斯的名字。他们还需要他提供下一个目标的线索。

复仇小组出现在黎巴嫩。这一次是一支更大的部队，他们跳下船，穿着女人的衣服、带着女人的假发装扮成女人，漫不经心地走到码头的保安身边，然后突然机枪扫射杀死他们。他们冲进旅馆，在旅馆房间里找到了他们的目标，把床上的女人推到一边，拿着照片一一比对他们的脸，然后杀了他们。复仇小组变成了一部战争机器。但是，他们极度的顺利带来了麻烦。难以置信的是，他们竟然能够成功降落在黎巴嫩，而且如此快速，几乎没有任何差错就暗杀了三个恐怖分子和他们的保镖。这样的任务似乎应该是需要一个军队才能完成的。接下来，路易斯指责阿夫纳。他说他知道阿夫纳和他的手下根本不在黎巴嫩，是以色列军队暗杀了阿布·尤瑟夫及其同伙。阿夫纳既不能承认他在黎巴嫩，也不能假装是部队进行的暗杀。路易斯说他的父亲——家族间谍事业的真正领导想见阿夫纳，想对他有更多了解。阿夫纳没有选择，只能同意，因为他还需要和路易斯合作才能找出剩下的恐怖分子。他再一次将自己置于危险之中，他答应去见这个大老板的时候被蒙住了眼睛。

司机将路易斯和阿夫纳带到了一个位于法国中部的乡村庄园。一张很长的桌上铺着白色的桌布，树下围着桌子摆着雕刻精美的椅子，这一切就像为天堂的午餐准备的。可爱的孩子们聚在一起，欢迎他们加入这个盛宴。他们礼貌的好奇，很讨人喜欢。阿夫纳微笑着。路易斯把他介绍给父亲，父亲邀请阿夫纳帮他一起准备食物。这位老人教他把一些肉放进水池。阿夫纳准备打开水龙头，老人解释说，如果把肉洗了就会破坏它的美味。阿夫纳则问，那为什么还要把肉放进水池？老人说，是为了避免肉汁弄脏厨房。他还演示给阿夫纳看，如何从红色的内脏上把白色的脂肪扯下来。他看了看阿夫纳的手，又对比自己的手，然后总结说他们都有一双屠夫的手，不够小，所以没法烹饪美食。通过这个比喻他解释到，他算是抵抗法国的一股力量，他看着他的兄弟被杀，他自己的父亲和姐妹因为反抗而被绞死，并且眼看着戴高乐政府的“人渣”取代了维希政府“余孽”，纳粹输了，斯大林代替希特勒执政，他已经对所有的政府都彻底绝望了。他说强扭的瓜不甜，但如果被强行泡在糖水里煮，还是会变甜的。友善取代了威胁；他原谅了阿夫纳告诉以色列军队如何找到恐怖分子的事，因为“你还得养家”，但他同时也强调下不为例。

对于被要求做饭前祷告，阿夫纳在胸前比画了一个十字，老人告诉他，他不必那样做。他让路易斯祷告，路易斯感谢上帝给他送来了这么好的客人。老人说他的儿子和女儿一个是“牛头人”一个是“半人马”。他们为此感到羞愧。这是什么意思？意思是他们是半人半兽。然后，他说阿夫纳本该是他的儿子却不是。他在暗示，自己本来应该是犹太人却没有成为犹太人。如果他是犹太人，那么他的儿子和女儿就是一半对一半的血统。拿身份开玩笑似乎让路易斯难以接受，不过老人玩的是概念游戏，他的意思是阿夫纳可能会像他，是间谍界的叛徒，干这一行纯粹是为了养家。如果阿夫纳继续采取法国人的手段干下去，他最终会丧失人性，变成半人半兽的怪物。和家庭的关系就像和国家的关系一样，它不应该成为一切，也不应该让人失去人性。人类需要平衡的忠诚，评估选择，接受到不了天堂的状态。把阿夫纳带回巴黎后，路易斯又给了他一个人的名字，这个人虽然不在他的暗杀名单上，但这个人是巴勒斯坦人和俄国人的中间人。阿夫纳虽有些犹豫，最后还是同意了。他继续执行任务，但走得更远了。现在，他要去雅典。

在雅典，复仇小组去了路易斯为他们准备的安全屋。当他们睡在残破的废墟中时，楼梯上的一个脚印让他们提高了警惕。巴勒斯坦的枪手进来了。在枪口下，他们确认这是路易斯给他们准备的安全屋。卸下武器之后，双方都感到了安全。这一幕预示了电影的结局，我相信，这一幕也表达了制片人的信念，卸下武器是以色列和巴勒斯坦冲突的唯一解决途径。巴勒斯坦人认为是自己人的脚印；以色列人认为是德国赤色派系恐怖分子的脚印。他们还是睡在同一个房间里。阿夫纳和阿里聊天，阿里是其中一个巴勒斯坦人，他们谈到关于为什么巴勒斯坦人要这样做。阿夫纳说他们是阿拉伯人，世界上很多地方阿拉伯人都可以生存。阿里说这些人会像犹太人一样守候自己的家园，哪怕两千年也要等。阿夫纳反对说，这片土地上只有岩石和橄榄树而已。阿里说，这正是他希望他的家庭能得到的。他显然是真诚和很有人情味的。交谈并没有解决问题。以色列复仇小组一切照计划进行着。他们扔下二战的叛徒，开始接入他们目标房间的电视系统。不过，炸弹并没有如期爆炸。俄国人和巴勒斯坦的保镖都等着他们的中间人，这个人是以色列人的目标。他去了自己的房间，但什么都没发生。以色列复仇小组的一个成员抓着手榴弹，冲到了房间，扔向那个巴勒斯坦的中间人，然后砰的一声关上门，炸弹爆炸的时候就跑了。当他冲出旅馆时，站在房外的保镖朝他开了枪。其中一个人，就是那个温和的巴勒斯坦人阿里，阿夫纳和他谈论家园及家园意义的那个人。阿夫纳为了自保朝阿里开了枪。复仇小组撤离了，留下了那个曾经帮过他们的看门人。他们把钱扔给了他。他绝望地把钱扔到了街上。俄国人和巴勒斯坦人肯定会杀了他。

讽刺的是接下来的一幕，阿夫纳和路易斯在闲聊，就好像路易斯没有背叛他一样，就好像不是路易斯把巴勒斯坦人带到了同一个“安全屋”一样，双方差一点儿火拼起来。路易斯给阿夫纳提供了一个他搜索出的名字作为奖励，将功补过以弥补他的背叛。阿夫纳表示反对，不过路易斯告诉他，那个人受雇于中央情报局（CIA），CIA不允许他攻击美国目标，也不会调查他攻击的目标。听到这里，阿夫纳已经有杀他的念头了。在伦敦，复仇小组看到了他们的目标，两个喝得酩酊大醉的美国人撞上了他们，导致复仇小组没法精准地锁定目标开枪。之后，阿夫纳在酒吧里遇见了一个漂亮女人，但他拒绝了她主动想和他睡的提议。在他回房间的路上，遇到了那个年长的组员，暗示他“喝醉的”美国人可能是CIA的人，或者是摩萨德的人，或者摩萨德可能给了CIA一些提示。阿夫纳告诉他，他现在脑袋里很乱，他接受了这个长者对于他太主动的批评，以及小心当地酒吧的“甜蜜陷阱”的警告。阿夫纳回到房间，给妻子打了个电话，听到了女儿的声音后哭了。在他做了一个有关慕尼黑惨案的噩梦之后，他去朋友的房间找他，然后在朋友房间的门把手上闻到了那个漂亮女人的香水味。他推开房门，看到了那个年长组员赤裸的尸体。他哀号着，啜泣着。他没有死，但他没能保护朋友及保护他的人。

回到巴黎后，路易斯的父亲警告阿夫纳说，他也是被猎杀的目标。他的名字和照片都在猎杀之列。老人劝他停手，却给了他那个年轻女性的名字和照片。老人、阿夫纳和复仇小组乘火车去了那个女人位于阿姆斯特丹的家。负责炸弹的组员退出了，他觉得自己无法再继续。他说要成为犹太人就必须正直，但他害怕自己正在失去这一品质，他正在迷失自己的灵魂。阿夫纳说，他需要休息——其他三名复仇小组成员将会负责为死去的那个最年长的组员报仇。他们把吹枪固定在自行车上伪装成打气筒的样子，然后用吹枪杀了那个女人。他们也把她赤裸的尸体扔在那里，就像她对付他们的朋友那样：一命换一命，耻辱换耻辱。复仇小组精疲力竭了。那天晚上，阿夫纳和斯蒂文去找汉斯，然后发现他被捅死在江边路上。他的钱包和身份证都在，他并非死于抢劫。他们回去发现那个负责炸弹的组员也死了，很明显是自杀，但是阿夫纳认为炸弹手也是死于被报复。他变得很偏执，到处寻找炸弹和陷阱。

阿夫纳在一家厨房装修店门口等候着。路易斯来了，但这次牵着一条德国牧羊犬。他告诉阿夫纳，这种事经常发生在炸弹手身上，因为他们有时会被自己制作的炸弹炸死。阿夫纳想停手了，很显然他渴望过上正常的生活了，就像他在玻璃橱窗里看到的厨房。但是，路易斯告诉他，如果他能杀掉阿布·汉桑的话，他的指挥官就能让他回家。这个建议已经足够诱人，阿夫纳答应了。他和斯蒂文装扮成黑人去参加阿布的一个聚会，那里有许多阿拉伯人巡逻。他们正在犹豫不决时，一个保镖发现了他们，于是他们只好杀了他然后逃跑了。直到他到达以色列军方机场时，阿夫纳还保持着黑人的样子。接机的年轻摩萨德士兵想要和他握手，他却好像忘记了如何握手。他拒绝向他的指挥官透露他的联系人的名字。他不会供出路易斯或者那个长者。母亲告诉他，她为他所做的感到骄傲，她知道他是在保护犹太人的家园。她在大屠杀中失去了所有的家人，她祈祷能有一个儿子，然后她真的有了一个儿子——她最为之骄傲的儿子，她知道儿子在修复这块土地。但是她不想知道他究竟做了什么，他只能孤独地承受他的噩梦。

回到布鲁克林，他看到妻子和邻居一起坐在棕色的石阶上。她跑过去拥抱他。他看到了女儿。他们最后终于团聚了。但是他睡不着，随时抱着枪。当他抱着女儿散步时，他以为一辆开过来的汽车是来刺杀他的。他给法国老人打电话，就是那个称呼他“阿夫纳”而不是称呼他化名的人。老人说他知道他是谁，并且告诉他没有人会伤害他。阿夫纳坚信跟踪他的人就是摩萨德的人。他冲到以色列领事馆，朝他们大喊大叫，要他们不要伤害他和家人，否则他就把他们的事情告诉报社。妻子试图和他做爱来安抚他，但是在他们做爱的时候，他的脑海里不停回想着慕尼黑惨案的结局。影片到这里，我们看到了慕尼黑惨案的最后一幕。我们看到了巴勒斯坦人射杀被绑起来手无寸铁的运动员，他们倒在血泊中的样子。我们看到了阿夫纳经历的恐怖。爱和死亡在他的脑海中交织。阿夫纳和他的前指挥官埃弗雷姆在布鲁克林的江边碰面。埃弗雷姆恳求他回到自己的祖国。他拒绝了，他说他觉得他们的任务没有解决任何问题，每天都有新的恐怖分子出现，战争并不是解决办法。埃弗雷姆提到了阿夫纳年迈的父母，以及他渴望看到女儿在祖国长大的愿望，希望用感情打动他。阿夫纳拒绝了，邀请埃弗雷姆到家里吃晚饭。埃弗雷姆拒绝了邀请，他走了。我们从最后的字幕知道，参与“黑色九月”的十一个人中有九个人被杀了，包括阿里·汉桑·萨拉姆（Ali Hassan Salameh）。字幕的背景是双子塔的风景。

为了平衡对家庭、对国家及对一片土地的忠诚，影片展现了不同的家庭、国家和地方。这里有阿夫纳的原生家庭：父亲因为对抗英国而入狱，母亲因为儿子继续为人民奋战而感到强烈的自豪。有他和妻子建立的家庭：一个可爱的远离恐惧和仇恨的港湾。有住在巴黎的巴勒斯坦领导人家庭：自己过着奢华的生活却哀叹人民穷苦、以色列残忍地掠夺了他们的土地。有路易斯在法国的家庭：为彼此奉献，却憎恨他们的家族事业，把秘密情报卖给杀手。有阿里的家庭：一个巴勒斯坦人渴望着祖先的那片橄榄树林。也有为了报复慕尼黑惨案的幕后黑手而组建起来的临时家庭：阿夫纳和四个组员。通过这些家庭的对比，电影展现了阿夫纳面对恐怖主义时的选择是什么，以及以色列和世界对抗恐怖主义时能选择什么。

阿夫纳的原生家庭破裂了，就像以色列的政治体一样，最后输给了国家内部冲突。他的父母离婚了，而且不和对方说话。路易斯的家庭从对抗纳粹的坚定战士变成了受雇佣的间谍，谁的出价最高，他们就为谁卖命，没有原则。阿里为了那片橄榄树林，已经付出了血的代价，杀人和被杀之间没有妥协的余地。阿夫纳唯一的希望就是，电影中提到的——也是世界的最好愿望——人们能够在他们的家附近建起社区。这也许是非常天真的寓意。即使他们不报复，家庭在面对恐怖分子的袭击时也是非常脆弱的。对付一个道德原则中包含保护弱者和无助者的政府，可以采取消极抵抗策略。甘地之所以能成功是因为他对抗的是英国政府，这个政府认为他们是弱者的保护者，而且英国经历了两次恐怖的世界大战，政府的势力早已经消磨殆尽。马丁·路德·金能够成功，是因为他面对的这个国家反对种族主义，在各州之间的战争中付出了惨重的代价，在二战中更是损失惨重。此外，英国和美国白人曾与他们现在压迫的人民一起肩并肩作战。消极抵抗之所以在印度对抗英国时有用，在黑人对抗美国白人时有用，都是有原因的。但是，电影《慕尼黑》中让我们清楚地看到，这些原因没能解决以色列和巴勒斯坦之间的问题。阿夫纳在和巴勒斯坦方面的人对话时，他们有短暂的休战。这段对话说清楚了他们之间的矛盾无法解决的原因。最终，巴勒斯坦还是把犹太人视为偷了他们土地的窃贼，而犹太人把巴勒斯坦看成要杀害他们人民的杀人犯。他们都不认为自己是应该承担责任的一方，都认为自己才是被冤枉的弱者，都想要声讨自己眼中的正义，都想保护他们所认为的合法性。这部电影的冲突全是政治。丈夫和妻子之间没有冲突，父母和孩子之间没有冲突，情敌之间也没有冲突。当我思考为什么一部这么重要的、拍摄得这么精美的电影却并没有很多人喜欢时，我想到了两个对立的观点：宣传片和悲剧片。如果把影片当成宣传片，那么它就需要给以色列和巴勒斯坦的阿拉伯人和犹太人的报复性仇杀一个结局。也许因为它没有单一的信息，所以它不是宣传片。也许因为电影中的行动最终失败了，没有人庆祝，所以它不是宣传片。精神分析的观点会认为，电影也许映射了这样的观点，即如果这里有分裂，一方被看成全坏的，那么另一方就会认为自己是全好的。为了有一个上帝，同时就需要有一个恶魔；为了有一个自己，就需要一个他人；为了有一个自卫队，就需要敌人。也许电影信奉的是自己本身，因为它没有对手，它同时呈现了好和坏两个部分。

如果分裂没有作用，那么电影就是一个悲剧片。也许在艺术方面它很失败，因为爱和恨是如此截然地分割开来，爱和攻击性相隔太远以至于这是个失败的故事。阿夫纳爱的人就是好人，他受命杀害的人就是坏人。他从没有悲剧性地爱错人或是和任何一个坏人做过爱。欧里庇得斯在《奥瑞斯忒斯》中描述了合法复仇的悲剧和救赎的可能性，慕尼黑惨案的制造者并不相信世界的秩序可以给未来一些希望。他们所能给予的是荒凉的纽约的江边路，是世界贸易中心的灾难。电影呈现了同情和恐惧，却没有情感的宣泄。所以，它也不是悲剧片。既没有足够麻木到可以成为一个宣传片，也没有足够精彩到成为一部伟大的悲剧片，所以这部电影很失败。也许我们只能希望这部电影的主题，对以色列和巴勒斯坦之间和平的呼唤，只是暂时失败了，但在将来的某一天最终会到来。

该章节初次发表于：

Richards, A. K. (2009). Review of the Movie *Munich*. Internationalpsychoanalysis.net, Sept. 6.

http：//internationalpsychoanalysis.net/2009/09/06/review-of-the-moviemunich-by-arlene-kramer-richards

第二十三章 从女孩到女人的成长

——《潘神的迷宫》观后感

从第一个层面上来说，《潘神的迷宫》是一份政治宣言。电影背景设定在20世纪40年代，讲述的是西班牙内战的打击、巴斯克的分裂主义和弗朗哥的法西斯主义。第二个层面的含义是，它同时也是一个童话故事，讲的是一位公主必须要完成三个任务才可以回到已经失去了她但仍然深爱她的父亲身边。在第三个层面，它是一个有关植物和动物相互之间的关系，以及它们与人之间的关系之本质的故事。但是，第四个层面是有关女性的心理发展，这也是我想在本文聚焦的主题。这一层面和其他层面都有交集，但它起着穿针引线的作用，将各个层面的内容贯穿一起。

电影中的三位女性主角是三个年龄段的女人。最年轻的奥菲莉亚，是那个小主人公；然后默西迪丝，是年轻的女主人公；最后奥菲莉亚的母亲，是一个幸存者和新生命的孕育者。在厨房工作的那群女人则代表第四个年龄段。生命的每个阶段都有它的英勇，也有它的弱点。贯穿整部影片的张力在于，影片中的每个女人是否都能够战胜她这个年纪的危险，她又是否能够坚定地保持她想要成为的那个样子。她会成为她心目中理想的那个自己吗？她会放弃追求理想的自己，屈服于危及她生命的人吗？不过，影片绝大部分是在讲述奥菲莉亚的故事，她的戏份出现在影片片名之前，影片的视觉标题就是她的图像。

电影从各种声音开始：风声，呼吸声，歌声。影片的第一幕是一个小女孩的头，鲜血从她的鼻子和嘴里流出，她奄奄一息。这部电影注定是个悲剧。鲜血奇迹般地倒流回去，象征着时间的追溯。对这一幕的解说告诉我们，这是一个童话故事，公主想要看看真实的世界。第二幕是旅途，生命的隐喻。在这一幕里我们看到了奥菲莉亚，第一幕里的小女孩，现在却跟母亲一起坐在一辆看起来像军队的轿车上。奥菲莉亚在读童话故事。母亲因为有孕在身，似乎不堪长途奔波的劳苦，感到恶心并呕吐。她怪肚子里的孩子太过活跃，导致她不舒服。只有在童话故事里的人才不会呕吐，不必遭受肉身的痛苦。从这一点上来看，奥菲莉亚的肉身仍然是不完整的。她选择活在童话世界里。

童话世界以一块施了魔法的石头的方式出现，传递着遥远过去的、童话故事真实存在的世界的信息。这块石头并不漂亮但还算美丽。它有点吓人，却又有点似曾相识，它很怪异。就像这块石头一样，她遇见的农牧神也是自然界的一部分。但是，他看起来并不像自然界的农牧神，他更像潘神，神话中的山羊，代表快乐、性能力和顽皮。看到他的第一眼，奥菲莉亚和观众都被吓到了。性是可怕的。很明显，电影的名字让我们注定会把农牧神看成潘神，虽然他也被称为农牧神。矛盾让人不安和害怕；潘神很神秘。就像潘神一样，月经对一个女孩来说是既自然又陌生的事情。整部电影都将童话故事等同于自然，在视觉上将蜻蜓刻画成仙子，将曼陀罗根刻画成胎儿。奥菲莉亚进入迷宫的世界后发现，她是月神的孩子。行经的意象继续——满月的时候就会有大事发生。整部电影设定在她第一次月经周期到来之前的部分。第一次月经就是重要的时刻。

她们刚刚抵达，将军就来问候这个母亲和奥菲莉亚。将军是一个严厉的人，命令母亲坐进轮椅，然后批评奥菲莉亚用左手跟他握手。作为父权社会的化身，将军不会允许任何女性主导的行为。他强化了这个母亲的被动，他给这个女儿设定了一系列规则相关的东西。不过，将军还是把她介绍给了默西迪丝，一个操持家务的年轻女仆。当默西迪丝警告奥菲莉亚不要进入迷宫时，她似乎也在被动地执行将军和父权社会对女人的要求。奥菲莉亚并没有听从警告，她进入了迷宫，因此她听从了自己身体的召唤，而没有遵从社会条约，因为那样会让她否认她的新性别。她选择了潘神，而不是那个顺从的女人。

奥菲莉亚安顿下来，成了母亲的陪伴者和保护者。当她看到母亲肚子里的胎儿时，她还给他讲故事让他安静下来。她讲了一个悲伤的童话故事安抚他，一支玫瑰孤独地生长在寒冷的悬崖上，没有人能接近她。这是一个有关女性潜伏期的故事。这里再次呈现了一个理想化女人的形象，她是别人欲望的对象，她自己却没有性欲。

每个人都知道胎儿是个男孩。当医生质疑这一点时，将军勃然大怒。男孩意味着价值、主动和欲望，而女孩意味着不值一提。在一个非常暴力的场景里，将军先是杀死了那个儿子，然后又杀死了那个父亲。这个故事表达的是父亲—儿子之间关系的重要性，以及将军还不适应自己有了儿子的事实。

奥菲莉亚没有遵守禁令，进入了迷宫。当她再次进去的时候，她碰到了潘神。跟父权社会要求女人必须被动不同，潘神要求奥菲莉亚完成三个任务才能达成她的心愿。这三个任务跟许多童话故事里要求主人公完成的经典任务一样，只要主人公完成了任务，就能赢得公主和国王的爱。潘神给了她一本书，任务会出现在这本书上。这相当于给她赋权，她不再是被男性打败的被动公主，她是唯一能通过自己的行动拯救童话世界的主动公主。

在对奥菲莉亚的第一次测试中，她得到了一条宴会礼服，这是外在美的体现。她拒绝了呈现她的新面貌，脱掉裙子，跟随书上的指引，消灭了一个贪婪的癞蛤蟆，得到了一把金钥匙。任务虽然完成了，但她和裙子上满是泥，不适合出现在将军的宴会上。她很难过让母亲失望了，当母亲告诉她将军对她更加失望时，她微笑着。

将军杀掉了医生，派了一个卫生员去接生，之后奥菲莉亚的母亲死于难产。默西迪丝告诉奥菲莉亚，当她还是个孩子的时候她也相信童话，但现在再也不信了。她哼着没有歌词的摇篮曲安慰奥菲莉亚——和电影开始时的音乐是同一首曲子。默西迪丝告诉奥菲莉亚，生孩子是一件很复杂的事情。奥菲莉亚决定不生孩子。这里对母亲身份的拒绝恰好对抗的是父权社会对女人的要求，就像用左手握手一样。

这时，潘神给了她第二个任务。她的第二个任务是用那把钥匙去找到一把特别的匕首。但是，她在阴间完成任务时绝对不可以吃那里的任何东西。在她去阴间的过程中，她感到越来越恐惧。她从那个巨大的宴会桌旁走过，桌上摆着各种诱人的美食，这些和性快感有关。在桌子的一端，坐着一个没有眼睛的怪物。他的眼窝是空的：他的眼珠放在他面前的餐盘上。这一惊悚的景象看起来就像是宣示着所有这些快乐的主权。这是他的桌子。没有遵守潘神的禁令，奥菲莉亚吃了一粒葡萄，怪物把一只眼珠放进了他空空的眼窝。奥菲莉亚又吃了一粒，他把另一只眼珠也装上了。现在他看得见了，他在后面想要抓住她。她在两个小精灵的指引下逃脱了怪物的追捕，但是那两个小精灵被怪物吃掉了。潘神非常生气，告诉奥菲莉亚她失去了永生的机会。这里有一个插曲，有关贝瑟芬妮（希腊神话中冥界的王后，她是众神之王宙斯和农业女神德墨忒尔的女儿，被哈迪斯绑架到冥界与其结婚，成为冥后）的神话故事，在贝瑟芬妮下地狱的时候她偷吃了一个柿子，于是她永远失去了和母亲一起生活的权利。这让我还想起了俄狄浦斯王的一个故事，他剜掉了双眼以惩罚自己弑父娶母的行为；还有奥德修斯的故事，他弄瞎了吃人的独眼巨人的眼睛。因为吃了不该吃的葡萄，奥菲莉亚像俄狄浦斯一样内疚，像贝瑟芬妮一样和母亲被分开，还差一点儿被怪物吃掉。

潘神给了她最后一次机会。她必须在那天晚上把婴儿带到迷宫，因为这天晚上是满月的时刻。潘神拿出她从怪物那里偷来的匕首，告诉她，他需要一两滴婴儿的血。她拒绝了。在将军杀她时，她的鲜血流出来。在她奄奄一息时，默西迪丝唱着摇篮曲。电影开头的流血一幕重现。但是在电影结尾时，婴儿被默西迪丝带走了，她会抚育他。将军请求她，在他的儿子长大后告诉他，谁是他的父亲。默西迪丝违背了父权社会的法则：婴儿永远也不会知道自己的父亲是谁。潘神告诉奥菲莉亚，她因为没有屈服于他的命令给他无罪婴儿的血，她从而获得了和父母永远在一起的永生权利。

有关鲜血的意象从电影一开始的那一幕，鲜血从小女孩的身体里流出，然后是潘神的书上若隐若现的行经的鲜血，之后是母亲生孩子时流的鲜血，再到奥菲莉亚坚决不同意给的婴儿血，最后又回到有关她生命的鲜血。当潘神告诉她无罪婴儿必须流血时，说明奥菲莉亚母亲的血不够资格。因为和将军（可能是杀死奥菲莉亚父亲的人）结婚，这个母亲不再是无罪的。她的血不是无罪者的血。

奥菲莉亚拒绝交出弟弟，她的血成了无罪者的血。最后，奥菲莉亚诚实地做出了自己真正的道德判断，从而得到了真正的力量。那么，鲜血和月亮及道德判断之间的关系究竟是怎样的？根据电影的逻辑，我认为这涉及女孩性成熟的到来，将她变成了一个有月经的女人，有了可以孕育孩子的能力。正是这一转变使个体必须遵循自然法则，延续物种成为当务之急。电影以鲜血为对象，生孩子的场景里新生命的血，以及多次出现的死亡的鲜血。对于每一个女孩来说，第一次月经意味着童真的逝去，成年女性身份的到来。不管当时的社会环境怎样，以及她生活中的客体关系怎样，这些都发生在这个女孩—女人共存的身体里。

但是，第一次月经来时的特定时间和地点、特定女孩的个人历史及其特定家庭决定着月经的出现是否会受挫，这对于奥伦斯坦（Orenstein）采访的女孩或给女孩举行青春期仪式赋予女孩获得成年人的责任和快乐权力的部落都一样。就像一些社会赋予月经期的女人一定权利一样，一些家庭庆祝女儿的成年；就像一些社会贬低女人，所以一些家庭对待小女孩更像是把她们当作男孩一样，但对待有月经的女性像对待被社会遗弃者一样。

在20世纪40年代的西班牙，就像潘神的迷宫中反映的那样，女人基本上只有在生孩子、养育孩子和操持家务的时候才有价值。奥菲莉亚的母亲甚至连姓名都没有，她的价值在于她活着的女儿，以及即将成为将军的儿子的母亲。奥菲莉亚觉得母亲很漂亮，但是不知道除了生育这个角色之外，其他人是否还觉得她本身是有价值的。在晚宴的那一场戏中，奥菲莉亚的母亲告诉客人们，将军曾是她前夫的客人，在前夫过世之后，将军才来找她，要和她在一起。听到她这样说，那个年长的女人窃笑着说，他们还以为将军为了跟她在一起除掉了她的前夫。将军听到这里勃然大怒，然后对在场的其他女人解释说，他的妻子很愚蠢：他们别相信妻子讲的故事。不用想，他肯定会为了得到她的美貌而去杀人。之后我们就看到，将军对医生说生孩子的时候保孩子而非母亲。

绝经之后的女人就更没有价值了：就是那些在厨房工作的女人。因为她们太一文不值，除了年轻女性默西迪丝之外，没人理她们。这里又是反逻辑的，因为一般来说年长干练的女人更可能是指导者，年轻女性一般应该遵循她们的指引。但是，在影片结尾当默西迪丝带走了将军的孩子时，我们就知道了为什么年长的女人更没有价值。年轻女性仍然美丽，还能够生育孩子，并且养育孩子。她承载着生命，将军却煽动着死亡。她非常自信她能对付得了将军。

成为一个女人需要在身体里拥有一个充满力量和神秘的秘密迷宫。开放的阴道是两种力量的来源：婴儿从这里出生，快感同时源于进和出。影片告诉我们，在一个父权社会是多么重视生育能力，但又是多么害怕快感的力量。

所有执行女性阴蒂切除的社会，都认为女性生殖器的巨大力量会成为行动的动机。通过在生理上去除一个女孩获得快感的能力，他们想要确保女人的顺从。女人会满足丈夫的快感而不是自己的。相似的是，西方社会通过禁止女孩对自己生殖器的探索、命名和获得快感来努力让女孩从心理上排斥自己的生殖器。第一次月经唤醒了她对生殖器的兴趣，从而与这种被强加的限制产生了冲突。当血从阴道流出时，不能被人看见，要马上清理干净，或者更可取的是，当血刚从宫颈口流出时就马上被吸收掉，消除气味的同时也不被人发现。月经甚至比屎尿更让人羞耻，要尽量不被社会察觉，甚至要尽可能不被来月经的女人自己察觉。年轻女性都被教育要隐藏起自己的月经，要为之感到羞耻，要显得“娇小可爱”，而不是“血淋淋的”。我相信，这种对自己身体功能的羞耻感是严重丧失自信和自尊的主要原因，通常在第一次来月经的年轻女性身上比较常见。影片运用迷宫的比喻在视觉上呈现了对外阴和阴道的禁忌。

父权是如何做到让年轻女性无法为自己的身体感到自豪的？希腊神话里讲到了迷宫的力量。阿里阿德涅给伊阿宋指明了走出迷宫的路，她拯救了他，让他免于遭受其他年轻希腊人的命运。有关这个神话的绝大多数版本中，如果她救了他，他都会承诺娶她，但是当她真的救了他，他却食言了。而且在一个版本中，他娶了她的妹妹。传递给年轻女性的信息很明确。

不要给男人如何走出迷宫的提示。他一旦得到了提示，就可能成功走出迷宫娶了你的姐妹而不是你。性知识及开启一个女人的性欲望得到的是被蔑视，而不是回报。在另一个版本中，阿里阿德涅对自己女性知识的骄傲遭到了一个女神的惩罚，这个女神把她变成了一只蜘蛛。不知道更好，但是如果你知道了，最好隐藏起来，而不是教给别人，也不要因此沾沾自喜。《潘神的迷宫》这部电影通过与潘神联系起来，强调了迷宫的性意义，潘神就是性之神。所以，电影将两种神话结合在一起创造了一个新的视角来审视性生活的危险。神话故事说明了人类面临的困境。当弗洛伊德将俄狄浦斯王的神话故事作为人的普遍冲突之原型时，很多人都因为它被如此广泛的运用而表示质疑。荣格是第一个严肃质疑其普遍适应性的分析师，然后提出了一个不同的性别分化的神话故事作为人类困境的关键所在。库里什和霍兹曼（Kulish & Holtzman，2008）提出，德墨忒尔和贝瑟芬妮的故事是适合女性的神话故事。对于他们来说，贝瑟芬妮面对的冲突是对母亲的爱和对男人的爱之间的冲突，这个男人把她从母亲身边带走，并且让她了解了阴间的欢乐：性。他们争论说贝瑟芬妮吃下了石榴种子，于是解决了她的冲突。因为她吃下了六粒种子，她可以和情人在一起待六个月。因为她只吃下了六粒，所以她可以和母亲在一起待六个月。这种妥协折中的办法让她既可以享受性爱，也不会完全失去母亲。

我认为，贝瑟芬妮的神话故事有助于理解电影及月经初潮时年轻女性所面临的困境。电影里，奥菲莉亚必须死。她在电影一开始就死了。电影只是回溯了她走向死亡的经过。不像贝瑟芬妮，她无法两全其美。她选择了保全婴儿，那么就得放弃自己和父母一起永生的机会。她选择一直做他们的女儿。在天主教盛行的西班牙，留在修道院是非常实际的选择，那样的选择听起来很靠谱，而对于一些女权主义者、女同性恋和一些对工作的热情高于对家庭的热情的事业型女性来说，听上去也同样明智。奥菲莉亚已经做出了选择，并且为她的选择付出了代价。这个神话为女孩和年轻女性来说是打开了另一扇门。我想我们需要找一个和弗洛伊德不同的角度，来看看其他提供更多可能性的不同的神话故事。

托曼（Tolman，2006）指出，美国的年轻女性中仍然压倒性地认为她们没有性生活是好的，有性生活则是坏的。甚至，她们认为只有坏女孩才会有欲望，好女孩就要说“不”。我认为，对于行经时流血的厌恶和妖魔化女性性欲之间是有关系的。它们都是让女孩远离她的“迷宫”。如果对性欲的内疚和对生育的血的羞耻导致了女性的抑郁（Jack，1991），那么就有了临床意义。知道自己有获得快感的能力，会让一个女孩远离父系社会的影响。知道她行经所流的血象征着她孕育生命的能力，她会为自己的力量感到骄傲。快乐和力量都可以抵抗抑郁。

奥菲莉亚在《潘神的迷宫》里的身份认同告诉了我们什么？她可以认同以下几个女人：她的母亲、默西迪丝，还有厨房里的女人。在电影开始的时候，她拒绝称呼将军为“父亲”，抑或拒绝展示对他任何真实或假装的友好，表明她不愿认同深爱她的母亲。当默西迪丝警告奥菲莉亚不要进入迷宫的时候，她也拒绝听从。她认同了潘神，信任他，接受了他的帮助和建议。她拒绝认同美丽的母亲和由老年妇女组成的女性合唱团。她弄脏了漂亮裙子和皮鞋，也是拒绝认同厨房女人或者被邀请来参加宴会的社会女人的表现。当她享用从怪物餐桌上的水果时，她拒绝认同节制的、自我牺牲的默西迪丝。她认同了引领她去到迷宫的可爱仙子，也部分认同了那三个带领她找到怪物的晚宴仙子。

影片将残酷的现实和童话故事中的平行世界进行了对比。对于我们的病人以及我们生活中的女人来说，认同童话故事和其他艺术形式中虚构的主人公有非常重要的作用。选择认同和部分认同现实中的人的某些特点和价值观是一个方面，选择认同幻想世界中的人是另一个方面，并且在我看来，通过自己的选择构建自我是非常有益的。这个自我是真实的，能够将早期的自我意象与新的经验整合在一起。

参考文献

Jack, D. (1991). *Silencing the Self: Women and Depression.* Cambridge, MA: Harvard

Kulish, N. & Holtzman, D.(2008). *A Story of Her Own: The Female Oedipus Complex Reexamined and Renamed.* New York: Jason Aronson.

Orenstein, P. (1994). Schoolgirls: Young Women,Self Esteem and the Confidence Gap. New York: Doubleday.

Tolman, D. (2006). Dilemmas of Desire: Teenage Girls Talk About Sexuality. Cambridge, MA: Harvard.

该章节初次发表于：

Richards, A. K. (2008). Review of Pan’s Labyrinth: “Girl Into Woman: Growing Strong” at:http://internationalpsychoanalysis.net/2008/08/22/arlene-kramer-richardss-review-of-pans-labyrinth.

第二十四章
火柴人：心理惊悚与治疗的悖论

这是一部2003年上映的鲜为人知的电影，除了戏剧性的情节和主演精湛的演技之外，它主要是一部讲述治疗强迫症和抽搐的心理学电影。讽刺的标题描述了不同层面的情节及不同的特点。火柴人是骗子，是制造幻觉的高手，骗取他人的信任，以此谋利。影片一开始就极具讽刺意味。我们看到一个紧张的男人进入带有游泳池的整洁房子，在擦窗户。他检查他的狗：在整洁的客厅沙发旁有一条标准体型的斗牛犬。只不过，这条狗是用一种很难做清洁的陶瓷做的。他每次开门关门都要数三次。他的房子就是个骗局。房子看起来非常豪华，里面上演着奢华的生活，但是实际上它是一处僵硬冰冷的不动产，里面的人活在许多条条框框里，所以还不如称之为“混凝土单元格”更好。如果这是一个监狱的话，那么他的罪行是什么？

一接到年轻助手的电话，我们的主人公罗伊就冲过去完成交易。他的助手听起来、看起来都像一个忙忙碌碌、雄心勃勃的生意人。在双关语里，“罗伊”的名字暗示着法语里的“王”这个词。亚里士多德认为，悲剧需要具备的条件是主人公的起点很高，这样才有空间退步。罗伊的这栋好莱坞风格的房子，有白色的家具，然后从玻璃墙看出去是一个很合适的巨大游泳池，房子门牌上有他的名字。罗伊离开精致的房子，开着车去骗钱。他走进一所普通的郊区房子，和一对中年夫妇一起坐在一张普通的餐桌旁。你只有从他拿出来一闪而过的徽章和自称是FBI探员的身份可以看出，他不是一般的销售。罗伊想说服这个丈夫相信他的妻子买了一件不值钱的货。他愿意给他们提供FBI的服务，帮他们抓到那个骗钱的家伙。罗伊巧妙利用了丈夫急切的心情，让他相信他比妻子聪明。为了证明这一点，他甚至把自己的银行账号给罗伊，他还在一张纸上的签名，签名可以允许这个假冒伪劣的FBI通过他的账户进行任何交易，罗伊完全可以把他骗得一无所有。

这个骗局的一个前提就是，要让人相信女人是容易上当受骗的受害者，其次是男人负责做决定。为了感觉自己才是聪明的那个，这个丈夫愿意接受罗伊植入的观点：他的妻子上当了。他是如此乐于接受这一观点，甚至没想过要任何证据。罗伊正是利用了他的男性自恋欺骗了他。当骗局成功后，女主人打开门放进了狗。罗伊显得很害怕。他抽搐着，颤抖着，呼吸困难。助手只好带他出了那所房子，回到他自己的住处。这个骗局还有一个前提就是：年轻的负责照顾年老的。狗代表兽性，是主人公非常恐惧去面对的。舞台已经就绪。

在超市里，罗伊买了一盒雪茄和几罐金枪鱼罐头。他注意到，“一切照常”。他几乎不看收银台的那位女士，尽管她已经很明显地暗示对他有兴趣。他再次回到家，又要完成一整套固定的仪式，包括小心地把他那精致的鞋子脱在门口，检查他那条精致的瓷器狗，看看他的枪和钱是不是都还在里面，然后准备一顿精美的晚餐：一罐洗得很干净的金枪鱼，巧妙地打开，让它们滑进精致的盘子。他通过水槽和垃圾处理装置把他朴素晚餐的证据清除得干干净净。他把空罐头扔进一个塑料袋中，又把这个塑料袋扔进另一个塑料袋中。

有意思的是，这个骗子主人公因为有心理问题而服药。他非常依赖药物，当他不小心把药瓶打翻掉进了垃圾处理装置时，恐慌随之而来。他绝望地给“医生”打电话，却得到了更糟糕的消息：不仅他没药了，“医生”也跑路了，不知去向。怎么办？他只好藏起来。他试图通过用一把牙刷清洁房子来缓解焦虑。他抽烟的时候，会戴上橡胶手套以握住雪茄。他不停地清洁了又清洁，但似乎没什么作用。没有药，他就活不下去。助手给了他一个精神科医生的名字，可以给他开药，这才拯救了他。但是，这也只是暂时的。那个精神科医生哈里斯·克莱因（Harris Klein，“忙碌”和“弱小”的双关语）坚持要求，如果要他开药就得跟他面谈。这个医生看起来有料，真实，合理。通过坚持要求罗伊谈论自己的问题，他才能进行最有效的精神科治疗。主人公并不想谈论他的问题。然而，他又没有选择——他需要药物的帮助，所以最终他只好同意。他告诉医生，他的症状始于十年前。那个时候他开始不喜欢出门，不能忍受脏，十年来没有任何人际交往。症状是在他打了怀孕的妻子并且离开她之后出现的，因为他觉得妻子对他不忠。她欺骗了他的这一想法让他无法忍受。但是，罗伊歪曲了故事的一部分。他告诉医生，他是个古董商。我们再一次回到了之前的主题，女人是忠诚的、真实的、自然的人，正如被他欺骗的那对中年夫妇中的妻子。他的妻子也是自然的一部分，怀孕是她在繁殖，很自然，很真实。对女人的信任危机导致了他的灾难。当他更早期的自体被认为自己被骗的怀疑所摧毁时，一个骗子诞生了。

医生告诉他，他必须联系前妻并且要搞清楚她是否成功生下了孩子。他必须知道他是否有了一个孩子。同时，医生给他开了药，比他之前用的药更好。这些都是新药，要开药必须找这个医生才行。药物缓解了他的焦虑，罗伊决定遵照医生的指令。他给前妻打电话，但是当他听到请留言的语音提示时，他又不知道该说什么。那个口若悬河、骗光了一个男人所有积蓄的骗子和这个可怜巴巴甚至在前妻的语音信箱里留言都语塞的前夫之间的对比，是一种夸张的重复。当他要跟一个女人对话时，他显得那么无助，就像他装成FBI去欺骗那对夫妇时，面对放进来的狗时一样无助。因为我们的主人公没法联系上前妻，医生只好同意帮他打电话。

在接下来的一次治疗里，医生告诉他，他的女儿已经有十来岁了，女儿想见他，虽然前妻并不想跟他有任何瓜葛。要见女儿这个念头把他吓得不轻。他去了见面的地方，但是他坐在车里，透过紧闭的车窗看着校园里走出来的中学生。一个可爱的、滑着旱冰的小女孩自称是他的女儿，名叫安吉拉。安吉拉看起来就像是他的守护天使一样，她鼓励他停止欺骗。影片绝大部分都在讲述他逐渐变得柔软，他开始允许女儿睡在客厅的沙发上，晚餐时点一份比萨。女儿甚至还参与了他的一次骗局，说明了女儿对他的认同。

随着电影情节的展开，我们看到主人公开始学习信任女儿，慢慢地，他让她看他藏在瓷器狗里的钱，让她知道保险箱藏在何处、如何使用。他现在做的事，就像第一场骗局里那个丈夫做的事一样。但是，在主人公告诉女儿钱藏在何处时，讽刺的是，钱就在客厅的瓷器狗肚子里。这个冷冰冰的、做成狗的形状的东西是存放他最宝贵财产的容器。然而，他非常害怕真正的狗。这个瓷器狗是否象征着另一种动物，还是说瓷器狗是一种没有天性的狗，就像他是一个去掉了天性的人？这个男人是否也像一个塞满了钱的容器？

女儿说服他，让她策划一场骗局——在自助洗衣店里。钱、清洁或“清洗钱的人”的画面重复出现，就像一场音乐剧。为了引诱洗衣店里的一个女人买下一张必中的彩票，她扮成一个轻信他人的可怜人，可以毫不费劲得到一大笔钱。虽然那个女人并不情愿做任何不诚实的事，比如兑现别人的彩票，但她还是成功骗到了那个女人的钱。在一次聪明的策反戏中，这个女儿说服了一个女人买下彩票就当帮她的忙，她只需要给一点点钱就能拿到彩票。一次又一次，骗局的受害者都是那种想要得到更多钱，或得到比他应得的钱更多的人。

同时，罗伊的徒弟说服了他参与一场洗钱的骗局，类似于他女儿的那次骗局。当罗伊准备去赴这场严肃的骗局时，碰头地点却在脱衣舞厅。这种肮脏的性交易场所正是设骗局的绝佳地点。被骗的人是想以比更高的汇率兑换英镑和美金的人。据说骗子们是从银行换汇。

当他的药快要吃完时，医生正好离开了这个城市。他带着包装纸去了一个药店，试图说服药剂师卖点药给他帮他渡过难关，熬到医生回来。让他大为懊恼的是，药剂师告诉他，他一直在吃的药是更年期服用的维生素。然而，这个药确实对他有效。难道这也是一个骗局？他非常生气，和医生对质，医生解释说他之前服用的那类精神药物不过比安慰剂的效果好那么一点点。顺带说一句，这种说法，在电影上映后并没有遭到任何制药公司或其销售代表的质疑。这个骗局还在全世界范围内进行着。但是，我们确实看到罗伊的变化了。这怎么可能呢？他只是和医生交谈。他在逐渐痊愈。他参与的是一种谈话治疗。他不是在策划骗局。他生活中的改变缓和了他的症状。医生知道他根本不是什么古董商，因为他都没有发现医生办公室就放着一件价值不菲的古董。尽管罗伊没有跟医生说实话，治疗还是起了作用。那么是否有可能是治疗关系的性质起到了治疗的效果，而非治疗里的谈话内容？

这是一个非常复杂的、有预谋的骗局，罗伊的女儿、医生，还有他的助手骗光了他所有的钱，最后他发现“医生”并不是真的医生，他失去了一切。画面很快切换到一年以后。他现在住在一个小公寓里，和超市职员结了婚，而且妻子怀孕了。他在一家地毯商店工作，他之前的“女儿”来买一块适合家里养狗的地毯。显然，她不害怕天性。她告诉他，虽然她也参与了骗局，但她自己也被骗光了她分得的钱。她的年龄比她看起来的样子大，现在和一个贫穷的音乐家生活在一起，但是她很满意现在的生活。

罗伊对治疗师的爱、对他所认为的女儿安吉拉的爱，以及最后他对妻子和妻子肚子里的孩子的爱，是他恢复的征兆和保证。他殴打前妻时的原始攻击性已经被治疗师和安吉拉所激起的爱征服了。

正因为他能够去爱，他不再需要寻求惩罚，他能够开始真正的生活而不是活在骗局里。值得注意的是，与分析情境相似的地方在于，治疗性的爱能够使人具备真正的爱的能力。

电影讲述了一个治疗性关系治愈的故事，主人公对自己攻击性的内疚和恐惧推动他去犯罪，映射了对被羞辱的、原始的创伤性恐惧。罗伊一开始的犯罪是殴打有孕在身的妻子，因为他坚信她对他不忠。他的愤怒被他想象中的丧失了让一个女人受精的男性自豪感所点燃。无法自控的和对未出生婴儿的愤怒导致了羞耻感和内疚感，导致了痛苦的强迫性清洁行为及恐惧症，这些症状让他远离天性和任何自然的东西。

影片中大部分时间里，罗伊都无法忍受天性，但是他能成功地和其他人交流，能够让第一次谋面的人对他信任。虽然他表现得好像跟徒弟关系不错，但实际上他不能够保持一段深刻的关系。徒弟最终背叛了他，他认定的、投入了情感的女儿，还有他向其吐露羞耻和内疚秘密的治疗师，最后都背叛了他。为什么亲密的结果是自取其辱？看起来似乎是当他向别人吐露心声时，他们看到了他的自卑，从而轻视他。相反的一种情境恰好是，当我们爱自己时，这种成功的自恋能激起别人对我们的喜爱。罗伊激起的是轻蔑，因为这正是他看待自己的方式。这跟自恋者的自私自利一样阻碍了有效的亲密。我相信，通过巴赫有关固定性和灵活性的理论观点，关于相反的性格特点会造成同样的结果这一矛盾就能最好地被理解了。对于巴赫来说，人和人之间的互动取决于个体能够同时容纳自己和对方的观点。实际上，内在一行为就是这些观点之间的快速转化，使得参与双方的感受在互动的过程中都被照顾到。拉比·希莱尔（Rabbi Hillel）对此做了另一番阐述，“如果我不为自己考虑，那么谁会为我考虑？但是如果我只为自己考虑，那么我又是什么？如果不是现在，那么将会在何时？”

对于巴赫来说，对这一类人的精神分析性治疗的治疗行为要依靠分析师免于陷入和病人坚持己见、相互纠缠的能力，只有让病人因为其心声被听到而感到非常满意，他才会有兴趣听别人的看法。这是否正是发生在罗伊身上的情况？从某些方面来看，确实是的。治疗师没有面质罗伊自称古董商的谎言，直到治疗对罗伊来说非常有效，他开始想要放弃行骗。如果我们把行骗看成一个复杂的、实施犯罪之过程的一部分，然后对此的惩罚就是肌肉抽搐和恐惧症，那么我们就可以把面质失败看成对制订犯罪计划的破坏。罗伊实施了犯罪，他撒了谎却没有受到惩罚。一些分析师会认为，这一破坏本身就足以改变病人的期待和世界观，让他放弃已经固定的自发毁灭其世界的病理性模式。

不管是什么原因带来了痊愈的效果，罗伊都感觉到了。他不再需要很多的钱，而大房子和奖杯池在治疗之前支撑他脆弱的自体价值。这部电影对我来说最有趣的地方是，刻画了一个复杂的症候群：以自恋为核心，一系列相关症状，以及直白陈诉一种与被愚弄有关的治愈理论。罗伊的痊愈是他被欺骗的结果。

马丁·伯格曼（Martin Bergmann）假设精神分析的治愈是因为爱。他坚信是分析师为病人提供了一种病人感觉到被爱的情境，病人感到被理解，而不是为他所认为羞耻或坏的行为遭受羞辱或谴责。伯格曼假定，爱就是认为他人对于爱人的幸福感是必要和充分的存在。爱人认为被所爱之人爱着是其唯一的渴望。爱，令人想起理想化的母亲无条件地爱着孩子。当然，分析师对病人的爱并非伯格曼所理解的那种方式。分析师并不认为病人是分析师幸福感的必需条件。但是，病人觉得分析师的存在是他们幸福感的必需条件，而且他们都持一种幻觉，即认为这种感觉是相互的。正是这种幻觉在分析性工作的过程中一点点地被破坏，病人开始理解分析师既不是无所不能的，也不是无所不知的。病人逐渐开始相信，自己在结束这段关系之后也能生活，因为在这段关系中病人学会了如何去信任他人，如何依赖他人，以及如何在结束这段关系之后生活下去。因此，病人放弃了分析师是自己幸福感的必需条件的幻觉，也放弃了自己是分析师幸福感的必要条件的幻觉——分析师绝不会鼓励这种幻觉的产生。病人在意识到分析师不会为了自己而真的离开其配偶时，就会在分析性关系之外找到属于自己的爱。

当我们中有人打破了分析师和病人之间都认为非常必要的界限时，很多分析师会感到震惊和愤怒的原因是，如果分析师爱上了病人，那么病人与他的这种关系模式就会抵消整个分析性过程所带来的治疗效果，病人就无法逐渐去理想化分析师，无法逐渐接受和分析师中断关系的必然性，无法接受自己最终需要学会向他人求助，寻求安慰并感受爱和被爱的狂喜。

对分析性过程的这种理解方式是否会导致分析性工作的经典驱力-关系模型走向整合？也许它反映了经典分析模型与现代美国社会现实角色互换的一个合乎逻辑的结果。

本章节初次发表于：

Richards, A. K. (2004). Matchstick Men: Psychological Thriller and Therapeutic Paradox.

The PANY Bulletin, 42(2): 64-71.
http://internationalpsychoanalysis.net/2007/08/20/matchstick-menpsy-chological-thriller-and-therapeutic-paradox-by-arlene-kramer-richards)

第二十五章
《本能》中的美杜莎

蛇发女怪是一个源于古代、流传久远的女神。据金布塔斯（1989）所述：

希腊神话中的女怪美杜莎……会把人变成石头。她可以轻易让人停止呼吸……一个可以决定生死的强大女神，而不是后来印欧语系里被诸如珀尔修斯等英雄杀掉的怪物。她与阿耳特弥斯有关。阿耳特弥斯和赫卡特是一个人的两面，即主宰着生命周期的月亮女神：它的一面站在周期的开端，另一面在周期的结尾；一面年轻、单纯和美丽，代表着年轻的生命，而另一面令人厌恶，代表着死亡……赫卡特被描述成一个带着猎狗在墓地巡逻的形象，收集毒物制作成致命的毒药。她是残酷的杀手，只有血腥的献祭能让她稍稍平静。她怪异恐怖的嚎叫声传达着死亡的存在。

蛇发女怪美杜莎活在古希腊。她那可怕的外形——伸出的舌头，突出的牙齿，扭动的蛇发——以防范忌妒之眼。作为保护的面具，蛇发女怪被刻画成了……头上长出很多蛇的样子：她被两条有着相反蛇头、吐着信子嘶嘶作响的蛇环绕着，散发着强大的力量。（pp. 207-209）

《本能》这部电影通过这种艺术手法宣扬着仇恨的信息，让我都因为自己对这部电影的喜爱而憎恨自己。它提醒我也从这个角度看待《意志的胜利》（*Triumph of the Will*）或《党同伐异》（*Intolerance*）或《蝗虫之日》

（*Day of the Locust*）这几部电影。很显然，这部电影是苏珊·法鲁迪（Susan Faludi）在《黄金浩劫》（*Backlash*）中所描述的对女人的战争的一部分。电影的故事是对女人无情的攻击。这部电影告诉我们，受过教育的女人，是尤为危险的嗜血女同性恋。即使是那些看起来爱着男人的女人，也至少是不道德和可能会置人于死地的。像凯瑟琳娜那样最有魅力、性开放的女性，是最具诱惑性和最致命的。强大的女性和有所成就的女性，比如会写书或获得心理学学位的，是最可怕的。而年过30的女人或超重的女人简直就一钱不值。女人就是敌人，而对她们着迷的男人会万劫不复。甚至这些男人的朋友谁要是对这些女人着迷，也会自取灭亡。

《本能》在片头就昭示了它的意图。字幕的背景是肉体，皮肤下的肌肉在起伏。这个肉体可能是男性的、女性的或二者皆有。字幕后浮现的肉体，在理性地列出电影的片名、编剧、演员和导演的同时挑逗着观众的兴奋神经。这样的手法提醒观众留心在后面的影片中出现的重要词和名字。片头预示着一个老旧的道德故事，它预示着对肉体脆弱性的理性审视。之后，主人公在美杜莎的意象前睡着了。《本能》讲述的就是像蛇发女怪般的女人的故事。

镜头从一开始的一扇门转换到一面镜子，镜子里有一对正在性交的情侣。字幕和肉体的对比之后，又出现了方形家具与柔和弯曲的性伴侣的身体之间的对比。然后，镜头里呈现了一个原初场景，是这对性伴侣面对彼此的画面。坐在那个男人身上的女人把他的双手绑在床头，拿着一把冰锥一次又一次地狠狠刺进男人的身体。画面上，我们只看到她金色的后脑勺，即使我们能看到她身体的前面一部分，看不到脸，泛化。上面的女人很危险，不管她是谁。《本能》激起了对外阴原初的恐惧，美杜莎把男人变成石头。

第二个场景是两名探员在犯罪现场，与那个绝对忠诚并看起来像同性恋的主人公交谈，后面有无数跟班。他们之间的同志情谊和谋杀现场所刻画的男人和女人之间亲密关系的危险形成了戏剧化的对比。这些人对彼此的昵称凸显出这个画面的精髓。主人公尼克，助手称呼他为“霍斯”（Hoss，音同

“Horse”，马），而助手的昵称是“牛仔”（Cowboy）。这样的搭档颠覆了无数西方人心中的角色设定。虽然奥特里（Gene Autry）和罗杰斯（Roy Rogers）非常喜爱他们的马，但是他们显然还是会骑它们。这部电影的主人公是一匹需要有人驾驭的“霍斯”，而骑手可能是这个牛仔，他的朋友，或者是坐在他身上的女人，或者片头里出现的那个致命的女人。好坏之间的力量较量已经上演。那些好人不搞女人，或者说他们根本看不起女人。

两人来到犯罪现场，卧室里站满了警察。虽然还是这个场景，但是张力小多了。两人停下来欣赏被害人收藏的毕加索的画，这是财富、文化和权力的象征。主人公说指挥官为市长效命，市长是个女人。市长办公室的人威胁主人公，说这是在提醒观众警惕对女人效忠的男人。

这些人讨论着案情。床单上到处都是血，这些血被假定为应该都是受害人的，甚至没有一个人会认为这些血有可能是月经，尽管床单被月经弄脏是再平常不过的事。女人留在床单上的血直接被否定了。但是，对床单上的精液的特写说明了所有人都认为这一定来自某个强壮的男人。侦探们认定犯罪者不是男人。没人会想到这也可能会是同性恋伴侣或一个嫉妒的丈夫或爱人。相反的是，侦探们在讨论什么样的女人会干出这样的事情。

有人提议说，管家有嫌疑。另一个人驳斥了这一提议，因为管家已经五十二岁，体重超过一百八十斤。这立马就取消了她跟死者有性接触的资格。最后，一个人说尸体上没有瘀青。这里的暗示是，如果这个男人跟那样一个肥胖的女人做爱的话，他会被压得瘀青。既然排除了胖女人的嫌疑，那么嫌疑人的范围就缩小到寻找苗条迷人的女人了。之后的画面出现了一个丰满的中年西班牙女仆。她跟管家一样，不是嫌疑人。然后，一个丰满的女警察来帮助这两人。这是一个没有性吸引力的好女人。牛仔和霍斯拜访了受害人的女朋友，也是他被目击出现在公共场合见的最后一个人，凯瑟琳娜·特拉梅尔（Catherine Trammell）小姐。她的名字有几层含义。她的姓意味着诱惑。她名字的首字母缩写是“C.T.”，是屄和“狐狸精”的委婉说法。她的名字“凯瑟琳娜”，是莎士比亚《驯悍记》中的泼妇。但是和莎翁笔下的女主人公不同，莎翁笔下的悍妇被驯化她的男人称为“凯特”，而这部电影里自始至终都称呼的是凯瑟琳娜的全名。她是被尊重的。她的名字同时也把她和伟大的凯瑟琳娜——危险的、飞扬跋扈的俄女皇联系起来了。相比之下，男主人公却只被称呼其昵称，而他的名字，如果要强调的话，就是尼克。电影的后面一段，凯瑟琳娜对他的掌控体现在她称呼他为“尼奇”，简直就是“尼克”这个名字更加亲密和幼稚的版本。

两人欣赏着凯瑟琳娜的毕加索的画，是一个有着两张面孔的女人，很像受害人家里的那幅画，只不过要大些。凯瑟琳娜比那个男人还有钱。然后，两人看到了一个衣着撩人的金发美女，他们以为是凯瑟琳娜的女人，正从楼梯上往下看着他们：她被设定在一个威胁者的位置。这两个还算硬汉型的警察对她有问必答。她告诉他们，她叫洛克希，是凯瑟琳娜的朋友。

电影里一直在找坏女人，然后发现坏女人到处都是。这部电影里所有的性感女人都很可疑：她们撒谎，欺骗，改名字，染发，戴假发。你如果没有一张记分卡的话，你简直没法辨别她们。因为她们的善变，男人的处境很危险。

接下来，凯瑟琳娜的第二套住所，甚至比她的第一套住所更令人惊艳，因为它竟然毗邻一个美丽而危险的悬崖，能看到海。两辆顶级莲花豪车更彰显了她的霸气。

这些人之间的争吵，以及和这个强势女人的争吵让男人们颜面尽失。鉴于她的威力，他们回答她的提问。当他们问一些礼貌的问题时，她拒绝他们委婉的措辞，直言不讳地回答。当问到她是否在和被害人约会时，她回答：“没有，我只不过是想操他。”这里其实很明显的是，一个如此野蛮冷酷的女人是很有可能实施谋杀的。当警探们离开这所房子时，牛仔说出了观众的心声。他冷笑着说：“好姑娘。”

这对搭档不得不中断侦查，因为在犯罪现场上司提醒过尼克赴约，尽管尼克并不情愿。他约的是警署的女心理学家。他们的会面表明他们曾经是情侣，而且对他的治疗存在诸多问题。她问，他答。他放弃了他所有的嗜好，戒了酒，戒了可卡因，戒了烟，甚至戒了性。这个年轻、苗条、妖媚的贝丝·加德纳博士在会面结束时说，“我对你仍然无法忘怀，尼克。”加德纳博士是一个女临床心理学家，却无法在爱情和工作之间保持清晰的界限，正如戈巴德（Gabbards，1987）详细说明了一个具诱惑性的女性治疗师角色是电影的一贯套路。在所有的牛仔电影里，主人公拒绝卷入到任何女性强加于他们的肉麻的风花雪月中，以保证他的强大。

接下来的场景表明，凯瑟琳娜不仅有一百多万美元，她还写过好几本书，而且不是一般的聪明。一个男心理学家说杀手应该是一个可怕的人，还会再次杀人。这给观众设了个圈套，我相信整部电影里最重要的一幕就是：凯瑟琳娜在警察局里被问话的戏。

这对警察好友返回海边的房子把凯瑟琳娜带去警局，以便了解更多的信息。她再次占据了主动权，从尼克那里先一步获得了信息。当他们在等待她把超短裙换成“更合适的衣服”时，尼克看到了一张报纸上刊登的有关他几个月前误杀两名游客的事件。镜头转向凯瑟琳娜换衣服的房间。她完全无意关门，直接裸露在警察兄弟面前，一丝不挂。在去警局的路上，她挑战了尼克保持戒烟的努力，当着他的面吸烟。

在警局，警察们面质凯瑟琳娜是否实施了谋杀。凯瑟琳娜坐在这些人对面的椅子上，只看得到她腰以上的裙子部分，从镜头的角度只看得到她裸露的双腿和挑衅的坐姿。她抽着烟。警局里是禁烟的，她在挑战这些公认的侦探们。“你们要怎么样，因为抽烟处罚我？”她问道，料他们不敢把她怎么样。他们让步了。几次交锋之后，她转向了主人公。“你吸过可卡因，尼克？”在她说话间，她的腿分开又合拢，就像在展示她的外阴一样，但是她装作完全不知道自己在做什么。在我看来，这是整部电影中最关键的地方。

这个阴险的狐狸精般的女人，会让男人万劫不复的女人，她是各种问题的综合体，嫌疑人却在质问警察，女人却在质问男人，性高手却在质问禁欲者，嫌疑人利用了盘问的机会引诱盘问者犯罪。看见女性生殖器震惊了这个房间的所有男人。她在他们面前飞快地露出她的生殖器，和男性露阴者在女性受害者面前表露出的攻击性一样，所带来的效果也一样。她这样做，似乎显得她有魔力一般：她骗过了所有警察，她通过了测谎仪，她成功地离间了主人公和他的兄弟们。他答应开车送她回去，其他人怀疑他和她暗中勾结。他正走向毁灭。在这之后，许多情节都不可避免地被歪曲，就像奥赛罗在黛斯迪蒙娜扔下一张手绢之后就沦陷了一样。

然后，他和酒吧里的人混在一起，三个月来第一次喝了酒。贝丝·加德纳开心地把他带回家，他却非常粗暴地跟她肛交。之后，她的情绪显得很恍惚，当他问她要烟抽，她叫他穿上衣服滚。这个好女人享受被伤害的感觉，但是当他自我毁灭时，她拒绝了他。尼克离开后去了警局，得知在凯瑟琳娜·特拉梅尔还是一名学生的时候，伯克利的一名教授也被冰锥刺死。他冲到特拉梅尔的寓所时，恰好看见她的黑色莲花轿车开走了。他开着他的红色普利茅斯在后面跟着，不过很快就被她彪悍的车技及她动力更大的车甩在了后面。他发现她的车停在哈泽尔·多普金斯（Hazel Dobkins）的房子前，这是另一个也是杀人犯的女人。这个女人的名字首字母缩写是H. D.，也是希尔达·杜利特尔的名字首字母缩写。她是一个双性恋女诗人，很有实力。凯瑟琳娜的笔名是“伍尔夫”，模仿的是一个双性恋女小说家弗吉尼亚·伍尔夫。

尼克再一次去凯瑟琳娜位于海边的房子找她，去侦查她跟这个女人的关系，以及她跟那个教授的谋杀案的关系。她用一把碎冰锥熟练地劈碎了一大块冰。她把他作为下一本小说中的被害者的原型。她指责他杀了四个无辜的人，还提起了他妻子的死。两人扭在一起。凯瑟琳娜的朋友洛克希走了进来，凯瑟琳娜热情地拥抱她，让尼克离开。

之后贝丝·加德纳出现在尼克的住所，这个好女孩来为她交出了保密信息而向他道歉。即使“好”女人也会背叛男人，一次典型的女性特质的失败：她没有保守秘密。他扇了她一个耳光。她道歉离开了。他看着电视上播出的怪兽电影睡着了。怪兽有着一张美杜莎的面孔，张着血盆大口，一口尖牙，毛发缠绕。然后，镜头立刻转换到之前和尼克在公共场合争吵过的一名警察，他早些时候被发现死于一把和尼克的配枪相同类型的枪下。

听证会显示，尼克在被审讯时也在抽烟，他向凯瑟琳娜认同了，然后当被质问时，他重复了她在抽烟时说的俏皮话。尼克变成了凯瑟琳娜的一个奴隶情人。坏女人掌握了他的过去、他的记忆，并且把她的身份认同强加在他身上。因此，女人干的另一件坏事就是，按照自己的意象重塑男人。

凯瑟琳娜又去拜访尼克了，挑逗性地告诉他有关她的第一本书的事情，这本书里的谋杀故事和她父母的死亡事故非常相似。她告诉他，凶手是那对夫妇的儿子，唯一的继承人，就像她也是她父母的唯一继承人一样。性别的不同不是重点，钱和权才是关键。全然不顾他忠诚的朋友格斯的忠告，尼克坚持要去夜总会，他在那儿发现凯瑟琳娜和洛克希一起坐在男厕的马桶上吸可卡因。这两个女人的舞姿充满了情欲的味道。凯瑟琳娜是一个喜欢打破规则的女人，也是一个没有厌恶感的女人。

凯瑟琳娜丢下洛克希和尼克走了，然后他们在一面镜子做成的天花板下做爱。她用一条白丝巾把他捆起来。洛克希告诉他，她一直在旁边偷看他们做爱，而且凯瑟琳娜喜欢她偷看。在这一幕复杂的场景里，快速的变化突出了女人的诡诈。天亮了，尼克发现凯瑟琳娜站在沙滩上的火堆旁。她警告他别靠火太近，但是他强烈地坚持他很享受他们危险的性，他称之为“世纪之操”。她回答说，这个开始还不算糟。因此，她一直用他高估她而她贬低他的这种关系羞辱他。

和凯瑟琳娜做爱的代价是昂贵的。尼克离开小餐馆后，一辆黑色莲花轿车跟着他。他把这辆莲花车逼得掉下了悬崖。驾车的人是洛克希。之后，凯瑟琳娜若有所思地说，“她以前从来不会嫉妒的。”

在警局的一次心理评估中，贝丝同情地帮尼克掩饰了他鲁莽的愤怒。之后的一幕是，在海边房子的墙上有火苗一样的阴影在摇动。凯瑟琳娜坐在一把摇椅里哭泣。她抱怨她在乎的人都死了。她哀悼他们就像哀悼她失去的物品一样。尼克安慰了她，也再一次被她引诱，被她坦白了她曾经在伯克利和一个女孩发生过性关系的事情所打动，她说这个女孩后来对她非常痴迷，一度模仿她。于是，尼克非常热切地追查这个女孩是否有可能杀了人然后嫁祸于凯瑟琳娜。他不愿相信，凯瑟琳娜就是凶手。

当他发现这个女孩后来改名为贝丝·加德纳，尼克开始怀疑贝丝并跑去质问她。她说她的姓是她丈夫的姓，而她的名字是她丈夫对她的称呼。这一点很合乎一个好女孩的意象，因为她愿意被她的男人所界定。不过，她的名字也有多重含义。“Oberman”（奥特曼）是“Ubermensch”（超人）这个词的英语化版本，英雄为了自己的需要而杀人。名字的多重含义就像音轨上音乐的共鸣一样。

凯瑟琳娜出现在尼克的公寓，然后和他做爱，当他建议她给她的书一个喜剧结局时，她说这种结局的书没人买。“必须有人得死，”她说，“人总是会死。”尼克继续追查，然后发现贝丝的丈夫被杀了，而且坊间流传这个凶杀案跟妻子的女朋友有关。他不再相信贝丝。他回到凯瑟琳娜的住所，发现她的新小说打印出来了。她告诉他小说写完了，主人公死了。她之前的女情人出现了，在她出去的时候给了她一个色情的再见。尼克被激怒了，他赶去和格斯会合，准备去见凯瑟琳娜的前室友。因为尼克的枪被收了，也不被允许继续侦查，因此格斯先独自前往。尼克意识到这可能是个陷阱，冲过去找格斯的时候发现他死了。观众看到的是，格斯被一个身材瘦削、身穿一件闪闪发亮的黑色雨衣、头戴金色假发的女人开枪杀死的。贝丝出现了，声称接到一个电话叫她到这里来，她看起来像是口袋里握着一把枪。尼克开枪杀死了她，却发现她手里不过是握着一把他家里的钥匙。警察来了，找到了一件警用雨衣和一把警察用枪，然后在楼梯上发现了一顶金色假发。现在，尼克失去了他的兄弟和一个真正关心他的女人。他们的死都跟他有关，他却没有告诉警察贝丝不是凶手。

凯瑟琳娜出现在尼克的家里，哭泣。他们做爱，她把他捆起来，她向后倾，他建议他们在一起，“拼命做爱，然后像老鼠一样幸福地生活下去。”她说她讨厌老鼠，他说那就忘掉老鼠。她后倾，手伸向地板，姿势和片头里伸手拿冰锥的女人一模一样，然后她突然扑到他身上拥抱他。电影的结尾是，一把冰锥静静地躺在他们床下的地板上。

整部电影里，凯瑟琳娜都在提醒尼克他在冒险。就像蜘蛛，她把他引进她编织的网。她玩弄他的内疚、他的好奇心，还有他的孤独，她一步步引诱他走向毁灭。她用她可能的无辜挑逗他，告诉他她会杀了他，因为她不缺爱人。她健康的脸和身体跟她的吸毒、开放的享受随便的性爱、双性性取向、谋杀癖好，形成了鲜明对比。她的外表女人味儿十足，但用起冰锥来比男人还内行。她是典型的女杀人犯。

电影里重要的一幕是，尼克房间里的电视屏幕上出现的美杜莎头像。屏幕上出现这个头像，电影和美杜莎的传说联系起来（Hamilton，1940），这种直观的表示警告男人，女人很危险，美杜莎很危险。分析师们（Freud，1923，1940；Ferenczi，1923；Flugel，1924；Reik,1951;Balter，1969）发现，美杜莎的神话对于理解男人对女人的恐惧非常有帮助。我想记录的则是，这部电影通过美杜莎所宣扬的有关女人的信息。

美杜莎就是外阴的意象，周围都是毛发，脸不是脸，嘴不是嘴，年轻的时候给予生命，但面目恐怖，而且遇到她的年轻人都得死。美杜莎的象征充斥着蜜蜂和蛇。蜜蜂蜇人，就像危险的女人挥舞着锋利的冰锥，可以杀人。蛇柔软的身体，就像电影里凶案现场的肉体一样，充满诱惑和杀机。当凯瑟琳娜展示她的外阴时，她激起的是诱惑力、能量和美杜莎置人死地的威胁。根据汉密尔顿（1940）的观点，美杜莎是三个蛇发女怪中的一个，她的姐妹们都住在一座海岛上。珀尔修斯取了她的头颅作为礼物，送给了和他的母亲达那扼结婚的男人。神话故事中，这个杀了美杜莎的男孩没有父亲，所以不需要面对母亲的性。他用蛇发女怪的头将母亲的追求者变成石头，从而阻止了她在婚姻中去展示她那令人恐惧的外阴形象。

阿洛（1971）描述了有暴露癖和恋物癖倾向的男人是因为看到女性生殖器时的创伤感受，尤其是一个充满攻击性的母亲的生殖器。男人所体验到的阉割焦虑导致了他们对本身的自我惩罚冲动的恐惧，最终形成了性倒错或者倒错的性格特点，使得男人能感觉自己强大到能抵御女性生殖器所带来的恐惧。对女性生殖器的拒绝，伴随着女性生殖器是致命的信念。存在太过可怕，因此，它不能够存在。凯瑟琳娜在展示她的生殖器时完美地表达了她的性格特点。通过强迫男人看到它，她捕获了他们，迷住了他们，毁灭了他们。

“厌恶女性的人”这个观点是法鲁迪（Faludi，1991）在大众文化、政治及最为重要的20世纪70年代的大众心理学中所描述的。正如法鲁迪和其他人（Rossi，1972）指出的，在每一个女人争取和男人平起平坐的权利的历史时期，这个观点都会重新回到人们的视野。它的流行、无处不在和历史性的重现（Pantel，1992）让我们不禁要问，它为什么会一再地被提及。难道女性心理的某些东西允许女人为这部电影感到兴奋？难道这与为什么女人会允许父权制的发生有关？

我认为，这个问题让我们回头去思考这部电影的主题。什么是本能呢？它仅仅是一种原始的性欲吗，像凯瑟琳娜说的那样，即使你对伴侣丝毫没有感情，“你仍然能获得快感？”（Freud，1905）还是一种攻击性的愿望，通过拿起冰锥暴力地不停刺下去得以释放（Klein，1932）？还是一种受虐的愿望，被惩罚的渴望驱使尼克迷上凯瑟琳娜，但是反转了通常意义上的男性-女性角色，因为女性通常应该是受虐的一方，迫使男性压迫她（Freud，1923）？还是说这是一种与他人建立依附关系的需求（Bowlby，1969），给予了社会一种权利迫使女人自我厌恶或自我贬低（Horney，1926）?以上所有都有可能。我们所考虑的本能，对于分析性思考者而言是一道谜题。

霍妮（1926）第一个指出：“和所有的科学所有的评价一样，对女性的心理学研究迄今为止都被认为只是男人们的观点”（p. 326）。很不幸的是，几乎没人响应她倡导从女人的角度理解女性心理学的呼声。男性分析家们在六十三年之后仍然坚信，阴茎嫉羡是女性生殖器期和女人的女性特点最重要的经验。正如客体关系和其他重要的女性特征理论家所假设的，女孩具备的主要是女性特征，小女孩和女人会认为外阴很重要。但是，男人们是否能理解这一点？或者他们还是相信嫉羡是女性经验最关键的部分？在某种程度上，他们相信阴茎嫉羡是女性心理学的基石，他们必须害怕会遭到嫉妒的女性的报复。《本能》这部电影是大众文化的表达，告诉我们不同性别有不同的力量，对男人和女人都是如此。

当凯瑟琳娜展示她的外阴时，她表现的是她的力量。这部电影的力量在于它安抚了观众，让观众知道性感的女人不是母亲。当管家因为又老又肥而被排除了嫌疑时，当贝丝把自己的名字改成了丈夫的名字而被排除了嫌疑时，当凯瑟琳娜告诉尼克她不会生孩子时，观众被这个故事安抚到了，观众知道母亲是不会这样做的。她们没有性，也不会杀人。贝尔特（Balter，1969）讲述的珀尔修斯–美杜莎的神话故事是父权制反抗母系权力。《本能》这部电影支持男性群体以力量和阳刚对抗母亲。它让男人们相信，只要避开漂亮强势的女人，他们就能逃脱死亡。它让女人们知道，只要变得漂亮和强大，她们就能成功地把男人引向死亡。

参考文献

Arlow, J. (1971). Character perversion. In: *Currents in Psychoanalysis*, I. Marcus, ed. New York: International Universities Press.

Balter, L. (1969).The Mother as Source of Power. *Psychoanalytic Quarterly*, 38: 217-274.

Bowlby, J. (1969). *Attachment.* New York: Basic Books.

Faludi, S. (1991). *Backlash.* New York: Crown.

Ferenczi, S.(1923).On the Symbolism of the Head of the Medusa. In: *Further Contributions to the Theory and Technique of Psychoanalysis*. London: Hogarth Press, 1950.

Flugel, J. (1924). Polyphallic Symbolism and the Castration Complex. *Internatinoal Journal of Psycho-Analysis,* 5: 155-196.

Freud, S. (1905).Three Essays on the Theory of Sexuality. *Standard Edition 7*: 249-254.

—— (1921). Medusa's head. *Standard Edition 18:* 273-274.

—— (1923).The ego and the id. *Standard Edition* 19: 12-66.

Gabbard, K. & Gabbard, G. (1987). *Psychiatry and the Cinema*. Chicago: University of Chicago Press.

Gimbutas, M. (1989). The Language of the Goddess. New York: Harper & Row.

Hamilton, E. (1940). Mythology. Boston: Little, Brown.

Horney, K. (1926). The Flight from Womanhood. *Internatinoal Journal of Psycho-Analysis,* 7: 324-339.

Klein, M. (1932). *The Psychoanalysis of Children*. London: Hogarth Press, 1975.

Pantel, P. (1992). *A History of Women.* Cambridge, MA: Harvard University Press.

Reik, T. (1951). Modern medusa. *American Imago,* 8: 323-328.

Rossi, A. (1973). *The Feminist Papers.* New York: Columbia.

该章节初次发表于：

Richards, A. K. (1998). Woman as Medusa in Basic Instinct. *Psychoanalytic Inquiry*, 18: 269-280.

第二十六章　赌博和死亡

以前——垂死的人
知道他们的归宿
他们将去向上帝的右手边
这只手如今已不复存在
而上帝不知所踪

信仰退位——
行为如此渺小——
有一星磷火，也比
黑暗无光美好
——艾米莉·狄金森
（Emily Dickinson，1882）

艾米莉·狄金森（Emily Dickinson）为这个世界上根本没有上帝存在这一观点激动不已，因为她发现在这样的世界里，我们在死亡面前别无选择。公平没有保障，混乱让人无法忍受。她宁愿向虚假的神明祷告，而不追求世界的本原。本文讲述的就是虚假的赌神——当面对所爱之人的死亡时，人们觉得无力抵抗的那个神明。死亡没有概率可言，每个人都要死。

赌博让人感到安慰的地方是赌博有规则，赌徒提前就知道了赌博的赔率——确实有赔率。就像死亡一样，在赌场输钱是不可避免的，但是在输钱的过程中，所有的一切都是公平的。

在前面与阿诺德·理查兹合作的文章（本书第二十一章）中，我们展示了拉斯维加斯，20世纪中期的赌城，就是一个否认死亡的殿堂。有关拉斯维加斯的三部电影都说明了，赌徒是如何否认自己的死亡的。《巴格西》（1991）说明了巴格西创建拉斯维加斯的过程，以及他死于破坏规则；《赌场》（1995）说明了一个名叫“埃斯”的人让拉斯维加斯工业化，然后也死于破坏规则；《远离赌城》（1995）说明了一个输家接受了没有机会的现实，来到拉斯维加斯赴死。就像那些来到拉斯维加斯赌博的人一样，这些电影里的角色都接受了他们必死的事实，但同时又活得好像他们很清楚规则是什么，通过遵守这些规则，他们就能够避免死亡。通过本文，我想将这个主题进行拓展，以说明赌徒是如何通过赌博来否认他们所爱之人的死亡的。

电影

在电影《决胜21点》（2008）中，一群麻省理工学院的学生被招募到拉斯维加斯参加计算21的游戏，负责算牌。这些关系里令人触动的是，年轻的主人公和他的梦中情人一起都被招募到了同一个游戏组。她告诉他，她的父亲教她怎么玩游戏，当他问她的父亲是谁时，她说他已经去世很久了。他的父亲也在多年前就去世了。不只是这一点注定了他们会成为情侣，他们还有一个共同点就是，他们都对赌博情有独钟。死亡将他们的命运绑在一起，死亡让赌博显得非常迷人。任何理由都无法解释主人公对拉斯维加斯的喜爱——赌博是唯一的理由。

将电影和改编成这个电影的故事原著进行比较，是很有趣的。原著那本书是《迷失的天才》（*Mezrich*，2001），这是一本以“口述笔录”的方式讲述有关赌博的神话但又不是赌博的非小说书籍，里面的故事只是看起来像一场赌博。电影和书之间巨大的差异在于，书里主人公的父亲还活着。书里主人公的父亲是一个成功的科学家，并且他也希望儿子能成为科学家。但是，书里所描述的儿子在实验室里非常孤独，完全和外界隔绝。受到一个知名教授的邀请，他和同学们一起加入了一个刺激的小组，他很开心地放弃了他的科学事业，投入到赌博的怀抱。通过计算牌局里的纸牌，他们能算出大牌出现的概率，然后有把握地下赌注。关键在于他们运用的是统计学（一门专为赌博而发明的学科），以保证他们能占优势，他们最终会赢。将他们的才能投入到这项游戏中来的目的，不是为了科学研究或者学习数学，而是为了赢的那一刻的快感；不是为了更长远的将来，不是回想和家庭、朋友、老师、同学的过去经历，而是跟只为了赢的那一刻而来的一群人在一起。

但是，书和电影都围绕这一群假赌徒展开，当他们蔑视赌场里禁止算牌的规则算牌时，他们其实是在和命运赌博。他们知道，赌场的人很危险。他们听说过算牌的人被抢劫，以及一些人直接就消失在沙漠里的故事。一位年长的赌徒警告他们："千万别让名叫维尼的家伙载你们长途跋涉深入沙漠。"（p. 73）

他们不是在赌21点游戏，他们是在玩命。危险边缘的快感让他们忽略了他们不是纸牌游戏里的真正赌徒，他们正在面对的很可能就是他们生命的最后一刻。

书里和电影里都有一场面试，一个女赌徒说："我发现游戏的快感几乎和咨询一样让我着迷。一想到要对抗一个超级集团，要想办法在他们最擅长的领域里赢——这真让人兴奋。"（p.124）面试者说："我同意，每个组员都这么说。他们都觉得自己是小大卫，在对抗巨人，歌利亚巨人。只不过在他们的版本里，大卫通过赢得战斗变得富有。"（p.125）

对参加面试的那个女人和其他赌徒来说，金钱只是一种筹码。游戏也是用筹码来进行的，强化了赌博中的金钱和购买真正的商品的金钱之间的差别。对真正的赌徒来说，筹码是用来换钱的。而对这些算牌者来说，筹码意味着生命。面试者不知道在圣经故事里，大卫不仅有钱了，他还活下去了，而且还成了国王。换言之，快感来自英勇地对抗更强大的势力。大卫冒了生命的危险。拿命当赌注时，赌博才激动人心。另一个让人兴奋的地方是，为了骗过赌场进行乔装打扮。学生们去拉斯维加斯时，乔装成普通的赌徒，让赌场觉得他们的钱很好赚。这种装成一个完全不像自己的人，让整个游戏变得更有趣。他们就像盛装参加万圣节活动开心玩耍的孩子，假装蔑视死亡。电影里很明显的是，那些被学生模仿的真赌徒其实也会选择特别的装备、妆容和发型来塑造自己独特的角色，让赌场里的其他人对自己印象深刻。这样的模仿比真实生活更吸引人，强化了赌场制造的一种假象，即没有遭过罪的人也不会输钱。杰夫是书中的关键人物。在该书第二版的结尾，作者询问了他的家庭和朋友们对这个故事的反应。杰夫说：

> 目前来看，他们的反应还都挺正面。我想人们能够理解我们做这件事的伦理——这跟我们去拉斯维加斯赌博不一样。我们是在运用数学打败赌博系统。（p. 260）

他现在脱离危险了，并且再一次否认了他所冒的风险。他从来没有提及他失去了他爱的女人——尽管他清楚地知道赌博毁掉了他们之间的亲密。在后面的访谈中，他提到赌博带给了他什么：一栋镇上的房子和一个酒吧的股份。他没有提到他的新关系。对他来说，和其他赌徒一样，围桌而坐的这个小组正是他们想要的那种亲密。赢或输不是关键，待在这个游戏里才是他们比亲密关系更想要的。一旦赌徒失去了所爱的人，赌博本身就会取代她，也会取代他对于失去了她而感受到的任何后悔情绪。

一本书

对于赌徒来说，想战胜赌博系统的想法真的很正常。赌博成瘾才是关键。赌徒必须相信自己能打败赌博系统。在陀思妥耶夫斯基的《赌徒》（*The Gambler*，1866）这本书中，两个完全不同的赌徒用了两种完全不同的赌法，但都以失败告终，赌桌上的第三方是一位“老太太”。不过，这位年长的女士是在和赌场打赌。她接受自己无法通过赌博逃脱死亡。在小说一开始，就通过讲述者向读者提及了死亡，赌徒问他所爱的女人在他最后一次见她之后发生了什么：

“没什么，不过从圣彼得堡那边先后传来两个消息，先是奶奶病得很重，两天之后就说她看起来快死了。”（p.11）

这段话概括了整个小说的情节。一群赌徒，家属等着他们死了之后继承他们的金钱，债主等着他们死后把钱骗过来或者拿来抵债。悲剧和喜剧同时上演，小说聚焦于赌博成瘾是对时间、死亡和必定会输的否认。小说的讲述者即主角赌徒，第一次试着从社会学的角度来解释：

俄罗斯不仅无法积累资本，反而将资本鲁莽且不恰当地挥霍一空。然而，我们俄罗斯人民也需要钱……所以我们很愿意通过比如轮盘赌这种方式一次性发家致富，只需要两个小时，不用工作，这对我们来说简直太棒了。但是由于我们技术很烂，又很莽撞，所以几乎不用费什么事我们就会输光。（p. 32）

生命是时间一点点的累积——工作是一点点成就、收入和缓慢收获的累积——这些对一个赌徒来说太乏味了。他在乎的是在下赌注和揭晓输赢之间的那个时刻，时间仿佛就停止了。死亡来的时候就是一瞬间的事情，生命就是单调乏味的一步一个脚印走过的路。小说中的奶奶，与其垂死挣扎把钱留给赌徒们，还不如自己变成赌徒把钱输掉。赌徒们计算着她的死期，以期得到钱继续赌博。一个支持性、保护性的家庭成员的死亡，似乎成了赌博的必备条件。

书名所提到的赌徒，将赌博之路走到了底。陀思妥耶夫斯基的《赌徒》描写了内心世界对这一时刻的感受。在写这部小说的同时，陀思妥耶夫斯基也在写《罪与罚》（*Crime and Punishment*，1866）。他欠了很多债，然后他被关进了债务人监狱，再次面对这个问题。他签了合同在规定日期之前要发表两本小说。如果他无法按期完成，那么出版商就将拥有所有陀思妥耶夫斯基以后的作品的版权。那么，他就再也无法靠写作谋生了。赌的就是他能不能在指定日期之前完成小说，他拼命赶稿，就像一场生死赛跑一样。在小说里，赌桌上的老太太选择回归正常生活，她要做的也正是陀思妥耶夫斯基最终真正选择的，在宗教信仰里追求永生而非在牌桌上。正如他在《罪与罚》中描写的那样，选择宗教信仰就是选择了和他人联结，用爱救赎。杰夫在《决胜21点》中做出了完全相反的选择。

赌场里的赌博是一种观赏性游戏。玩家们相互观察，任何一个人玩的时候旁边都有很多人围观。穿着吸引眼球的奇装异服，妆容、发型、首饰都是这场游戏的一部分。陀思妥耶夫斯基是这样描述的：

> “我注意到你了，夫人，”玛法咯咯笑着，对珀塔佩奇说，“我们的女士想要怎么玩？”桌上的钱——活圣人！钱！我这辈子都没见过这么多钱，而且周围全是上流社会的人——只有上流社会的人坐在那里。“这些名流究竟是何方神圣，珀塔佩奇？”我问道。“或许我们这位女士可以自己搞定。”我心想，“我为你祈祷，夫人。”我的心下沉，下沉，我完全在发抖。“主啊，保佑她吧，”我想，“主会给你好运，我已经在发抖了，夫人，我全身都在发抖。”（p. 101）

就像拉斯维加斯的看客们一样，陀思妥耶夫斯基笔下的赌城的看客们羡慕着玩家们的高贵优雅，像期待高潮的爱人一样颤抖着、希冀着，然后又像已经到达了高潮般颤抖着回归到每日的现实生活。如果高潮就是“小小的死亡”，那么赌博就是公开的高潮和小小的死亡。

赌徒体验过输掉所有钱的感觉，就像死一般难受：“我还有什么？一无所有。明天我会怎样？明天我可能会起死回生！”（p.170）一无所有这种事很容易发生，在轮盘赌里，当你看到“0”这个数字时，就代表所有人的钱都归银行了。只有赌“0”的人才不会输钱，其他人全部输掉，显然只有银行会赢。最后，总是银行赢。死是不可避免的。但是，死之前的那一刻非常值得期待。在那一刻，赌徒还有赢的可能性。对赌徒来说，那一刻比高潮的时刻还要好，那一刻只是离死又近了一步。

一旦在赌桌上死过一次之后又重生的赌徒，对性满足的需求再也不会比赌博时兴奋时刻的需求更强烈。小说里，阿斯特里先生在一年后再次来到赌场，一年前他在第一次赌博的地方遇见了他现在的爱人。阿斯特里就是典型的审慎的英国人。他质问赌徒：

> 你不仅放弃了你的生命，你还放弃了你所有隐私的和公开的兴趣爱好，放弃了一个男人和一个公民应有的责任义务，放弃了你的朋友（而且你是真的有一些朋友）——你不仅放弃了你的目标、你曾经的目标，你只想赌博——你甚至放弃了你所有的回忆。

赌徒回答说：

> “够了，阿斯特里先生，请别再说了，不用提醒我，”我懊恼地哭泣，几乎快要愤怒了，“我来告诉你，我什么都没有忘记；我只不过是暂时把一切都抛诸脑外，包括我的回忆，直到我的处境发生彻底的改善，到那个时候……到那时候你会知道，我会重新振作起来。”（p. 174）

起死回生之后，他会回到爱人的身边，他将重新拥有亲密关系。复活和起死回生是宗教信仰里承诺世人的，跟这种说法类似，赌博是一种伪宗教，它承诺赌徒们一种新生活，在这种生活中，他会获得漂亮女人的芳心，而不是把一切都输给赌场。

回忆录

《双倍下注》（*Double Down*，Barthelme & Barthelme，1999）是一本回

忆录，将赌博和死亡联系起来。作者是兄弟俩，他们都是成功的学者。在书中他们描述了他们是如何输掉25万美金的，这是他们从令人又爱又恨的父亲那里继承的所有财产。他们观察到："和我们一起的赌徒都很认真，不是想研究学术的那种认真，而是孩子认真起来的那种狂热的样子，聚精会神地参与游戏，对其他事不闻不问，紧张但又感觉很随意，他们来赌城就是为了当孩子的。"（p. 74）

这两位作者，就像跟他们一起的赌徒一样，表现得就好像他们还是孩子一样，还活在父亲去世之前的时光里。他们是这样描写他们的幻想的："事情会突然无法解释地变成我们喜欢的样子。我们会拥有数不清的钱和爱。"（p. 85）赌博让他们能够逃避现实中父亲的死亡：

> 当然，赌博是一个代价非常昂贵的击败理性的方式。你只要一整晚一整天不睡，就能得到好多同样的东西，或者不管你会在多久之后变得神经兮兮的，情绪不稳定，背离你原本深信不疑的事，然后就只知道盯着猫、狗、订书机、你的手背、水。一旦你流露出你那愚蠢的自信，你简直就所向无敌。（p. 97）

知道赌场里的赌博早已被设定好，所以一段时间之后他们肯定会输，于是他们试图理解他们到底在干什么：

> ……我们更认真了，更热烈地追求输钱。我们不断练习，我们更加努力，我们挥霍掉了父亲曾经非常辛苦攒下来的金钱。意思明确吗？是"我们不想要你的钱"还是"觉得你是在拒绝"？或者更像是"感谢有机会感觉到在更大程度上像个失败者"？或者是"这笔钱就是你的可怜的替代品"？（pp. 116-117）

我想答案是多重选择测验的结果：以上所述都有可能。但是，赌博绝不仅仅是输。赢的感觉也非常相似：

> 输的部分当然不好玩，实际上是，好玩的不是输本身，而是输所带来的那种压力，令人眩晕的肾上腺素上升，这跟你是否能赢回筹码的感觉完全一样，或者被庄家赶上了架……开始游戏，任何游戏，为了一笔巨大的赌注，你会知道的。这时候，你赢或者输已经不重要，重要的是一直玩下去。（pp. 118-119）

这兄弟俩开始明白："因为我们入局了所以我们会输钱，因为我们不会罢手，因为从没有放弃这一说，因为我们的父母已经死了，我们生活一片混乱。"（p. 136）

他们说得就像赌博能让他们的生活变得井然有序一样，就像游戏规则才是最重要的，就像狄金森诗中的"若隐若现的鬼火"，假的上帝也能让人感到欣慰，即使信徒知道上帝是假的。兄弟俩被赶出赌场之后，就不再赌博了。跟《决胜21点》里的赌徒一样，残酷、现实的规则取代了神奇的赌博世界里的规则，面纱被撕开，巫师成了死亡真实存在的可怜提示，人类的生命是有限的，没有胜算。无处可逃。每个人都会有一天失去所爱。

精神分析学说对死亡的理解来迟了。斯皮尔莱因（Spielrein，1912）最先提出"死本能"这个观点，然后弗洛伊德（1920）阐述了这一观点，却遭到了自我心理学家的反对。哈维奇（Hurvich，1989）假设死亡是一种毁灭焦虑，假设死亡是童年对灾难的恐惧之一，这个观点一直备受争议。个体通过躁狂防御抵御死亡的威胁跟我在本文中提出的赌博心理学不谋而合。最终，赌博让个体在一瞬间即刻产生的感觉可以屏蔽掉所有的恐惧，恐惧被抛弃，被排斥，失去权力，被剥夺来自父母的唯一的爱。不过，每一种恐惧都在想到父母的死时变得具体。小说、非小说和半小说体电影中对赌博的刻画，都向我们展示了赌博是如何让个体抵挡住被死亡可能性所激起的想法、感受和意象的。

弗洛伊德曾经这样描述赌博游戏的“三只盒子”。这里的盒子就像果壳游戏里的果壳一样，选金盒子的人输了，选银盒子也输了，选铅盒子的人赢了。弗洛伊德认为，金盒子代表着这个男人的母亲，银盒子代表了爱他的妻子，铅盒子代表了死亡女神。在这几种不同的爱里，最终的赢家是死神。

如果死亡是最终的爱人，那么爱人的死是否是一种背叛？幸存者是否会想：“我爱的人是否爱死亡多过爱我？”在迪丹（Didion）对其夫之死的第一手材料里和哀悼他的岁月中，她试着：

> ……对（死亡）之后的那段时间赋予意义，花了数周、数月来摆脱我脑海中对死亡、疾病、可能性、运气、好运、噩运、婚姻、孩子、记忆、悲伤、人们面对或者不面对生命结束、肤浅的正常、生命本身，等等这些问题的固有想法。（2005，p.7）

这本书的一个突出特点是，它持续不断地提及一些事件的日期，一些重要事件（比如婚礼、收养）和公共事件（比如总统遭暗杀）都跟数字有关，用数学的方式井井有条地呈现出来。整本书就像一个统计学手册、一个赌徒的回忆录、一份运气记录，包括好运和噩运。它清楚地呈现了强迫性防御是如何与赌博行为完美契合的，而麻省理工学院的专业玩家用算牌这种“非赌博”行为作为战胜所爱的人之死的策略。

参考文献

Barthelme, F. & B ARTHELME , S. (1999). *Double Down*. New York: Harcourt.

Carotenuto, A. (1982; 1983). *A Secret Symmetry: Sabina Spielrein between Jung and Freud*. New York: Pantheon Books.

Didion, J. (2005). *The Year of Magical Thinking*. New York: Knopf.

Dostoyevsky, F. (1866). *The Gambler*. Transl. C. Garnett, ed G.S. Morson. New York: Modern Library, 2003.

—— (1866). *Crime and Punishment.* Transl. D. McDuff, New York: Penguin, 2002.

Freud, S. (1912). The Theme of The Three Caskets. *Standard Edition* 12: 289-301.

—— (1920). Beyond the pleasure principle. *Standard Edition 18*: 7-43.

Hayman, R. (2001). *A Life of Jung*. New York: WW Norton & Company.

Hurvich, M. (1989). Traumatic Moment, Basic Dangers, and Annihilation Anxiety. *Psychoanalytic Psychology*, 6: 309-323.

Mezrich, B. (2002) *21: Bringing Down the House: The Inside Story of Six MIT Students Who Took Vegas for Millions.* New York: Free Press.

Richards, A. K. & Richards, A.D. (1997). Gambling, Death and Violence: Hollywood Looks at Las Vegas. *Psychoanalytic Review*, 84: 769-788.

Spielrein, S. (1912). Die Destruktion Als Ursache Des Werdens. *Jahrbuch der Psychoanalyse* 4; EnglishTransl. Destruction as a Cause of Becoming. by S.K. Witt (1995) in *Psychoanalysis and Contemporary Thought,*18: 85-118.

该章节初次发表于：

Richards, A. K. (2009). Gambling and Death. In *Greed: Sex, Money, Power and Politics* E. Ronis & L. Shaw, eds.

第二十七章

可怕的女人：从《本能》及《朦胧的欲望中》看拉丁和盎格鲁女性的性欲观

本文分别通过两部电影《本能》和《朦胧的欲望》，对比男女在性和暴力问题上的观点差异。这样的对比将通过盎格鲁文化和西班牙文化中男人如何看待女人来展开。我将把两部电影中的男人和女人角色当作电影男导演和编剧的幻想进行讨论，而这个幻想受到他们各自所处文化概念对女人之理解的影响。

我特别感兴趣的是对女人本能生活之演变的理解，本文将聚焦于：女人如何表达攻击性，向谁表达攻击性，什么时候表现攻击性，表达的主题是什么？由于只从攻击性这一角度出发还不足以说明问题，接下来，我还会在这些电影中尝试追溯力比多的主题：女人如何表达性欲，向谁表达欲望，什么时候表达，客体的哪些特点会引发女人的欲望。特别重要的是，攻击性如何与欲望交织在一起，它如何加强、干扰，以及有时抑制女人欲望中温柔和理想化的方面。

蛇发女怪美杜莎是源于远古流传久远的神。据金布塔斯（Gimbutas，1989）：

> 希腊神话中的女怪美杜莎……会把人变成石头。她可以轻易让人停止呼吸……一个可以决定生死的强大女神，而不是后来印欧语系里被诸如珀尔修斯等英雄杀掉的怪物。她与阿耳特弥斯有关。阿耳特弥斯和赫卡特是一个人的两面，即主宰着生命周期的月亮女神：它的一面站在

周期的开端，另一面在周期的结尾；一面年轻、单纯和美丽，代表着年轻的生命，而另一面令人厌恶，代表着死亡……赫卡特被描述成一个带着猎狗在墓地巡逻的形象，收集毒物制作成致命的毒药。她是残酷的杀手，只有血腥的献祭能让她稍稍平静。她怪异恐怖的嚎叫声传达着死亡的存在。

蛇发女怪美杜莎活在古希腊。她那可怕的外形——伸出的舌头，突出的牙齿，扭动的蛇发——以防范忌妒之眼。作为保护的面具，蛇发女怪被刻画成了……头上长出很多蛇的样子：她被两条有着相反蛇头、吐着信子嘶嘶作响的蛇环绕着，散发着强大的力量。（ pp. 207-209）

《本能》是一部盎格鲁电影，就像《意志的胜利》或《党同伐异》以及《蝗虫之日》，它通过艺术手法传达一种仇恨的信息。这是对女性的战争的一部分，苏珊·法鲁迪在《黄金浩劫》里形容过。这部电影告诉我们，受过教育的女人是危险的、嗜血的女同性恋。即使那个看起来爱男人的女人也是最不道德可能杀人的女人。强大的女人获得成就，比如写书或获得心理学学位更是最危险的。美丽的女人是敌人，男人爱上她们就是自寻死路，即使男人的朋友迷上她们也会万劫不复。

《朦胧的欲望》是一部西班牙电影，电影里一直被爱慕和追求的漂亮女人总是出现在恐怖分子制造的爆炸现场。为什么会这样？她是跟恐怖分子有什么关系吗？电影里的暗示不停挑逗着观众的神经，让人联想到电影里那个漂亮女人对主人公的挑逗。她诱惑他陷入欲望，观众则被引诱陷入谜团。她是谁？她比主人公多了什么权力？比起其他女人，他为什么更想得到她？每一个场景似乎都潜藏着威胁和命中注定的感觉。

《本能》在片头就暗示了这部电影的意图。字幕后面，挑逗的赤裸肉体滋养着此刻的兴奋感，也提醒观众警惕电影中后面出现的重要词和名字。片头预示着对肉体脆弱性的理性审视。然后，主人公将会在美杜莎的意象前睡着。《本能》是有关蛇发女怪般女人的电影。《朦胧的欲望》的片头有着相似的重要性。强劲的西班牙吉他音乐伴随着淡蓝色天空下摇曳的棕榈树。大自然是可爱的，温暖的，令人着迷的。电影的字幕却是火红的，带来强烈的对比和狂热。男人是暴力的，不安的，冲突的。有人的地方就有危险。电影开片来往的车辆说明机器是污染源和敌人。我们正处在一个湿热的城市，随时会爆炸。《朦胧的欲望》讲述的是毁灭者般的女人，美杜莎般的女人。

《本能》里，镜头从开场戏中的门转到一面反射出正在性交的情侣的镜子。字幕和字幕后出现的肉体之间形成强烈对比，方形的家具和性伴侣柔软卷曲的肉体之间再次重复了这样的对比。镜头里突然出现了扭打在一起的情侣。一个金发女人把男人的手绑起来，拿着一把冰锥一次又一次地刺进男人的身体。看不到脸的、普通的、在上面的女人是危险的，不管她是谁。《本能》激起了对外阴的原始恐惧，美杜莎象征着女性的外阴，会把男人变成石头。

在《朦胧的欲望》的片头，主人公买了票，接下来的一幕就是他回到家，男管家问候他时说："她已经离开了。"我们看到园丁扛着很重的沙袋，这个形象会多次重复。这两个男人进去后，发现了一个染血的枕头和一双高跟鞋，还有一条湿的女士短裤。主人公称枕头上的血是鼻血，完全没有考虑也可能是月经或处女膜破裂的血。男管家告诉他，短裤是湿的，暗示是性唤起时阴道性交的分泌物。"把它们全烧了，"主人公命令道。男管家告诉他，一个德国哲学家说过："如果你和女人在一起，一定要带上一根大棒。"主人公坐进车后，说："去银行。"一起爆炸和大火惊呆了坐在车里的两人。女性性欲和金钱还有爆炸的狂怒之间的关系正在上演。

两部电影都涉及两个男人和一个独身女人，都用沾血的亚麻布营造出危险的氛围。男人追求女人，但她是一个危险的、充满原始感的野兽，危及文明的男人。但讽刺的是，恐惧的对象才是被追求的目标。

《本能》里的第二场戏里，两名探员开车去犯罪现场，就像主人公和数不清的助手一样。他们的同志情谊和一个男人跟一个女人之间的亲密所带来的危险形成了对比。这些哥们儿之间的昵称勾勒出当时的社会风气。主人公尼克，助手称呼他为“霍斯”（Hoss，音同“Horse”，马），而助手的昵称是“牛仔”。无数西方人互换角色称为永远的搭档，主人公是一匹需要一个骑手的“霍斯”。这个骑手可以是他的朋友牛仔，或者片头里那个致命的女人。好坏两种力量之间的较量已经启动：男人是好的，女人是坏的。

他们到了犯罪现场，卧室里挤满了警察。无论如何，紧张的气氛已经缓和了很多。他们停下来欣赏受害者收藏的毕加索的画，这画是财富、文化和权力的象征。主人公指出指挥官是为市长效命的，市长是个女人。市长的人威胁主人公，说这是在提醒观众警惕对女人效忠的男人。

警察们讨论着谋杀案。床单上到处都是血，警察们怀疑这些血是死者的。没有一个警探想到这些血也可能是来月经的时候染上的，即便这其实是很普通的原因，月经也容易把床单弄脏。女人留在床单上的血直接被否定了。而形成鲜明对比的是，对床单上的精液的特写说明所有人都认为这一定来自某个强壮的男人。没有一个人认为凶手会是一个同性恋伴侣或者嫉妒的丈夫或情人。警察们认定犯罪者不是男人，而在怀疑是什么样的女人会犯下这样的罪行。他们排除了管家的嫌疑，因为“她已经五十二岁高龄，体重超一百八十斤”。毕竟，这些人议论说尸体身上没有瘀青。意思是，如果这个男人跟一个这么胖的女人做爱的话，他身上肯定会有被压得瘀青的地方。所以，凶手只可能是一个苗条的女人。之后的场景里出现了一个胖乎乎的中年西班牙女仆。她和管家一样，都不是嫌疑人。之后，一个胖乎乎的女警给其他警察帮忙。苗条性感的，才是坏女人。

牛仔和霍斯拜访了受害人的女朋友，也是他被目击在公共场合见的最后一个人，凯瑟琳娜·特拉梅尔小姐。她的名字有几层含义。她的姓意味着诱惑，她名字的首字母缩写是“C.T.”，是屄和“狐狸精”的委婉说法。她的名字凯瑟琳娜，是莎士比亚戏剧《驯悍记》中的泼妇。但是和莎翁笔下的女主人公不同，莎翁笔下的悍妇被驯化她的男人称为“凯特”，而这部电影里自始至终都称呼凯瑟琳娜的全名。而形成对比的是，电影里的男主角却被叫着昵称，如果要强调他的名字，就是尼克。在影片的后面，凯瑟琳娜比他更强大的体现是，称呼他为尼奇，这是比他的名字“尼克”更为幼稚的一种称谓。

这群警察羡慕着凯瑟琳娜的“毕加索”，画上的女人有两副面孔。这幅画和死者家里的画很像，只不过更大些。凯瑟琳娜很有经济实力。当他们看到一个妖媚的金发女人从楼梯上往下俯视着他们时，他们以为她就是凯瑟琳娜。她的姿态唬住了他们，两个警察对她有问必答。她告诉他们她是洛克希，是凯瑟琳娜的朋友。跟凯瑟琳娜有关的女人都令人生畏。电影一直在找寻坏女人，然后发现到处都是坏女人。性感的女人在这部电影里都很可疑。她们撒谎，欺骗，改名字，染头发，戴假发。你要是没有记分卡，你根本无法辨认她们。因为这些女人的多变，男人们一直处于危险当中。

凯瑟琳娜的第二套住所外是一片美丽而危险的悬崖，可以眺望大海。她坐拥两辆莲花顶级轿车，更加彰显了她的实力。这帮警察和这个强势女人之间的较量对男人们来说真是耻辱。他们屈服于她的强势，回答她的提问。他们很有礼貌地问她问题，她直言不讳。当问到她是否在跟死者约会时，她回答说，“不是，我不过是在操他。”很显然，这个女人很粗鲁。当这帮警察离开房子时，牛仔说出了观众的心声。“好姑娘。”他冷笑道。

这对搭档不得不中断他们的侦查，为了让尼克去赴一个不情愿的约，当时在犯罪现场，尼克的上司就提醒过他。他预约的是一个警方的女心理学家。他们的谈话说明他们以前曾经是恋人，并且这次治疗包括了一系列问题。她问，他答。他已经戒掉了所有的嗜好：酒、可卡因、香烟，甚至和女人的性。这个年轻的、苗条的、妖媚的贝丝·加德纳医生在会谈结束时对他说：“我仍然无法忘记你，尼克。”加德纳医生是一个女临床医生，她不能在爱情和工作之间保持界限，就像戈巴德（1987）详细描述过的传统电影里那些充满诱惑的女性治疗师的角色一样。因为在所有的牛仔电影里，主人公为了保持自己的力量，拒绝卷入到任何女士企图强加于他的多愁善感的爱情里。

在《朦胧的欲望》里，主人公命令男管家把车掉头离开爆炸点，他坚持认为他们“所在的位置”也被恐怖分子盯上了。他们去赶火车。男管家进了第二节车厢，主人公去了第一节车厢，特别强调了车厢的差别。主人公在车厢里遇见了一个年轻的母亲和她的女儿，她们和他在巴黎是邻居。第二个男人加入了他们，和他们面对面坐着，这样不至于头晕。他们的谈话包括对如今飞机出行是很冒险的一番评论：“两个年轻人带你去沙漠”。一个侏儒进来了，坐在他的座位上看报纸。这个车厢里的人是中产阶级，不是劫匪。

一个普通扮相的女人正慌张地一边追着火车一边透过车窗朝里张望，像在寻找什么人。主人公看见了她，然后给了行李员一些钱，在她正准备上火车时他截住了她。他把一盆水倒在了她的头上，显然水是行李员给他的。虽然被淋湿了，但她并没有被吓到，她进了一辆小轿车。

电影的大部分都是以倒叙的方式展现，主人公告诉他的旅伴，他为什么要向那个女人泼水。在审判恐怖分子的那天，他在巴黎和他做法官的堂兄一起吃午饭。他们在他家吃饭，松露煎蛋卷和豆豉酱牛肉，在高雅的背景下享用奢华的美食。至今还不知道姓名的主人公，看见了一位新来的女仆，是一个漂亮的年轻女性，告诉他，她叫“肯奇塔”。那天傍晚，他让男管家告诉她，为他准备查特酒。他穿着睡袍。她坐在他的旁边，他发现她以前并不是佣人，她讨厌在办公室工作，喜欢跳舞。他吻了她，她为他铺床。第二天他发现她走了，没有留下任何地址。

三个月后在日内瓦，他正在公园里观赏湖里的天鹅。在回酒店的路上，他被三个年轻人抢劫了，他们不要他的钱包，只要八百法郎。回到酒店，肯奇塔出现了，还了他的钱，解释说他们是舞蹈演员，需要钱回巴黎。他把钱推给她，她把自己的地址给了他，还留下一张有香味的手绢，他温柔地握着。

接下来的一幕是他在巴黎，在肯奇塔和母亲同住的贫民窟下车。那个母亲给他准备了咖啡，对他说着他们的贫穷，并且承诺以后一定会回报他。她感激地接受了他的一沓钞票，然后留下他和她的女儿独处。当他跟肯奇塔调情时，她说她不是那种女孩，但是又极具诱惑地把糖果放在他嘴里挑逗他。他告诉火车上的旅伴，他在后来的一个月里每天都会去那个贫民窟的住所。

一天，他来到这里看到她正在和吉他手排练。她脱掉衣服，穿着内衣洗澡。她唱着一首西班牙歌曲挑逗他，边唱边做出像在给他刮脸的手势，“有人在听吗？没有！要我告诉你吗？是的！你有爱人吗？没有。你愿意做我的爱人吗？愿意。”“是真的吗？”他问她。她说这不是她说的，这只是歌词。这个刮脸的动作让我们想起黛利拉给萨姆森刮脸的故事。她允许他亲她，爱抚她，然后制止了他。他给了她一个装满了钱的信封。母亲回来了。他问她为什么不愿意做他的爱人，她小声说因为她是处女。男管家把这个母亲带到了主人公奢华的公寓，他给了她更多的钱。突然，他叫男管家把弹簧陷阱里的捕鼠器拿走。他再也不要跑来跑去了。这个母亲答应第二天晚上把女儿带过来。但是，第二天晚上吉他手带来了一条口信：“我本打算把自己给你，你却想要买下我。我再也不要见你。”在他们的猫鼠游戏里，他是那只老鼠，她是猫。他冲到贫民窟，已经人去楼空。

两个月后，她变成衣帽间女服务生出现在他吃午饭的餐馆里。他换了西装。她称呼他为“马修”，并且答应让他在他郊区的房子里拥有她。当他开车去那里时，他看见了一处被恐怖分子破坏的地方。一个男人扛着一个很重的布袋子。在房子里，她拒绝和他做爱，称他为她的爱，要他永远爱她，永不爱别人。她走到他的床上，却穿着超级紧身的蕾丝，他根本就脱不下来。他哭了。她说她也不想这样，但是她会和他一起生活，然后慢慢允许他对她有更多的举动。他说，他是如此开心能和她这么亲近，他不奢望完美。

她告诉他，她不明白他为什么想要做爱。他们走过公园的时候，他扛着一个很重的布袋。他们要睡觉了，她还是不想发生性关系。他很绅士地建议说还有别的办法可以让一个男人开心。她变得愤愤不平。他们听说有暗杀事件发生，她离开了他的床，回到自己的房间。他发现她隐藏着那个吉他手。他命令她出去。她大声斥责他，并且发誓永远不要再见到他。

当火车穿过另一座桥时，马修告诉他的堂兄，他很害怕自己会忍不住回去找她，请求他的堂兄帮他摆脱她。在警察驱逐她和她的母亲时，才知道这个女儿的真实名字是“康塞普申”（Conception）。这是另一个转折点。我们发现我们自以为了解这个女人，其实对她一无所知。

回到塞维利亚，他知道他会去找她，他给了一个带着婴儿的母女乞丐一些钱。女儿打开包裹着婴儿的襁褓，发现里面不过是一个装在篮子里的大毯子。马修笑了。他问男管家，“马丁，你怎么看女人。”马丁回答说，他有一个朋友，非常爱女人，觉得女人就是“一袋袋的粪便”。园丁扛的帆布袋和马修在公园里和肯奇塔散步时扛的袋子，都是女人的象征。他把布袋子留在后面扛。

马修发现，肯奇塔在一个人们认为是妓院的地方跳舞，但是他觉得那里顶多算是个夜总会。她跳舞。他陶醉。她谢幕去休息了。她的朋友告诉他能在哪里找到正在“休息”的她。他看到她在一群男人面前裸舞。他被激怒了，他宣布彻底放弃她。但当她请求他原谅时，他又答应给她买一个小房子，这样她就只属于他一个人。

他把房子的契约给了她。她答应午夜时分见他，但戏弄他说是第二天的午夜。第二天晚上，她把脚从锁上的门里伸出去让他吻。然后，在他不在的时候她自由地跳舞。她告诉他，他总是让她感到厌恶，她和他在一起不过是为了毁了他。她和那个年轻英俊的吉他手做爱，然后奚落他说：“吉他手是我的。我想和谁玩就和谁玩。”回到旅馆的时候，马修被偷车的恐怖分子抢劫了。

第二天早上，肯奇塔出现了，说对他很失望，因为他没有爱她爱到可以为她自杀的程度。她说他根本不懂女人，她只想证明他并没有拥有她。她对他的奚落激怒了他，他打了她一耳光。血从她的鼻子里流出来，她把房子的钥匙给他，并且向他保证那天晚上他看到的场景不过是演戏，她为了他并没有“失身”。她的终极诱惑是处女膜。马丁和女仆听到有人尖叫。马丁告诉女仆，这是他们在争吵，但是那声音听起来就像犯罪现场一样。镜头切换到房间，我们看到她在哀求，但是马修完全被激怒了。他把钥匙扔到她脸上。

镜头又回到火车上，马修告诉旅伴这一切就发生在前一天的早上。我们这时意识到电影一开始枕头上的血是鼻血，鞋子是肯奇塔的，然后那个水迹是他们打起来的时候他泼给她的。但真的是这样吗？肯奇塔出现了，泼了他一桶水，然后我们看到他们在巴黎手挽手一起下了火车。当这对情侣在画廊买东西时，我们听到新闻在报道一个奇怪的革命联盟。他们停下来看一个裁缝修补一件有精美刺绣的睡衣。马修抚摸着肯奇塔的手。在瓦格纳（Wilhelm Richard Wagner）的“众神的黄昏”（Gotterdammerung）中，《女武神》（*Die Valkirie*）的音乐太大声以至于我们无法听清楚他们的对话。肯奇塔抽身离开，他跟着她，在哀求。一个巨大的爆炸燃起了熊熊大火，然后屏幕变黑。

这部电影的关键意象是那一袋粪便。当马修对肯奇塔越来越着迷时，这个意象一遍遍地出现。这和她坚持保持自己处女膜完整的纯洁意象形成对比。这种叙事手法将这个诱人的年轻处女和令人厌恶的一袋粪便形成强烈的对比。霍兹曼和库里什（Holtzman & Kulish，1997）就曾详细探索过处女膜意象。这两位作者主张处女膜是一个可怕的意象，因为它永远无法替代和再生。失去处女膜意味着朝着死亡又迈进了一步。因此，《朦胧的欲望》里最后的死亡意味着处女膜的终结，肯奇塔害怕的是马修不再爱她。

回到《本能》，我们看到了相似的情节发展。凯瑟琳娜·特拉梅尔不仅拥有一百多万美元，她还写了好几本书，而且她相当聪明。一个男性心理学家争辩说凶手是一个可怕的人，很可能会再杀人。这里给观众挖了个坑，我认为是整部电影最关键的地方：凯瑟琳娜在警局的面谈。

一帮警察回到海边的房子把凯瑟琳娜带去警局问话。再一次，她扭转了局面，先得到了有关尼克的信息。当他们等着她换衣服时，尼克看到了一张报纸，上面有几个月前关于他误杀两名游客的报道。他看向凯瑟琳娜换衣服的房间。她毫不遮掩的赤裸着。在去警局的路上，她故意在尼克面前抽烟，想挑起他的烟瘾。

在警局，凯瑟琳娜被质问有关谋杀的事情。凯瑟琳娜坐在他们对面的椅子上。镜头的角度让她看上去双腿全是裸露的，坐姿也非常撩人。她抽着烟。警局里是禁烟的，她挑战着想惩罚她的警察们。“你们能把我怎么样，因为抽烟逮捕我？”她问道，料到他们不敢把她怎么样。他们不作声。她转向主人公，“你吸过可卡因吗，尼克？”当她说话的时候，她分开双腿然后又交叉，她在展示她的外阴，却表现得好像根本不知道自己在干什么一样。这是整部电影最关键的地方。

这个阴险的、狐狸精般的女人，会让男人万劫不复的女人，她是各种问题的综合体：嫌疑人却在质问警察，女人却在质问男人，性高手却在质问禁欲者，嫌疑人利用了盘问的机会引诱盘问者犯罪。看见女性生殖器，让这个房间里的所有男人震惊了。她在他们面前飞快地露出她的生殖器。这与男性露阴者在女性受害者面前表露出的攻击性一样，所带来的效果也一样。她这样做似乎显得她有魔力：她骗过了所有警察，她通过了测谎仪，她成功离间了主人公和他的兄弟们。他答应开车送她回去，其他人怀疑他和她暗中勾结。他正走向毁灭。在这之后，许多情节都不可避免地被歪曲，就像奥赛罗在黛斯迪蒙娜扔下一张手绢之后就沦陷了。

然后，他和酒吧里的人混在一起，三个月来第一次喝了酒。贝丝·加德纳开心地把他带回家，他却非常粗暴地跟她肛交。之后，她的情绪显得很恍惚，但是当他问她要烟抽时，她叫他穿上衣服滚。这个好女人享受被伤害的感觉，但是在他自我毁灭时拒绝了他。尼克离开后去了警局，得知在凯瑟琳娜·特拉梅尔还是学生的时候，伯克利的一名教授也被冰锥刺死。他冲到凯瑟琳娜的寓所时，恰好看见她的黑色莲花轿车开走了。他开着他的红色普利茅斯在后面跟着，但是很快就被她彪悍的车技和动力更大的车甩在了后面。他发现她的车停在哈泽尔·多普金斯的屋前，这是另一个也是杀人犯的女人。这个女人的名字首字母缩写是H. D.，这个也是希尔达·杜利特尔的名字首字母缩写。她是一个双性恋女诗人，很有实力。凯瑟琳娜的笔名是伍尔夫，模仿的是双性恋女小说家弗吉尼亚·伍尔夫。

尼克再一次去凯瑟琳娜位于海边的房子找她，去侦查她跟这个女人的关系，以及她跟那个教授的谋杀案的关系。她用了一把碎冰锥熟练地劈碎了一大块冰。她把他作为下一本小说的被害者的原型。她指责他杀了四个无辜的人，还提起了他妻子的死。他们扭在一起。凯瑟琳娜的朋友洛克希走了进来，凯瑟琳娜热情地拥抱她，让尼克离开。

之后，贝丝出现在尼克的住所，这个好女孩来为她交出了保密信息向他道歉。即使“好”女人也会背叛男人，一次典型的女性特质的失败：她没有保守秘密。他扇了她一耳光。她道歉后离开了。他看着电视上播出的怪兽电影睡着了。怪兽有着一张美杜莎的面孔，张着血盆大口，一口尖牙，毛发缠绕。然后，镜头立刻转换到之前和尼克在公共场合争吵过的一名警察，他被发现早些时候死于一把和尼克的配枪相同类型的枪下。

听证会上，尼克被审讯时也在抽烟，他向凯瑟琳娜认同了。当被质问时，他重复了她在抽烟时说的俏皮话。尼克变成了凯瑟琳娜的一个奴隶情人。坏女人掌握了他的过去，他的记忆，并且把她的身份认同强加在他身上。因此，女人干的另一件坏事就是，她们按照自己的意象重塑男人。

凯瑟琳娜又去拜访尼克了，挑逗性地告诉他有关她的第一本书的事情，这本书里的谋杀故事和她父母的死亡事故非常相似。她告诉他，凶手是那对夫妇的儿子，他们的唯一的继承人，就像她也是她父母的唯一继承人一样。而性别的不同不是重点，钱和权才是关键。全然不顾他忠诚的朋友格斯的忠告，尼克坚持要去夜总会，在那里，他发现凯瑟琳娜和洛克希一起坐在男厕的马桶上吸可卡因。这两个女人的舞姿充满了情欲的味道。凯瑟琳娜是一个喜欢打破规则的女人，也是一个没有厌恶感的女人。

凯瑟琳娜丢下洛克希和尼克走了，然后他们在一面镜子做成的天花板下做爱。她用一条白丝巾把他捆起来。洛克希告诉他，她一直在旁边偷看他们做爱，而且凯瑟琳娜喜欢她偷看。在这一幕复杂的场景里，快速的变化突出了女人的诡诈。天亮了，尼克发现凯瑟琳娜站在沙滩上的火堆旁。她警告他别靠火太近，但是他强烈地坚持他很享受他们危险的性，他称之为“世纪之操”。她回答说这个开始还不算糟。因此，她一直用他高估她而她贬低他的这种关系羞辱他。

和凯瑟琳娜做爱的代价是昂贵的。尼克离开小餐馆后，一辆黑色莲花轿车跟着他。他把这辆莲花车逼得掉下了悬崖。驾车的人是洛克希。之后，凯瑟琳娜若有所思地说，“她以前从来不会嫉妒的。”

在警局的一次心理评估中，贝丝同情地帮助尼克掩饰了他鲁莽的愤怒。电影的下一幕是，海边房子的墙上有火苗一样的阴影在摇动。凯瑟琳娜坐在一把摇椅里哭泣。她抱怨到她在乎的人都死了。她哀悼他们就像哀悼她失去的物品一样。尼克安慰了她，也再一次被她引诱，被她坦白她曾经在伯克利和一个女孩发生过性关系的事情所打动，她说这个女孩后来对她非常痴迷，一度模仿她。于是，尼克非常热切地追查这个女孩是否有可能杀了人然后嫁祸于凯瑟琳娜。他不愿相信，凯瑟琳娜就是凶手。

当发现这个女孩后来改名为贝丝·加德纳，尼克开始怀疑贝丝并跑去质问她。她说她的姓是她的丈夫的姓，而她的名字是她的丈夫对她的称呼。这一点很合乎一个好女孩的意象，因为她愿意被她的男人所界定。不过她的名字也有多重含义。“Oberman”（奥特曼）是“Ubermensch”这个词的英语化版本，英雄为了自己的需要而杀人。名字的多重含义就像音轨上音乐的共鸣一样。

凯瑟琳娜出现在尼克的公寓，然后和他做爱，当他建议她给她的书一个喜剧的结局时，她说这种结局的书没人买。“必须有人得死，”她说，“人总是会死。”尼克继续追查，发现贝丝的丈夫被杀了，而且坊间流传这个凶杀案跟妻子的女朋友有关。他不再相信贝丝。他回到凯瑟琳娜的住所，发现她的新小说打印出来了。她告诉他小说写完了，主人公死了。她之前的女情人出现了，在她出门的时候给了她一个色情的再见。尼克被激怒了，他赶去和格斯会合，准备去见凯瑟琳娜的前室友。因为尼克的枪被收了，也不被允许继续侦查，因此格斯先独自前往。尼克意识到这可能是个陷阱，冲过去的时候发现格斯已经死了。观众看到格斯被一个身材瘦削、身穿一件闪闪发亮的黑色雨衣、头戴金色假发的女人开枪杀死的。贝丝出现了，声称接到一个电话叫她到这里来，她看起来像是口袋里握着一把枪。尼克开了死了她，却发现她手里不过是握着一把他家里的钥匙。警察来了，找到了一件警用雨衣和一把警察用枪，并在楼梯上发现了一顶金色假发。尼克现在失去了他的兄弟和一个真正关心他的女人。他们的死都跟他有关，但是他没有告诉警察贝丝不是凶手。

凯瑟琳娜出现在尼克的家里，她哭泣着。他们做爱，她把他捆起来，她向后倾，他建议他们在一起，“拼命做爱，然后像老鼠一样幸福生活下去。”她说她讨厌老鼠，他说那就忘掉老鼠；她后倾，手伸向地板，姿势和片头里伸手拿冰锥的女人一模一样，然后她突然扑到他身上拥抱他。电影的结尾是，一把冰锥静静地躺在他们床下的地板上。

整部电影里，凯瑟琳娜都在提醒尼克他在冒险。就像蜘蛛，她把他引进她编织的网，玩弄他的内疚，他的好奇心，还有他的孤独，她一步一步引诱他走向毁灭。她用她可能的无辜挑逗他，告诉他她会杀了他，因为她不缺爱人。她健康的脸和身体跟她的吸毒、开放地享受随便的性爱、双性性取向、谋杀癖好形成了鲜明对比。她的外表女人味儿十足，用起冰锥来却比男人还内行。

电影里重要的一幕是，尼克房间里电视屏幕上出现的美杜莎头像。屏幕上出现这个头像，电影和美杜莎的传说联系起来（Hamilton，1940），这种直观的表示在警告男人，女人很危险，美杜莎很危险。分析师们（Freud，1923，1940；Ferenczi，1923；Flugel，1924；Reik，1951；Balter，1969）发现美杜莎的神话对于理解男人对女人的恐惧非常有帮助。而我想记录的是，这部电影通过美杜莎所宣扬的有关女人的信息。

美杜莎就是外阴的意象，周围都是毛发，脸不是脸，嘴不是嘴，年轻的时候给予生命，但面目恐怖，而且遇到她的年轻人都得死。美杜莎的象征充斥着蜜蜂和蛇。蜜蜂蜇人，就像危险的女人挥舞着锋利的冰锥，可以杀人。蛇柔软的身体，就像电影里凶案现场的肉体一样，充满诱惑和杀机。当凯瑟琳娜展示她的外阴时，她激起的是诱惑力、能量和美杜莎置人死地的威胁。

根据汉密尔顿（1940）的观点，美杜莎是三个蛇发女怪中的一个，她的姐妹们都住在一座海岛上。珀尔修斯取了她的头颅作为礼物送给了和他的母亲达那扼结婚的男人。神话故事中，这个杀了美杜莎的男孩没有父亲，所以不需要面对母亲的性。他用蛇发女怪的头将母亲的追求者变成石头，从而阻止了她在婚姻中展示她那令人恐惧的外阴。

阿洛（1971）描述了有暴露癖和恋物癖倾向的男人是因为看到女性生殖器时的创伤感受，尤其是一个充满攻击性的母亲的生殖器。男人所体验到的阉割焦虑导致了他们对本身的自我惩罚冲动的恐惧，最终形成了性倒错或者倒错的性格特点，使男人能感觉自已强大到能抵御女性生殖器所带来的恐惧。对女性生殖器的拒绝伴随着女性生殖器是致命的信念。存在太过可怕，因此，它不能够存在。凯瑟琳娜在展示她的生殖器时完美表达了她的性格特点。通过强迫男人们看到它，她捕获了他们，迷住了他们，毁灭了他们。

“厌恶女性的男人”这个观点是法鲁迪（1991）在大众文化、政治和最为重要的20世纪70年代的大众心理学中所描述的。正如法鲁迪和其他人（Rossi，1972）所指出的，在每一个女人争取和男人平起平坐的权利的历史时期，这个观点都会重新回到人们的视野。它的流行、无处不在及历史性的重现（Pantel，1992）让我们不禁要问，它为什么会一再地被提及。难道女性心理的某些东西允许女人为这部电影感到兴奋？难道这与为什么女人们会允许父权制发生有关？

我认为，这个问题让我们回头去思考这部电影的主题。什么是本能呢？它仅仅是一种原始的性欲吗？像凯瑟琳娜说的那样，即使你对伴侣丝毫没有感情，“你仍然能获得快感？”（Freud，1905）还是一种攻击性的愿望，通过拿起冰锥暴力地不停刺下去得以释放（Klein，1932）？还是一种受虐的愿望，被惩罚的渴望驱使尼克迷上凯瑟琳娜，但是反转了通常意义上的男性—女性角色，因为女性通常应该是受虐的一方，迫使男性压迫她（Freud，1923）？ 还是说这是一种与他人建立依附关系的需求（Bowlby，1969），给予了社会一种权利迫使女人自我厌恶或自我贬低（Horney，1926）?以上所有都有可能。我们所考虑的本能，对于分析性思考者而言是一道谜题。

霍妮（Karen Horney，1926）第一个指出：“和所有的科学所有的评价一样，对女性的心理学研究迄今为止都被认为只是男人们的观点”（p. 326）。很不幸的是，几乎没人响应她倡导从女人的角度理解女性心理学的呼声。男性分析家们在六十三年之后仍然坚信，阴茎嫉羡是女性生殖器期和女人的女性特点最重要的经验。正如客体关系和其他重要的女性特征理论家所假设的，女孩具备的主要是女性特征，小女孩和女人会认为外阴很重要。但是，男人们是否能理解这一点？或者他们还是相信嫉羡是女性经验最关键的部分？在某种程度上，他们相信阴茎嫉羡是女性心理学的基石，他们必须害怕会遭到嫉妒的女性的报复。《本能》这部电影是大众文化的表达，告诉我们不同性别有不同的力量，对男人和女人都是如此。

当凯瑟琳娜展示她的外阴时，她表现的是她的力量。这部电影的力量在于它安抚了观众，让观众知道性感的女人不是母亲。当管家因为又老又肥而被排除了嫌疑时，当贝丝把自己的名字改成了丈夫的名字而被排除了嫌疑时，当凯瑟琳娜告诉尼克她不会生孩子时，当马修为了和肯奇塔发生关系而付钱给她的母亲且这个母亲很开心地拿了钱时，观众看到这样的故事就放心了，他们知道母亲没有性，也不会杀人。

贝尔特（1969）讲述的珀尔修斯–美杜莎的神话故事是父权制反抗母系权力。《本能》这部电影支持男性群体以力量和阳刚对抗母亲。它让男人们相信，只要避开漂亮强势的女人，他们就能逃脱死亡。它让女人们知道，只要变得漂亮和强大，她们就能成功地把男人引向死亡。《朦胧的欲望》让男人们再次确信，只有男人是可信的，那个男管家比任何一个女人都可靠。他向马修证明了，男人是值得信任的，而女人不可信。同时还暗示只要避开年轻的处女，他们就能避开死亡。也让女人们相信，她们的力量源于保存处女膜的完整，只要她们能让男人们一直抱有他们所认为的错觉，她们就能全身而退。

这些电影都不约而同地把女人刻画成强势和邪恶的样子，都把性和死亡、性和金钱、暴力和金钱相提并论。在盎格鲁电影中，性欲旺盛的女人是强势的；在西班牙电影中，处女是强势的。换句话说，女人的力量看起来是一个普遍的幻想，而女人性活动的强度似乎更多从文化角度赋予了她们力量。本杰明（Benjamin）坚信，男人认为女人是有力量的是因为他们曾经是小男孩，被强大的母亲控制着。从这些电影里，我们或许会倾向于认为母亲身份可能会也可能不会赋予女人力量，但是一定会被她的性欲刺激。

奥克塔维奥·帕斯（Octavio Paz，1997）非常喜欢萨德侯爵的色情作品，他这样评论道："支配这些邪恶王子的不是男人，而是女人。从邪恶到美丽，必须是绝对的和女性化的。"这样的观点渗透在西班牙电影和西班牙文化中，表现在持续出现的处女视觉意象，这些处女是母亲。这两部电影还有一个共同点就是，对女性权力的仇恨。唯一的不同是在《本能》里，表现了无子女的性感女人的力量，而《朦胧的欲望》里表现的是禁欲但有生育能力的女人的力量。两者都是幻想，在萨德侯爵那里都能找到根源，都把男性的恐惧投射到了女性意象中。乌尔曼（Ullman，1998）追溯了20世纪之交的好莱坞电影，发现那个时候出现了对女性力量崛起的强烈抵制。当我们来到21世纪之交时，我们能看到对女性力量的恐惧持续刺激着我们的梦想和艺术。

参考文献

Arlow, J. (1971). Character Perversion. In *Currents in Psychoanalysis*, L. Marcus, ed. New York: International Universities Press.

Balter (1969). The Mother as Source of Power. *Psychoanalytic Quarterly*, 38: 217-274.

Faludi, S. (1991). *Backlash: The Undeclared War Against American Women*. New York: Crown.

Ferenczi, S. (1923). On the Symbolism of the Head of the Medusa. In *Further Contributions to the Theory and Technique of Psychoanalysis*. London: Hogarth, 1950.

Fluge, J. (1924). Polyphallic Symbolism and the Castration Complex. *International Journal of Psycho-Analysis*, 5: 155-196.

Freud, S. (1905). Three Essays on the Theory of Sexuality (1905). *Standard Edition.*

—— (1922). Medusa's Head. *Standard Edition 18*: 273-274.

—— (1923). The Ego and the Id. *Standard Edition 19*: 12-66.

Gabbard, G. & Gabbard, K. (1987). *Psychiatry and the Cinema*. Chicago: University of

Chicago Press.

Gimbutas, M. (1989). *The Language of the Goddess.* New York: Harper & Row.

Hamilton, E.(1940). *Mythology:Timeless Tales of Gods and Heroes.*New York: Mentor.

Holtzman, D. & Kulish, N. (1996). The Hymen and the Loss of Viginity. *Journal of the American Psychoanalytic Association,* 44: 303-332.

Horney, K. (1926). The Flight from Womanhood. *International Journal of Psychoanalysis*, 7: 324-339.

Klein, M. (1932). *The Psychoanalysis of Children*. London: Hogarth Press,1975.

Pantel, P. (1992). *A History of Women*. Cambridge, MA: Harvard University Press.

Paz, O. (1998). *An Erotic Beyond Sade*. New York: Houghton Mifflin Harcourt.

Reik, T. (1951). Modern Medusa. *American Imago*, 8: 323-328.

Rossi, A. (1973). *The Feminist Papers.* New York: Columbia.

Ullman, S.R. (1998). *Sex Seen: The Emergence of Modern Sexuality in America*. Berkeley, CA: University of California Press.

该章节初次发表于：

Richards, A.K. (1999). The Terrifying Woman: Latin and Anglo View of Female Sexuality in *Basic Instinct and That Obscure Object of Desire. Projections* 12(2): 35-52.

第二十八章
女人想要什么？伊南娜和女人的力量

精神分析师为什么要研究神话？阿洛（1961）认为：

> 神话是一种集体经验。它是一种分享幻想的特殊形式，它让个体在某些普遍存在的需求之基础上跟它所处文化的群体之间建立起了某种联系。因此，从心理整合功能的角度出发研究神话——看它是如何防御内疚和焦虑的，它如何建立起适应现实及个体所处群体的方式的，它是如何影响个体身份和超我的形成的。（p. 375）

从这一构想出发，神话对社会的作用是在现实中给被禁止的愿望以空间，但同时又克制这些愿望，让它们不至于破坏社会秩序。同时，神话对于社会上的每一个人都是有用的。神话让个体感到不孤单，更像其他人，更像是可依赖的环境的一部分。用温尼科特（1972）的话说，它"抱持"着个体，用沙利文（1968）的话说，它提供了一种安全感，同时从荣格（1981）的观点看，它还能通过共同的潜在愿望将每一个体联系到一起，通过讲述、倾听、阅读或者观察神秘的宇宙将人和人联系起来（Schlochower，2013）。所有不同的分析理论都一致认同神话的重要性。

我们收集和研究的许多神话都是关于英雄的神话，或者有关国王是如何获得至高无上的权力后又是如何衰败的。坎贝尔（2008）收集并讨论了许多不同文化中的神话故事，这些神话故事都讲述了王权是如何以死亡告终的，然后下一位国王是取代了上一位国王的英雄。东西方文化里都没有人收集有关女性权力方面的神话故事，或者也没有人尝试去发现女人是如何被赋权又是如何被废黜的神话故事。女人的神话就是我们今天的议题。要做到像坎贝尔那样将强大男人的神话收集起来是很困难的，需要像他一样的天才才能做到。不过，作为一个团队，我们希望可以开始这个计划，其他人能贡献他们的智慧，然后终会有人能够综合我们收集的信息，并且有兴趣做这件事。我希望这个工作能够帮助女人看到自己也有共同的愿望、希望、渴望、恐惧、怀疑，以及处理它们之间矛盾的方法。

关于强大女人的神话故事要追溯到口语的起源。最早以书面形式传承下来的这类神话故事是伊南娜（Inanna）的故事。她是天后，它的神话是从苏美尔地区流传开来的，早于基督《旧约》和希伯来《圣经》两千年。讽刺的是，这个神话源于居住在现在的南伊拉克地区的人们，是一种从当时世界上最文明的古人到当代文明的信息传递，而在当代文明中，伊拉克是一个问题而不是一种解决方法。

伊南娜的发展

关于伊南娜的故事，时间背景是当时地球上所有物种刚刚被创造出来的时候，当时甚至都有面包了。因此，这是一个有关农业起源的故事。游牧民族的时代，农民们居住在一起。她的故事开始于她种了一棵树。她等待着它长大，但是树根里住了一条巨蛇，枝丫上住了一只鸟，它的树干住着一个女野人丽丽斯。伊南娜的哥哥吉尔盖姆希（Gilgamesh）砍掉了树，给她做了一个宝座和一张床，然后她用最高处的树枝给他做了一顶王冠。她的宝座，象征着世俗的权力，那张床，象征着性欲和生育。然后，她去拜访父亲恩基（Enki）。在路上，她靠在一棵苹果树上，看自己的外阴。她赞美着自己，命名自己为天后。

伊南娜看见自己的外阴并宣称自己是天后的一幕，将女人的力量归诸对自己外阴的意识和展示带来了女人的自豪感。这个观点与弗洛伊德的推测正好相反，弗洛伊德认为小女孩看到自己的外阴时会有被剥夺的感觉，因为她认为比起小男孩的阴茎来说自己是残缺的。然而，现代精神分析文献后来肯定了这个观点，这些文献描述了女性自豪感、满足感及贬低阴茎的心理发展（Mayer，1985；Richards，1995)。根据这一观点，小女孩觉得外阴是快感的来源，因此我们会看到这与将生殖器看成怪异的、可怕的、被拒绝的观点不同。弗洛伊德认为小女孩嫉妒阴茎，对阴茎的观察也会对成长中的女孩及成年女性造成很多痛苦。我认为，阴茎嫉妒还混合着拒绝与外阴不同的生殖器。

当她见到父亲，智慧之神恩基，她得到了黄油蛋糕、水和啤酒。她和父亲一起吃蛋糕一起喝酒。她把父亲灌醉了。喝醉之后，父亲把自己所有的神力都给了她，包括神性、王位、牧师身份、女祭司身份、艺术（包括堕落的艺术）、科学、情绪、手工艺、农业、生育、审判，以及决策权。

因此，伊南娜从父亲那里得到了权力。父权先于母权。不同于母权和女神先于父权和男神的故事（Gimbutas，1989），这个神话故事讲的是一个女儿把父亲灌醉然后从他那里抢走了权力。它为《圣经》中女人从男人那里偷走权力的神话故事做了铺垫。它也为莎拉、黛利拉、朱迪恩及其他运用聪明才智战胜男人强大身体的故事做了铺垫。

伊南娜带着权力回到了自己的城市庆祝。现在，她选择了一个丈夫。她想要一个农夫，一个牧羊人坚称他能给她更多。他们争辩着。

> 他们说的话
> 是欲望的表达
> 争辩带来了爱人的欲望。
>
> （Wolkstein & Kramer，1983，p. 34）

这里，对攻击性加剧性热情之作用的描述听起来很现代也很牵强。它可以是一个婚姻咨询师或者一个家庭治疗师的建议。它也可以是梅兰妮·克莱茵（1952）提出的精神分析理论的前身。爱的温柔里融合的攻击性加剧了欲望（Lacan，1973）。

等待

等待加剧了欲望。她在门口挑选爱人：

伊南娜，遵从母命，
沐浴更衣，以精油润肤。
身披皇家白袍。
备好嫁妆。
项上缠绕珍贵的青金石珠。
印章紧握在手。

（Wolkstein & Kramer，p. 35）

再一次，等待丈夫的时候徒增了她的欲望。伊南娜没有急于去开门。她用这个等待的时间增加自己的欲望。她让自己闻起来很香，精心打扮，戴着珠宝，看起来很像一个时髦的女人。在她打开门迎接丈夫的时候，她充满了渴望，非常急切。

在伊南娜的神话故事里，贞操及对婚内性交的精心准备都非常戏剧化。

她问道：

谁将开垦我的外阴？（p.37）

她的丈夫回答：

伟大的夫人，国王将开垦你的外阴。
我，杜穆兹国王将开垦你的外阴。（p.37）

迄今为止，我们的语言都坦率地表达和接纳着浪漫和谈情说爱。但是，语气会逐渐地发生变化，情侣之间开始用过去式谈论他们的爱情。

伊南娜说，

他亲手帮我塑腰型，
牧羊人杜穆兹在我的腿上涂满了奶油和牛奶，
他抚摸着我的阴毛，
他灌溉我的子宫。
他把手放在我神圣的外阴，
他用奶油粉饰我的黑船，
他用奶油爱抚我，
他在床上爱抚我。（p. 44）

这一段直接描述性爱的文字引出了伊南娜和杜穆兹的婚姻，他们养育了两个儿子。不过，良辰美景易逝。

冷淡

后来，她的丈夫杜穆兹说：

给了自由吧，我的妹妹，给我自由。
你会成为我父亲的小女儿，
来吧，我亲爱的妹妹，我要去王宫
给我自由吧……（p. 48）

文字的意思已经很清楚。杜穆兹想留在家里，他给伊南娜的定位是妹妹而不是妻子。他想脱离性关系，和伊南娜的关系变成一种有爱但像兄妹一样的关系。

浪漫结束了。伊南娜去了阴间，她死了，她的尸体被悬挂在墙上。婚姻破裂时，对她的悲伤有非常痛苦的描述，她在阴间象征着她的心像死了一般。她哀悼他，为他们共同的丧失哭泣。但是，她不会一直这样。由于被阳间的人民关爱着，她得以获救。当她获救时，她必须为跟她有着同样处境的人贡献些什么。她首先想到了她的女性朋友兼助手，但是拒绝了这样的想法，因为无论是战争还是和平她都忠于伊南娜。然后，伊南娜想到了大儿子，但是拒绝牺牲他，然后是小儿子。最后她同意牺牲她那疏远的丈夫，牧羊人杜穆兹。现在，变成他要永远地哀悼了。

但是，他也有家庭。杜穆兹的妹妹哀悼着他。她祈求伊南娜救她的哥哥。这是伊南娜完美的反击。杜穆兹曾经想要她成为他的妹妹，她答应他的妹妹成为他的搭档。伊南娜在阴间给了他半年时间，在阳间给了他半年时间。她答应让他的妹妹承受另一半惩罚，在他回到阳间之后让他的妹妹去阴间，然后在他去阴间的时候换他的妹妹回到阳间。故事就这样结束了。六个月的生育能力和六个月的休息，这样的年复一年的循环被设定好了。在古代，这样的故事结局刚刚好。

在我们的年代这个故事说明了什么呢？首先，它早于珀耳塞福涅（Kulish & Holtzman，2008）的故事，她离开母亲和爱人在一起，每年里有半年的时间要待在阴间。精神分析师在这种故事里找到了平衡，女儿对母亲的爱因为她对丈夫的爱而减少。可是，伊南娜的神话不一样。母亲甚至没有出现在故事里。伊南娜是清楚的：她知道没有丈夫她也能活下去，但是她不能没有女性朋友和助手，也不能没有儿子。她的故事就是一个女人实现自己命运的故事，享受性爱，爱她的爱人和丈夫，但最终还是选择了自己的权力，以及对自己孩子的忠诚高于对丈夫的依恋。伊南娜是一个能够忍受和丈夫分离的女人。珀耳塞福涅，没有在阴间待过一分钟；珀耳塞福涅，没有选择对母亲忠诚。伊南娜不像珀耳塞福涅，她没有依赖丈夫，她掌握着自己的命运。

现代女人

在这个意义上，伊南娜是一个现代女人。伊南娜的故事对于不同阶段的女人有不同的含义。对于十来岁的女孩来说，她看到的是一个从父亲那里得到权力的故事（Katz，2002），是一个有意义且非常现实的故事。不是希望白马王子出现并选择她，然后得到一人之下万人之上的权力，而是她可以将自己看成孩子的状态换来自己的年轻和成就。她可以作为一个年长的青年或年轻的成年人，看到伊南娜的性力量：她拥有自己的身体，对美貌的自豪，以及她的外阴力量。这些都是她可以效仿的。

伊南娜的故事里，婚前的这段等待时间是对美国现代习俗和东方文化的呼应。中国新娘会请假一天为婚礼购买漂亮的婚鞋；美国新娘会和母亲一起逛商店，让母亲看她换一件又一件礼服；印度新娘双手的指甲会染上复杂的装饰图案，然后耐心地静坐等待。所有这些习俗都是为了延迟婚礼，以在新婚夫妇的脑海中、在家人的心中和在他们朋友的心中强调其重要性。延迟似乎有着提高这一事件之重要性的作用。在美国，这样的等待，以及选择庆祝仪式举行的地方，挑选嘉宾，选择邀请卡，婚宴座位的安排，挑选音乐、鲜花和婚礼主题的色彩，选择伴娘，挑选服装，选择伴郎和挑选他们的服装，等待其他数不清的婚礼细节，都是如此繁复的程序，因此人们一般会雇佣专业的婚礼策划来帮忙。通过保持新娘的处女状态而不断增加的复杂环节，直到婚礼的当天晚上。当婚前性行为变得普遍，婚礼聚会就取代了婚前贞洁见证婚姻承诺的重要性。

对治疗的影响

在治疗一个被父母的工作成就、财富和权力淹没而抑郁的年轻女性的过程中，我花了数年时间支持她努力营造属于自己的生活。她的成长道路非常坎坷。只要跟父母所取得的成就相比，她就无法为自己小小的成就感到自豪。当她要涉足的领域对她来说有太多情感上的困扰，因为这一领域要求她具备她没有的自豪感时，她再次变得抑郁。放弃对她来说相当艰难，但是她的家庭和我对她的支持让她最终还是选择了另一个领域，然后她去学校接受专业的培训。再一次，她感到不合适。她最好的朋友已经进入这一领域。她担心朋友会觉得被侵入了。我把这个担心和她的恐惧联系起来，她害怕她在除了女儿这个身份之外的任何其他领域获得成功的话，会遭到父母的抛弃。我们谈了很多，有关她想要变得比父母更强大的想法。这个想法让她没有办法跟任何人竞争。她太害怕让别人感觉到她那种想要杀人的忌妒。我通过问一个问题来尝试向她解释，“如果你的父亲看到你做得比他好会怎样？”我们探索了她的忌妒导致她害怕所有人对她的忌妒。

我通过伊南娜的故事来理解她那使人瘫痪的忌妒。如果父亲把权力作为礼物送给她，她就可以使用这个权力。她可以征求他对她职业生涯的建议。如果她采纳了他的建议，他可能会为她骄傲。就像伊南娜，她可以接受父亲给她的对文化的理解。理解了她可以让父母为给她开了个好头而骄傲，这使她能够允许自己在父亲所从事领域的相关领域取得成功。她可以将此看成父亲权力的延伸而不是对其权力的挑战。她还在恐惧成功和决定长大与独立之间犹豫不决。但是，在她所从事的领域已经比之前的领域有所进步，她还在继续朝着目标努力工作。

不过，伊南娜神话的结局并不是婚姻就是“从此幸福地生活在一起”。她的故事讲的是继续迎接成年人世界的挑战。她选择了要结婚的男人；她不是被动地等待被选择。她选择了一个带着礼物来的男人，这个男人足够想要得到她，这征服了她的不情愿。她给了他王位，而不是通过婚姻让自己变成王后。她不害怕自己的权力。即使是在成为母亲之后养育孩子的过程中，她也行使着她的权力。然后，她的丈夫祈求得到自由。

伊南娜给了丈夫想要的自由，她也选择了自己的自由。她选择了自己想要的，放弃了不想要的。

这个神话有一条变化的线索：年轻的新娘和丈夫相爱，但是一旦她发现丈夫不再想和她在一起，她首先忠于的是她的孩子。

想象一下，一个现代女人在相同的处境下会怎样：丈夫告诉她，她不再是他想要的样子。她花了二十五年的时间在乡下养育他们的孩子。当他娶她时，她学业正成功，但是现在她已经脱离她的领域太久，她再也回不去了。而他对她不再有兴趣。孩子们都大学毕业了。他不再回家听她唠叨有关他们的事情。现在，他和她能谈的都是琐事。工作的女人更有趣。她陷入了抑郁。她要如何才能走出来？当她最需要他的时候，他不在。这个时候很容易谴责她的丈夫终结了这段婚姻，但是，伊南娜的故事似乎给出了一个不同的结果。

伊南娜的故事很有启发。现代女人要意识到自己的力量。她花了二十五年的时间学习社交和管理技能。在她的这个年纪，她可以运用这些能力做生意。她想给那些全职妈妈提供高质量的日间看护。她可以找那些已经养大了孩子的年长一些的女人来做这份工作。在她生活的镇上，她认识许多这样的人，只要有人有一所非常大的房子就可以用作日间看护中心。除此之外，她还供应晚餐，这样那些来接孩子的父母同时也可以吃到晚饭。她做的事是一个妻子在做的，但是现在对她来说，变成了一项有趣且令人满足的事业。她赚不到很多钱，但是她因离婚得到的安家费已经足够她很好地生活了。跟伊南娜一样，她有属于自己的领地。不再抑郁，她现在重见天日。

这只是神话运用于治疗的其中一个例子。治疗师会根据真实情况决定是否使用神话来提醒她谴责也许不是应对一段失败婚姻的最好办法，或者选择告诉她的病人这个神话故事，或者只是简单地给她包含这个神话故事的一本书。一些病人可能需要治疗师把这个故事的寓意说出来告诉她们，一些病人能在读到这个故事的时候就明白其中的道理。

回到阿洛（1961）对神话的讨论，我想起他给神话赋予了一些功能。他想到的是将个体整合到群体中的适应功能，以及巩固个体的身份感特别是超我的部分。他的观点和荣格（1981）的观点极其相似，尽管当时精神分析文献的惯例不会允许他承认这种先例。他还指出了神话具有防御的功能，保护个体不会感受到内疚和焦虑。我认为，神话还抵御了羞耻感。超我包含了一部分理想化和一部分对恶行进行惩罚的观点，会认为羞耻是因为达不到理想的状态，而内疚是因为错误的行为会受到惩罚。但是，如果我们认为内疚跟良心有关，羞耻跟其他人如何看待我们有关，那么神话就是我们如何看待他人对我们的期待，以及没能达到那种意象，于是想要躲避我们所认为的他人或者自己不认同的东西，那么就需要让这个人感到不会被谴责和惩罚，神话让我们知道什么是我们所处社会绝大多数人会允许和欣赏的。

神话的这种指引在心理治疗里是以一种间接方式表现出来的。我们可以倾听病人做出自己的选择，倾听他们运用比喻、谈论八卦、讨论梦境、讲笑话和口误来理解他们的冲突。我们会听到他们在谈论电影、游戏、小说、诗歌、音乐、艺术、舞蹈，以及任何他们想追求的兴趣或者爱好。倾听病人述说他们探索周围世界，以及和他人在过去、现在的关系的这些方式非常有效，也很让人着迷，我甚至想不到能有比这更有趣的事了。

参考文献

Arlow, J. (1961). Ego psychology and the study of mythology. *Journal of the American Psychoanalytic. Association*, 9: 371-393.

Campbell, J. (2008). *The Hero With a Thousand Faces*. Novato, CA: New World Library.

Gimbutas, M. (1989). *The Language of the Goddess*. New York: Harper & Row.

Jung, C. (1981). *Archetypes and the Collective Unconscious*, R. F. C. Hull (Trans.). Princeton, NJ: Princeton University Press.

Katz, A. (2002). Fathers facing their daughters' emerging sexuality. *Psychoanalytic Study of the Child*, *57*: 270-293.

Klein, M. (1952). *Envy and Gratitude*. New York: Basic Books.

Kulish, N., & D. Holtzman (2008). *A Story of Her Own: The Female Oedipus Complex Re-examined and Renamed.* London: Rowan & Littlefield.

Lacan, J. (1973). *The Four Fundamental Concepts of Psychoanalysis*. New York: Norton.

Mayer, E. (1985). Everybody must be just like me. *International Journal of Psychoanalysis*, *66*: 331-348.

Richards, A. K. (1995). Primary femininity and female genital anxiety. *Journal of the American Psychoanalytic Association*, *44*: 261-281.

Schlochower, J. (2013). *Holding and Psychoanalysis*. London: Routledge.

Sullivan, H. S. (1968). *The Interpersonal Theory of Psychoanalysis*. New York: Norton.

Winnicott, D. W. (1972). *Holding and Interpretation: Fragment of an Analysis*. London: Karnac.

Wolkstein, D., & Kramer, S. (1983). *Inanna: Queen of Heaven and Earth*. New York: Harper & Row.